Zeitschrift für Vergleichende Politikwissenschaft
Comparative Governance and Politics
Supplement 1 | 2012
Sonderheft 2 | 2012

Gert Pickel · Susanne Pickel (Hrsg.)

Indizes in der Vergleichenden Politikwissenschaft

Zeitschrift für Vergleichende Politikwissenschaft. Comparative Governance and Politics (ZfVP)

www.zfvp.de
2007 gegründet von Hans-Joachim Lauth
6. Jahrgang · Sonderheft 2 · September 2012

Herausgeber: Arbeitskreis „Demokratieforschung" der Deutschen Vereinigung für Politische Wissenschaft (DVPW), vertreten durch Prof. Dr. Hans-Joachim Lauth, Prof. Dr. Marianne Kneuer, PD Dr. Gero Erdmann und Prof. Dr. Gert Pickel.

Beirat: Heidrun Abromeit (Darmstadt), Arthur Benz (Darmstadt), Dirk Berg-Schlosser (Marburg), Klaus von Beyme (Heidelberg), Hans Blomkvist (Uppsala), Peter Burnell (Warwick), Consuelo Cruz (Tufts University, Medford, MA), Jan W. van Deth (Mannheim), Danica Fink-Hafner (Ljubljana), Adrienne Héritier (EUI Florenz), Kenji Hirashima (Tokio), Hans Keman (Amsterdam), Todd Landman (Essex), Steven Levitsky (Harvard University, Cambridge, MA), Zdenka Mansfeldova (Prag), Renate Mayntz (MPIfG Köln), Wolfgang Merkel (WZB Berlin), Ferdinand Müller-Rommel (Lüneburg), Guillermo O'Donnell †, Yannis Papadopoulos (Lausanne), Anton Pelinka (CEU Budapest), Andreas Schedler (CIDE, Mexiko-Stadt), Suzanne S. Schüttemeyer (Halle/Saale), Lars Svåsand (Bergen), Máté Szabó (Budapest).

Redaktion: Prof. Dr. Hans-Joachim Lauth (Universität Würzburg), Prof. Dr. Matthijs Bogaards (Jacobs University Bremen), PD Dr. Stephan Bröchler (Universität Gießen), PD Dr. Gero Erdmann (GIGA Hamburg), Prof. Dr. Marianne Kneuer (Universität Hildesheim), Prof. Dr. Gert Pickel (Universität Leipzig), Prof. Dr. Susanne Pickel (Universität Duisburg-Essen).

Kontaktadresse der Redaktion: Christoph Mohamad, M.A., Zeitschrift für Vergleichende Politikwissenschaft, Universität Würzburg, Institut für Politikwissenschaft und Sozialforschung, Wittelsbacherplatz 1, 97074 Würzburg.
E-Mail: zfvp@uni-wuerzburg.de; Tel.: (0931) 31-80095, Fax: (0931) 31-84893.

Springer VS | Springer Fachmedien Wiesbaden GmbH
Abraham-Lincoln-Straße 46 | 65189 Wiesbaden
www.zfvp.de
Amtsgericht Wiesbaden, HRB 9754, USt-IdNr. DE811148419

Geschäftsführer: Dr. Ralf Birkenbach (Vors.), Armin Gross, Albrecht F. Schirmacher
Direktor Sozialwissenschaften und Forschungspublikationen: Dr. Reinald Klockenbusch
Programmleitung: Dr. Andreas Beierwaltes
Gesamtleitung Anzeigen und Märkte: Armin Gross
Gesamtleitung Marketing: Rolf-Günther Hobbeling
Gesamtleitung Produktion: Christian Staral

Abonnentenbetreuung
Springer Customer Service Center GmbH
Springer VS-Service, Haberstr. 7, D-69126 Heidelberg
Tel.: (06221) 345-4303; Fax: (06221) 345-4229; Montag-Freitag 8.00 Uhr bis 18.00 Uhr
E-Mail: springervs-service@springer.com

Marketing
Ronald Schmidt-Serrière, M.A., Telefon (06 11) 78 78-2 80; Telefax (06 11) 78 78-4 40;
E-Mail: Ronald.Schmidt-Serriere@vs-verlag.de
Anzeigenleitung: Yvonne Guderjahn, Telefon (06 11) 78 78-155; Telefax (06 11) 78 78-4 30;
E-Mail: Yvonne.Guderjahn@springer.com
Anzeigendisposition: Monika Dannenberger, Telefon (06 11) 78 78-148; Telefax (06 11) 78 78-4 43;
E-Mail: Monika.Dannenberger@springer.com

Es gelten die Mediadaten ab 01.01.2012

Produktion: Marina Litterer, Tel.: (06221) 48 78-755;
E-Mail: marina.litterer@springer.com

Bezugsmöglichkeiten 2012: : Jährlich erscheinen 2 Hefte. Jahresabonnement/privat (print+online) Euro 99,–; Jahresabonnement/privat (nur online) Euro 98,–; Mitglieder der Deutschen Vereinigung für Politische Wissenschaft (DVPW) erhalten 25% Rabatt auf den Abonnement-Preis privat; Jahresabonnement/Bibliotheken Euro 348,–; Jahresabonnement Firma/Institutionen Euro 268,–; Jahresabonnement Studenten (bei Vorlage einer Studienbescheinigung)/Emeriti (print+online) Euro 64,–. Alle Print-Preise zuzüglich Versandkosten. Alle Preise und Versandkosten unterliegen der Preisbindung. Die Bezugspreise enthalten die gültige Mehrwertsteuer. Kündigungen des Abonnements müssen spätestens 6 Wochen vor Ablauf des Bezugszeitraumes schriftlich mit Nennung der Kundennummer erfolgen. Jährlich können Sonderhefte erscheinen, die nach Umfang berechnet und den Abonnenten des laufenden Jahrgangs mit einem Nachlass von 25% des jeweiligen Ladenpreises geliefert werden. Bei Nichtgefallen können die Sonderhefte innerhalb einer Frist von 3 Wochen zurückgegeben werden.

© Springer VS | Springer Fachmedien Wiesbaden 2013
Springer VS ist eine Marke von Springer DE. Springer DE ist Teil der Fachverlagsgruppe Springer Science+Business Media.

Alle Rechte vorbehalten. Kein Teil dieser Zeitschrift darf ohne schriftliche Genehmigung des Verlages vervielfältigt oder verbreitet werden. Unter dieses Verbot fällt insbesondere die gewerbliche Vervielfältigung per Kopie, die Aufnahme in elektronische Datenbanken und die Vervielfältigung auf CD-ROM und alle anderen elektronischen Datenträgern.

Satz: Crest Premedia Solutions, Pune, India

Gedruckt auf säurefreiem und chlorfrei gebleichtem Papier.
Printed in the Netherlands

ISBN 978-3-531-18217-9

Zeitschrift für Vergleichende Politikwissenschaft
6. Jahrgang   Supplement 1   Sonderheft 2   September 2012

Einleitung

Susanne Pickel · Gert Pickel
**Die Messung von Indizes in der Vergleichenden Politikwissenschaft –
methodologische Spitzfindigkeit oder substantielle Notwendigkeit** 1

Aufsätze

Felix S. Bethke
Zuverlässig invalide – Indizes zur Messung fragiler Staatlichkeit 19

Sebastian Ziaja
**What do fragility indices measure?
Assessing measurement procedures and statistical proximity** 39

Andreas Etling · Karsten Mause
**Die Vermessung des Regulatorischen Staates
Ein kritischer Überblick über Wirtschaftsregulierungs-Indizes** 65

Wolfgang Muno
**Die Vermessung der Welt: Eine Analyse der Worldwide
Governance Indicators der Weltbank** 87

*Marc Bühlmann · Wolfgang Merkel · Lisa Müller · Heiko Giebler ·
Bernhard Weßels*
**Demokratiebarometer: ein neues Instrument zur Messung
von Demokratiequalität** 115

Oliver Dlabac · Hans-Peter Schaub
**Ein duales Messkonzept für liberale und radikale
Demokratiequalität** 161

Stefan Ewert
**Index Regionale Vernetzung.
Ein Vorschlag zur Erfassung der regionalen Kooperation
von Hochschulen** 185

Richard Traunmüller
**Zur Messung von Staat-Kirche-Beziehungen: Eine vergleichende
Analyse neuerer Indizes** 207

Jørgen Møller · Svend-Erik Skaaning
**Concept-measure inconsistency in contemporary studies
of democracy** 233

EINLEITUNG

Die Messung von Indizes in der Vergleichenden Politikwissenschaft – methodologische Spitzfindigkeit oder substantielle Notwendigkeit

Susanne Pickel · Gert Pickel

Zusammenfassung: Indizes haben in den letzten Jahrzehnten in der Vergleichenden Politikwissenschaft einen regen Aufschwung genommen. Aus einigen Bereichen, wie z. B. der vergleichenden Demokratiemessung, sind sie heute nicht mehr wegzudenken. Ihre Vorteile liegen in der Verdichtung und damit der Komplexitätsreduktion von Einzelinformationen und der Vermeidung von Multikollinearität. Gleichzeitig unterliegen sie einigen Problemen. Konzeptionalisierungs- und Aggregationsprobleme sind nur die auffälligsten davon. Der Artikel fasst die Überlegungen der verschiedenen Autoren des Sonderheftes der Zeitschrift für Vergleichende Politikwissenschaft zur Bedeutung von Indizes in der Vergleichenden Politikwissenschaft zusammen und bilanziert die zentralen Forderungen an eine zukünftige Verwendung. Diese lassen sich mit den Begriffen Kontrolle der Messqualität, Theorieanbindung, Konzentration der Erkenntnisorientierung, methodische und politische Reflexion verbinden.

Schlüsselwörter: Vergleichende Politikwissenschaft · Indexbildung · Methoden

The measurement of indices in comparatice politics—methodological sophistry or substantial necessity

Abstract: In the last decades, indices boomed in comparative politics. Comparative measurement of democracy would not work without the variety of indices that poped up from the scietific community. Condensation and reduction of complexity of single information and avoiding multicollinearity are their main advantages of indices. At the same time, they produce some problems of conceptualization and aggregation. The article collects the ideas of different authors of this special issue of the journal for comparative politics and sums up their central demands for future use of indices. The demands include quality of measurement, close links to theory, concentration on scientific conclusion as well as methodological and political reflection.

Online publiziert: 18.09.2012
© VS Verlag für Sozialwissenschaften 2012

Prof. Dr. S. Pickel (✉)
Institut für Politikwissenschaft, Universität Duisburg-Essen,
Forsthausweg 2, 47057 Duisburg, Deutschland
E-Mail: susanne.pickel@uni-due.de

Prof. Dr. G. Pickel
Institut für Praktische Theologie, Abteilung Kirchen- und Religionssoziologie, Universität Leipzig,
Otto-Schill-Str. 2, 04109 Leipzig, Deutschland
E-Mail: pickel@rz.uni-leipzig.de

Keywords: Comparative politics · Index-construction · Methods

1 Indizes in der Vergleichenden Politikwissenschaft – pro und kontra Datenreduktion

In der Vergleichenden Politikwissenschaft wird in den letzten Jahrzehnten verstärkt und auf fast allen Gebieten mit Indizes und Kennziffern unterschiedlichster Art gearbeitet. Teilbereiche der Vergleichenden Politikwissenschaft, wie z. B. die Demokratiemessung (siehe unter anderen Lauth 2004; Pickel und Pickel 2006; Munck 2009; Teorell 2010), erzielen ihre Ergebnisse mit Hilfe dieser Form der Zusammenfassung und Komprimierung von Informationen. In den letzten Jahren hat sich dabei die Diskussion verstärkt sogar in Richtung einer Bewertung der Methode der Indexbildung gewendet. Statt des (gemessenen) Inhalts und der inhaltlichen Ergebnisse sind Debatten über die Reliabilität und Validität der Instrumente der Demokratiemessung in den Vordergrund getreten (s. Munck und Verkuilen 2002; Pickel und Müller 2006; Müller und Pickel 2007; Fuchs und Roller 2008).

Doch auch aus anderen Sektoren der Vergleichenden Politikwissenschaft sind Indizes nicht mehr wegzudenken. So wird die Stabilität politischer Systeme (fragility indices), die Bestimmung von Transformationserfolgen (Bertelsmann Transformation Index, BTI), die Qualität von Demokratien (Sustainable Governance Index, SGI; Democracy Barometer, DB) oder auch von Autokratien (mit teilweise Messung Hadenius und Teorell 2006, 2007; Teorell 2010) oder die Korruptionsbestimmung (Corruption Perception Index, CPI, ermittelt von Transparency International) weitgehend über Indizes durchgeführt. Die Bestimmung von Humanentwicklung erfolgt über eine Kombination von ökonomischen und sozialen Daten (Human Development Index, HDI). Gemeinhin hat man den Eindruck, dass die Zahl der Indizes exponentiell zunehmend ist.

1.1 Vorteile

Was sind die Gründe für diese Ausbreitung von Indizes? Vor allem ihre objektiven Vorteile gegenüber einzelnen Kennzahlen. Die Vorteile liegen dabei auf der Hand: Mehrere Einzelinformationen werden zu einer einzigen Aussage *gebündelt*, die komplexe Informationen reduziert und eine mehrdimensional abgesicherte Information enthält. Die Aussage des jeweiligen Index ermöglicht somit Erkenntnisse über ein Syndrom gesellschaftlicher und/oder politischer Zustände. Durch diese Informationskomprimierung ermöglichen Indizes einen stringenten und gesicherteren Vergleich über die Zeit oder zwischen Einheiten (z. B. Ländern oder Kulturen) und eine statistische Weiterbearbeitung. Wie anders wären sonst die vielen Einzelinformationen in weiterführende Analysen einzubeziehen? Die Ermittlung von strukturellen Beziehungen auf der Makroebene ist ohne Indizes fast undenkbar. Wie soll sonst bspw. der potentielle Zusammenhang zwischen Modernisierung und Demokratisierung überprüft werden oder ökonomische und kulturelle Interdependenzen für den politischen Sektor sichtbar gemacht werden?

Aus vergleichender Perspektive können somit Entwicklungen und Bündelungen der Performanz vieler Länder abgebildet werden, ohne dass sich Forscher und Nutzer in

Einzelinformationen verzetteln müssen. Und noch ein recht praktischer Vorteil kommt in jüngerer Zeit hinzu: Die komprimierten Informationen stehen i. d. R. auf den Internetseiten der Indizes zur *Verfügung*, so dass auch vertiefende Länderanalysen und die Darstellung zeitlicher Entwicklungsverläufe leicht möglich sind. Und dies sogar für Studierende in Seminaren! Vermehrt kann man auch die Informationen erhalten, die in die Indizes eingehen. Oft erschließt sich erst aus dem Wechselspiel der hochaggregierten Maßzahlen und der disaggregierten Einzelinformationen das volle Potenzial der Indexanwendung. Damit werden aber auch Abweichungen kulturspezifischer oder politischer Art identifizierbar. Besitzt z. B. ein politisches Regime seine Defizite in der Gewährung von demokratischen Rechten, wie Religionsfreiheit oder Pressefreiheit, so finden sich in einem anderen Regime zwar diese Rechte, aber Korruption und Klientelismus schränken die demokratische Qualität ein.

Bei den Maßen zur Bestimmung der demokratischen Qualität politischer Systeme fällt auf, dass die verwendeten Demokratiebegriffe sich stark einander annähern. So wird z. B. die Vorstellung von der Rechtsstaatlichkeit wird inzwischen als Bestandteil der Demokratie anerkannt, zuweilen treten wirtschaftliche und soziale Performanz als „added values" hinzu (BTI, SGI). Selbst wenn diese Konvergenz mit einer gewissen Vorsicht zu betrachten ist, gibt sie auch Hinweise auf scheinbar existierende Überschneidungen im Verständnis bestimmter Themen und Untersuchungsinhalte. Sie dient quasi als Katalysator einer *Reflexion über den Untersuchungsgegenstand*. Andere Indizes wieder bündeln eine hohe Zahl an (Demokratie)Indikatoren (DB) aus vielen Quellen. Sie werden immer öfter in disaggregierter Form angeboten und erlauben es somit den Nutzern die Indikatoren eigenständig zu kombinieren. Die Vielfalt der verfügbaren Maße ermöglicht die Abbildung kontinuierlicher Übergänge zwischen den politischen Systemen (Freedom House, PolityIV, BTI), die Darstellung der Qualität ausschließlich von Demokratien der OECD-Welt (SGI, DB) oder die Kombination beider Informationen (Neuer Index Demokratie (NID)).

Indizes bündeln nicht nur Informationen, sie bieten bei korrekter Gestaltung und klarer theoretischer Herleitung der Zusammensetzungskriterien auch den *methodischen Vorteil einer größeren Stabilität* und geringerer Beeinflussbarkeit durch Zufallsschwankungen. Zudem kommt man um einen Index nicht herum, wenn die zu prüfende sozialwissenschaftliche These mehrere Dimensionen einbezieht oder aber ein Indikator die zugrundeliegende Fragestellung nur ungenügend abbilden kann (vgl. Schnell et al. 2005).

1.2 Anwendungsprobleme

Doch resultiert aus der Verfügbarkeit einer hohen Anzahl an komplexen Maßzahlen auch deren problemlose Anwendbarkeit? Der bereits erfolgte Verweis auf die Verlagerung der Debatten innerhalb der Demokratiemessung bzw. der Qualitätsbestimmung politischer Systeme lässt hier Zweifel aufkommen. Entsprechend sind hinsichtlich der Verwendung von Indizes in der Vergleichenden Politikwissenschaft einige *Schwierigkeiten* zu identifizieren: So erweist es sich als problematisch, dass der Nutzer der Indizes, der selten selbst an der Zusammenstellung des verwendeten Index beteiligt ist, häufig *nicht genau weiß, welche Informationen in welcher Weise* in die Indexkonstruktion eingeflossen ist. Teils sind die Quellen der verwendeten Indikatoren des Index nicht nachzuvollziehen, teils beruht der Index auf unsicheren Datenbeständen. Damit bleiben Erkenntnisse über die Validität und Reliabilität dieser Indizes sowie deren Prüfung eingeschränkt. Die Verbindung zur Ursprungsintension des Indexkonstrukteurs entschlüsselt sich eher mühsam über umfangreiche Recherchen und Plausibilitätskontrollen oder durch konkrete Kontakte zum Indexkonstrukteur. Ansonsten bleibt beim *sekundäranalytischen* Zugang zum verarbeiteten empirischen Material häufig die Sicht auf die Konstruktionsmechanismen – und insbesondere die eingehenden Datenressourcen – versperrt. Einfach gesagt: Man weiß nicht wirklich, mit welchen Informationen man als Forscher weiterarbeitet – und wie belastbar ein damit erzieltes Ergebnis wirklich ist (*Transparenzproblem*).

In solchen Fällen stellt sich zwangsläufig eine weitere Frage: Messen die Indizes wirklich das, was sie messen wollen und – aus Sicht des Forschers – auch sollen? Hier geht es um die *Validität* der Messung im Sinne einer möglichst genauen Abbildung dessen, was man abzubilden angibt. Messen bspw. sog. Demokratieindizes auch tatsächlich die Qualität einer Demokratie oder nicht doch eher die Freiheit der Bürger, die oft mit Demokratie einhergeht (Freedom House)? Oder wird „lediglich" eine Institutionenkonstellation auf dem Papier einer Verfassung bestimmt (Polity IV), die zusätzlich einen Schwerpunkt auf die Einhegung der Exekutive durch institutionalisierte Kontrollmechanismen legt? Welche Merkmale der Demokratie sind die wesentlichen (NID) und welche Kriterien sind eher Folgen demokratischer Regime als ihre Kennzeichen (DB, SGI, EIU Democracy Index)? Und wo liegt ein angemessener Mittelweg zwischen allumfassender Messung (Democracy Barometer) und minimalistischer Projektion (Index of Democratization, ID)?

An dritter Stelle steht die Zuverlässigkeit (*Reliabilität*) der Messung, die bestimmten Richtlinien der Indexkonstruktion folgen und im Wiederholungsfall durch andere Forscher zu einem zumindest sehr ähnlichen Ergebnis führen sollte. Eine Auseinandersetzung mit diesen drei Grundkriterien der empirischen Forschung scheint von so grundsätzlicher Bedeutung, dass es doch verwundert, wie selten sie reflektiert werden. Gelegentlich findet sich in empirischen Studien an dieser Stelle des Forschungsprozesses ein teilweise fast naiver *Glaube an die Gültigkeit und Zuverlässigkeit* verfügbarer Indizes. Dies gilt insbesondere, wenn sie von größeren Forschungsinstitutionen stammen. Zuweilen unterscheiden sich jedoch selbst „einfachste" Grunddaten wie das Bruttoinlandsprodukt pro Kopf in Kaufparitäten je nach der gewählten Quelle (EUROSTAT, Weltbank oder auch nationale Quellen). Leider kann sich dieses „zu wenig" an Reflexion in massiven inhaltlichen Fehlinterpretationen über gesellschaftliche und politische Tatbestände und Entwicklungsprozesse niederschlagen. Richtigerweise investieren viele Forscher große Mühen, um hinter das Geflecht der zuweilen extrem komplex zusammengesetzten Indizes blicken zu können. Dieses Unterfangen ist dabei weder einfach, noch immer befriedigend, führt es doch oft zu Verunsicherungen über das verwendete Instrumentarium.

1.3 Redundanzen

Ein weiteres Problem des derzeitigen Umgangs mit Indizes in der Vergleichenden Politikwissenschaft ist, dass verschiedene *Indizes zu den gleichen Forschungsbereichen* (Demokratie, Parlamentarismus) bereitstehen. Dieser Pluralismus ist an sich kein Problem. So scheint es ja im Gegenteil günstig, unterschiedliche, sich wechselseitig kontrollierende Abbildungen eines Gegenstandes zur Verfügung stehen zu haben. Die Schwierigkeit liegt vielmehr darin, dass die (aufwendigen) Konstruktionsleistungen von den Forschern nur begrenzt wechselseitig rezipiert werden. Teilweise stehen die Konstrukte in einem Konkurrenzverhältnis zueinander, wobei mittlerweile auch das Werben um knapper werdende Forschungsmittel eine Rolle spielen dürfte. Die Folge ist, dass verschiedene Erhebungen ein und desselben Forschungsgegenstandes teils bezugslos *nebeneinander* stehen. So bleibt es dem jeweiligen Nutzer weitgehend selbst überlassen, welchen Index er zur Messung (von Demokratie oder Autokratie) verwendet. Die Auswahl ergibt sich entweder aufgrund spezieller Vorlieben des Forschers oder ist einfach dem Umstand geschuldet, dass nur eine selektive Kenntnis über die verfügbaren Indizes vorliegt. Womit nicht ausgeschlossen ist, dass auch eine profunde, reflektierte und gezielte Indexauswahl erfolgen kann.

Der zuletzt genannte Zustand hat sich in den letzten Jahren, vor allem aufgrund des Internets und der angestiegenen *Verfügbarkeit* von Indizes, wesentlich gebessert. Der Zugriff ist einfacher geworden, die Transparenz höher. Doch immer noch gilt: Wenn man nicht auf klare Gütekriterien zurückgreifen kann, fällt die Wahl des verwendeten Index häufig der Zufälligkeit anheim – oder der leichten Verfügbarkeit von möglichst vielen Daten zu möglichst vielen Zeitpunkten.[1] Die Vielfalt ist mittlerweile so groß, dass kaum eine Forschungsarbeit, z. B. in der Demokratiemessung, mit nur einem Index auskommt. Häufig werden gleichzeitig mehrere Indizes verwendet oder sie werden wieder statistisch zu einem „Metaindex" zusammengefasst. Stellt ersteres möglicherweise ein kleineres Problem dar, denn die wechselseitige Kontrolle mit verschiedenen Instrumenten kann ein Reliabilitätskriterium darstellen, so muss man sich im zweiten Fall oft fragen, ob man mit einem „Metaindex" nicht auch die Probleme der Einzelindizes multipliziert. Ist dies der Fall, dann kommt noch das Manko immer geringerer Sparsamkeit der Messung – ein nicht zu unterschätzendes Kriterium moderner Forschung und Indexbildung – hinzu.

1.4 Operationalisierung und Prüfung

Bei der Verwendung von komparativen Indizes sind auch immer wieder massive Probleme auf der Ebene der Rückbindung an die Theorie (= Inhalt) und auf der Ebene der Konstruktion (= Methodologie) festzustellen. Die Konstruktionsmechanismen sind oft uneinheitlich und die Konstrukte (Indizes) selbst beinhalten häufig erhebliche theoretisch-ideologische Vorentscheidungen. Am deutlichsten wird dies in den Debatten der (angeblich) ethnozentristischen Messindizes zur Demokratiequalität, aber auch bei der politischen Relevanz von fragility indizes für die Entwicklungshilfe oder sozioökonomischen Indizes für die Zuweisung von finanziellen Mitteln durch internationale Organisationen. Gelegentlich verschwimmt auch der Bezug zwischen dem konstruierten Index und der dahinterstehenden Theorie. Oder methodologisch gesprochen, das zu messende latente Konstrukt und die Fragestellung decken sich nicht. Nicht, dass solche Probleme ungesehen bleiben. Prüfungen und Tests sind in der mit Indizes arbeitenden Vergleichenden Politikwissenschaft mittlerweile weit verbreitet. Aber oft wird immer noch zur Stützung der (auch selbst konstruierten) Indizes (fälschlicherweise) die *Reliabilität* als Ersatz der *Validität* herangezogen. Dies führt uns ziemlich direkt zum Ziel des vorliegenden Sonderbandes. Wir möchten dazu auffordern, sich

---

1 Die starke Ausbreitung der Messung von Freedom House für die Messung der Demokratiequalität ist ein gutes Beispiel hierfür.

a. der Problematiken und Risiken, aber auch des Nutzens von Indizes in der Vergleichenden Politikwissenschaft gewahr zu werden (*methodologische Seite*);[2] sich
b. über Indizes zu informieren, die im Bereich der Vergleichenden Politikwissenschaft aktuell verwendet werden und diese hinsichtlich ihres inhaltlichen Nutzens zu diskutieren (*inhaltliche Seite*),
c. der konkreten methodischen Konstruktion dieser Indizes zu vergewissern, darüber zu diskutieren und ggf. zu Verbesserungen beizutragen (*methodische Seite*),
d. über Konstruktionsprinzipien sowie theoretische Rückbindung von Indizes auszutauschen, da nicht wenige auf den gleichen Gebieten vorliegen (*Austausch- und Diskussionsseite*).

Diese Anliegen werden von einem einfachen Ziel begleitet. So hat sich die Zahl der Indizes so vermehrt, dass dem interessierten Forscher oft die Übersicht verlorengeht. Auch hier soll der vorliegende Band, zumindest in den ihm möglichen Grenzen, Abhilfe schaffen.

2 Wo findet man Indizes?

Spricht man von Indizes, so ist der Begriff des „Messens" stets implizit. Unter Messen wird dabei die Zuordnung von Zahlen zu Objekten (Schnell et al. 2005, S. 138–139) verstanden. Davon zu unterscheiden sind Kategorien- und Typenbildungen. Kategorien sind Oberbegriffe, denen bestimmte Variablen zugeordnet werden. So können unterschiedliche Regierungssysteme unter die Oberbegriffe „Demokratie" und „Autokratie" gefasst werden. Kategorien können selbst wiederum als Variablen Verwendung finden. Sie werden dabei durch einfache oder komplexe Oberbegriffe gebildet. Eine spezifische Form von Kategorien bilden Typen und Typologien. Unter einer Typologie wird die Zuordnung von mindestens zwei Merkmalen, die zwei oder mehr Ausprägungen aufweisen, zu einer spezifischen Kombination der einzelnen Merkmalsausprägungen verstanden (Aarebrod et al. 1997, S. 62; Nohlen 1994, S. 491–492).[3] Ein Merkmal bzw. seine Ausprägung kann dabei direkt beobachtbar sein (z. B. Anzahl der Herrschenden) oder als latente Variable vorliegen und benötigt dann eine weitere Operationalisierung mit entsprechenden Indikatoren. (Lauth et al. 2009, S. 44). Solche Typologisierungen finden häufig in der Autokratieforschung Verwendung. Autokratien werden dann nicht nach dem Grad der Geschlossenheit des politischen Systems, sondern nach der Zusammensetzung von Systemeigenschaften (Merkmalen) unterschieden. Beispiele aus der aktuellen Forschung sind das Democracy-Dictatorship-Projekt (Cheibub et al. 2009, aufbauend auf Przeworski et al. 2000), die Typologie autoritärer Regime nach Geddes (1999) (Geddes et al. 2011), die Typologie von Hadenius und Teorell (2006, 2007) und die Typologie von Kailitz (2009a, b, 2012).

---

2 Dabei beziehen sich die methodischen Anmerkungen häufig nicht allein auf die vergleichende Politikwissenschaft. Vielmehr besitzen sie Bedeutung für den Umgang mit Indizes überhaupt. Diese Diskussion soll hier allerdings nicht geführt werden und eine Konzentration auf den Indizes der vergleichenden Politikwissenschaft liegen.

3 Liegt nur ein Merkmal mit verschiedenen Ausprägungen vor, dann wird von einer Klassifikation gesprochen.

Abb. 1: Beispiele für Indizes

Bertelsmann Transformation Index (www.bti-project.de/)
Corruption Perception Index (CPI; cpi.transparency.org/cpi2011/)
Democracy Barometer (BTI; www.democracybarometer.org/)
The Economist Intelligence Unit's Index of Democracy (graphics.eiu.com/PDF/Democracy_Index_2010_web.pdf)
Failed States Index (Index Fragile Staatlichkeit; www.fundforpeace.org/global/)
Freedom House (www.freedomhouse.org/)
Human Development Index (HDI; hdr.undp.org/en/humandev/)
Index of Democratization (www.prio.no/CSCW/Datasets/Governance/Vanhanens-index-of-democracy/)
Polity IV (www.systemicpeace.org/polity/polity4.htm)
Sustainable Governance Indicators (SGI; www.sgi-network.org/)
Worldwide Governance Indicators (WGI; info.worldbank.org/governance/wgi/index.asp)

In welchen inhaltlichen Bereichen der Vergleichenden Politikwissenschaft finden Qualitätsmaße Verwendung? Ein Kernbereich der Index- bzw. Typologiennutzung liegt in der Bestimmung der Erfolge von *Policies*: Hier sind nur exemplarisch die Arbeiten von Francis Castles (1998) zu nennen, der policy-outcomes in Abhängigkeit einer Vielzahl von ökonomischen, sozialstrukturellen und kulturellen Variablen ausmacht. Doch auch im Bereich der *Polity* kommen Indizes zur Anwendung. Messungen der Fragilität von Staatlichkeit sind genauso gebräuchlich, wie die Abgrenzung politischer Systeme. Herausragendes Beispiel hierfür sind Messinstrumente von Polity IV. Daneben sind die Indizes der Weltbank zu beachten, die sich in den Worldwide Governance Indicators manifestieren (siehe hierzu ausführlich den Beitrag von Muno in diesem Band).

Damit nähert man sich sicherlich dem derzeitigen Zentralbereich der Verwendung von Indizes in der Politikwissenschaft an – der Demokratiemessung. Dort hat sich eine Vielzahl unterschiedlicher Vorgehen etabliert. Nicht von ungefähr konzentrierte sich die Debatte über die Kriterien von Indexmessung stark auf die Demokratiemessung (Munck und Verkuilen 2002; Müller und Pickel 2007). Das bedeutet nicht, dass hier die Anwendungsbreite endet. So werden sowohl das Verhältnis von Kirche und Staat (s. Traunmüller in diesem Band), die Abbildungen von Aspekten der politischen Kultur und der Einstellungsforschung wie auch Rahmenbedingungen struktureller und kultureller Ausprägung mit Indizes erfasst. Und nicht zu vergessen sind die auf dem ökonomischen Sektor vorgenommenen Konstruktionen.

3 Was ist bei der Indexkonstruktion und ihrer Überprüfung zu beachten?

Der Umgang mit Indizes sowie die Beurteilung ihrer Qualität rückte seit dem Beitrag von Munck und Verkuilen 2002 verstärkt ins Blickfeld auch der deutschen Vergleichenden

Politikwissenschaft. Die Artikel von Müller und Pickel (2007), Pickel und Müller (2006) und Fuchs und Roller (2008) greifen diese Problematisierung auf. Die Ergebnisse sind eindeutig: Trotz unterschiedlicher Schwerpunkte wird versucht, ein „Prüfset" an Kriterien festzulegen, nach denen (ursprünglich) Demokratieindizes in ihrer Qualität bewertet werden können. Will man die im Folgenden vorgestellten Indizes beurteilen, so bietet es sich an, diese Kriterien genauer zu beachten (Pickel und Müller 2006 mit Ergänzungen). Sie sind prinzipiell zur Evaluierung aller wissenschaftlichen Indizes geeignet.

1. Phase der *Konzeptionalisierung* (Sparsamkeit, Relevanz, Redundanz und Zuordnung beziehen sich auf die Konzeptspezifikation und Konzeptlogik)

Identifikation der Demokratie-Merkmale (1. System-Definition; 2. Merkmale und ihre Komponenten)	*Konzeptspezifikation*: Vermeidung minimalistischer oder maximalistischer System-Definitionen (Sparsamkeit, aber alle im Hinblick auf das theoretische Konzept ‚relevanten' Merkmale)	*Sparsamkeit* *Relevanz*
Horizontal und vertikal logische Organisation der Merkmalskomponenten nach Abstraktionsgrad und Merkmalszugehörigkeit („Konzeptbaum")	*Konzeptlogik*: Vermeidung von Redundanz (Dopplungseffekten) und falscher Zuordnung der Merkmalskomponenten	*Redundanz* *Zuordnung*

Sparsamkeit ist v. a. dann gegeben, wenn sich ein Konzept auf das Wesentliche eines politischen Systems beschränkt. Weitere Elemente wie z. B. sozio-ökonomische Faktoren stellen bei vielen kausalen Untersuchungen abhängige oder unabhängige Variablen dar, die folglich nicht als Gegenstand des Index bzw. des politischen Systems verwertet werden sollten. Relevanz bezieht sich auf die Grunddefinition der gemessenen politischen Systeme. Indikatoren, die nicht Bestandteil dieser Definitionen sind, gehören auch nicht in den Index zur Systembestimmung.

Merkmale sollten logisch entlang eines Konzeptbaumes organisiert sein. Merkmale gleichen Abstraktionsgrades gehören auf eine Messebene; sie sollten zudem nach theoretischer Zugehörigkeit zu Oberbegriffen zugeordnet werden (Zuordnung). Das Konzept sollte in trennscharfe Dimensionen ausdifferenziert sein. Dabei gilt es, Dopplungen von Merkmalen bzw. Mehrfachmessungen einzelner Komponenten zu vermieden (Redundanz).

2. Phase der *Messung* (Indikatorenvalidität, Messniveau, Dokumentation, Replizierbarkeit und theoretische Begründung beeinflussen die Qualität der Messung)

Auswahl der Indikatoren (Umwandlung der Merkmalskomponenten bzw. latenten Variablen zu beobachtbaren Variablen bzw. Indikatoren = Operationalisierung)	*Validität:* Verwendung multipler (polyvalenter) Indikatoren mit kulturellen Äquivalenten (Spannung zw. kulturellem Kontext und Vergleichbarkeit); Auswahl von Indikatoren unter Berücksichtigung des Quellenproblems (Beachte: Bias durch historisch kontingente und kontextrelative Überlieferung! Möglicher Bias durch Blickwinkel aus „Sicht" der Demokratie) *Reliabilität*	*Messen die Indikatoren richtig?* *Breite der Quellenbasis*
Auswahl des Messniveaus (Skalierung) der Kodierung	*Validität:* Maximierung von Homogenität innerhalb der Messklassen (Vermeidung zu fein- oder grobkörniger Skalierungen, je nach Datenlage, aber so, dass verschiedene Fälle auch als solche sichtbar bleiben)	*Theoretische Begründung des Messniveaus*
Dokumentation des Kodiervorganges (v. a. der Kodierregeln und disaggregierten Daten)	*Reliabilität/Replizierbarkeit:* Vermeidung von systematischen Messfehlern, die die Validität beeinträchtigen	*Kodierregeln*
	Möglichst direkter Verweis auf Internetzugang der Quelle	*Quellenangabe*
	Bei mehreren möglichen Quellen: Warum wurde eine bestimmte Quelle gewählt?	*Auswahl der Quellen*
	Mehrere Kodierer bestimmen den Messwert unabhängig voneinander	*Reliabilitätstests zw. Kodierern*
	Leichte Verfügbarkeit disaggregierter Daten	*Disaggregierte Daten*

Bei der Auswahl der Indikatoren ist auf die Erfassung aller Merkmale des Konzeptes zu achten. Die Indikatoren sind zunächst aus dem Konzept abzuleiten und ihre Bestimmung (Messung oder Expertenbewertung) zu erläutern. Die Indikatoren sollten die konzeptbestandteile, denen sie zugeordnet sind, auch tatsächlich messen (Validität), sie sollten als Indikatoren anwendbar und trennscharf gestaltet sein.

Die Daten sind auf breiter Basis auszuwählen, Quellen staatlicher und nicht-staatlicher Autoren sollten ebenso gemischt werden wie Quellen mit unterschiedlichem nationalem und kulturellem Hintergrund. Das Beispiel Syrien zeigt aktuell, wie wesentlich diese Forderung an einen reliablen, validen und transparenten Index ist. Einseitige Quellenauswahl führt zu einseitigen Indizes, die der Realität nicht gerecht werden.

Das Messniveau ist theoretisch zu begründen: Weshalb wird eine Klassifizierung oder eine diskrete Messung angestrebt? Oder werden Typen eines bestimmten Systems unterschieden, d. h. mit nominalem Messniveau gearbeitet? Wird die jeweilige Art der Qualitätsbestimmung dem theoretischen Konzept gerecht? Welche Skalierung ist den gewählten Indikatoren zueigen?

Um diese Auswahl bzw. die Skalierung zu belegen, müssen die Kodierregeln angegeben und trennscharf gestaltet werden. Insbesondere die Zuordnung von Zahlenwerten zu qualitativen Einschätzungen ist eindeutig zu belegen. Quellen sind anzugeben, eine Auswahl aus mehreren möglichen Quellen ist zu begründen. Reliabilitätstests sollten zwischen mehreren Kodieren durchgeführt werden, die möglichst gleich oder sehr ähnliche Ergebnisse erzielen sollten. Das Angleichen von Abweichungen ist zu begründen und zu belegen. Die Daten aller Indikatoren sind zu veröffentlichen und den Nutzern der Indizes möglichst im Internet zugänglich zu machen.

3. Phase der *Aggregation* (Aggregationsniveau und -regeln, Dokumentation und Nachvollziehbarkeit steigern den Erkenntiswert des Index)

Auswahl des Aggregationsniveaus	*Validität:* Balance zwischen Vergleichbarkeit (hohes Aggregationsniveau; ‚sparsamer' Index) und möglichst genauer Abbildung der Realität/ Varianz (niedriges Aggregationsniveau); hohes Niveau = Informationsverlust	*Angemessenheit des Aggregationsniveaus*
Auswahl der Aggregationsregel	*Validität:* Beachtung der Korrespondenz zwischen theoretischem Zusammenhang der System-Merkmale (Indikatoren) und Aggregationsregel (soll Zusammenhänge widerspiegeln)	*Theoretische Begründung der Aggregationsregel*
Dokumentation der Aggregationsregeln und des Aggregationsvorganges	*Reliabilität/Replizierbarkeit*	*Aggregationsregel und Anwendbarkeit*
Stufenweise Verrechnung der Indikatoren	*Reliabilität/Replizierbarkeit*	*Subscores*
Verwendung unterschiedlicher Daten	*Reliabilität/Replizierbarkeit*	*Kombination verschiedener Datenarten*

Bei der Wahl des Aggregationsniveaus ist auf die Angemessenheit zu achten; die Vergleichbarkeit der Indexwerte zwischen den Ländern ist ebenso zu gewährleisten wie die Abbildungsgenauigkeit der Messung. Bei der Aggregationsregel ist, auch unabhängig von ihrer Angemessenheit, auf eine Begründung zu achten, die aus dem theoretischen

Grundkonzept des Index hergeleitet wird. Die Aggregationsregel muss erläutert werden, so dass Vergleichsmessungen des Index möglich sind. Dies gilt auch, wenn Subscores gebildet werden. Werden verschiedene Datenarten kombiniert, so ist auch hier auf die jeweilige Skalierung, ein angemessenes Aggregationsniveau und die verwendeten Aggregationsregeln zu achten.

4. *Praxis* – Anwendbarkeit des Index

Anwendbarkeit	Angegeben und erreichbar	*Subscores*
Vergleichbarkeit der Länder und über Zeit	Konsistente Messung im Zeitverlauf oder rückwirkende Adaptionen der Messung, wenn eine Ausweitung/Veränderung der Messung erfolgt	*Konsistenz der Fragestellung*

Es folgt der Praxistest: Ist der Index empirisch umsetzbar? Ist der Index praktikabel d. h. nachvollziehbar und wurde er vollständig mit Subscores publiziert? Ist eine Vergleichbarkeit der Indexwerte über die gemessenen/bewerteten Länder und im Zeitverlauf möglich? Oder wurden Fragestellung und/oder Kodierung der Indikatoren verändert?

Am Ende sollte dann noch ein Bezug zum anfangs formulierten Analyseziel bestehen und die formulierten theoretischen Vorgaben eingehalten werden.

4 Zum Buch und den Beiträgen

Der vorliegende Sonderband beinhaltet verschiedene Beiträge, die sich in breiter Weise mit der Thematik von Indizes in der Vergleichenden Politikwissenschaft auseinandersetzen. Dabei wurde bewusst auf Beiträge verzichtet, die keinen vergleichenden Fokus aufwiesen. Zugleich sollte eine Verengung auf eine Diskussion allein innerhalb der Demokratiemessung vermieden werden Erfreulicherweise öffnete ein Call for Papers die Tür für eine doch bemerkenswerte Bandbreite an Beiträgen, die ganz unterschiedliche Möglichkeiten und Themengebiete in der Vergleichenden Politikwissenschaft aufzeigen, in denen mit Indizes gearbeitet wird. Viele der dabei zu Tage tretenden Probleme wie auch Vorteile überschnitten sich trotz dieser unterschiedlichen inhaltlichen Interessen und Zugänge.

Alle in diesem Sonderheft aufgenommenen Beiträge wurden in einer Autorenkonferenz in Leipzig diskutiert. Dann erfolgte unter Berücksichtigung der dortigen Kommentare eine Überarbeitung und Einreichung der Beiträge. In der Folge wurden die eingegangenen Beiträge in einem double-blind-peer-review-Verfahren geprüft. Allen dort mitwirkenden Gutachtern sei an dieser Stelle für ihre weiterführenden und konstruktiven Kommentare herzlich gedankt. Wie es im peer-review-Verfahren üblich ist, haben nicht alle eingereichten Beiträge den Weg in dieses Sonderheft gefunden. Dies war an einigen Stellen aufgrund der interessanten Thematiken bedauerlich. Trotzdem denken wir aber, dass diese Vorgehensweise die Richtige ist, um eine hohe Qualität der Beiträge zu gewährleisten, wie sie sich die Zeitschrift für Vergleichende Politikwissenschaft zum Maßstab gesetzt hat. Ziel des Sonderheftes war es auch, eine hinreichende Vielfalt und Originalität der Beiträge zu gewährleisten. Dies ist durch das geschilderte Vorgehen nicht immer gesichert. In diesem Fall scheint es gut gelungen zu sein. Fragility Indizes, ein Index zur Hochschulpolitik, Indizes zur Messung des Verhältnisses zwischen Kirche und Staat sind nur Beispiele, für die Vielfalt der Indexmessung in der Vergleichenden Politikwissenschaft. Nichtsdestoweniger stehen sie auch repräsentativ für die Präsenz bestimmter Themenbereiche. Kommen wir zu einem kurzen Überblick der in diesem Band versammelten Beiträge.

Fast alle zentralen Fragestellungen der Vergleichenden Politikwissenschaft beruhen auf der Grundannahme, dass man es bei den Untersuchungsobjekten mit Staaten zu tun hat. Diese politischen Gebilde dienen als Grundeinheit weitergehender Analysen. Dabei können diese Gebilde über ganz unterschiedliche Ausmaße an Stabilität verfügen. Dieser Frage widmet sich i.d.R. die politische Kulturforschung (zusammenfassend Pickel und Pickel 2006). Allerdings gibt sie über die Analyse von Umfragedaten zumeist nur Auskunft über eine Abschätzung der zukünftigen Stabilität. Abgesehen davon, dass auf diese Weise oft ein hoher Nutzen hinsichtlich von Aussagen über die Stabilität politischer Systeme erzielt werden kann, bleibt doch die Frage nach dem Grad der Fragilität des untersuchten Gebildes offen. Dieser Frage widmen sich in der neueren Forschung *Fragilitätsindizes*. Zu dieser Thematik finden sich gleich zwei Beiträge im vorliegenden Band.

Felix Bethke kommt in seiner vergleichenden Analyse der Fragilitätsindizes zu dem Befund, dass sie zwar recht zuverlässig ein empirisches Phänomen abbilden, dabei aber nicht immer klar ist, was sie genau messen. Bei näherem Hinsehen findet Bethke ein bias zugunsten eines demokratischen Verständnisses des Staates, das die Aussagekraft der meisten Indizes hinsichtlich potentieller Verfallsprozesse einschränkt. Insbesondere Aspekte der Konstruktvalidität und der theoretischen Rückbindung weisen in den meisten verfügbaren Fragilitätsmessungen Defizite auf. Dies ist umso problematischer, als dass die Transparenzprobleme einiger Ansätze die Identifikation dieser Probleme für Sekundärforscher verschleiern. Vor allem die Tendenz einiger Ansätze „von allem ein bisschen zu messen und den Stempel fragile Staatlichkeit draufzusetzen" erweist sich als misslich. Ein belastbares Maß für die Bestimmung von Fragilität muss wohl – so Bethke – erst noch gefunden werden.

Zu einem ähnlichen Ergebnis kommt *Sebastian Ziaja* in seiner Beurteilung der Fragilitätsindizes. Er findet eine Gruppe „holistischer" Indizes, die zunächst ein gleiches Phänomen messen. Ihr empirischer Nutzen für die Erforschung von staatlicher Fragilität ist aber überschaubar, da nicht genau zu bestimmen ist, was sie messen. Dies resultiert vor allem aus dem Fehlen einer brauchbaren Definition von Fragilität. So neigen viele Messungen dazu, über maximale Konzeptspezifikationen ein „Sammelsurium" an Indikatoren zu integrieren und dabei das Prinzip der Sparsamkeit außer Acht zu lassen. Alternative Messungen dagegen leiden daran, dass sie teilweise deutlich unterschiedliche Ergebnisse erzielen. Potentielle Weiterentwicklungsmöglichkeiten wären, einerseits den Blick stärker auf die Messung von Teilregimen zu lenken, andererseits Beziehungsanalysen zu verwandten Konzepten (politische Stabilität, Staatskapazität) vorzunehmen. Beide Autoren kommen damit trotz unabhängigen Vorgehen und anderen Zielsetzungen zu einem vergleichbaren Ergebnis.

Auch im Beitrag von *Andreas Etling* und *Karsten Mause* steht der Staat im Mittelpunkt. Ihnen geht es aber weniger um die Fragilität des Staates als um die Umsetzung seiner regulatorischen Kraft. Im Zentrum der kritischen Analyse stehen die in den letzten Jahren verstärkt aufkommenden Messinstrumente für das Ausmaß an regulatorischen Eingriffen in die Wirtschaft. Unterschiede bestehen insbesondere in dem verwendeten Begriff von Regulierung sowie der variierenden empirischen Reichweite der Indizes. Dabei wird auf einen Punkt hingewiesen, der für viele Indexmessungen zentral ist – die Angemessenheit des verwendeten Index für eine spezifische Fragestellung. Gleichzeitig wird deutlich, dass hier ein bedeutsamer Datenpool entsteht, der für die vergleichende Forschung erhebliche Potentiale bereithält. Gerade politikwissenschaftlich müsste dabei der Fokus noch stärker auch auf die Frage, wer reguliert, ausgerichtet werden.

Beschäftigt sich der Beitrag von Etling und Mause mit der Vermessung des regulatorischen Staates, so nimmt sich *Wolfgang Muno* nichts weniger vor als die Vermessung der Welt. Muno richtet seinen Blick auf die World Governance Indicators (WGI) der Weltbank. Aussagen über die Qualität der Regierungsführung oder des good governance zu erhalten, ist das Ziel dieser Indizes. Ohne Frage wird so ein breit verwendbares Tool an Daten für die komparative Analyse bereitgestellt. Allerdings ist dies nicht unproblematisch. So leiden die WGI unter einem Theoriedefizit, welches sich auf ihre Konzeptionalisierung auswirkt. Die Definition von good governance geschieht eher ad-hoc. Die Auswirkungen sind aber beachtlich, werden doch viele Entscheidungen von Organisationen, die die WGI als Entscheidungsgrundlage verwenden, auf so ebenfalls ad hoc erzielte Ergebnisse gestützt. Muno sieht hier ein maßgebliches moralisches Problem, welches in der Indexkonstruktion nicht mit bedacht wird. Das Plädoyer ist dann auch, die bestehenden Indizes nicht zu verwerfen, sondern zu verbessern und sich auch über ihre Verwendung bei öffentlichen Entscheidungen Gedanken zu machen.

Ein ganzes Autorenkollektiv setzt sich mit einem der Hauptprobleme der auf Indizes setzenden Vergleichenden Politikwissenschaft auseinander – der Demokratiemessung. *Marc Bühlmann, Wolfgang Merkel, Lisa Müller, Heiko Giebler und Bernhard Weßels*, stellen dabei ein eigenes Messinstrument vor – das Demokratiebarometer. Es soll die bestehenden Defizite und Probleme bislang verfügbarer Demokratiemessindizes zu beheben helfen. Durch eine sehr differenzierte Messung (100 Indikatoren) wird versucht, die Qualitätsunterschiede zwischen etablierten Demokratien herauszuarbeiten. Dabei wird großer Wert auf eine Anbindung an ein Theoriekonzept gelegt, welches nicht auf ein minimalistisches Verständnis von Demokratie reduziert wird. Interessant ist als Ergebnis, dass von einer Krise der Demokratie wohl kaum gesprochen werden kann, aber auch noch Entwicklungspotentiale bestehen. Und letzteres gilt nicht nur für defekte Demokratien, hybride Regime oder Autokratien.

Im Spektrum der Demokratiemessung bleiben auch *Oliver Dlabac* und *Hans-Peter Schaub*. Auch sie streben einen neuen Zugang zur Messung von Demokratie an, wollen dabei aber nicht nur – wie in der Demokratiemessung oftmals üblich – liberale, sondern auch radikaldemokratische Aspekte in Demokratien identifizieren und abbilden. Dazu konstruieren sie zwei Idealtypen von Demokratie (liberal und radikal), an deren Dimensionen die Ausrichtung (und dann auch Demokratiequalität) verschiedener politischer Systeme zu bemessen ist. Dies geschieht anhand von Netzdiagrammen. Diese ermöglichen einen dualen, mehrdimensionalen Zugang zur Frage der Messung von Demokratie. Dabei wird den Messkonzepten zur Qualität der Gedanke alternativer Formen von Demokratie zur Seite gestellt – und der oft geforderte Blick auf die theoretische Verortung gelenkt.

Stefan Ewert betritt mit seinem Aufsatz ein völlig neues Gebiet der Indexforschung. Er untersucht anhand der Konstruktion eines Index der regionalen Vernetzung die regionale Kooperation der Hochschulpolitik im baltischen Raum. Neben dem inhaltlichen Interesse ist sein zentrales Argument für die Konstruktion eines solchen Index der Gewinn für die vergleichende Analyse gegenüber den bislang dominierenden, eher deskriptiven Regionalstudien. Deren Schwächen gerade in kausalanalytischer Hinsicht könnten auf diese Weise, wenn nicht überwunden, so doch immerhin reduziert werden. Dies hat seinen speziellen Nutzen gerade in den für die Regionalisierung bedeutsamen Diffusionsprozessen. Dies zeigen dann auch die Ergebnisse der Anwendung des Index: So kann eine Wirkung der Vernetzung der Bildungsinstitutionen genauso identifiziert werden wie allgemeinere Diffusionsprozesse. Gerade dieses Beispiel macht auch die Nützlichkeit der Verwendung von Indizes deutlich, die sich aus der Sparsamkeit und der Komprimierung der Information ergeben. So können in weiterführenden statistischen Analysen die Wirkungen verschiedener Faktoren gegeneinander getestet werden, was unter Einbezug der vielen verschiedenen Einzelfaktoren oder aufgrund der geringen Fallzahl in Regionalstudien nur sehr schwer möglich ist.

Das Verhältnis zwischen Religion und Politik, oder Kirche und Staat, zählt zu den lange etablierten Forschungsgebieten, die in verschiedenen Fächern (Politikwissenschaft, Religionssoziologie, Rechtswissenschaft) Aufmerksamkeit auf sich ziehen. *Richard Traunmüller* möchte durch eine Evaluation der verschiedenen Indizes, die mittlerweile die Staat-Kirche-Verflechtungen messen wollen, einen weiterführenden Beitrag leisten. Zwar sind entsprechende Messinstrumente in den letzten Jahren verstärkt aufgetaucht, doch anders als z. B. in der Demokratiemessung erfolgte eine nur begrenzte Methodenreflexion. Diese wäre aber notwendig, lassen sich doch anhand von Kernkriterien für die Indexmessung deutliche Qualitätsgrade in der Messung der Staat-Kirche-Verflechtung ausmachen. Bemerkenswert ist, dass anders als bei vielen anderen Messungen in der Vergleichenden Politikwissenschaft, bei der Staat-Kirche-Verflechtungsmessung die Hauptprobleme weniger in der Konzeptionalisierung liegen als eher in der Phase der Messung und Aggregation. Hier scheint noch ein Ausbaubedarf zu bestehen, der sich aber vor dem Hintergrund religionssoziologischer und politikwissenschaftlicher Debatten (religiöses Marktmodell) lohnen dürfte.

Jan-Erik Skanning und *Jorgen Möller* setzen sich im letzten Beitrag des Bandes mit der Messung von Demokratien und Nichtdemokratien auseinander. Dabei stellen sie eine Inkonsistenz zwischen Konzept und Messung fest, die in den Aggregationsregeln der Konzepte fest werden kann. Anhand der Replikation verschiedener Analysen kommen Skanning und Möller auf empirische Unterschiede, welche den Schluss nahelegen, dass hier noch einiges an Verbesserungsbedarf besteht. Sie weisen auf drei Gründe für die bestehenden Probleme und Ungenauigkeiten hin: Erstens eine teilweise fehlende methodologische Reflexion des eigenen Vorgehens und der Verwendung von extern produzierten Indizes, zweitens die Unkenntnis über die disaggregierten Werte der Indizes, drittens die oft seitens Sozialwissenschaftlern praktizierte verwirrende Verwendung von (nicht immer passenden) technischen Fachtermini.

5 Fazit – Indizes als nützliches aber bewusst zu gebrauchendes Instrument der Vergleichende Politikwissenschaft

Fasst man die Ergebnisse der verschiedenen Beiträge zusammen und berücksichtigt auch die über die Beiträge hinaus vorliegenden Debatten, so werden verschiedene Punkte deutlich:

1. Indizes unterscheiden sich in ihrer *Messqualität*. Es gibt in der Tat bessere und auch schlechtere Indizes. Dies muss immer in Bezug auf den zu erfassenden Forschungsgegenstand beurteilt werden. Nichtsdestoweniger ist die Qualität der Messung mittlerweile nicht mehr einfach hinzunehmen und durch den Verweis auf die andere Ausrichtung des eigenen Instrumentes zu entschuldigen. Es finden sich relativ harte Kriterien, an denen man – auch reflektiert – Qualitätsgrade bemessen kann (s. Pickel und Pickel; Bühlmann et al.; Traunmüller).
2. Gleichzeitig gibt es aber auch der Forschungsfrage angemessene und weniger angemessene Indizes. Hier sind es die theoretischen wie konzeptionellen Forschungsinteressen, welche den Wert (und die Qualität) des Index vorgeben (s. Bethke; Ziaja; Schaub und Dlabac). Bedeutsam sind hier aber Kriterien der *Angemessenheit* für die Forschungsfrage und der Transparenz dessen, was man tut und was man verwendet.
3. Qualitätseinbußen können auf allen Ebenen der Indexkonstruktion auftreten (Munck und Verkuilen 2002; Müller und Pickel 2007). Aggregierung (s. Skanning/Möller); Konzeptionalisierung (siehe Bethke; Ziaja; Muno), Messung (s. Traunmüller) aber insbesondere der mangelnde Bezug zur Theorie und ein Root-Konzept führen zu Mängeln in der Messung. Gerade die Verzahnung zwischen *Theorie* und empirischer Messung sowie der Bereich der Konzeptionalisierung bedürfen in den meisten Gebieten noch einer größeren Aufmerksamkeit. So reicht es nicht aus, zuverlässig etwas zu messen, von dem man nicht weiß, ob es das ist, was man messen will (Validität).
4. Indizes sind zudem *kein rein methodisches Problem*. Ihre Konstruktion besitzt massive Rückwirkungen in den Forschungsprozess hinein und auf die Interpretation von Forschungsergebnissen. Politische Handlungen hängen z. T. von der Konstruktion und der inhaltlichen Zusammensetzung eines Index ab. Damit besitzen sie manifeste politische Konsequenzen – und können moralische Probleme aufwerfen (s. Muno; Etling und Mause). Indizes wie der Freedom House Index erlangen eine politische Bedeutung und können z. B. für die Vergabe von Entwicklungshilfegeldern relevant werden. Weisen die Indizes dann methodische oder konzeptionelle Schwächen auf, dann kann dies weitreichende Folgen mit sich bringen. Entsprechend muss gerade auch an die Verwertungspraxis von Indizes gedacht werden und ihre Ergebnisse sollten mit einer hinreichenden Reflexion über ihre Gültigkeit und ihre Grenzen präsentiert werden.
5. Indizes breiten sich aus und werden immer wichtiger. Damit wird auch die *Prüfung* ihrer Qualität eine immer wichtigere Aufgabe für die Politikwissenschaft. Umgekehrt bedeutet Prüfung nicht sofort Verwerfung. Indizes sind von einem immensen Nutzen für die oft auf wenige Untersuchungsfälle ausgerichtete Vergleichende Politikwissenschaft (small n problem), stellen sie doch Möglichkeiten der Informationskomprimierung bereit, ohne die weiterführende kausale Analysen manchmal gar nicht möglich wären (s. Ewert; Muno). Und so bedeutet bereits die Konstruktion eines Index einen

Schritt auf dem Weg zu einem gesteigerten Erkenntnisgewinn, wird doch die für Wissenschaft notwendige Aufgabe der Informationsverdichtung erreicht.

Erkenntnisgewinn ist ein Prozess. Und dies gilt auch für die Verwendung von Indizes in der Vergleichenden Politikwissenschaft. Dieser Prozess ist noch nicht am Ende angelangt, sondern befindet sich auf dem Weg. Pauschale Forderungen, auf Indizes zu verzichten, sind dabei genauso wenig hilfreich, wie Forderungen, jegliche Form statistischer sozialwissenschaftlicher Analyse aufzugeben. Sie werden in der Zukunft in komplexen Gesellschaften immer mehr zur Informationsverdichtung benötigt werden, und ihre Qualität wird sich verbessern. Eine hinreichende *Reflexion* dessen, was man mit Indizes tut, wie man es tut und was die (politischen) Konsequenzen sein können, ist deswegen nicht weniger angebracht. Wir hoffen mit dem vorliegenden Band hierzu einen Beitrag zu leisten.

Literatur

Aarebrod, Frank H., und Pal H. Bakka. 1997. Die vergleichende Methode in der Politikwissenschaft. In *Vergleichende Politikwissenschaft*, Hrsg. Dirk Berg-Schlosser, und Ferdinand Müller-Rommel, 57–76. Opladen: Westdeutscher.

Castles, Francis G. 1998. *Comparative public policy: patterns of post-war transformation*. Cheltenham: Edward-Elgar.

Cheibub, José Antonio, et al. 2009. Democracy and dictatorship revisited. *Public Choice* 143: 67–101.

Fuchs, Dieter, und Edeltraud Roller. 2008. Die Konzeptualisierung der Qualität von Demokratie. Eine kritische Diskussion aktueller Ansätze. In *Bedrohungen der Demokratie*, Hrsg. André Brodocz, Markus Llanque, und Gary Schaal, 77–96. Wiesbaden: VS Verlag für Sozialwissenschaften.

Geddes, Barbara. 1999. What do we know about democratization after twenty years? *Annual Review of Political Science* 2:115–144.

Geddes, Barbara, et al. 2011. *Authoritarian regimes: a new data set*. Manuscript. http://dictators.la.psu.edu/data/GlobalRegimesCodebook.pdf. Zugegriffen: 1. Aug. 2012.

Hadenius, Axel, und Jan Teorell. 2006. *Authoritarian regimes: stability, change, and pathways to democracy 1972–2003*. Kellogg Institute Working Paper Series 331: University of Notre Dame.

Hadenius, Axel, und Jan Teorell. 2007. Pathways from authoritarianism. *Journal of Democracy* 18: 143–156.

Kailitz, Steffen. 2009a. Stand und Perspektiven der Autokratieforschung. *Zeitschrift für Politikwissenschaft* 3:437–488.

Kailitz, Steffen. 2009b. Stand und Perspektiven der Autokratieforschung. *Zeitschrift für Politikwissenschaft* 19:437–488.

Kailitz, Steffen. 2012. Why and how we should classify political regimes by their legitimation. *Democratization* forthcoming.

Lauth, Hans-Joachim. 2004. *Demokratie und Demokratiemessung. Eine konzeptionelle Grundlegung für den interkulturellen Vergleich*. Wiesbaden: VS Verlag für Sozialwissenschaften.

Lauth, Hans-Joachim, Gert Pickel, und Susanne Pickel. 2009. *Methoden der Vergleichenden Politikwissenschaft*. Wiesbaden: VS Verlag für Sozialwissenschaften.

Müller, Thomas, und Susanne Pickel. 2007. Wie lässt sich Demokratie am besten messen? Zur Konzeptqualität von Demokratie-Indizes. *Politische Vierteljahresschrift* 3:511–539.

Munck, Gerardo. 2009. Measuring democracy: a bridge between scholarship and politics. New York: Johns Hopkins University.

Munck, Gerardo L., und Jay Verkuilen. 2002. Conceptualizing and Measuring Democracy. Evaluating Alternative Indices. *Comparative Political Studies* 35 (1): 5–34.

Nohlen, Dieter. 1994. Vergleichende Methode. In *Politikwissenschaftliche Methoden*, Hrsg. Jürgen Kriz, und ders., 507–517. München: Beck.

Pickel, Susanne, und Thomas Müller. 2006. Systemvermessung – Schwächen der Konzepte und Verzerrungen der empirisch-quantitativen Bestimmung von Demokratie und Autokratie. In *Demokratisierung im internationalen Vergleich. Neue Erkenntnisse und Perspektiven*, Hrsg. Gert Pickel, und Susanne Pickel, 135–172. Wiesbaden: VS Verlag für Sozialwissenschaften.

Pickel, Susanne, und Gert Pickel. 2006. *Politische Kultur- und Demokratieforschung*. Wiesbaden: VS Verlag für Sozialwissenschaften.

Przeworski, Adam et al 2000. *Democracy and development: political institutions and well-being in the world, 1950–1990*. Cambridge: Cambridge University Press.

Schnell, Rainer, Paul B. Hill, und Elke Esser. 2005. *Methoden der empirischen Sozialforschung*. München: Oldenbourg.

Teorell, Jan. 2010. Determinants of democratization. Explaining regime change in the world, 1972–2006. Cambridge: Cambridge University Press.

AUFSÄTZE

Zuverlässig invalide – Indizes zur Messung fragiler Staatlichkeit

Felix S. Bethke

Zusammenfassung: Der Artikel unternimmt eine vergleichende Analyse von Indizes zur Messung von fragiler Staatlichkeit. Zentrales Anliegen ist dabei die Überprüfung der Reliabilität und Validität der Messinstrumente. Die Analyse ergibt, dass die untersuchten Indizes zwar relativ zuverlässig das gleiche Phänomen abbilden, jedoch das Konzept fragile Staatlichkeit nicht hinreichend valide erfassen. Die vorgestellten Projekte lassen Kernaspekte des Konzepts unberücksichtigt, verzerren die Ergebnisse zugunsten von Demokratien und gewichten und aggregieren die Bestandteile des Konzepts ohne jegliche theoretische Fundierung. Darüber hinaus ist die Validität vieler Indikatoren fraglich, da diese im Kontext anderer Messkonstrukte stehen und keine konzeptionelle Nähe zum Phänomen aufweisen. Erst wenn es gelingt, ein Maß zu entwickeln, welches Sparsamkeit und Relevanz der Komponenten gleichermaßen erfüllt, kann die vergleichende Forschung zu fragiler Staatlichkeit von Indizes profitieren.

Schlüsselwörter: Staatszerfall · Fragile Staatlichkeit · Indizes

Reliable but not valid: Indices for the measurement of state fragility

Abstract: In this article I compare composite indicators measuring state fragility. The main objective is to analyze the reliability and validity of these measurement instruments. The analysis reveals that the indices are able to measure the same phenomenon quite reliable but they measure the concept of fragile states not sufficiently valid. Most of the indices do not consider crucial aspect of the concept and their results are in favor of democracies. Furthermore, weighting and aggregation of the index-elements is done without any theoretical foundation. Moreover, the validity of many indicators is questionable since these were fabricated within the context of other measurement constructs and have no conceptual relation to the phenomenon of state fragility. I argue that future attempts to measure state fragility should be more parsimonious and only include indicators which are relevant to the concept. Then comparative research could use them efficiently.

Keywords: State failure · State fragility · Composite indicators · Indices

Online publiziert: 18.07.2012
© VS Verlag für Sozialwissenschaften 2012

F. S. Bethke (✉)
Institut für Politik- und Kommunikationswissenschaft, Universität Greifswald,
Baderstraße 6/7, 17487 Greifswald, Deutschland
E-Mail: bethkef@uni-greifswald.de

1 Einleitung

Die Forschung zum Phänomen Staatszerfall hat in den letzten Jahren zunehmend eine komparative Ausrichtung erfahren. Zum einen hat die Quantität statistischer Analysen zu den Ursachen und Folgen von Staatszerfall deutlich zugenommen (Bates 2008; Carment et al. 2008b; Chauvet und Collier 2008; Englehart 2009; Iqbal und Starr 2008), zum anderen wurde vermehrt versucht, das Phänomen durch Indizes zu erfassen und im Zeitverlauf abzubilden. Das prominenteste Beispiel ist in diesem Kontext der seit 2005 jährlich erscheinende *Failed States Index* (FSI) des *Fund for Peace* (Fund for Peace 2009a). Es existiert jedoch mittlerweile eine Vielzahl weiterer Ansätze, die versuchen, den Grad des Zerfalls von Staaten durch Aggregation von Indikatoren abzubilden. Dazu gehören der *Fragility Index* (FI) des *Country Indicators for Foreign Policy*-Projekts (Carment et al. 2006, 2008b), der *State Fragility Index* (SFI), welcher von Forschern der George Mason Universität herausgegeben wird (Marshall und Cole 2008; Marshall und Goldstone 2007), sowie der *Brookings Index of State Weakness* (ISW) (Rice und Patrick 2008). Der Analyse dieser Projekte, die bislang kaum wissenschaftlich rezipiert wurden, ist dieser Artikel gewidmet. Zentrales Anliegen ist dabei die Überprüfung der Reliabilität und Validität der verschiedenen Indizes.

Dazu wird zunächst eine Spezifikation des Konzeptes vorgenommen, welches die verschiedenen Indizes messen wollen. Dabei werden die Gemeinsamkeiten bei der theoretischen Betrachtung von Staatszerfall bzw. fragile Staatlichkeit dargelegt, um die Ergebnisse vergangener Forschungsbemühungen zu strukturieren und zudem einen Referenzpunkt für die Messung des Phänomens zu bestimmen (Kap. 2). Im Anschluss werden die relevanten Indizes vorgestellt und hinsichtlich ihrer theoretischen Grundlagen sowie Operationalisierung und Indexkonstruktion verglichen (Kap. 3). Darauf aufbauend werden die Reliabilität und die Inhaltsvalidität der unterschiedlichen Messinstrumente analysiert (Kap. 4). Abschließend werden die grundlegenden Probleme des Forschungsbereiches zusammengefasst und Möglichkeiten der Verbesserung diskutiert (Kap. 5).

2 Bestimmung von (fragiler) Staatlichkeit

Für die Bestimmung fragiler Staatlichkeit[1] verwendet die Forschung unterschiedliche Typologien und der Prozesscharakter des Phänomens wird i. d. R. durch das Bild eines Kontinuums beschrieben. Am einen Ende steht der Typus des konsolidierten Staats, welcher häufig durch die OECD-Staaten repräsentiert wird, am anderen Ende der zerfallene oder kollabierte Staat. Entlang dieses Kontinuums wird der Grad des Verfalls bzw. der Fragilität mit Hilfe weiterer Begrifflichkeiten gekennzeichnet (Lambach 2008; Rotberg 2004; Schneckener 2006; Zartman 1995) (Abb. 1).

---

1 Als Zustandsbeschreibung für das Phänomen hat sich inzwischen die Bezeichnung fragile Staatlichkeit etabliert, welche auch im Folgenden verwendet wird.

| Konsolidierter Staat | Schwacher Staat | Zerfallender Staat | Kollabierter Staat |

Abb. 1: Kontinuum der Staatlichkeit

Gemein ist allen Ansätzen, dass sie eine idealtypische Bestimmung empirischer Staatlichkeit vornehmen[2], so dass Staatszerfall als Abweichung von einem theoretisch konstruierten idealen Staat verstanden wird. Der Ausgangspunkt für jede wissenschaftliche Beschäftigung mit dem Phänomen ist dementsprechend die Spezifikation des Staatsbegriffes so dass es möglich ist festzustellen, was überhaupt zerfällt oder fragil ist. In den Sozialwissenschaften erfuhr der Begriff des Staates wechselhafte Bedeutung. Der Staatsbegriff generell und die Frage nach Staatsfunktionen im Speziellen waren immer wieder Gegenstand wissenschaftlicher Diskurse (Evans et al. 1985; Leibfried und Zürn 2006; Scharpf 1991). Dementsprechend uneinheitlich sind auch die Versuche im Kontext der Staatszerfallforschung, das Konzept zu spezifizieren (Bates 2008; Lambach 2008; Milliken 2003; Rotberg 2004; Schneckener 2006; Zartman 1995).

Um die Kernelemente des idealtypischen Staates zu bestimmen, wird im Folgenden eine Min-Max-Strategie verwendet. Dabei werden die im Forschungsfeld verwendeten Attribute des Konzeptes hinsichtlich ihrer Auswirkungen auf die Extension (Zahl der Fälle, auf die ein Konzept angewandt werden kann) und Intension (Zahl der Attribute, anhand derer man die Fälle unterscheidet) analysiert (Gerring und Barresi 2003).

Allen Staatsdefinitionen im Kontext der Forschung zu fragiler Staatlichkeit ist gemein, dass sie das Gewaltmonopol als Kernattribut spezifizieren (Bates 2008; Clement 2003; Englehart 2007; Lambach 2008; Schneckener 2006; Zartman 1995). Der Begriff Staat wird definiert als eine Institution, welche innerhalb eines bestimmten Territoriums über die sich darin aufhaltende Bevölkerung ein Monopol auf die Anwendung physischer Gewalt besitzt (Weber 1990). Das Gewaltmonopol über ein Territorium und die darin lebende Bevölkerung stellt somit die Minimaldefinition empirischer Staatlichkeit dar.

Unter Bezugnahme auf Elias (1969) und Tilly (1975) wird von vielen Autoren jedoch eine Erweiterung dieser Staatsdefinition vorgenommen, indem das Gewaltmonopol durch das Abgabemonopol und Rechtsetzungsmonopol ergänzt wird. Das Abgabemonopol beinhaltet das dem Staat vorbehaltene Recht bzw. die Kapazität, Steuern zu erheben. Das Rechtsetzungsmonopol garantiert, dass allein der Staat allgemein verbindliche Regeln erlassen und diese durchsetzen kann (Bates 2008; Clement 2003; Lambach 2008; Rotberg 2004; Schneckener 2006). Die Durchsetzung der Monopole geschieht durch die administrativen Organe, die sich der Staat zu diesem Zweck gibt (Migdal 2001).

Aus dem Monopolanspruch resultieren die Funktionen eines Staates, namentlich die Bereitstellung von Sicherheit, Gesetzgebung, Rechtsprechung, Steuererhebung sowie administrative Aufgaben. Viele Autoren definieren zudem die Bereitstellung grundlegen-

---

2 Jackson und Rosberg (1982) führten die Unterscheidung zwischen juristischer und empirischer Staatlichkeit in die Debatte ein. Erstere bezieht sich auf die internationale Anerkennung eines Staates durch die internationale Staatengemeinschaft. Empirische Staatlichkeit dagegen beinhaltet die endogene Qualität eines Staates, also jene Funktionen und Aufgaben, die einen Staat ausmachen.

Tab. 1: Kernelemente empirischer Staatlichkeit

	Minimaldefinition	Maximaldefinition
Attribute	Territorium Bevölkerung Gewaltmonopol	Territorium Bevölkerung Gewaltmonopol Abgabemonopol Rechtsetzungsmonopol Legitimität
Funktionen	Bereitstellung von Sicherheit	Bereitstellung von Sicherheit Steuererhebung Bereitstellung öffentl. Güter Gesetzgebung Rechtsprechung Rechtsdurchsetzung

Eigene Darstellung

der öffentlicher Güter und Dienstleistungen in Bereichen wie Gesundheit oder Bildung als Staatsfunktion (Clement 2003; Milliken 2003; Rotberg 2004; Schneckener 2006).[3]

Von zentraler Bedeutung ist für viele Studien zudem die Frage der Legitimität von Herrschaft (Rotberg 2004; Schneckener 2006; Zartman 1995). Legitimität wird definiert als Rechtfertigung faktisch bestehender Ordnungen, Regeln und Herrschaftsformen, d. h. die Bereitschaft der Beherrschten zur Anerkennung der Herrschaft. Legitimität kann als Bindeglied zwischen Staat und Gesellschaft verstanden werden. Die Monopole staatliche Herrschaft werden von der Gesellschaft mit der Erwartung legitimiert, dass der Staat seine Funktionen erfüllt, d. h. Sicherheit gewährleistet, Rechtsetzung und Rechtsprechung vollzieht sowie öffentliche Güter bereitstellt. Dies sind die grundlegenden Elemente, die verwendet werden, um den Begriff Staat zu definieren. Tabelle 1 fasst die Kernelemente des Konzeptes zusammen.

Hinsichtlich der Verwendung einer Minimal- oder Maximaldefinition ist der analytische Fokus entscheidend. Für eine Analyse von Extremfällen, welche i. d. R. mit dem Begriff Staatskollaps bezeichnet werden, kann eine Minimaldefinition mit wenigen konzeptionellen Attributen ausreichen. Liegt der Fokus dagegen auf dem breiten Spektrum fragiler Staatlichkeit, ist eine Maximaldefinition plausibler, die alle Elemente erfasst.

Nach Goertz (2006) ist für die Spezifikation eines Konzeptes dessen Struktur relevant. Goertz unterscheidet dabei zwischen der Struktur der Familienähnlichkeit und der Struktur notwendiger und hinreichender Bedingungen. Bei der Struktur von Familienähnlichkeit wird das Konzept durch eine Anzahl Attribute bestimmt, die austauschbar, d. h. mit einem logischen ODER verknüpft sind. Es ähnelt dem statistischen Verständnis einer latenten Variablen. Beispielsweise spezifiziert Hicks (1999) den Wohlfahrtsstaat, wenn drei von vier sozialstaatlichen Programmtypen (Krankenversicherung, Altersversorgung, Arbeitsunfallversicherung oder Arbeitslosenversicherung) gegeben sind. Bei der Struktur

---

3 Dabei werden die Errungenschaften des modernen Wohlfahrtsstaates i. d. R. ausgeklammert. Umfangreiche soziale Sicherungssysteme oder Umweltschutz sind im Kontext der Staatszerfalldebatte nicht relevant.

notwendiger und hinreichender Bedingungen ist dagegen jedes Attribut notwendig für das Konzept und gemeinsam sind die Attribute hinreichend. Dementsprechend sind die Attribute mit einem logischen UND verknüpft, so dass Interaktionen und Interdependenzen zwischen den Attributen existieren.

Für das Konzept empirische Staatlichkeit ist – unabhängig davon, ob eine Minimal- oder einer Maximaldefinition vorgenommen wird – die Struktur notwendiger und hinreichender Bedingungen plausibler. Die verschiedenen Attribute und Funktionen eines Staates stehen in einem interdependenten Verhältnis und sind nicht austauschbar. Die Logik der Familienähnlichkeit wird dem Konzept nicht gerecht. Für das Verhältnis notwendiger und hinreichender Bedingungen erscheinen dagegen zwei Interaktionsstrukturen plausibel. Entweder, das Gewaltmonopol und die entsprechende Sicherheitsfunktion des Staates werden als notwenige Bedingung für die Funktion der übrigen Elemente verstanden. Dieses Verhältnis baut auf der Annahme auf, dass die übrigen Staatsfunktionen nur innerhalb eines sicheren Umfelds erbracht werden können und dass der Staat erst legitimiert wird, wenn er der Gesellschaft Ordnung garantiert (Schneckener 2006, S. 23). Oder alle Elemente stellen notwendige Bedingungen dar, die gemeinsam hinreichend für das Konzept empirische Staatlichkeit sind. Demnach ergeben sich auch für das Gewaltmonopol Abhängigkeiten. Beispielsweise ist ein Staat zum Unterhalt einer Armee auf Steuereinnahmen und eine funktionsfähige Verwaltung angewiesen.

Zusammenfassend kann folgender theoretischer Referenzpunkt für das Konzept formuliert werden, welcher sich an der oben spezifizierten Maximaldefinition orientiert: Über empirische Staatlichkeit verfügt ein politischer Verband, wenn er innerhalb eines Territoriums und über eine Bevölkerung die legitime Autorität über die Monopole der Anwendung physischer Gewalt, Abgabenerhebung und Rechtsetzung ausübt und die Funktionen der Bereitstellung von Sicherheit, Steuererhebung, Bereitstellung öffentlicher Güter, Gesetzgebung, Rechtsprechung und Rechtsdurchsetzung erfüllt. Darauf aufbauend kann die Fragilität eines Staates definiert werden, als die mangelnde Fähigkeit, die Monopole auszuüben und die Funktionen zu erfüllen.

3 Indizes zur Messung von (fragiler) Staatlichkeit

Anknüpfend an die dargestellten konzeptionellen Überlegungen, welche hauptsächlich im Kontext von Einzelfallstudien oder vergleichenden Fallstudien angestellt wurden, versucht die Forschung zunehmend, das Phänomen fragile Staatlichkeit durch die Konstruktion von Indizes abzubilden. Dabei soll das Kontinuum der Staatlichkeit nicht mehr auf der Grundlage von subjektiven Einschätzungen einzelner Forscher, sondern durch möglichst objektive Messungen erfasst werden.

Vorläufer von Indizes zur Messung von (fragiler) Staatlichkeit waren die von nationalen Ministerien und internationalen Organisationen erstellten Listen, die versuchten, auf der Grundlage von unterschiedlichen Indikatoren *failed states* zu identifizieren und zu typologisieren (DFID 2005; World Bank 2002). Durch diese Listen lassen sich jedoch keine graduellen Unterschiede erfassen. Zudem erfüllen Staaten manchmal teilweise die für eine Kategorie notwendigen Kriterien. Die Bildung einer Rangfolge auf der Grundlage einer metrischen Skala erscheint in diesem Kontext sinnvoller. Genau an dieser Stelle setzen die in den letzten Jahren entwickelten Indizes an und versprechen eine realitätsnähere Erfassung der Wirklichkeit. Dabei wird durch die Aggregation von quantifizierbaren Messindikatoren der Grad der Staatlichkeit unterschiedlicher Länder in Relation zueinander gesetzt, wodurch die Bildung einer Rangfolge ermöglicht wird. Der Fokus der Messung liegt dabei auf dem unteren Spektrum der Skala. Es ist also nur begrenzt von Interesse, ob Norwegen „staatlicher" als Dänemark ist, sondern eher, welche Staaten dermaßen fragil sind, dass ein Kollaps staatlicher Ordnung unmittelbar bevorsteht.

Die meisten Projekte sind dementsprechend innerhalb des Forschungszweiges der Konfliktvorhersage zu verorten. Der Forschungszweig entwickelte sich in den 90er Jahren unter der Bezeichnung *crisis early warning*[4] sowohl als Antwort auf die Tatsache, dass nach Ende des Ost-West-Konflikts eine verhältnismäßige Zunahme von innerstaatlichen Konflikten gegenüber konventionellen zwischenstaatlichen Konflikten festgestellt wurde, als auch als Reaktion auf die Forderung nach mehr direkter Politikberatung durch die Wissenschaft (Boutros-Ghali 1992). Innerhalb der vergleichenden Forschung besteht zudem Bedarf für eine genaue Maßzahl für (fragile) Staatlichkeit. Die existierenden quantitativen Studien zu den Ursachen und Folgen des Phänomens bedienen sich i. d. R. Proxies aus der Konflikt- oder Regimeforschung, die das Konzept nur unzureichend erfassen (Bates 2008; Chauvet und Collier 2008; Englehart 2009; Iqbal und Starr 2008). Indizes könnten diese Proxies ersetzen und das Phänomen akkurater abbilden.

In diesem Kontext begann die Entwicklung von Indizes zur Messung von (fragiler) Staatlichkeit im Jahr 2005 mit der ersten Ausgabe des *Failed States Index* (Fund for Peace 2005). Inzwischen existiert eine ganze Bandbreite an Projekten, die sich mit der Messung des Phänomens befassen (Carment et al. 2006; Ghani et al. 2005; Marshall und Cole 2008; Marshall und Goldstone 2007; Rice und Patrick 2008; Rotberg und Gisselquist 2008; USAID 2005).

Im Folgenden sollen diese Projekte detaillierter vorgestellt und hinsichtlich der Güte der Messung analysiert werden. Die Analyse befasst sich dabei ausschließlich mit Indizes, die hinreichend dokumentierte Ergebnisse aufweisen, sich explizit auf das Phänomen fragile Staatlichkeit beziehen und zudem global ausgerichtet sind und nicht nur einzelne Regionen betrachten. Diese Kriterien erfüllen der *Failed States Index* des *Fund for Peace* (Fund for Peace 2009a), der *Fragility Index* des *Country Indicators for Foreign Policy*-Projekts (Carment et al. 2006), der *State Fragility Index* der Forscher der George Mason Universität (Marshall und Goldstone 2007) sowie der *Brookings Index of State Weakness* (Rice und Patrick 2008).

Grundlegend orientieren sich die Indizes dabei in ihren Staatsdefinitionen an dem oben dargelegten konzeptionellen Basismodell von Staatlichkeit. Alle Indizes beziehen sich implizit oder explizit auf das Gewaltmonopol als primäres Element von Staatlichkeit. Auch die Fähigkeit der Rechtsetzung, die Bereitstellung öffentlicher Güter und die Legitimität staatlicher Herrschaft werden von den Projekten als Kernelemente definiert. Das Abgabemonopol wird jedoch explizit nur von den Autoren des FI als Element von Staatlichkeit definiert. Die anderen Indizes beziehen sich dagegen eher vage auf die Fähigkeit eines Staates, die eigene Wirtschaft zu fördern (Baker 2007, S. 5; Carment et al. 2006, S. 6; Marshall und Cole 2008, S. 17; Rice und Patrick 2008, S. 8).

---

4 Einen Überblick über das Forschungsfeld bietet die Studie von Barton und von Hippel (2008).

Tab. 2: Struktur- und Kenndaten der untersuchten Indizes

Index	Fallzahl	Jahrgänge	Dimensionen	Indikatoren
State Fragility Index (SFI)	164	1995–2009	Effectiveness, Legitimacy Politics, Security, Economy, Social Welfare	14
Index of State Weakness (ISW)	141	2008	Politics, Security, Economy, Social Welfare	20
Fragility Index (FI)	185	2006–2007	Authority; Legitimacy; Capacity Governance, Economics, Security & Crime, Human Development, Demography, Environment	83
Failed States Index (FSI)	177	2005–2009	Politics & Military, Economy, Social Welfare	12

Die genannten Projekte proklamieren durchweg die Messung von (fragiler) Staatlichkeit. Die Autoren des ISW betonen, dass die dem Index zugrunde liegende Begrifflichkeit *state weakness* gleichbedeutend mit dem Begriff *state fragility* verwendet wird (Rice und Patrick 2008, S. 25; Baker 2007, S. 8; Carment et al. 2006, S. 5–7; Marshall und Goldstone 2007, S. 13–14; Rice und Patrick 2008, S. 3)

Bei der Betrachtung der von den Indizes verwendeten Dimensionen (vgl. Tab. 2) wird deutlich, dass alle Projekte einen multidimensionalen Ansatz verfolgen, wobei sie die Attribute des Konzepts in Funktionsbereiche staatlicher Herrschaft übersetzen. Fragile Staatlichkeit wird abgebildet, indem Kerndimensionen festgelegt werden, in denen die Performanz eines Staates gemessen werden soll. Die Dimensionen sind bei fast allen Projekten Politik, Sicherheit, Ökonomie und Soziales. Der FI spezifiziert zusätzlich noch die Dimensionen *Demography* und *Environment*. Darüberhinaus heben sich der SFI und der FI dadurch hervor, dass eine zweistufige Spezifikation der Dimensionen erfolgt, wobei zunächst abstrakte Kernfunktionen von Staatlichkeit benannt werden (*Authority, Legitimacy* und *Capacity* beim FI bzw. *Effectiveness* und *Legitimacy* beim SFI) und darauf aufbauend Politikfelder festgelegt werden, in denen diese Funktionen erbracht werden müssen (Carment et al. 2008b, S. 354–358; Marshall und Cole 2008, S. 17–19).

Für die Operationalisierung der spezifizierten Dimensionen nutzen die verschiedenen Indizes eine große Bandbreite von Indikatoren, wobei der FI mit ca. 80 Indikatoren eindeutig das umfangreichste Messinstrument darstellt. Für die Dimension Politik werden vornehmlich die *Governance*-Indikatoren der Weltbank (WGI) (Kaufmann et al. 2008) oder die Maßzahlen der Denkfabrik *Freedom House* (Freedom House 2009) zu Partizipations- und Freiheitsrechten verwendet, um die administrativen Kapazitäten und die Legitimität staatlicher Herrschaft zu quantifizieren. Bei der Dimension Ökonomie dominieren Indikatoren zum Bruttoinlandsprodukt. Daneben werden u. a. auch Daten zu Inflation oder Einkommensverteilung verwendet. Für die Indikatoren der Dimension Sicherheit wird auf Daten zur Konfliktintensität oder territorialer Ausbreitung von Konflikten zurückgegriffen. Bei der Dimension Soziales wird auf Entwicklungsindikatoren der Weltbank (2007) wie Kindersterblichkeit, Einschulungsrate und Zugang zu sauberem

Trinkwasser zurückgegriffen oder der *Human Development Index* (HDI) (UNDP 2008) verwendet. Die Indizes nutzen also quantitative Aggregatdaten und Indizes anderer Institute bzw. Organisationen. Eine Ausnahme stellt der FSI dar, welcher auch auf andere Quellen zurückgreift. Um (fragile) Staatlichkeit zu bemessen, verwendet der FSI zwölf Indikatoren. Dabei handelt es sich jedoch nicht um quantitative Aggregatdaten, sondern um Einschätzungen zu verschiedensten Aspekten (fragiler) Staatlichkeit (z. B. *Criminalization and/or Delegitimization of the State*), welche eher die Ursachen und Folgen fragiler Staatlichkeit abbilden, als, wie die anderen Projekte, die Effektivität von Staatsfunktionen zu messen (Baker 2007, S. 8–10). Die Indexwerte für die einzelnen Indikatoren werden durch Inhaltsanalyse und Experteneinschätzung gebildet. Die eigens kreierte CAST-Software setzt mittels Boolscher Algebra unterschiedliche Daten aus einer Vielzahl von Fachzeitschriften und Medienberichten in Bezug zu den Indikatoren. Quantitative Maßzahlen wie das BIP oder der HDI werden nur als zusätzliche Quellen bei der Einschätzung der Indikatoren herangezogen (Fund for Peace 2009b). Leider wurde bis dato weder die genaue Methodik zur Bildung der Indikatorenwerte noch die Funktionsweise der Software hinreichend dokumentiert.

Zur Bildung der Indexwerte nutzen die verschieden Projekte sehr ähnliche Aggregationsverfahren. Die Indikatoren und Dimensionen werden gleichgewichtet zu einem Gesamtindexwert aggregiert, wobei entweder das Verfahren der Addition (FSI, SFI) oder das arithmetische Mittel (ISW, FI) verwendet wird. Die einzelnen Indikatorenwerte werden entweder relational zur Werteverteilung aller Staaten bestimmt, d. h. orientieren sich an Extrem- und Mittelwerten oder es werden eigens Schwellenwerte definiert. Allerdings ist beim FI das Aggregationsverfahren intransparent, da die Indikatorenzuordnung nur für die oben genannten sechs Politikbereiche veröffentlicht wurde, so dass unklar bleibt, welche Indikatoren zur Messung von *Authority, Legitimacy* und *Capacity* verwendet werden (CIFP 2009). Der Gesamtindexwert ergibt sich in aktuellen Publikationen der Hrsg. aus der Zusammenfassung der sechs Dimensionen *Governance, Economics, Security and Crime, Human Development, Demography* und *Environment* (Carment et al. 2008a, S. 7).

4 Güte der Messung

Alle vorgestellten Indizes vermitteln den Eindruck, dass sie (fragile) Staatlichkeit messen. Um diesen Eindruck überprüfen zu können, wurden in der empirischen Sozialforschung Gütekriterien entwickelt. Diese werden im Folgenden dazu verwendet, zu untersuchen, ob es den vorgestellten Indizes tatsächlich gelingt, dass Konstrukt (fragile) Staatlichkeit zu erfassen.

4.1 Reliabilität

Ein entscheidendes Gütekriterium ist zunächst die Reliabilität der Messung. Mit Reliabilität wird die Zuverlässigkeit eines Messinstruments bezeichnet, wobei entscheidend ist, dass Messergebnisse bei wiederholter Messung reproduzierbar sind und nicht durch unsystematische Fehler beeinflusst werden.

Die verbreitetste Methode zur Überprüfung der Reliabilität von Indizes auf Basis von Aggregatdaten ist der Vergleich mit anderen Messinstrumenten, die das gleiche Konstrukt abbilden. Dadurch soll untersucht werden, inwieweit die Unterschiede bei der Konzeptspezifikation und Operationalisierung die Messung beeinflussen. Sofern die unterschiedlichen Indizes ein vergleichbares Konstrukt messen, müssten sich hohe bivariate Korrelationen auffinden lassen.

Das Ergebnis ist in diesem Fall eindeutig. Zwischen den Maßzahlen besteht ein starker, signifikanter Zusammenhang (vgl. Tab. 3). Eine weitere Möglichkeit die Reliabilität der Indizes zu überprüfen, ist die Korrelation aufeinanderfolgender Jahrgänge des gleichen Index (Kurtz und Schrank 2007, S. 544). Dabei wird angenommen, dass sich die Fragilität eines Staates kurzfristig nur graduell verändert, so dass von einer Messung zu unterschiedlichen Zeitpunkten ausgegangen werden kann. Ein Reliabilitätstest würde dementsprechend hohe Korrelationen der unterschiedlichen Jahrgänge der Indizes erwarten. Der FSI, der FI und der SFI, für die bereits mehrere Jahrgänge vorliegen, erfüllen diese Voraussetzung; die Korrelationen der unterschiedlichen Jahrgänge sind sehr hoch (Pearsons $r = 0{,}90$–$0{,}99$) und signifikant.

In jüngster Zeit wurden weitere Kriterien für die Zuverlässigkeit von Verbundindikatoren entwickelt, um die interne Konsistenz und Homogenität von Messinstrumenten zu prüfen (Nardo et al. 2008). Bezüglich der internen Konsistenz und der Homogenität erweist sich die Dimension Ökonomie des ISW als problematisch. Das Reliabilitätsmaß Cronbachs Alpha beträgt nur 0,56, was deutlich unter dem gewöhnlich geltenden Schwellenwert für eine Aggregierbarkeit von 0,7 liegt. Zudem enthält die Dimension Redundanz, da der Indikator *Regulatory Quality* stärker mit der Dimension Politik korreliert als mit der verwendeten Dimension Ökonomie, was aufgrund der Dominanz der WGI innerhalb der Dimension Politik nicht verwunderlich ist. Die Indikatoren der Dimension Ökonomie scheinen also mehrere unterschiedliche Aspekte ökonomischer Performanz anzusprechen, welche sich z. T. auch widersprechen. Eine Hauptkomponentenanalyse mit den Indikatoren der Dimension Ökonomie extrahiert dementsprechend zwei Komponenten, wobei *GDP Growth* und *Income Inequality* auf einen Faktor laden und *GNI per Capita, Inflation* und *Regulatory Quality* auf einen anderen Faktor. Beim FI ergeben sich Probleme mit der Dimension *Environment*, die negativ mit den anderen Dimensionen und dem Gesamtindexwert korreliert. Dementsprechend ist davon auszugehen, dass die Dimension *Environment* nicht das gleiche Phänomen abbildet, wie die restlichen Dimensionen des Index. Trotz dieser Unstimmigkeiten, ist jedoch aufgrund der Ergebnisse der

Tab. 3: Bivariate Korrelation der Gesamtindexwerte

	SFI	ISW	FI	FSI
SFI	1 (162)			
ISW	0,89 (126)	1 (141)		
FI	0,92 (160)	0,92 (141)	1 (192)	
FSI	0,86 (161)	0,85 (135)	0,93 (176)	1 (177)

Alle Korrelationen sind auf dem Niveau von 0,01 (2-seitig) signifikant (Pearson's r; N in Klammern). Die Variablen wurden so transformiert, dass sie in die gleiche Richtung laufen. Verwendet wurden Jahrgänge, die das Jahr 2007 abbilden, d. h. der FI 2007, der SFI 2007 der ISW und der FSI 2008

Reliabilitätstests davon auszugehen, dass die Indizes relativ zuverlässig das gleiche Konzept abbilden.

4.2 Validität

Es ist zwar davon auszugehen, dass die verschiedenen Indizes ein vergleichbares Phänomen zuverlässig abbilden, jedoch muss noch überprüft werden, inwieweit die Messinstrumente auch valide sind. Die Reliabilität der Maßzahlen ist noch kein Beleg für ihre Validität. Im Rahmen einer Validitätsprüfung wird ermittelt, ob mit einem Messinstrument überhaupt das gemessen wird, was gemessen werden soll, d. h. inwieweit die Messung durch systematische Fehler beeinflusst wird.

Wie in den vorangegangen Abschnitten gezeigt wurde, handelt es sich bei den vorgestellten Projekten um multidimensionale Verbundindikatoren. Das Phänomen (fragile) Staatlichkeit wird durch die mehr oder minder unterschiedlichen Spezifikationen in seine Bestandteile zerlegt. Das Ergebnis dieses Deduktionsprozesses sind die von den Projekten definierten Kerndimensionen von Staatlichkeit. Diese Dimensionen werden durch verschiedene Indikatoren abgebildet, wobei festzustellen ist, dass die Daten nicht eigens für die Messung von (fragiler) Staatlichkeit erhoben wurden, sondern im Kontext anderer Messkonstrukte stehen. Dabei stellt sich die Frage, inwieweit dieser Prozess der Konzeptualisierung und Operationalisierung valide ist. Im Folgenden sollen die vorgestellten Indizes hinsichtlich ihrer Inhaltsvalidität überprüft werden, d. h. inwieweit die Inhalte (Dimensionen/Indikatoren) aus denen sich die Indizes zusammensetzen, tatsächlich das interessierende Konzept erfassen. Als theoretischer Referenzpunkt dient dabei die in Abschn. 2 entwickelte Maximaldefinition empirischer Staatlichkeit. Dabei sind drei Kriterien entscheidend: Erstens sollten alle relevanten Elemente des Konzeptes von den Indizes erfasst werden. Zweitens sollten keine irrelevanten Elemente gemessen werden. Drittens sollten die Elemente in einem angemessenen Verhältnis zueinander stehen (Konzeptlogik). Für die untersuchten Indizes lassen sich bei jedem dieser Kriterien Problemfelder ausmachen.

Zunächst wird die Kernfunktion eines Staates, Abgaben zu erheben, von den Indizes nicht hinreichend berücksichtigt. Einzig der FI verwendet den Indikator Steuerquote innerhalb der Dimension Ökonomie. Allerdings ist in diesem Fall unklar, ob und wie stark der Indikator zum Gesamtindex beiträgt, da die Indexkonstruktion beim FI nicht vollständig transparent ist. Die anderen Indizes verwenden eine ökonomische Dimension, die nur bedingt mit den theoretischen Arbeiten zu Staatszerfall vereinbar ist. Die Dimension Ökonomie wird i. d. R. durch ein oder mehrere Indikatoren zum Bruttoinlandsprodukt (BIP) abgebildet. Im Kontext des Phänomens fragile Staatlichkeit sind jedoch die Steuern, die ein Staat erhält, viel entscheidender als das BIP, da nur Steuereinnahmen für die Sicherung von Autorität, Formulierung und Implementierung von Politiken bzw. Gesetzen sowie die Bereitstellung öffentlicher Güter eingesetzt werden können. Der Indikator Steuerquote wurde bereits in einer Vielzahl von Studien als geeignete Proxy-Variable zur Messung von Staatskapazität und fragiler Staatlichkeit identifiziert (Bates 2008; Bussmann 2009; Englehart 2009), weshalb es unverständlich ist, dass die vorgestellten Projekte diesen Indikator nicht berücksichtigen. Mit dem Indikator *Relative Political Capacity* (Kugler und Arbetman 1997), welcher die Differenz zwischen prognostizierter und tatsächlicher

Steuereinnahmen abbildet, steht zudem ein weiterer Indikator für die Funktionsfähigkeit des Abgabemonopols zur Verfügung. Es ist dementsprechend davon auszugehen, dass die wirtschaftliche Dimension von den Indizes unzureichend operationalisiert wurde, so dass letztlich nicht alle konzeptionell relevanten Elemente erfasst werden.

Außerdem werden von den Indizes Elemente erfasst, die für das Konzept (fragile) Staatlichkeit irrelevant sind. Der FI enthält eigene Dimensionen für Demographie- und Umweltindikatoren. Beide Aspekte werden innerhalb der Forschung nicht als Teil des Phänomens, sondern als Ursachen oder Folgen fragiler Staatlichkeit verstanden. Darüberhinaus verwenden die vorgestellten Indizes zur Messung der Legitimität staatlicher Herrschaft vornehmlich Indikatoren zur Bemessung von Demokratie bzw. politischer Partizipation. So wird von den Indizes der Legitimitätsbegriff zwar als generelle Akzeptanz der vom Staat festgelegten Regeln definiert (Baker 2007, S. 16; Carment et al. 2008b, S. 350; Marshall und Cole 2008, S. 4; Rice und Patrick 2008, S. 8), jedoch wird die Wahl der Indikatoren diesem Verständnis nicht gerecht. Der ISW, der FSI und der FI verwenden Maßzahlen von *Freedom House* und die *Governance*-Indikatoren der Weltbank. Darüberhinaus wird beim FSI für die Inhaltsanalyse explizit die Entwicklung zu einem autokratischen Regime als Indikator für fragile Staatlichkeit definiert. Der SFI verwendet ebenfalls eine Reihe von Regimevariablen zur Messung politischer Partizipationsmöglichkeiten. Die von den Indizes verwendeten Indikatoren messen also vornehmlich, wie staatliche Herrschaft legitimiert wird und nicht, ob staatliche Herrschaft von der Bevölkerung als legitim wahrgenommen wird. Dadurch werden Demokratien per definitionem „staatlicher" eingestuft als Autokratien. Studien zur Stabilität autokratischer Staaten weisen jedoch darauf hin, dass selbige durchaus ihre Herrschaft legitimatorisch absichern. Dabei wird argumentiert, dass Faktoren wie das Charisma der betreffenden Führer, religiöse Überzeugungen, Ideologie, historische Verdienste um die Nation sowie Patronagenetzwerke, massenbasierte Parteien und ethnische Verbindungen die Legitimität autoritärer Regime begründen (Köllner 2008; Snyder 2006).

Der Einfluss des *Democracy-Bias* der Indizes lässt sich anhand einer Neuberechnung des ISW veranschaulichen, wobei die Indikatoren der Dimension Politik ausgeschlossen werden. Die Dimension Politik enthält beim ISW ausschließlich Indikatoren, die bürgerliche Freiheiten und Partizipationsrechte abbilden.

Dabei ist zu erkennen, dass die größten Gewinner hinsichtlich der Rangplatzierung Staaten sind, die von Demokratieindizes als Autokratien eingestuft werden (vgl. Tab. 4). Rangplatzunterschiede von bis zu 30 Plätzen verdeutlichen, wie stark der ISW Demokratien gegenüber Autokratien bevorzugt. Die Autoren des ISW rechtfertigen ihre Vorgehensweise mit der Annahme, dass demokratische Staaten über eine höhere Stabilität verfügen als Autokratien. Diese Annahme wurde aber bereits durch Studien aus der quantitativen Konfliktforschung widerlegt (Hegre et al. 2001). Die Beziehung zwischen der Regimeform eines Staates und dessen Konfliktpotential kann als invertierte U-Kurve veranschaulicht werden, wobei die äußeren Enden der Kurve durch konsolidierte Autokratien bzw. Demokratien repräsentiert werden. Folglich sind hybride Regime in der Grauzone zwischen Demokratie und Autokratie sowie Transitionsstaaten besonders anfällig für Konflikte. Durch die Indikatorenauswahl der Indizes wird jedoch ein linearer Zusammenhang zwischen Demokratie und fragiler Staatlichkeit unterstellt. Die Problematik wird noch verstärkt, wenn Fälle mit vielen fehlenden Werten existieren. So

Tab. 4: Staaten mit den größten Rangdifferenzen bei Neuberechnung des ISW

Land	Rang alt	Rang neu	Rangdifferenz	Freedom House	Polity
Laos	45	60	−15	6,5	−7
Aserbaidschan	80	96	−16	5,5	−7
Vietnam	83	100	−17	6,0	−7
Kuba	62	80	−18	7,0	−7
Kasachstan	89	109	−20	5,5	−6
Syrien	59	81	−22	6,5	−7
Usbekistan	36	59	−23	7,0	−9
Turkmenistan	35	62	−27	7,0	−9
Libyen	86	115	−29	7,0	−7
Belarus	81	111	−30	6,5	−7

Der Verlust von Ranglätzen ist positiv zu interpretieren, da die betroffenen Staaten somit weniger fragil eingestuft werden. Die Variable polity des POLITY IV Datensatzes bemisst den Regimetyp eines Staates von −10 (stark autokratisch) bis +10 (stark demokratisch) (Marshall et al. 2007). Freedom House klassifiziert von 1 (most free) bis 7 (least free) (Freedom House 2009)

weist Nordkorea beim ISW in der Dimension Ökonomie nur einen gültigen Wert auf. Der eine gültige Wert ist zudem *Regulatory Quality*, ein Teil der Governance-Indikatoren der Weltbank, der die Fähigkeit eines Staates bemisst, die private Wirtschaft zu fördern. Die Hälfte des Gesamtindexwertes für Nordkorea wird also beim ISW durch die WGI und Freedom House bestimmt.

Indikatoren zur Messung von Legitimität staatlicher Herrschaft sollten ausschließlich auf die Akzeptanz der Herrschaft durch die Bevölkerung bezugnehmen und nicht beurteilen, durch welche Institutionen und Prozesse Legitimität generiert wird. Das Ziel ist schließlich nicht die Demokratiemessung, sondern die Messung von (fragiler) Staatlichkeit. Die aktuellste Studie zur Messung von Legitimität von Bruce Gilley operationalisiert das Konzept folgerichtig durch Umfragedaten der *World Value Survey*, welche die Einstellung der Bevölkerung gegenüber staatlichen Organen adressieren (Gilley 2009).

Ein weiteres Validitätsproblem ergibt sich durch die von den Indizes gewählte Strukturierung des Konzepts, welche durch das Aggregationsverfahren bestimmt wird. Den verwendeten Methoden der Addition und der Bildung arithmetischer Mittelwerte liegt die Annahme zugrunde, dass die jeweiligen Komponenten einander kompensieren bzw. substituieren können. Innerhalb der Dimensionen, d.h. auf Indikatorebene ist diese kompensatorische Logik nachvollziehbar. Auf Dimensionsebene ist eine kompensatorische Logik jedoch nicht plausibel, da wie in Abschn. 2 gezeigt wurde, die Elemente des Konzepts der Logik notwendiger und hinreichender Bedingungen entsprechen. Um dieser Struktur zu entsprechen und eine Interaktion der Dimensionswerte zu ermöglichen, müsste auf Dimensionsebene das Aggregationsverfahren der Multiplikation angewendet werden. Der Einfluss von Aggregationsverfahren auf die Messung kann durch eine Neuberechnung der Indizes verdeutlicht werden (Goertz 2006, S. 143; Munck 2009,

Zuverlässig invalide – Indizes zur Messung fragiler Staatlichkeit

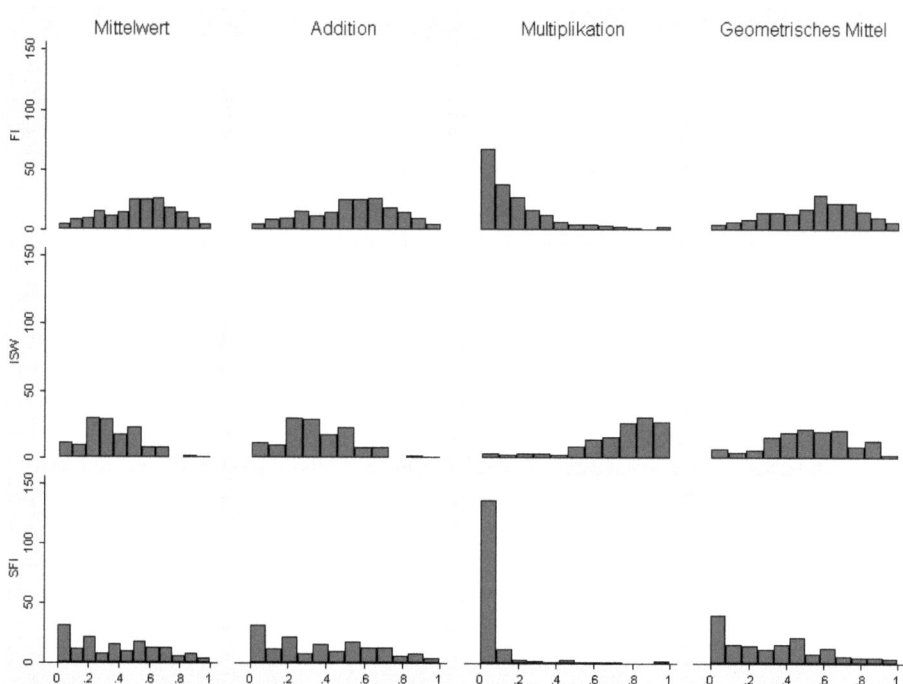

Abb. 2: Vergleich unterschiedlicher Aggregationsverfahren. Für die Berechnung der alternativen Aggregationsverfahren, wurden die Werte so transformiert, dass sie in die gleiche Richtung laufen. Nach Aggregation wurden die Werte so transformiert, dass sie eine Skala von 0–1 abbilden

S. 49–50). Abbildung 2 beschreibt den Einfluss unterschiedlicher Verfahren auf die Verteilung der Werte[5].

Zum Vergleich wurden die Gesamtindexwerte mit den Verfahren arithmetisches Mittel, Addition, Multiplikation und geometrisches Mittel berechnet. Die Aggregationsverfahren arithmetisches Mittel und Addition erzeugen eine Kompensation der Dimensionswerte, wohingegen die Verfahren der Multiplikation und des geometrischen Mittels eine Interaktion der Dimensionswerte zulassen.

Abbildung 2 zeigt, dass die Indizes nicht robust bzgl. Veränderungen des Aggregationsverfahrens sind. Die Gesamtverteilung der Werte wird maßgeblich durch das Aggregationsverfahren beeinflusst. Darüber hinaus ändern sich durch die alternativen Verfahren auch Fragilitätseinschätzungen einzelner Staaten (vgl. Tab. 5).

Tabelle 5 zeigt, dass multiplikative Verfahren auch andere Ranglisten erzeugen, wobei Rangplatzunterschiede von bis zu 19 Plätzen entstehen. Zusammenfassend lässt sich also festhalten, dass die verwendeten Aggregationsverfahren maßgeblich die Gesamtverteilung fragiler Staatlichkeit und die Fragilitätseinschätzungen einzelner Staaten beeinflussen.

---

5 Da der FSI keine eindeutige Indikatorenzuordnung vornimmt und keine Dimensionswerte bildet, wurde das Projekt für diese Analyse nicht berücksichtigt.

Tab. 5: Einfluss alternativer Aggregationsverfahren

	Mittelwert		Addition		Multiplikation		Geometrisches Mittel	
	Rangdifferenz		Rangdifferenz		Rangdifferenz		Rangdifferenz	
	Max	Ø	Max	Ø	Max	Ø	Max	Ø
FI	–	–	0	0	19,5	3,4	19,5	3,4
ISW	–	–	0	0	17	2,7	17	2,7
SFI	0	0	–	–	15	2,7	15	2,7

Die Tabelle stellt die Differenzen der Rangplatzierung bei alternativen Aggregationsverfahren im Vergleich zum Originalverfahren dar

Darüberhinaus ist auch die bei allen Indizes vorherrschende Praxis der Gleichgewichtung der Dimensionen problematisch. Sicherlich bedarf die stärkere Gewichtung einer einzelnen Dimension oder eines Indikators fundierter theoretischer Überlegungen und empirischer Überprüfung, da der Gewichtungsfaktor gerechtfertigt werden muss. Wie jedoch in Abschn. 2 gezeigt wurde, wäre eine stärkere Gewichtung des Gewaltmonopols bzw. der Sicherheitsdimension durchaus plausibel zu begründen. Allerdings setzen sich die Indizes mit der Problematik der Gewichtung nur unzureichend auseinander und praktizieren mehr oder minder unbegründet das Verfahren der Gleichgewichtung. Dabei wird nicht reflektiert, dass auch eine Gleichgewichtung de facto eine Gewichtung darstellt, die anhand des Untersuchungsgegenstands gerechtfertigt werden muss.

Um die von vielen Autoren hervorgehobene Stellung des Gewaltmonopols abzubilden, wurden die Gesamtindexwerte neu berechnet, indem die Sicherheitsdimension mit dem Durchschnitt der übrigen Dimensionen multipliziert wurde. Dabei zeigt sich, dass die höhere Gewichtung der Sicherheitsdimension die Ranglisten noch stärker beeinflusst, als die Verwendung alternativer Aggregationsverfahren (vgl. Tab. 6). Insbesondere Staaten mit andauernden Gewaltkonflikten wie Sri Lanka, Kolumbien, Russland und Israel werden wesentlich fragiler eingeschätzt.

Insgesamt sind also bei allen Indizes Validitätsprobleme vorhanden. Zum einen werden nicht alle Elemente des systematisierten Konzeptes durch die verwendeten Indikatoren abgebildet, da die zentrale Staatsfunktion der Abgabenerhebung nicht erfasst wird. Zum anderen werden mit Demokratie- bzw. Freiheitsindikatoren Elemente aufgenommen, die nicht dem Konzept entsprechen und die Ergebnisse verzerren. Schließlich ist bei den untersuchten Indizes auch die Struktur, d.h. das Verhältnis der Indikatoren und Dimensionen zueinander, keine valide Entsprechung des Konzepts.

Tab. 6: Einfluss einer höheren Gewichtung der Sicherheitsdimension

	Rangdifferenz		Fälle mit der größten Rangdifferenz
	Max	Ø	
FI	77	19,1	Israel, Sao-Tome und Principe, Vanuatu, Russland, Malawi
ISW	39	7	Kolumbien, Sri Lanka, Thailand, Algerien, Philippinen
SFI	45	8,5	Komoren, Israel, Russland, Türkei, Indonesien

Die Tabelle stellt die Differenzen der Rangplatzierung bei stärkerer Gewichtung der Sicherheitsdimension im Vergleich zum Originalverfahren dar

5 Problemfelder & Möglichkeiten für die vergleichende Forschung

Die Ergebnisse der Analyse der Reliabilität und Validität der Indizes haben weitreichende Konsequenzen für die vergleichende Forschung. Wie in Abschn. 4 gezeigt wurde, messen die Indizes zuverlässig ein vergleichbares Phänomen, wobei es sich jedoch nicht um fragile Staatlichkeit handelt. Von der Verwendung der Indizes als abhängige oder unabhängige Variable in vergleichenden Studien ist dringend abzuraten. Die Maße sind aufgrund der mangelnden Inhaltsvalidität letztlich nicht trennscharf genug, um sinnvolle analytische Schlüsse über die Ursachen und Folgen des Phänomens fragile Staatlichkeit zuzulassen. Darüberhinaus ergeben sich bei der Verwendung der Indizes noch eine Reihe weiterer Probleme.

Zunächst ist die mangelnde Transparenz mancher Projekte zu bemängeln. So sind der FSI und der FI nicht vollständig reproduzierbar, da Teile der Indexkonstruktion oder Datenerhebung nicht veröffentlicht wurden. Eine aggregierte Maßzahl, bei der unklar ist, wie sie berechnet wurde bzw. welche Komponenten sie enthält, kann nicht in der vergleichenden Forschung genutzt werden. Außerdem sind im Kontext vergleichender Analysen die in den Indizes verwendeten unterschiedlichen Jahrgänge der Daten ein Problem. Beispielsweise werden für den SFI die aktuellsten BIP-Daten, das durchschnittliche BIP der letzten fünf Jahre, das durchschnittliche BIP der letzten 15 Jahre zusammen mit dem HDI 2005 und durchschnittlichen Exportdaten von 1993–2005 verwendet. Die berechneten Indexwerte können keinem konkretem Jahr mehr zugeordnet und somit auch nicht mehr sinnvoll mit anderen Jahresdaten in Beziehung gesetzt werden. Inzwischen werden zunehmend einheitliche methodische Standards für die Konstruktion von Indizes etabliert (Müller und Pickel 2007; Munck und Verkuilen 2002; Nardo et al. 2008). Zukünftige Projekte zur quantitativen Messung von (fragiler) Staatlichkeit wären gut beraten, sich an diesen Standards zu orientieren.

Weitere Probleme entstehen durch die Multidimensionalität der Maße und die Verwendung externer Aggregatdaten. Mit Ausnahme des FSI nutzen die Indizes ausschließlich quantitative Aggregatdaten und Indizes zu anderen Konzepten. Solch ein Verbund von Verbundindikatoren ist innerhalb von vergleichenden Analysen nur schwer zu interpretieren. So ergeben sich außerordentlich hohe Korrelationen der Fragilitätsindizes mit einer Vielzahl anderer Maßzahlen aus der vergleichenden Forschung. In der Tat lassen sich kaum Indikatoren finden, mit denen die hier vorgestellten Indizes nicht stark zusammenhängen.[6] In ihren Analysen postulieren die Autoren des FI und des SFI einen negativer Zusammenhang zwischen fragiler Staatlichkeit und dem *Human Development Index* sowie verschiedenen Wirtschaftsindikatoren und ein positiver Zusammenhang mit verschiedenen Konfliktvariablen (Carment et al. 2006, 2008b; Marshall und Cole 2008; Marshall und Goldstone 2007). Aufgrund massiver Kollinearitäts- bzw. Endogenitätsproblemen muss die Gültigkeit dieser Ergebnisse jedoch angezweifelt werden. Was nutzt die Erkenntnis, dass der SFI mit dem BIP zusammenhängt, wenn das BIP mehrfach als Indi-

---

6 Durch die hohen Korrelationen des FSI mit anderen Maßzahlen wird zudem deutlich, wie stark der FSI durch diese Indikatoren mitbestimmt wird. Umgekehrt ist also davon auszugehen, dass die aufwendige Datenerhebung durch die CAST-Software nur geringen Einfluss auf die Indexwerte hat.

kator in den SFI eingegangen ist. Aufgrund der Vielzahl der verwendeten Dimensionen und Indikatoren messen die vorgestellten Indizes alles und damit jedoch nichts wirklich.

Um die Validität der Indizes und deren Nutzbarkeit in der vergleichenden Forschung zu erhöhen, existieren jedoch eine Reihe von Verbesserungsmöglichkeiten. Ein theoretisch fundierter Index zur Messung fragiler Staatlichkeit sollte folgende Punkte berücksichtigen:

Zunächst kann eine Modifikation im Bereich der Aggregations- und Gewichtungsverfahren die Validität der Indizes verbessern. In diesem Artikel wurden zwei Vorschläge spezifiziert, wie die Verfahren zur Aggregation und Gewichtung konzipiert werden können, so dass sie der Struktur des Konzeptes entsprechen. In jedem Fall ist das Aggregationsverfahren der Multiplikation auf Dimensionsebene anzuwenden, damit die Interaktion von Dimensionen ermöglicht wird. Zudem sollte die Gewichtung der Dimensionen und Indikatoren bereits bei der Indexkonstruktion stärker thematisiert werden.

Darüber hinaus sollten sparsamere Messinstrumente entwickelt werden, die nicht aufgrund ihres Umfangs an unterschiedlichen Indikatoren auf der Basis von Aggregatdaten für andere Konzepte das Phänomen fragile Staatlichkeit verwässern. Die Forschung muss zudem Indikatoren finden, die näher am Konzept sind. Fragile Staatlichkeit ist mehr als eine diffuse Mischung aus Konflikt-, Entwicklungs- und *Good Governance*-Indikatoren. Letztlich beinhaltet das Phänomen die Auflösung bzw. Fragilität staatlicher Strukturen. Indikatoren sollten die Wirksamkeit und Legitimität von Behörden, Sicherheitskräften und staatlichen Dienstleistungen abbilden. Die Verwendung von Umfragedaten erscheint gerade bei perzeptionsabhängigen Konzepten wie Legitimität vielversprechend. Dies schließt die Verwendung von Aggregatdaten jedoch nicht aus. Beispielsweise kann der Indikator *Contract Intensive Money* (Clague et al. 1999), definiert als das Verhältnis des Bargeldumlaufs gegenüber Bankeinlagen, als Maß für das Vertrauen der Bevölkerung in staatliche Finanzinstitutionen verwendet werden. Darüberhinaus existieren neben der Steuerquote mit dem *Statistical Capacity*-Indikator (World Bank 2008) und dem Maß für *Relative Political Capacity* (Kugler und Arbetman 1997) Indikatoren, welche die administrativen Kapazitäten eines Staates sehr gut abbilden. Auch Verfahren der Inhaltsanalyse können für die Messung fragiler Staatlichkeit einen Beitrag leisten, sofern sie nicht wie beim FSI intransparent sind.

6 Fazit

Im Kontext der vergleichenden Forschung zum Phänomen fragile Staatlichkeit wären Indizes in ihrer Funktion zur graduellen Erfassung und Klassifikation prinzipiell eine Bereicherung. Allerdings hat dieser Artikel gezeigt, dass aufgrund einer Vielzahl von Problemfeldern der Nutzen von Indizes für die vergleichende Forschung noch begrenzt ist. Die vorgestellten Projekte lassen Kernelemente des Konstrukts (fragile) Staatlichkeit unberücksichtigt, verzerren die Ergebnisse zugunsten von Demokratien und gewichten und aggregieren die Bestandteile des Konzepts ohne jegliche theoretische Fundierung. Auch die mangelnde Transparenz mancher Ansätze ist hinsichtlich des Nutzens der Maßzahlen für die komparative Forschung problematisch. Darüberhinaus ist die Validität vieler Indikatoren fraglich, da diesem im Kontext anderer Messkonstrukte stehen und keine konzeptionelle Nähe zum Phänomen aufweisen. Indizes zu (fragiler) Staatlichkeit sollten auch selbige messen und nicht als Sammelsurium von Konflikt-, Entwicklungs- und *Good Governance*-Indikatoren fungieren. Zu diesen Themen existieren bereits eigene Verbundindikatoren, die das jeweilige Phänomen genauer erfassen. Neben Entwicklungsindizes, *Governance*- und Demokratieindizes sowie diversen Projekten im Kontext der Konfliktvorhersage, besteht kein Bedarf für Indizes, die von allem ein bisschen messen und den Stempel fragile Staatlichkeit draufsetzten. Eine Alternative zu einfachen Proxies können Indizes erst sein, wenn sie das Konstrukt valide erfassen, was den vorgestellten Projekten jedoch nicht gelingt. In aktuellen Arbeiten zum Phänomen fragile Staatlichkeit findet inzwischen eine kritische Auseinandersetzung mit dem Begriff statt, wobei die Sinnhaftigkeit des Konzeptes von verschiedenen Autoren angezweifelt wird (Call 2008; Hameiri 2007). Die Argumentation dieser Autoren wird durch die Ergebnisse dieses Artikels gestärkt, da die vorgestellten Projekte wenig mehr leisten, als die Aggregation vorhandener Konzepte und Indikatoren, wobei der Kern des Phänomens nicht erfasst wird. Erst wenn es gelingt, ein Maß zu entwickeln, welches Sparsamkeit und Relevanz der Elemente gleichermaßen erfüllt, kann die vergleichende Forschung zu Staatszerfall von Indizes profitieren.

Danksagung: Ich danke Daniel Lambach, Tobias Debiel und Margit Bussmann sowie den beiden anonymen Gutachtern für wertvolle Hinweise.

Literatur

Baker, Pauline H. 2007. *The conflict assessment system tool – an analytical model for early warning and risk assessment of weak and failing states.* Washington: Fund for Peace.
Barton, Frederick, und Karin vonHippel. 2008. *Early warning? A review of conflict prediction models and systems.* Washington: Centre for Strategic and International Studies (CSIS).
Bates, Robert H. 2008. *When things fell apart: State failure in late-century Africa.* Cambridge: Cambridge Univ. Press.
Boutros-Ghali, Boutros. 1992. *An agenda for peace. Preventive diplomacy, peacemaking and peace-keeping.* United Nations.
Bussmann, M. 2009. Staatskapazität und Bürgerkriege: Peitsche oder Zuckerbrot? *Sonderheft der Politischen Vierteljahresschriften* 43:258–282.
Call, Charles T. 2008. The fallacy of the „Failed State". *Third World Quarterly* 29 (8): 1491–1507.
Carment, David, Stewart Prest, Souleima el-Achkar, und Yiagadeesen Samy. 2006. The 2006 country indicators for foreign policy: Opportunities and challenges for Canada. *Canadian Foreign Policy* 13 (1): 1–35.
Carment, David, Yiagadeesen Samy, und Stewart Prest. 2008a. *Determinants of state fragility and implications for aid allocation. An assessment based on the country indicators for foreign policy project.* UNU World Institute for Development Economics Research.
Carment, David, Yiagadeesen Samy, und Stewart Prest. 2008b. State fragility and implications for aid allocation: An empirical analysis. *Conflict Management and Peace Science* 25:349–373.
Chauvet, Lisa, und Paul Collier. 2008. What are the preconditions for turnarounds in failing states? *Conflict Management and Peace Science* 25 (4): 332–348.
Clague, Christopher, Phillip Keefer, Stephen Knack, und Mancur Olson. 1999. Contract-intensive money: Contract enforcement, property rights and economic performance. *Journal of Economic Growth* 4:185–211.

Clement, Caty. 2003. *State collapse: A common causal pattern? A comparative analysis of lebanon, somalia and the former-yugoslavia.* Louvain-la-Neuve: Université Catholique de Louvain.

Country Indicators for Foreign Policy Project (CIFP). 2009. *Indicator descriptions.* http://www.carleton.ca/cifp/ffs_indicator_descriptions.htm. Zugegriffen: 5. Okt. 2009.

Department for International Development (DFID). 2005. *Why we need to work more effectively in fragile states.* Department for International Development (UK).

Elias, Norbert. 1969. *Über den Prozeß der Zivilisation.* Bern.

Englehart, Neil A. 2007. Governments against states: The logic of self-destructive despotism. *International Political Science Review* 28 (2): 133–153.

Englehart, Neil A. 2009. State capacity, state failure, and human rights. *Journal of Peace Research* 46 (2): 163–180.

Evans, Peter B., Theda Skocpol, und Dietrich Rueschemeyer. 1985. *Bringing the state back in.* Cambridge: Cambridge Univ. Press.

Freedom House. 2009. *Freedom in the world historical rankings.* http://www.freedomhouse.org/uploads/fiw/FIWAllScores.xls. Zugegriffen: 5. Mai 2009.

Fund for Peace. 2005. The failed state index. *Foreign Policy* 149:56–65.

Fund for Peace. 2009a. The failed states index. *Foreign Policy* 173:80–84.

Fund for Peace. 2009b. *Data sources.* http://www.fundforpeace.org/cast/index.php?option=com_weblinks&catid=14&Itemid=41. Zugegriffen: 5. Mai 2009.

Gerring, John, und Paul A. Barresi. 2003. Putting ordinary language to work: A min-max strategy of concept formation in the social sciences. *Journal of Theoretical Politics* 15 (2): 201–232.

Ghani, Ashraf, Clare Lockhart, und Michael Carnahan. 2005. *Closing the sovereignty gap: An approach to state-building.* Overseas Development Institute.

Gilley, Bruce. 2009. *The right to rule: How states win and lose legitimacy.* Columbia: Columbia Univ. Press.

Goertz, Gary. 2006. *Social science concepts: A user's guide.* Princeton: Princeton University Press.

Hameiri, Shahar. 2007. Failed states or a failed paradigm? State capacity and limits of institutionalism. *Journal of International Relations and Development* 10:122–149.

Hegre, Håvard, Tanja Ellingsen, Scott Gates, und Nils P. Gleditsch. 2001. Toward a democratic civil peace? Democracy, political change, and civil war, 1816–1992. *The American Political Science Review* 95 (1): 33–48.

Hicks, Alexander. 1999. *Social democracy and welfare capitalism.* Ithaca: Cornell University Press.

Iqbal, Zaryab, und Harvey Starr. 2008. Bad neighbors: failed states and their consequences. *Conflict Management and Peace Science* 25 (4): 315–331.

Jackson, Robert H., und Carl Rosberg. 1982. Why African weak states persist: The empirical and the juridical in statehood. *World Politics* 35 (1): 1–25.

Kaufmann, Daniel, Aart Kraay, und Massimo Mastruzzi. 2008. *Governance matters VII: Aggregate and individual governance indicators, 1996–2007.* World Bank.

Köllner, Patrick. 2008. Autoritäre Regime Ein Überblick über die jüngere Literatur. *Zeitschrift für Vergleichende Politikwissenschaft* 2 (2): 351–366.

Kugler, Jacek, und Marina Arbetman. 1997. Relative political capacity: Political extraction and political reach. In *Political capacity and economic behavior,* Hrsg. Marina Arbetman, und Jacek Kugler. Boulder: CO.

Kurtz, Marcus J., und Andrew Schrank. 2007. Growth and governance: Models, measures, and mechanisms. *Journal of Politics* 69 (2): 538–554.

Lambach, Daniel. 2008. *Staatszerfall und regionale Sicherheit.* Baden-Baden: Nomos.

Leibfried, Stephan, und Michael Zürn. 2006. *Transformationen des Staates?* Frankfurt a. M.: Suhrkamp.

Marshall, Monty G., und Benjamin R. Cole. 2008. Global report on conflict, governance and state fragility 2008. *Foreign Policy Bulletin* 18 (1): 3–21.

Marshall, Monty G., und Jack Goldstone. 2007. Global report on conflict, governance and state fragility 2007. *Foreign Policy Bulletin* 17 (1): 3–22.

Marshall, Monty G., Keith Jaggers, und Ted Robert Gurr. 2007. Polity IV project: Political regime characteristics and transitions, 1800–2007. Center for Systemic Peace.

Migdal, Joel S. 2001. *State in society: Studying how states and societies transform and constitute one another.* Cambridge: Cambridge University Press.

Milliken, Jennifer. 2003. *State failure, collapse and reconstruction.* Oxford: Blackwell.

Müller, Thomas, und Susanne Pickel. 2007. Wie lässt sich Demokratie am besten messen? Zur Konzeptqualität von Demokratieindizes. *Politische Vierteljahresschrift* 48 (3): 511–539.

Munck, Gerardo L., und Jay Verkuilen. 2002. Conzeptualizing and measuring democracy. Evaluating alternative indizes. *Comparative Political Studies* 35 (1): 5–34.

Munck, Gerardo L. 2009: *Measuring democracy. A bridge between scholarship and politics.* Baltimore: John Hopkins University Press.

Nardo, Michela, Michaela Saisana, Andrea Saltelli, Stefano Tarantola, Anders Hoffman, und Enrico Giovannini. 2008. *Handbook on constructing composite indicators. Methodology and user guide. Organisation for economic co-operation and development.* Paris: OECD Publications.

Rice, Susan E., und Stewart Patrick. 2008. *Index of state weakness in the developing world.* Washington, DC: The Brookings Institution.

Rotberg, Robert I. 2004. *When states fail: Causes and consequences.* Princeton: Princeton Univ. Press.

Rotberg, Robert I., und Rachel Gisselquist. 2008. *Strengthening African governance: Ibrahim index of African governance – results and rankings.* Cambridge: Mo Ibrahim Foundation.

Scharpf, Fritz. 1991. Die Handlungsfähigkeit des Staates am Ende des zwanzigsten Jahrhunderts. *Politische Vierteljahresschrift* 22:621–634.

Schneckener, Ulrich. 2006. *Fragile Staatlichkeit: „states at risk" zwischen Stabilität und Scheitern.* Baden-Baden: Nomos.

Snyder, Richard. 2006. Beyond electoral authoritarianism: The spectrum of non-democratic regimes. In *Electoral authoritarianism: The dynamics of unfree competition,* Hrsg. Andreas Schedler, 219–231. Boulder: Rienner.

Tilly, Charles. 1975. *The formation of national states in Western Europe.* Princeton: Princeton Univ. Press.

UNDP. 2008. *Human development indices: A statistical update 2008. United Nations Development Programme.* http://hdr.undp.org/en/mediacentre/news/title,15493,en.html. Zugegriffen: 5. Mai 2009.

USAID. 2005. *Measuring Fragility. Indicators and methods for rating state performance. U.S. Agency for International Development (USAID).* http://pdf.dec.org/pdf_docs/ PNADD462.pdf. Zugegriffen: 5. Mai 2009.

Weber, Max. 1990. *Wirtschaft und Gesellschaft. Grundriß der verstehenden Soziologie.* Tübingen: Siebeck.

World Bank. 2002. *World bank group work in low-income countries under stress: A task force report.* http://go.worldbank.org/KBS5WOCE60. Zugegriffen: 5. Mai 2009.

World Bank. 2007. *World development indicators, 2007.* http://www.worldbank.org/data. Zugegriffen: 5. Mai 2009.

World Bank. 2008. *Methodology for calculating statistical capacity assessment indicators.* http://go.worldbank.org/3J9X57XKY0. Zugegriffen: 5. Mai 2010.

Zartman, Ira W. 1995. *Collapsed states: The disintegration and restoration of legitimate authority.* Boulder: Rienner.

AUFSÄTZE

What do fragility indices measure?
Assessing measurement procedures and statistical proximity

Sebastian Ziaja

Abstract: This article examines nine fragility indices. Their content validity is assessed by reviewing conceptualization, measurement and aggregation methods. Their convergent/divergent validity is assessed via principal component analysis and multidimensional scaling. These techniques are capable of determing the dimensionality of and the statistical proximity within the examined sample of indices. Both the conceptual and the statistical analysis support the hypothesis that there is a group of "holistic" fragility indices which are of little use for investigating the causes and consequences of fragility. The remaining indices address more specific aspects of fragility and produce empirically distinguishable results.

Keywords: Fragility · Measurement · Multivariate methods

Was messen Fragilitätsindizes? – Bewertung der Messverfahren und der Proximität

Zusammenfassung: Dieser Artikel untersucht neun Fragilitätsindizes. Die Inhaltsvalidität der Indizes wird durch die Überprüfung von Konzeptualisierung, Messung und Aggregationsmethoden bewertet. Die konvergente/diskriminante Validität wird mittels Hauptkomponentenanalyse und multidimensionaler Skalierung bewertet. Diese Verfahren erlauben die Untersuchung von Dimensionalität und statistischer Ähnlichkeit innerhalb der Gruppe von Indizes. Sowohl die konzeptionelle als auch die statistische Analyse stützen die Hypothese, dass es eine Gruppe „holistischer" Fragilitätsindizes gibt, die für die Erforschung der Ursachen und Folgen von Fragilität

---

Published online: 02.08.2012
© VS Verlag für Sozialwissenschaften 2012

For comments and advice, I would like to thank Jörn Grävingholt, Javier Fabra Mata, Jörg Faust, Christian von Haldenwang, participants of the ZfVP Workshop "Indizes in der Vergleichenden Politikwissenschaft" in May 2009 in Leipzig and two anonymous referees.

S. Ziaja (✉)
German Development Institute / Deutsches Institut für Entwicklungspolitik (DIE),
Tulpenfeld 6, 53113 Bonn, Germany
e-mail: sebastian.ziaja@die-gdi.de

S. Ziaja
Department of Government,
University of Essex, Colchester, UK

von geringem Nutzen sind. Die restlichen Indizes befassen sich mit spezifischen Aspekten von Fragilität und produzieren empirisch unterscheidbare Ergebnisse.

Schlüsselwörter: Fragilität · Messung · Multivariate Verfahren

1 Introduction

"Fragility" has become a catchword in international development and security debates. It refers to the issue of dysfunctional states and societies, which Western donors have rediscovered as one of the major global challenges. Fragile states are said to threaten industrialized nations by providing safe-havens for terrorists. They are said to pose a central obstacle to fighting poverty and securing peace across the globe, thus potentially provoking migration (OECD 2008, p. 11). The increased importance of fragility in the perception of the development community gave rise to a number of indices attempting to quantify the concept. These indices have not yet been systematically analyzed regarding their utility for quantitative research. This article intends to close this gap by presenting a comparative analysis of nine fragility indices.

Fragility indices are widely considered to be a welcome addition to the family of social science datasets (Marshall 2008, p. 2). But using them without previous scrutiny is a dangerous practice and may corrupt both qualitative and quantitative results. Even low degrees of random error—which are often accepted by researchers as long as better data is not available—can cause serious problems in regression analysis (Herrera and Kapur 2007, p. 7; Jackman 2008, 126–128). Our knowledge about the quality of current fragility indices is still fragmentary and mostly limited to conceptual issues.[1] Only one recent publication offers a statistical critique, focussing on the aggregation and ranking practice of some fragility indices (Gutiérrez Sanín 2009). Some individual indices have been scrutinized more profoundly. The best-researched one is, probably due to its comparatively old age and for being part of the widely-used Worldwide Governance Indicators (WGI), the WGI Political Stability and Absence of Violence index (Kaufmann et al. 2008).[2] Other studies are concerned with stock-taking of potentially useful indicators (USAID 2006) or they focus on "early warning approaches" (Nyheim 2009), which are often of qualitative nature and do not lend themselves to immediate application in quantitative research. For the full set of quantitative fragility indices that is available today, there is no systematic analysis of their measurement procedures or of their statistical properties.[3]

The central question of this article is: What do fragility indices measure? To answer this question, I first examine the measurement procedure of each index with an analytical framework developed by Munck and Verkuilen (2002, 2009). It is assessed whether the conceptual logic of the indices is maintained in the procedure that leads to the generation

---

[1] Conceptual critiques of fragility indices can be found in Marshall 2008; Wulf and Debiel 2009; Call 2010; and Wennmann 2010.

[2] Some of the most prominent critiques are Arndt and Oman 2006; Kurtz and Schrank 2007; Thomas 2007; Langbein and Knack 2010.

[3] Some earlier parts of this article and more descriptive information on the indices can be found in the *Users Guide on Measuring Fragility* (Fabra Mata and Ziaja 2009).

of the index scores. In the methodological literature, this criterion has been labelled "content validity" (Adcock and Collier 2001, pp. 538–540) or "concept-measure consistency" (Goertz 2006, pp. 95–127). I then examine the statistical proximities between indices to determine whether similarities and differences in index design are reflected accordingly in the scores of the indices. It is assessed whether indices that were most similar to each other in the conceptual analysis are also similar to each other in the statistical analysis, and whether indices that should measure different things according to their conceptual design also differ in the scores they produces. This criterion has been labelled "convergent/discriminant validity" (Adcock and Collier 2001, pp. 540–542).

I conduct the statistical analysis only within the set of fragility indices, although convergent and discriminant validation is usually conducted across a range of more diverse variables. I do not examine the indices' proximity to democracy, economic well-being or other concepts because the set of fragility indices is in itself sufficiently diverse for this kind of analysis. Given the large number of indices examined, I do not statistically asses the internal validity and reliability of the indices and I do not discuss all relevant measurement decisions in detail. As most indices do not provide original data, I do not statistically asses the impact of method factors on indices either.[4]

I choose the approach described above to provide a first joint validation of the whole spectrum of fragility indices. The article gives researchers some guidance on the conceptual and statistical properties of these indices and identifies the most relevant patterns among them. It does not provide an ultimate assessment of the validity of fragility indices because any assessment of measurement quality needs to be made with reference to the intended application (Adcock and Collier 2001, p. 533). There is no appropriate reference application in the young field of fragility research yet. Beyond its substantial interest, this article also has a methodological focus. Network analysis and multidimensional scaling are applied. These techniques are useful for conveniently visualizing various properties of datasets, but they have seldom been used for the analysis of political science indicators.

The article proceeds as follows: In the next section, indices which potentially measure fragility are identified. In section three, the measurement procedures of these indices are assessed. In section four, multivariate techniques are used to assess the statistical proximity of the index scores. In section five, the implications of the analysis for the validity of individual indices are discussed. The conclusion summarizes the results and proposes ways to improve the measurement of fragility.

2 Defining fragility

"Fragility" is not a well-defined term. It emerged in the development and security discourse to describe a situation in which the state is "not capable or willing" to promote development and to provide security (e.g., DFID 2005, p. 7). It is often unclear whether fragility is attributed to a society as a whole or only to the state and its institutions (Fabra Mata and Ziaja 2009, pp. 5–6). Affected states are labelled "fragile states", a term which summarizes various previously used denominations referring to countries with a dysfunc-

---
4 See Bollen 1993 for such an approach applied to democracy indices.

tional, deteriorating or absent central authority, including "weak", "failed", "failing" and "collapsed states".[5] The renewed focus on the state as a guarantor of stability had begun in the 1990s, when state authority in Haiti and Somalia disintegrated (e.g. Helman and Ratner 1992–1993). But only after the terrorist attacks on 11 September 2001, the term "failed states" entered the mainstream discourse. Soon after these events, the National Security Strategy of the United States declared: "America is now threatened less by conquering states than we are by failing ones" (The White House 2002, p. 1). The perception that state fragility threatened not only the populations of the affected countries (causing poverty, hunger and violence) but also those of the developed countries (through terrorism, uncontrolled migration and the degradation of globally relevant natural resources) put fragility high on the agenda of the international community (e.g. OECD 2008; ERD 2009). As the debate had started in the field of policy making, many definitions are comprehensive—in order to accommodate various political interests—rather than parsimonious and operational. The debate often conflates the bandwidth of states with the strength of states (Fukuyama 2004, pp. 6–14). It also conflates willingness and capacity (Ziaja and Fabra Mata 2010, p. 2).

A rather new term in the field of political science, "(state) fragility" has not been through an academic debate as intense and rigorous as "democracy" or, more recently, "governance". In the 1980s, the state had been "brought back in", but the relevant strand of literature focused more on developed than on poor nations (e.g. Evans et al. 1985). Some promising approaches to explaining the nature of "weak states" can be found (Jackson and Rosberg 1982; Migdal 1988; Desch 1996; Holsti 1996). They have been largely ignored by fragility indices.[6] Explicitly academic publications on the issue of fragility are mostly recent and always highly policy-oriented (Brinkerhoff 2007; Carment et al. 2009). Finally, the debate has no quasi-consensual minimum definition as democracy research has in polyarchy (Dahl 1971).

A minimum working definition of fragility is, however, necessary to serve as a baseline when analyzing the indices. I derive such a definition from Max Weber's pivotal definition of the state as the bearer of the monopoly on the legitimate use of force. State fragility is thus the degree to which the state is lacking a monopoly on the legitimate use of force.[7] The state requires a certain amount of repressive capacity to uphold this monopoly. The amount of repressive capacity that is required depends on the resistance that non-state actors apply to counter the state's drive for predominance. This conceptualization allows the state's optimal strength to differ: a state with low repressive capacity can be less fragile than one with high repressive capacity if the former is confronted with a population that is disproportionately less inclined to resist their state, compared to the population

---

5 See OECD 2008. For discussions of various terminologies, see Gros 1996 and Rotberg 2004.

6 An exception is the CIFP Fragility Index (Carment et al. 2009, pp. 84–89).

7 This article will not deal in greater detail with the issue of legitimacy; for the relationship between legitimacy and fragility, see Bellina et al. 2009; Call 2010.

of the latter.[8] It would thus be necessary to measure the monopoly of force in a way that considers both repressive capacity and repressive necessity.[9]

Before turning to the analysis of fragility indices, their population has to be defined. There is no generally acknowledged list of fragility indices which would designate the universe of cases to be analysed. Here, I define those indices as fragility indices which are intended to measure fragility (a teleological criterion) and those which are used to measure fragility (a practical criterion). Only indices which are publicly available and free of charge have been considered.[10]

Table 1 lists the concepts which the selected indices intend to measure. Four indices comply very clearly with the teleological criterion: The Country Indicators for Foreign Policy (CIFP) Fragility Index, the Failed States Index, the Index of State Weakness in the Developing World and the State Fragility Index. They have been published with the explicit purpose of identifying fragile, failed or weak states. All of their definitions refer to the monopoly of violence or, closely related, the state's capacity to uphold security. The Bertelsmann Transformation Index (BTI) "Weak Stateness Index" is a side-product of a more comprehensive index measuring democracy and market economy.[11] It identifies states which do not have "functioning administration structures" and which can not "secure [their] monopoly on the use of force" (Bertelsmann Stiftung 2007, p. 6) and thus qualifies as a fragility index.[12] The World Bank's approach to identifying fragile states with the International Development Association's (IDA) Resource Allocation Index is now officially acknowledged on the organization's website (World Bank 2010).[13]

The three remaining indices do not qualify as fragility indices without doubt. Both the Political Instability Index and the WGI Political Stability index refer to political (in-)stability, which is assumed to occur in fragile states with a higher probability than elsewhere. The same is true for violent conflicts. Their probability is measured by the Peace and Conflict Instability Ledger (PCIL) Risk Ratio. I include these indices because the WGI Political Stability index is used as a measure of fragility in the literature (e.g. Bratton and Chang 2006) and because the other two could be considered appropriate by the literature with the same reasoning.

The origin of the indices is one factor which is not covered by my analytical framework but which must be considered when interpreting the indices. Table 2 lists the index

---

8 The idea of relative capacity is, of course, not new; see, for example, Kugler and Domke (1986) who measure "relative political capacity" as actual over expected extraction of resources.

9 One could also start with Tilly's (1985) concept of the state as a protection racket and arrive at a similar operationalization.

10 Fabra Mata and Ziaja (2009, pp. 109–111) provide a list of all indices reviewed for potentially being fragility indices.

11 For an assessment of the overall BTI index, see Müller and Pickel 2007.

12 The index is used for a map in a brochure and mentioned in the documentation of the methodology (Bertelsmann Stiftung 2007, 2008). The producers say, however, that they would construct a "proper index of state fragility" differently (personal communication).

13 It is, for example, used in the upcoming World Development Report "Conflict, Security and Development" (http://wdr2011.worldbank.org/) and by the International Monetary Fund (IMF 2010).

Table 1: Index concepts

Abbreviation	Index name	Concept measured and its definition
BTI-WS	"BTI Weak Stateness Index" (Bertelsmann Transformation Index)[a]	*Weak stateness:* "[…] successful transformation requires that a state ha[s] functioning administration structures and that it secure[s] its monopoly on the use of force". (Bertelsmann Stiftung 2007, p. 6)
CIFP-FI	CIFP Fragility Index (Country Indicators for Foreign Policy)	*Fragility:* "Fragility is a measure of the extent to which the actual institutions, functions, and processes of a state fail to accord with the strong image of a sovereign state, the one reified in both state theory and international law". (Carment et al. 2009, p. 84)
FSI	Failed States Index	*State failure:* "A state that is failing has several attributes. One of the most common is the loss of physical control of its territory or a monopoly on the legitimate use of force. Other attributes of state failure include the erosion of legitimate authority to make collective decisions, an inability to provide reasonable public services, and the inability to interact with other states as a full member of the international community". (Fund for Peace 2009b)
ISW	Index of State Weakness in the Developing World	*State weakness:* "We define weak states as countries that lack the essential capacity and/or will to fulfill four sets of critical government responsibilities: fostering an environment conducive to sustainable and equitable economic growth; establishing and maintaining legitimate, transparent, and accountable political institutions; securing their populations from violent conflict and controlling their territory; and meeting the basic human needs of their population". (Rice and Patrick 2008, p. 3)
IRAI	IDA Resource Allocation Index/Country Policy and Institutional Assessment[b]	*Fragile states:* "'Fragile states' is the term used for countries facing particularly severe development challenges: weak institutional capacity, poor governance, and political instability. Often these countries experience ongoing violence as the residue of past severe conflict". (World Bank 2010)[c]
PCIL-RR	PCIL Risk Ratio (Peace and Conflict Instability Ledger)	*State instability:* "[E]vents that create significant challenges to the stability of states. These include revolutionary wars, ethnic wars, adverse regime changes, and genocides or politicides". (Hewitt et al. 2008, p. 5)
PII	Political Instability Index	*Social and political unrest:* "We define social and political unrest or upheaval as those events or developments that pose a serious extra-parliamentary or extra-institutional threat to governments or the existing political order". (EIU 2009a, p. 15)

Table 1: (continued)

Abbreviation	Index name	Concept measured and its definition
SFI	State Fragility Index	*State fragility:* "The State Fragility Index and Matrix [...] rates each country according to its level of fragility in both effectiveness and legitimacy across four dimensions: security, governance, economic development, and social development". (Marshall and Cole 2008, p. 9)
WGI-PV	WGI Political Stability and Absence of Violence (Worldwide Governance Indicators)	*Probability of unconstitutional change of government:* "Political Stability and Absence of Violence/Terrorism measures the perceptions of the likelihood that the government will be destabilized or overthrown by unconstitutional or violent means". (World Bank 2009c)

[a] The index is used in Bertelsmann publications to measure "weak stateness" (Bertelsmann Stiftung 2007, p. 6), but it is not officially promoted as an index

[b] The World Bank defines a list of fragile countries using the IDA Resource Allocation Index. Some publications use the index itself to measure fragility (e.g., Harttgen and Klasen 2010)

[c] In the World Bank, fragile states were formerly labelled "low-income countries under stress" (IEG 2006)

producers. The producers are non-profit, with the exception of the Economist Intelligence Unit, a British advisory company which forms part of the Economist media group. Of the remaining indices, three are university-made (in the United States and Canada), two are published by the World Bank, two by US-think tanks and one by a German private foundation which is closely related to a commercial media group.[14] Table 2 also cites the index publications and informs about data availability and coverage. Most fragility indices have a very short temporal coverage, starting only in the past five to fifteen years.[15]

3 The measurement procedure

The analysis of the measurement procedure has a twofold purpose: It is an analysis carried out in its own right to assess the content validity of the indices; and it prepares the ground for the multivariate analyses, as their results can only be interpreted in a meaningful way after clarifying how the scores of the individual indices were generated. I will interpret the results from both stages of the analysis jointly at the end of the paper.

The literature on measuring democracy is one of the most advanced literatures dealing with the cross-country measurement of social science concepts. I will apply a well-received framework from this literature, described by Munck and Verkuilen (2002, 2009) and further specified by Müller and Pickel (2007), to analyze the measurement procedure

---

14 See Arndt 2008 on the organizational motivations for publishing governance indices.

15 This is the major reason why the World Bank uses the IDA Resource Allocation Index to measure fragility: for internal purposes, World Bank staff can draw on a time-series starting in the 1970s.

Table 2: Fragility indices, producers and coverage

Index name	Producer (type)	Publication/data source	Data availability/file format	Years covered[a]	Countries covered (2008)
BTI Weak Stateness Index	Bertelsmann Stiftung (foundation/media group)	Bertelsmann Stiftung 2008, 2009	Fully disaggregate/xls	2006, 2008, 2010	125
CIFP Fragility Index	Carleton University (university)	Carment et al. 2009; CIFP 2009	Aggregate/html	2007[b]	192
Failed States Index	Fund for Peace (think tank)	Foreign Policy and Fund for Peace 2008; Fund for Peace 2009a	Partially disaggregate/html	2005–2010	177
Index of State Weakness	Brookings Institution (think tank)	Rice and Patrick 2008	Partially disaggregate/pdf	2008	141
IDA Resource Allocation Index	World Bank (international organization)	World Bank 2009a, 2010	Fully disaggregate/xls	2005–2009[c]	75
PCIL Risk Ratio	University of Maryland (university)	Hewitt 2007a, b, 2009	Aggregate/pdf	2008, 2010	160
Political Instability Index	Economist Intelligence Unit (consulting/media group)	EIU 2009a, b	Partially disaggregate/html	2007, 2009/2010	165
State Fragility Index	George Mason University (university)	Marshall and Cole 2008	Partially disaggregate/pdf	1995, 2001, 2007–2009	162
WGI Political Stability	World Bank (international organization)	Kaufmann et al. 2009; World Bank 2009b	Partially disaggregate/xls, csv[d]	1996, 1998, 2000–2009	209

[a]The following analyses refers to the indices and index scores of 2008 editions, except for the CIFP Fragility Index (2007) and the Political Instability Index (arithmetic average of 2007 and 2009/2010 scores)

[b]Carment et al. (2009) use a dataset from 1980–2006, but this data is not available online

[c]The World Bank has data starting in the mid 1970s on many more countries, but this data is not disclosed

[d]A file in csv-format is available via the new World Bank Data Catalogue (http://data.worldbank.org/data-catalog)

of the indices under investigation. This procedure comprises three challenges: conceptualization, measurement and aggregation (Munck and Verkuilen 2009, p. 15). Conceptualization refers to the task of concept specification, i.e. identifying as many components as necessary and as few as possible to describe a concept, and of conceptual logic, i.e.

avoiding redundancy or conflation within the "concept tree" (the hierarchical representation of the relationship between the components). The components are referred to as concept "attributes". Attributes are the constitutive elements of a concept and have to be identified correctly to achieve valid measurements. Measurement refers to the translation of concept attributes into numerical data.[16] The deviation of the data from the unobserved "true" values should be minimized for both systematic and random deviation, i.e. the measurement should be valid and reliable. Aggregation refers to the concentration of the data of the attributes into a joint score that retains validity and reliability with respect to the underlying concept. All steps of the measurement procedure have to be documented in a way that allows other scholars to repeat them, i.e. the measurement procedure should be replicable.

I will focus only on the most salient issues when presenting the results of this analysis. Given the large conceptual differences between indices, I do not provide an "index of fragility index quality" as Müller and Pickel (2007, pp. 517–518) provide for democracy indices; it would be more misleading than helpful in this case.

3.1 Conceptualization

Which attributes do fragility indices consist of and how are they organized? Table 1 gives an overview of the concepts that fragility indices intend to measure. Some concepts are not sufficiently systematized to derive the index attributes, which disrupts the linkage between concept and measurement at the very start. Systematized or not, most indices refer to state functions. For example, the CIFP Fragility Index defines fragility as "the extent to which the actual institutions, functions, and processes of a state fail to accord with the strong image of a sovereign state" (Carment et al. 2009, p. 84). But which functions is this "sovereign state" expected to satisfy? One function which is mentioned frequently is the monopoly on the use of force. Indices also refer to "public services" (Fund for Peace 2009b), "legitimate, transparent and accountable political institutions" and "fostering [...] economic growth" (Rice and Patrick 2008, p. 3). This is much broader than the working definition sketched out above. I will label the indices with the most comprehensive definitions "holistic" indices. They include the Failed States Index, the Index of State Weakness, the State Fragility Index and the CIFP Fragility Index. Looking at the operationalizations presented in Table 3 below supports this categorization: these indices cover a broad range of attributes related to security, governance, social welfare and economic development.

The supposedly holistic indices are all motivated by policy concerns. As their primary objective is identifying states that pose obstacles to promoting development and to consolidating peace, they are very inclusive and aspire to cover a broad range of deficiencies which can affect a state and its society. This may be a welcome trait when looking for an answer to the question of which states the international community must worry about most. But it does involve a decision which is difficult to defend: The indices have to trade

---

16 "Measurement" thus refers to measurement in the narrower sense, limited to the quantification of single components, while "measurement procedure" refers to measurement in the broader sense, including previous conceptualization and subsequent aggregation.

political, social, economic and security concerns off against each other. While these factors do covary in practice, they do not always occur in the same constellation. Given two comparable countries, one affected by a small but violent conflict, one by a large-scale economic crisis, it would require careful theoretical consideration or substantial empirical evidence to convincingly argue how these countries perform with respect to each other. Such considerations are not provided by the indices.[17]

There are concerns regarding the nature of individual attributes of the holistic indices. "[R]easonable public services" (Fund for Peace 2009b) need to be defined against a benchmark. Following the argumentation leading to the working definition of fragility presented above, it would make sense to define these social welfare attributes relative to the expectations of a population. States can be stable for long periods of time without providing, for example, universal health care, if the population does not expect such a service.

How do the other indices perform? The BTI Weak Stateness Index provides the most parsimonious definition, as it is limited to the attributes "functioning administration structures" and "monopoly on the use of force" (Bertelsmann Stiftung 2007, p. 6). From an academic standpoint, this is a welcome trait, since a certain degree of parsimony is a prerequisite for quantitatively distinguishing concepts and investigating the causes and consequences of state fragility. The four holistic indices are not suitable for this task because they include assumed causes and consequences of state fragility in their definitions (Gutiérrez Sanín 2009, p. 5). Due to their model-based design, the PCIL Risk Ratio and the WGI Political Stability index do not define attributes in a conceptual sense. They just use indicators to feed their models. The authors of the PCIL Risk Ratio use the same indicators as the "global model for forecasting political instability" published by the Political Instability Task Force (Goldstone et al. 2010). The model is based on one of the largest data mining projects in the field of political science and aims at predicting various types of civil war or political violence. Two other indices refer to the Political Instability Task Force as a source of inspiration: the Political Instability Index and the State Fragility Index (EIU 2009c; Marshall and Goldstone 2007, p. 3). This is in a way surprising, as these indices aim at measuring "social unrest" and "fragility" respectively, which is not necessarily equivalent to civil war or political violence. The State Fragility Index does not provide a descriptive definition of its subject of interest, only an operational one. The attributes of the IDA Resource Allocation Index all refer to policies and institutions, which could the index more sensitive to sudden changes compared to the structural indices. Unfortunately, most attributes of the index go far beyond the core issues of fragility and include elements such as economic policy. The full list of attributes for all indices is presented in Table 3 below (which also informs about the aggregation methods).

An example of violating the conceptual logic, i.e. the combination of attributes, is provided by the Index of State Weakness. The producers, in an attempt to build their index in "a straightforward and transparent fashion" (Rice and Patrick 2008, p. 7), measure each of their attributes with five indicators (see Table 3). It is, however, improbable that each of

---

17 The literature on measuring democracy provides examples on how multi-dimensional concepts can be convincingly operationalized by building on a mature corpus of theory (e.g. Bollen 1993; Munck 2009).

these dimensions is best measured with exactly five indicators. This increases the danger of conflation (e.g. within the "political basket", the WGI Government Effectiveness index and the WGI Voice and Accountability index) and of redundancy (e.g. the WGI Government Effectiveness index could also refer to the "social welfare basket" as it includes judgements about social infrastructure).

3.2 Measurement

How do the indices translate their attributes into numerical data? The first issue to resolve is whether the indices select the right indicators to measure their attributes. Many do not discuss the selection of indicators, which makes them very vulnerable to criticism. Even otherwise highly transparent indices do not explain their choice of indicators in detail. In the case of WGI Political Stability index, for example, only a list of (apparently reasonably selected) indicators is provided, but no justification (Kaufmann et al. 2008, p. 73). Confronted with repeated criticism, the authors of the Worldwide Governance Indicators have published several responses which discuss general issues of indicator validity in detail (Kaufmann et al. 2007; Kaufmann and Kraay 2008). One of these is the allegation that their indices are subject to a cultural bias inherent in their indicators which are based on expert survey data. Across all indices, however, there is little or no documented deliberation on whether indicators actually measure the right thing, regardless of whether they draw on 83 indicators (CIFP Fragility Index) or on two (BTI Weak Stateness Index).

Another issue of selection regards the measurement of "political" attributes. Legitimacy is here measured with democracy indices. Regardless of the fact that legitimacy may come in alternative institutional shapes, one question arises: must repressive but stable regimes be considered fragile, just because it is assumed that, in the long run, they will not be able to accommodate social demands as good as democracies can? It could be more useful to use the term "fragile" only with regard to countries with incapable governments that are likely to break down soon. If legitimacy is to be included, its role and measurement must be better justified.

The selection of indicators is, however, not only determined by conceptual reasoning. The choice is severely restricted by data availability. Many indicators which would be valuable for measuring fragility are not available for the most affected countries. In the field of security, for example, crime rates and police coverage are not available (Rotberg and Gisselquist 2008, p. 44–46). When approximately comparable public statistics are available, they are often the only source of information and can thus not be validated with alternative sources. One example is the Inter-Agency Child Mortality Estimation Group (IACMEG), constituted jointly by the World Health Organization, UNICEF, the World Bank, the UN Population Division and others (You et al. 2010). While it is laudable that institutions join forces to produce the best-possible data, such a concentration makes cross-validation impossible. Child mortality is used by all holistic fragility indices, the PCIL Risk Ratio and the Political Instability Index.

Looking at the larger picture, which data sources do fragility indices draw on? Figure 1 represents the relationships between sources and indices. Indices are represented by dark grey circles, institutions providing data ("sources") by light grey circles. The radius of the

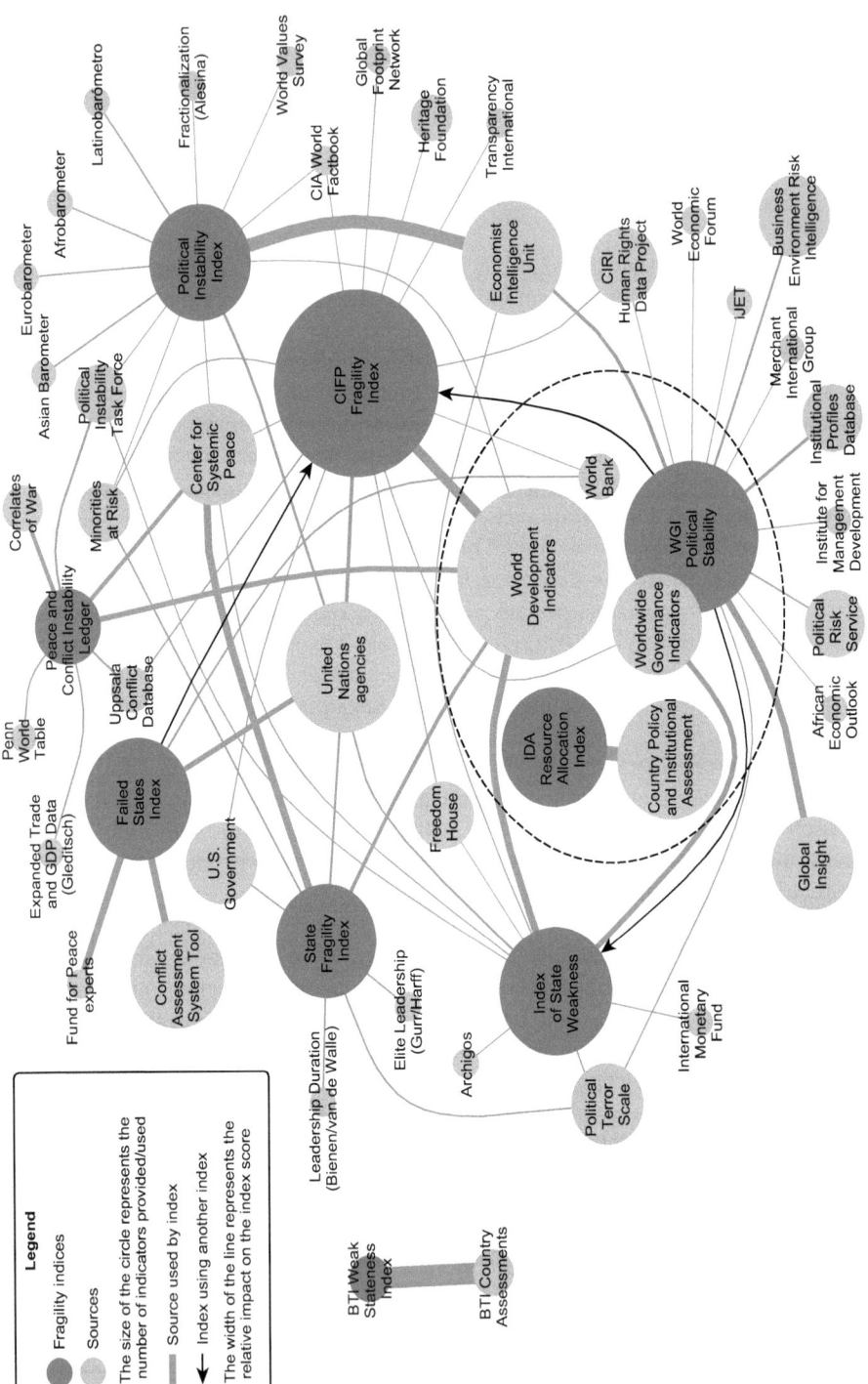

Fig. 1: The network of fragility indices and their data sources. (Created with visone (http://visone.info/))

circles is a logarithmic function of the number of indicators used or provided.[18] The grey lines indicate that an index uses indicators from the respective source. The width of each line represents the impact which a source exerts on the overall score of a particular index. The black arrows that connect the fragility indices point at those indices which use indicators from another index. Since there are several World Bank sources and indices, they are displayed individually. They are grouped together and encircled with a black outline.

The graph is based on a matrix which includes all indices, indicators and data sources. A spring-embedder algorithm reduces the multidimensional information contained in this matrix to fit it on a plane and to avoid overlap of elements in order to create a well-arranged visualization which is at the same time a good representation of the underlying data. More connected nodes are positioned at the centre of the graph, less connected ones at the border.[19] Remaining overlaps have been removed by hand.

The network unveils that fragility indices are heavily dependent upon data provided by international organizations, mainly the World Bank and United Nations agencies. Commercial providers of data are important for the Political Instability Index and the WGI Political Stability index. The former is produced by the Economist Intelligence Unit, which at the same time provides the bulk of expert data used in the index. The WGI Political Stability index draws on several commercial and non-commercial expert polls. Academic sources play a comparatively small role, with the exception of a cluster based at the University of Maryland and the George Mason University. This cluster emerges from a number of institutional and personal overlaps and consists of, inter alia, the Center for Systemic Peace including the Polity IV project, the Political Instability Task Force, the Minorities at Risk Project and the State Fragility Index. Three indices stick out for providing original data: BTI Weak Stateness Index, the IDA Resource Allocation Index and the Failed States Index. The former two conduct expert assessments. The latter is fed by a "Conflict Assessment System Tool" which performs a content analysis on a large corpus of electronically available news. Unfortunately, the producers do not uncover the entire data generation procedure. They state that the index scores are based on public statistics and expert calibration rounds, without specifying the impact. The IDA Resource Allocation index is relies on the Country Policy and Institutional Assessment (CPIA), which is produced by World Bank experts with the explicit purpose to transparently allocate aid funds from the Bank's International Development Association (IDA). The BTI Weak Stateness index uses data from one source only: the BTI Country Assessments. These assessments are carried out by one expert and one reviewer, followed by calibration rounds. The overall purpose of the BTI is measuring market-oriented democracy. It is possible that this source suffers from "halo effects" which make the coders unconsciously contaminate specific questions with the overall goal of the questionnaire.

Overall, fragility indices draw data from a common pool rather than creating or uncovering competing sources. While each index has individual sources, all except the BTI Weak Stateness Index draw on the central nodes to a large degree (World Bank, United

---

18 For a detailed treatment on visualizing data in network graphs, see Krempel 2005.

19 With the exception of the IDA Resource Allocation Index and the Country Policy and Institutional Assessments, which have been moved closer to the other World Bank sources to group them together.

Nations agencies, Economist Intelligence Unit, Center for Systemic Peace), making it improbable that resulting scores will differ significantly. Most indicators are highly aggregate socio-economic measures which may be proxies for theoretically relevant attributes of state fragility, but which lack precision in distinguishing these from other phenomena like human development.

3.3 Aggregation

How are the scores of the individual attributes combined into an overall score? Most indices apply similar aggregation methods based on the simple addition of equally weighted attributes (see Table 3). Additive aggregation rules imply that low values on one indicator can be partly compensated by high values on another indicator (Munck 2009, p. 50). Whether compensation is valid depends on the number of dimensions specified in the index concept. Aggregation can be justified either by claiming that all selected indicators describe the same unidimensional phenomenon, or by claiming that the indicators, even though they do not covary, are parts "combined to form a whole" (Munck and Verkuilen 2009, p. 30). The WGI Political Stability index clearly pursues the unidimensional strategy. The four holistic fragility indices pursue the parts-of-a-whole strategy. In a unidimensional setting, it is easy to argue that one indicator may compensate for another: a skirmish with secessionist rebels and a political assassination are similar to some extent. In a multidimensional setting, the justification of allowing indicators to compensate for each other is more problematic: which degree of child mortality compensates for which level of corruption? Such considerations have to be made for any multidimensional index. The justification is difficult when no common unit of measurement is available, no "numeraire" (Gutiérrez Sanín 2009). The holistic fragility indices push the envelope quite far without providing sufficient justification. For example, the CIFP Fragility Index consists of six equally weighted attributes which are aggregated by taking the arithmetic average (i.e. addition and subsequent rescaling). A country reaches 83 % of the maximum (inverted) score if it fails completely in the security & crime attribute while receiving maximum scores in all other attributes. This is empirically improbable, but it depicts the dangers of using additive aggregation procedures when faced with attributes which can hardly be compensated for by other attributes. A second issue in this context is heterogeneity of countries with equal scores. If countries with the same score differ significantly across the attributes, it is difficult to argue that the aggregation of the attributes is justified: What do we learn if Saudi-Arabia and Somalia, for substantially different reasons, are put in the same category? In general, fragility index methodologies do not discuss the robustness of scores with regard to alternative aggregation choices.[20] Measures of uncertainty that result from the aggregation process are only provided by the PCIL Risk Ratio and the WGI Political Stability Index. This information is essential for deciding whether one country can be considered less fragile than another, or whether the difference could be due to chance.

While unviable weighting methods may distort results strongly, as Treier and Jackman (2008) show for the Polity IV dataset, weighting is not discussed sufficiently by most

---

[20] An exception is the WGI Political Stability Index.

Table 3: Attributes, aggregation methods and indicator weights

Index[a]	Attributes and aggregation method[b]	Number of Indicators	Weight per indicator[c]
BTI Weak Stateness Index	(*Monopoly of Violence + Basic Administration*)/2	2	0.500
CIFP Fragility Index	(*Governance [12] + Economics [24] + Security & Crime [10] + Human Development [17] + Demography [10] + Environment [10]*)/6	83	0.007–0.019
Failed States Index	(*Mounting Demographic Pressures + Massive Movement of Refugees or Internally Displaced Persons creating Complex Humanitarian Emergencies + Legacy of Vengeance-Seeking Group Grievance or Group Paranoia + Chronic and Sustained Human Flight + Uneven Economic Development along Group Lines + Sharp and/or Severe Economic Decline + Criminalization and/or Delegitimization of the State + Progressive Deterioration of Public Services + Suspension or Arbitrary Application of the Rule of Law and Widespread Violation of Human Rights + Security Apparatus Operates as a "State Within a State" + Rise of Factionalized Elites + Intervention of Other States or External Political Actors*)/12	12[d]	0.083
IDA Resource Allocation Index	(*Economic Management [3] + Structural Policies [3] + Policies for Social Inclusion/Equity [5] + Public Sector Management and Institutions [5]*)/4	16	0.050–0.083
Index of State Weakness	(*Economic Basket [5] + Political Basket [5] + Security Basket [5] + Social Basket [5]*)/4	20	0.050
PCIL Risk Ratio	No attributes specified. The index uses a logistic regression model to produce country scores. As variables, it uses Regime Consistency, Infant Mortality, Economic Openness, Militarization, Neighborhood War and dummy variables for Autocracy and Partial Democracy	7	Not determined[e]
Political Instability Index	(*Underlying Vulnerability [12] + Economic Distress [3]*)/2	15	0.038–0.200
	Three indicators have a weight of two		

Table 3: (continued)

Index[a]	Attributes and aggregation method[b]	Number of Indicators	Weight per indicator[c]
State Fragility Index	*Effectiveness score + Legitimacy score = (Security Effectiveness [1] + Political Effectiveness [3] + Economic Effectiveness [2] + Social Effectiveness [1]) + (Security Legitimacy [1] + Political Legitimacy [4] + Economic Legitimacy [1] + Social Legitimacy [1])*	14	0.031–0.125
WGI Political Stability Indicator	No attributes specified. The index uses an unobserved components model which weights each indicator according to its correlation with the other indicators	35[f]	0.010–0.094[g]

[a]Data sources: see Table 1. Refers to the 2008 editions of indices; exceptions: CIFP Fragility Index (2007) and Political Instability Index (2009/2010)

[b]The figures in brackets show the number of indicators used to measure the each attribute. If the number of indicators used is one for all attributes, the bracket is omitted

[c]The weight per indicator can vary, even if no explicit weighting scheme is applied, when differently sized categories lead to different impacts of individual indicators on the overall index score. All weights calculated by the author unless otherwise stated

[d]The Failed States Index draws on at least four structural indicators and calibrates scores by expert judgement. The exact design and impact of these components is not published

[e]Since the index does not standardize the indicators, the modelled weights can not be calculated. According to the author, regime consistency has the strongest and militarization the lowest impact (personal communication)

[f]The WGI Political Stability index uses 35 *indicators* from 13 sources in the year 2008. The six Worldwide Governance Indicators jointly use many more indicators from 35 *sources*

[g]These are weights provided by the index authors (World Bank 2009b)

indices. The authors of the Index of State Weakness declare that there is no "formula" on how to weight components of fragility indices. They choose to go with equal weighting (Rice and Patrick 2008, p. 26, endnote 33). Most other indices follow the same approach, forgetting that equal weighting is a decision that needs substantive justification nonetheless. Moreover, there is a weighting effect of differently sized categories inherent in several indices: indicators in less populated categories carry more weight than indicators in categories which are fed by many indicators (see Table 2). Extensive considerations on weighting are made by the authors of the PCIL Risk Ratio and the WGI Political Stability index. These indices are based on models with data-driven weighting schemes.

All index providers could improve transparency of documentation and the provision of data to enable replication. Previously, the PCIL Risk Ratio performed excellent by providing the full dataset plus replication scripts for statistical software online. Since the publication of the 2010 edition, the links have unfortunately disappeared. The BTI Weak Stateness Index, the World Bank indices and, more recently, the Failed States Index provide disaggregate data in spreadsheet format for download (see Table 2). The Index of State Weakness and the State Fragility Index perform worst by not even providing data in

HTML-format on their websites, but only within the respective PDF publications, which are not easily transformed into data files.

4 A multivariate analysis of the index scores

Having retraced the measurement procedure of fragility indices, I will now check whether those indices which have shown similar conceptual traits also have similar statistical traits. Unexpected deviations could be a sign for deficient validity or reliability. While a stand-alone convergence validation of different measures is always relative to unknown systematic biases jointly underlying these measures (Müller and Pickel 2007, p. 515), the preceding analysis of conceptualization, measurement and aggregation provides a frame of reference against which the results can be interpreted.

The violin plots in Fig. 2 summarize the statistical properties of the indices. The grey area is a density plot representing an index's distribution. The black box reaches from the 25th to the 75th percentile. The white circle marks the median. The scores were standardized to a zero to one "best to worst" scale to align them with each other. While the multivariate methods used here do not require any specific distributional properties, it can be argued that an index should represent the whole spectrum of possible values and—assuming an approximately normal distribution of the "true" underlying values—not end abruptly with a large number of cases clustered at either end of the scale (Goertz 2008, p. 115). Most indices have reasonable distributions. The PCIL Risk Ratio is not capable of distinguishing at the lower end (non-fragile states); the estimated risk is very low for a large number of states. The BTI Weak Stateness Index and the State Fragility Index end abruptly at zero, which indicates that they struggle with differentiating less fragile states.

A traditional way of examining statistical proximity between variables are bivariate correlation tables. They are informative, but they are not very reader-friendly. Instead of correlation tables, I will use two multivariate methods which are appropriate for graphically representing statistical proximities, and which offer additional benefits such as identifying dimensionality: principal component analysis (PCA) and multidimensional

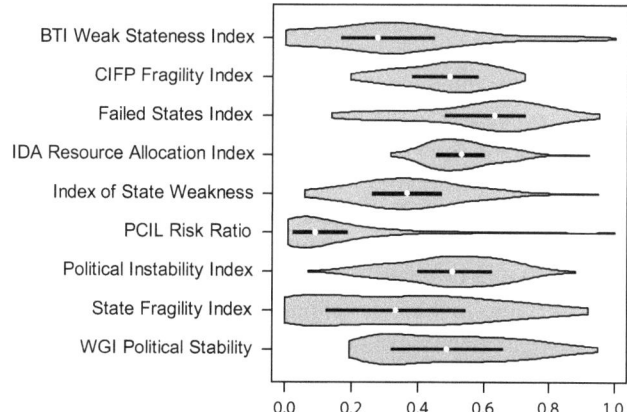

Fig. 2: Violin plots of fragility index scores 2008. (Data sources: see Table 2. CIFP Fragility Index: 2007 edition; Political Instability Index: arithmetic average of 2007 and 2009/2010 editions. The BTI Weak Stateness Index, the IDA Resource Allocation Index, the Index of State Weakness and the WGI Political Stability index have been inverted to adhere to a "best to worst" scale)

Component	Eigenvalues		
	Overall	% of variance explained	cumulated % of variance explained
1	6.428	71.4	71.4
2	0.971	10.8	82.2
3	0.577	6.4	88.6
4	0.504	5.6	94.2
5	0.228	2.5	96.8
6	0.130	1.5	98.2
7	0.099	1.1	99.3
8	0.062	0.7	100.0
9	0.002	0.0	100.0

Fig. 3: Principal component analysis of fragility index scores 2008. (Abbreviations: see Table 1. Data sources: see Table 2. Pairwise deletion. See remarks under Fig. 2)

scaling (MDS) (Borg and Groenen 2005). PCA is used to check the joint dimensionality of the fragility indices: How much of the joint variance of the nine indices analyzed can be projected onto one single component? Only if indices do not deviate strongly in this analysis, we can assume that they might be measuring the same (always provided that their concepts comply). PCA results for the two first components can be graphed on a two-dimensional plot. MDS is then used to take a closer look at the variance between the indices: How similar are the scores produced by each index? MDS projects data onto a number of factors that is fixed ex ante. The goal is to graph multiple dimensions on a plane or in a three-dimensional space, representing their variance as accurately as possible in the form of geometrical distances. Thus, MDS can display, depending on the model fit, almost the entire variance between all indices at once, not just the first two components. The disadvantage of MDS is that it does not allow an assessment of dimensionality as PCA does.

The PCA results propose that the indices can be represented on one or two dimensions (see Fig. 3). The second eigenvalue is slightly less than 1, which is the criterion for counting a component as a separate dimension. This solution is plotted on the right hand graph, with index positions represented as linear combinations of the first two components. The closer an index is to the circle (of radius one), the better it is represented by these two components. It shows that all indices load strongly on component 1, which could thus be termed the "meta fragility" component. The IDA Resource Allocation Index and the PCIL Risk Ratio stick out. They span the second dimension into contrary directions.

To better represent the relationship between indices and display as much variance as possible, I turn to MDS. The algorithm used in MDS starts in an initial configuration and tries to minimize the stress of that configuration by changing it iteratively. The configuration with the smallest amount of stress best represents the similarities across indices. The first graph in Fig. 4 shows a solution that interprets the index scores as ordinal variables, i.e. it examines similarities of the ranks between indices. Distances can be directly inter-

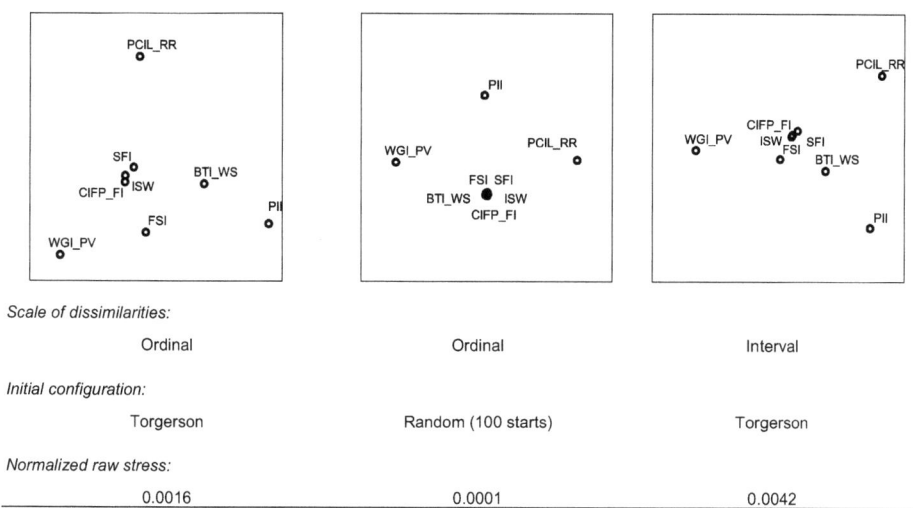

Fig. 4: Multidimensional scaling of fragility index scores 2008. (Abbreviations: see Table 1. Data sources: see Table 2. $N=113$, Listwise deletion. See remarks under Fig. 2. The IDA Resource Allocation Index has been excluded to keep the number of observations sufficiently high)

preted as dissimilarities. The axes and potential rotations of the graph are not relevant for the interpretation. The solution shows nicely that the core fragility indices rank countries in a similar manner, while the WGI Political Stability index, the PCIL Risk Ratio and the Political Instability Index rank countries differently and are thus more distant from each other. Given that the latter two are inspired by the PITF global model on predicting state failure, it may seem a bit surprising that one finds them that far apart. As noted above, however, they have different purposes: the PCIL Risk Ratio intends to measure the risk of being affected by violent conflict, the Political Instability Index intends to measure the risk of "social and political unrest or upheaval" (EIU 2009a, p. 15). This divergence leads to different operationalizations which explain the observed dissimilarity.[21]

The MDS results have to be interpreted with care, however. The solving algorithm may get stuck in a local minimum under adverse circumstances, falling short of providing the optimal solution. This can be tested by running repeated stress optimizations with random starting configurations. The second graph shows such a solution, which has almost zero stress and all but three indices cluster on one spot. Such traits are a sign for a "degenerate solution" where the applied scale level does not provide enough distinctions for the algorithm to properly display dissimilarities (Borg and Groenen 2005, p. 219).

To produce useful results, one may increase the measurement level to an interval scale. This solution is shown in the third graph. The solution is again rotated (which has no meaning), but the same indices end up near the borders of the plane which supports the proposition that they are the indices with most dissimilar results (also in scores, not only

---

[21] A rather low bivariate correlation of 0.53 supports the MDS result. The advantage of MDS, however, is that all the different relationships can be grasped at once via the graphical display, dispensing of the need to comb through the correlation table row by row.

in ranks). Again, the holistic fragility indices cluster, especially those based on similar data. The Failed States Index, partly informed by content analysis, is a bit removed from that cluster. The BTI Weak Stateness Index, even though it does not belong to the holistic fragility indices as defined on the outset, produces more similar results than the rather broadly designed Political Instability Index. This result may be due to actual similarities in the occurrence of a defective monopoly of violence and fragility in a broad sense, but it may as well be due to a bias affecting BTI-coders who are socialized with existing conflict and governance measures that are supposed to correlate highly with deficient stateness.

While results using interval scaling are robust to random initial configurations, differences in surrounding conditions limit the explanatory power of this analysis. Results may be distorted by the reduction of the sample size to 113, which is due to the limited coverage of some indices. Another possible source of distortion are differences in chronological coverage. The CIFP Fragility Index is, on the internet, available only for 2007. The Political Instability Index value had to be interpolated from the 2007 and 2009/2010 scores, because no 2008 edition was published. Differences in the actual time-spans that the indices refer to could be another source of distortion. The WGI Political Stability index 2008 is mostly based on indicators from 2008, the Failed States Index 2008 is built from texts produced in the year 2007 and the indicators contributing to the 2008 Index of State Weakness have a time-lag of about two to four years. Despite these potential disturbances, the conceptual and statistical results are in general reconcilable.

5 What do fragility indices measure?

What conclusion can be made from the previous analyses regarding the validity of each of the nine fragility indices? The multivariate analysis could be interpreted as evidence for high rates of validity among the holistic fragility indices. Their similarity is not surprising, however, since they use almost the same data for very similar conceptual attributes. The fact that the Failed States Index is close in spite of relying partly on alternative data should not be overestimated, as the degree by which the score is determined through content analysis is not released by the producers. While measuring the same, it is not clear, due to conceptual and methodological deficiencies, what these indices actually measure.

Comparing the concepts with the working definition sketched above, most concepts are much broader. In the measurement process, assumptions about causes and consequences of fragility are implicitly introduced. Repressive capacity is mostly measured indirectly by GDP per capita (which leads to higher tax revenue which leads to manoeuvring space for governments) and similar measures which approximate the state's institutional capacities (e.g. WGI Government Effectiveness). Repressive necessity is measured indirectly by outcome indicators of social welfare, like health and education indicators. Citizens who receive services from the state feel less inclined to challenge its rule. But expectations regarding the provision of services differ, and no index is capable of providing relative measures of repressive necessity. Only survey data or expert coded assessments of state-bandwidth expectations could provide this.

In a nutshell, how good are the individual indices? The *BTI Weak Stateness Index* stands out for trying to measure the monopoly of violence itself, which is desirable when looking for a narrow conceptualization of state fragility. A limited number of coders and a potential expert-bias may limit its reliability and validity. Nonetheless, the index is a useful alternative to violence indicators based on structural data. The *CIFP Fragility Index* has a good theoretical foundation. Especially the authority-legitimacy-capacity framework is promising. The way it is operationalized, however, leads to the most holistic measure of all indices. Its applicability in regression analysis is questionable. The *Failed States Index* is partly based on content analysis. It could be of great use for validating indices based on structural data. Unfortunately, its methodology has not been sufficiently documented and fully disaggregate data is not available. The content analysis results can not be separated from the other information that is used and the impact of the content analysis on the final scores is unknown. The *IDA Resource Allocation Index* measures policy, which could be an advantage with regard to indices purely based on outcome indicators. It does, however, include components such as economic liberalization which should not appear in measures of state fragility. Beyond validity concerns, the small geographical coverage of the openly available data reduces the index's applicability in quantitative research. The *Index of State Weakness* intends to be transparent and accessible, placing the symmetry of index design over validity. It does not introduce any relevant theoretical or methodological innovations. Overall, it is not recommendable for academic purposes. The *PCIL Risk Ratio* is based on an established model for predicting conflict and translates these results into an index. It does not comply with the minimum definition of fragility sketched above. For the purpose of measuring the probability of conflict, however, it should be more useful than other fragility indices. The *Political Instability Index* tries to measure social unrest based on a model predicting civil war, which casts doubt on its validity. Statistically, it measures something different from both the PCIL Risk Ratio and the holistic indices, but its conceptualization is not sufficiently documented to asses what it measures exactly. The *State Fragility Index* distinguishes effectiveness and legitimacy of various state functions, which is a welcome theoretical contribution. The overall index struggles with the same issues as the other holistic indices, although it is much more economical with indicators. The *WGI Political Stability Index* has a broad database and high construct validity due to their data-driven aggregation process; the lack of theoretical justification for the inclusion of certain indicators casts doubt on its validity to measure what it claims to measure, i.e. the probability of unconstitutional change of government. What could be of use for researchers is that the index scores actually differ to some degree from the holistic indices' scores.

6 Conclusion

This article assessed the measurement procedures and the statistical proximity of nine fragility indices. The measurement procedures were assessed with an analytical framework distinguishing conceptualization, measurement and aggregation (Munck and Verkuilen 2009). The statistical proximity was assessed using multivariate scaling techniques. Three indices proved very similar in conceptual and statistical matters: The CIFP Fragility Index, the Index of State Weakness and the State Fragility Index produce very similar results across a common sample of 113 countries. They use a broad spectrum of indicators, ranging from political to economic and social issues, to measure a rather holistic concept of fragility. The Failed States Index, building on a similarly holistic concept, draws on content analysis as an additional source of data and produces only slightly different scores. Regarding their maximalist concept specifications, however, it is difficult to argue that these measurements are valid representations of a useful definition of fragility. Various dimensions are integrated without sufficiently justifying why and to what amount economic issues, for instance, can compensate for security issues. Regarding the choice of indicators, some indices go far beyond immediate political influence and include even geographic factors, e.g. "arable/fertile land availability" (CIFP Fragility Index). It is interesting to see that the holistic fragility indices, in the similarity plot generated with multidimensional scaling, are centred between three more specific indices. This supports the claim that fragility, as defined by the holistic indices, adds up to a rather unspecific mix of development-adverse circumstances. Overall, the holistic indices include potential conditions for and consequences of fragility affecting both state and society, frustrating the possibility to investigate these mechanisms. All fragility indices are capable of distinguishing countries at the extremes of their scores, but this is only a limited value added compared to qualitative ad-hoc considerations. Using the holistic fragility indices in regression analysis is, in general, not recommendable. Some of their subcategories, however, might be of use for particular research questions (e.g. "political efficiency" from the State Fragility Index).

Although the ideas motivating research on state fragility are not new, much remains to be done to better quantify fundamental functional deficiencies of developing and developed states. Some issues could be resolved in the short run, using the available data. More adequate categorization and standardization methods would create more consistent typologies and potentially time-invariant scores.[22] Increasing the validation efforts would make fragility indices more trustworthy, for example by nomological validation: How well do established hypotheses hold when tested with different indices?[23] Such assessments presuppose clearly stated, systematized concepts.

The central problem of fragility indices is their aspiration to measure the broad picture of many kinds of problems encountered in developing countries. While the broad picture might be convenient at times, measuring better specified "partial regimes"[24] of fragility is crucial for investigating its causes and consequences.[25] The proposal of Carment et al.

---

22 See Fabra Mata and Ziaja (2009, p. 32) for an overview of categorization methods applied by fragility indices. An excellent discussion on methodological choices, including a convincing standardization method, can be found in the Index of African Governance (Rotberg and Gisselquist 2008).

23 On nomological validation, see Adcock and Collier (2001, p. 542).

24 Collier and Levitsky (2009) use this term with respect to democracy concepts.

25 Coppedge (2002, p. 39) arrives at a similar conclusion with regard to democracy: "The highest priority for improving the measurement of democracy is therefore improving the measurement of disaggregated attributes of democracy".

(2009) to distinguish "authority", "capacity" and "legitimacy" is a good start, but their operationalization is too broad.[26]

Some other conceptual clarifications are desirable, such as explaining the relationship between fragility and political instability or state capacity. Making the frame of reference explicit is another issue to be addressed (state vs. regime vs. government). It is also necessary to better specify the time interval in which fragility should and can be measured. The implications of subnational variation due to secessionist provinces or due to decreasing projection of state power beyond the capital also need to be considered, although measuring these on a global scale is beyond the reach of current data. Finally, it has to be clarified whether fragility is to be measured on an absolute scale or on a scale relative to a society's expectations. The latter option may be more sensible, but it is confronted with severe measurement problems. New expert assessments or global public surveys are two (imperfect) ways to proceed. In the long run, new original data is necessary to better measure fragility.

References

Adcock, R., and D. Collier. 2001. Measurement validity: A shared standard for qualitative and quantitative research. *The American Political Science Review* 95 (3): 529–546.

Arndt, C. 2008. The politics of governance ratings. *International Public Management Journal* 11 (3): 275–297.

Arndt, C., and C. Oman. 2006. *Uses and abuses of governance indicators*. Paris: OECD Development Centre.

Bellina, S., D. Darbon, S. S. Eriksen, and O. J. Sending. 2009. *The legitimacy of the state in fragile situations*. Oslo: Norwegian Agency for Development Cooperation (Norad Report 20/2009).

Bertelsmann Stiftung, ed. 2007. *Bertelsmann transformation index 2008: Political management in international comparison*. Gütersloh: Verlag Bertelsmann Stiftung. Brochure. http://bti2008.bertelsmann-transformation-index.de/fileadmin/pdf/Anlagen_BTI_2008/BTI_2008_Brochure_EN.pdf. Accessed: 1 Feb 2011.

Bertelsmann Stiftung, ed. 2008. *Bertelsmann transformation index 2008: Political management in international comparison*. Gütersloh: Verlag Bertelsmann Stiftung.

Bertelsmann Stiftung, ed. 2009. *About BTI, ranking and country reports*. http://www.bertelsmann-transformation-index.de/11.0.html?&L=1. Accessed: 1 Feb 2011.

Bollen, K. 1993. Liberal democracy. *American Journal of Political Science* 37 (4): 1207–1230.

Borg, I., and P. J. F. Groenen. 2005. *Modern multidimensional scaling: Theory and applications*. 2nd ed. New York: Springer.

Bratton, M., and E. C. C. Chang. 2006. State building and democratization in sub-Saharan Africa: Forwards, backwards, or together? *Comparative Political Studies* 39 (9): 1059–1083.

Brinkerhoff, D. W. 2007. *Governance in post-conflict societies: Rebuilding fragile states*. New York: Routledge.

Call, C. T. 2010. Beyond the "Failed State": Toward conceptual alternatives. *European Journal of International Relations*. Online first. doi:10.1177/1354066109353137.

---

26 Call (2010) tries to apply this approach to less broadly defined "capacity", "security" and "legitimacy gaps".

Carment, D., S. Prest, and Y. Samy. 2009. *Security, development and the fragile state: Bridging the gap between theory and policy.* Abingdon: Routledge Studies in Intervention and Statebuilding.

Collier, D., and S. Levitsky. 2009. Democracy: Conceptual hierarchies in comparative research. In *Concepts and method in the social science: The tradition of giovanni sartori,* eds. D. Collier and J. Gerring, 269–288. London: Routledge.

Coppedge, M. 2002. Democracy and dimensions. *Comparative Political Studies* 35 (1): 35–39.

Country Indicators for Foreign Policy (CIFP). 2009. Country ranking table 2007. http://www.carleton.ca/cifp/app/ffs_ranking.php. Accessed 1 Feb 2011.

Dahl, R. 1971. *Polyarchy: Participation and opposition.* New Haven: Yale University Press.

Department for International Development (DFID). 2005. *Why we need to work more effectively in fragile states.* London: Department for International Development.

Desch, M. C. 1996. War and strong states, peace and weak states? *International Organization* 50 (2): 237–268.

Economist Intelligence Unit (EIU). 2009a. *Manning the barricades: Who's at risk as deepening economic distress foments social unrest.* London: EIU.

Economist Intelligence Unit (EIU). 2009b. *Social unrest.* http://viewswire.eiu.com/site_info.asp?info_name=social_unrest_table. Accessed 1 Feb 2011.

Economist Intelligence Unit (EIU). 2009c. *Political instability index: Vulnerability to social and political unrest.* http://viewswire.eiu.com/index.asp?layout=VWArticleVW3&article_id=874361472.ent&task=view&id=102&Itemid=891. Accessed 1 Feb 2011.

European Report on Development (ERD). 2009. *Overcoming fragility in Africa.* San Domenico di Fiesole: European University Institute.

Evans, P. B., D. Rueschemeyer, and T. Skocpol. 1985. *Bringing the state back in.* Cambridge: Cambridge University Press.

Fabra Mata, J., and S. Ziaja. 2009. *Users' guide on measuring fragility.* Oslo: United Nations Development Programme.

Foreign Policy, and Fund for Peace. 2008. The failed states index 2008. *Foreign Policy* 167: 64–68.

Fukuyama, F. 2004. *State-building.* Ithaca: Cornell University Press.

Fund for Peace. 2009a. *Failed states index scores 2008.* http://www.fundforpeace.org/web/index.php?option=com_content&task=view&id=292&Itemid=452. Accessed 1 Feb 2011.

Fund for Peace. 2009b. *Failed states index FAQ.* http://www.fundforpeace.org/web/index.php?option=com_cont. Accessed 1 Feb 2011.

Goertz, G. 2006. *Social science concepts. A user's guide.* Princeton: Princeton University Press.

Goertz, G. 2008. Concepts, theories and numbers. In *The Oxford handbook of political methodology,* eds. Robert E. Goodin, Janet M. Box-Steffensmeier, Henry E. Brady and D. Collier, 97–119. Oxford: Oxford University Press.

Goldstone, J. A., R. H. Bates, D. L. Epstein, T. R. Gurr, M. B. Lustik, M. G. Marshall, J. Ulfelder, and M. Woodward. 2010. A global model for forecasting political instability. *American Journal of Political Science* 54 (1): 190–208.

Gros, J. G. 1996. Towards a taxonomy of failed states in the New World Order: decaying Somalia, Liberia, Rwanda and Haiti. *Third World Quarterly* 17 (3): 455–472.

Gutiérrez Sanín, F. 2009. *The quandaries of coding and ranking: Evaluating poor state performance indexes.* London: London School of Economics (Crisis States Research Centre Working Paper 58).

Harttgen, K., and S. Klasen. 2010. *Fragility and MDG progress: How useful is the fragility concept?* San Domenico di Fiesole: European University Institute (Robert Schuman Centre for Advanced Studies Working Paper 2010/20).

Helman, G. B., and S. R. Ratner. 1992–1993. Saving failed states. *Foreign Policy* 89 (Winter): 3–20.

Herrera, Y. M., and D. Kapur. 2007. Improving data quality. *Political Analysis Advance Access* 15 (4): 365–386.

Hewitt, J. J. 2007a. *Peace and conflict instability ledger: Description of data and model estimation.* College Park: Center for International Development and Conflict Management, University of Maryland.

Hewitt, J. J. 2007b. The peace and conflict instability ledger: Ranking states on future risks. In *Peace and Conflict 2008,* eds. J. J. Hewitt, J. Wilkenfeld and T. R. Gurr, 5–20. College Park: Center for International Development and Conflict Management, University of Maryland.

Hewitt, J. J., J. Wilkenfeld and T. R. Gurr. 2008. *Peace and Conflict 2008*: Executive Summary, Center for International Development and Conflict Management, University of Maryland, Baltimore, MD.

Hewitt, J. J., J. Wilkenfeld, and T. R. Gurr, eds. 2009. *Peace and conflict 2010.* College Park: Center for International Development and Conflict Management, University of Maryland.

Holsti, K. J. 1996. *The state, war, and the state of war.* Cambridge: Cambridge University Press.

Independent Evaluation Group (IEG). 2006. *Engaging with fragile States: An IEG review of world bank support to low-income countries under stress.* Washington D.C.: The World Bank.

International Monetary Fund (IMF). 2010. *Regional economic outlook: Sub-saharan Africa: Back to high growth?* Washington D.C.: International Monetary Fund.

Jackman, S. 2008. Measurement. In *The Oxford handbook of political methodology,* eds. R. E. Goodin, J. M. Box-Steffensmeier, H. E. Brady and D. Collier, 119–152. Oxford: Oxford University Press.

Jackson, R. H., and C. G. Rosberg. 1982. Why Africa's weak states persist: The empirical and the juridical in statehood. *World Politics* 35 (1): 1–24.

Kaufmann, D., and A. Kraay. 2008. Governance indicators: Where are we, where should we be going? *The World Bank Research Observer* 23 (1): 1–30.

Kaufmann, D., A. Kraay, and M. Mastruzzi. 2007. *Worldwide governance indicators project: Answering the critics.* World Bank Policy Research Working Paper 4149. Washington D.C.: World Bank.

Kaufmann, D., A. Kraay, and M. Mastruzzi. 2008. *Governance matters VII: Aggregate and individual governance indicators 1996–2007.* World Bank Policy Research Working Paper No. 4654. Washington D.C.: The World Bank.

Kaufmann, D., A. Kraay, and M. Mastruzzi. 2009. *Governance matters VIII: Aggregate and individual governance indicators, 1996–2008.* World Bank Policy Research Working Paper No. 4978. Washington D.C.: The World Bank.

Krempel, L. 2005. *Visualisierung komplexer Strukturen: Grundlagen der Darstellung mehrdimensionaler Netzwerke.* Frankfurt a. M.: Campus.

Kugler, J., and W. Domke. 1986. Comparing the strength of nations. *Comparative Political Studies* 19 (1): 39–69.

Kurtz, M. J., and A. Schrank. 2007. Growth and governance: Models, measures, and mechanisms. *The Journal of Politics* 69 (2): 538–554.

Langbein, L., and S. Knack. 2010. The worldwide governance indicators: Six, one, or none? *Journal of Development Studies* 46 (2): 350–370.

Marshall, M. G. 2008. *Fragility, instability, and the failure of states.* New York: Council on Foreign Relations.

Marshall, M. G., and B. R. Cole. 2008. Global report on conflict, governance and state fragility 2008. *Foreign Policy Bulletin* 18:3–21.

Marshall, M. G., and J. A. Goldstone. 2007. Global report on conflict, governance and state fragility 2007. *Foreign Policy Bulletin* 17:3–21.

Migdal, J. S. 1988. *Strong societies and weak states: State-society relations and state capabilities in the third world.* Princeton: Princeton University Press.

Müller, T., and S. Pickel. 2007. Wie lässt sich Demokratie am besten messen? Zur Konzeptualität von Demokratie-Indizes. *Politische Vierteljahresschrift* 48 (3): 511–539.

Munck, G. L. 2009. *Measuring democracy.* Baltimore: The John Hopkins University Press.

Munck, G. L., and J. Verkuilen. 2002. Conceptualizing and measuring democracy: Evaluating alternative indices. *Comparative Political Studies* 35 (5): 5–34.

Munck, G. L., and J. Verkuilen. 2009. Conceptualizing and measuring democracy. An evaluation of alternative indices. In *Measuring democracy*, ed. Gerardo L. Munck, 13–37. Baltimore: The John Hopkins University Press.

Nyheim, D. 2009. *Preventing violence, war, and state collapse: The future of conflict early warning and response*. Paris: Organisation for Economic Co-operation and Development.

Organisation for Economic Co-operation and Development (OECD). 2008. *Concepts and dilemmas of state building in fragile situations*. Paris: Organisation for Economic Co-operation and Development.

Rice, S. E., and S. Patrick. 2008. *Index of state weakness in the developing world*. Washington D.C.: Brookings Institution.

Rotberg, R. I. 2004. The failure and collapse of nation-states. In *When states fail: Causes and consequence*, ed. Robert I. Rotberg, 1–50. Princeton: Princeton University Press.

Rotberg, R. I., and R. M. Gisselquist. 2008. *Strengthening african governance: Index of african governance, results and rankings*. Cambridge: Kennedy School of Government's Program on Intrastate Conflict and Conflict Resolution.

The White House. 2002. *The national security strategy of the United States of America*. Washington D.C.: The White House.

Thomas, M. A. 2007. *What do the worldwide governance indicators measure?* The Paul H. Nitze School of Advanced International Studies.

Tilly, C. 1985. War making and state making as organized crime. In *Bringing the state back in*, eds. P. B. Evans, D. Rueschemeyer and T. Skocpol, 169–187. Cambridge: Cambridge University Press.

Treier, S., and S. Jackman. 2008. Democracy as a latent variable. *American Journal of Political Science* 52 (1): 201–217.

United States Agency for International Development (USAID). 2006. *Measuring fragility indicators and methods for rating state preformance*. Silver Spring: USAID.

Wennmann, A. 2010. *Grasping the strengths of fragile states: Aid effectiveness between "Top-down" and "Bottom-up" statebuilding*. CCDP Working Paper 6. Geneva: The Centre on Conflict, Development and Peacebuilding.

World Bank. 2009a. *IDA Resource Allocation Index (IRAI)—2008*. http://go.worldbank.org/S2TH-WI1X60. Accessed 1 Feb 2011.

World Bank. 2009b. *Governance matters 2009: Data and research papers*. http://info.worldbank.org/governance/wgi/resources.htm. Accessed 1 Feb 2011.

World Bank. 2009c. *Governance matters 2009: Frequently asked questions*. http://info.worldbank.org/governance/wgi/faq.htm. Accessed 1 Feb 2011.

World Bank. 2010. *Fragile and conflict-affected countries: Definitions of fragility and conflict*. http://go.worldbank.org/6B4932MAV0. Accessed 1 Feb 2011.

Wulf, H., and T. Debiel. 2009. *Conflict early warning and response mechanisms: Tools for enhancing the effectiveness of regional organisations? A comparative study of the AU, ECOWAS, IGAD, ASEAN/ARF and PIF*. Crisis States Working Papers Series 49 (2).

You, D., T. Wardlaw, P. Salama, and G. Jones. 2010. Levels and trends in under-5 mortality, 1990–2008. *The Lancet* 375 (9709): 100–103.

Ziaja, S., and J. Fabra Mata. 2010. *State fragility indices: Potentials, messages and limitations*. Briefing Paper 10/2010. Bonn: Deutsches Institut für Entwicklungspolitik.

AUFSÄTZE

Die Vermessung des Regulatorischen Staates
Ein kritischer Überblick über Wirtschaftsregulierungs-Indizes

Andreas Etling · Karsten Mause

Zusammenfassung: In den vergangenen Jahren haben Weltbank, OECD und andere Organisationen Messinstrumente entwickelt, um das Ausmaß an regulatorischen Eingriffen in das Wirtschaftsgeschehen in ländervergleichender Perspektive zu quantifizieren. Der vorliegende Beitrag gibt einen kritischen Überblick über diese Regulierungsindizes. Es wird auf eine Reihe problematischer und diskussionswürdiger Punkte aufmerksam gemacht, die bei der Konzeptualisierung, Messung und Aggregation der Indizes auftreten. Eine kritische Betrachtung erscheint notwendig, da die empirischen Befunde, die mittels solcher Indizes generiert werden, in der öffentlichen und politischen Diskussion zur Untermauerung wirtschaftspolitischer Standpunkte benutzt werden.

Schlüsselwörter: Regulierung · Indexbildung · OECD-Welt · Politische Ökonomie

Measuring the regulatory state – A critical survey of economic regulation indices

Abstract: In recent years, the World Bank, the OECD, and other organizations have developed instruments to quantify the extent of regulatory interventions into the economy in a cross-country perspective. This paper provides a critical survey of these regulation indices and calls attention to a series of problematic and debatable points that arise during the conceptualization, measurement, and aggregation of the indices. Scrutinizing the methods used by index providers is appropriate as the empirical findings generated by means of such indices are utilized in the public and political discussion in order to empirically support economic policy positions.

Keywords: Regulation · Index construction · OECD-World · Political economy

Online publiziert: 08.08.2012
© VS Verlag für Sozialwissenschaften 2012

Dipl.-Pol. A. Etling (✉) · Dr. K. Mause
DFG-Sonderforschungsbereich 597 „Staatlichkeit im Wandel",
Universität Bremen, Linzer Str. 9a, 28359 Bremen, Deutschland
E-Mail: andreas.etling@sfb597.uni-bremen.de

Dr. K. Mause
E-Mail: karsten.mause@sfb597.uni-bremen.de

„Zwei Barometer für den Luftdruck, ein Hypsometer zur Messung des Wassersiedepunktes, ein Theodolit für die Landvermessung, ein Spiegelsextant mit künstlichem Horizont, ein ..."
(Kehlmann 2008, S. 37).

1 Einleitung

In den vergangenen Jahren sind einige Regulierungsindizes entwickelt worden, die das Ausmaß regulatorischer Eingriffe in das Wirtschaftsgeschehen in ländervergleichender Perspektive messen: der „Doing Business" Index (Weltbank), der Index „Economic Freedom of the World" (Fraser Institute), der „Index of Economic Freedom" (Heritage Foundation), der IW-Regulierungsindex (Institut der deutschen Wirtschaft) sowie die Regulierungsindizes der Organisation für wirtschaftliche Zusammenarbeit und Entwicklung (OECD). Diese Indizes werden beispielsweise von Ökonomen und Politikwissenschaftlern genutzt, um den Zusammenhang zwischen Regulierung und Wirtschaftswachstum (Nicoletti und Scarpetta 2003; Obinger 2004), Regulierung und Beschäftigung (Botero et al. 2004; Nicoletti und Scarpetta 2005; Enste und Hardege 2008) oder den Zusammenhang zwischen Regulierung und Schattenwirtschaft (Enste und Hardege 2007) mittels statistischer Methoden zu analysieren. Vereinzelt wurden Regulierungsindizes auch als abhängige Variable eingesetzt, um zu untersuchen, ob makroökonomische Faktoren, Regierungsideologien, Globalisierung und andere Faktoren einen Beitrag zur Erklärung der zwischen Ländern bestehenden Unterschiede im Regulierungsniveau leisten (Høj et al. 2006; Siegel 2007; Potrafke 2010).

Zudem nutzen Personen oder Organisationen, die am politischen und wirtschaftlichen Geschehen interessiert sind, diese Indizes, um bestimmte Standpunkte mit Datenmaterial zu stützen. So wird beispielsweise die Veröffentlichung der von der Weltbank erstellten Länder-Rankings „The Ease of Doing Business" nicht selten von Politikern, Interessengruppenvertretern oder Journalisten zum Anlass genommen, über den regulatorischen Status quo in Deutschland nachzudenken und – je nach ideologischer Grundposition und Interessenlage – regulatorische Reformen zu fordern. Zum Beispiel schlussfolgert DER SPIEGEL (2008): „Der Standort D schwächelt: In einem weltweiten Vergleich der Wirtschaftsfreundlichkeit ziehen sogar Kleinstaaten wie Georgien und Mauritius an der Bundesrepublik vorbei. Grund ist der eklatante Reformstau".[1]

Vor diesem Hintergrund ist es das Anliegen des vorliegenden Beitrags, einen kritischen Überblick über die eingangs genannten Wirtschaftsregulierungs-Indizes zu geben. Dabei wird auf eine Reihe aus unserer Sicht problematischer und diskussionswürdiger Punkte aufmerksam gemacht. Dies erscheint insbesondere deshalb notwendig, da die empirischen Befunde, die mittels solcher Indizes generiert werden, in Politik und Öffentlichkeit zurückwirken können und dort womöglich die Wahrnehmung des als wünschens-

---

1 Siehe zur Illustration auch den Ergebnisbericht des IW-Regulierungsindex: „Die Bundesrepublik weist eine im OECD-Vergleich überdurchschnittlich hohe Regulierungsintensität auf [...]. Das umfassendste derzeit verfügbare internationale Regulierungsbenchmarking liefert gute Argumente dafür, warum Deutschland beim Bürokratieabbau Ernst machen sollte" (Enste und Hardege 2006, S. 87).

wert erachteten Ausmaßes an Regulierung beeinflussen. Wie oben angedeutet, erfüllen derartige Informationsangebote offensichtlich eine wichtige Funktion im politisch-ökonomischen Systemzusammenhang (Herrera und Kapur 2007; Ochel und Röhn 2008; WBIEG 2008).

Zur Strukturierung der Analyse lehnen wir uns an die von Munck und Verkuilen (2002) sowie Müller und Pickel (2007) zur Evaluation von Demokratie-Indizes verwendete Systematik an. Die einzelnen Regulierungsindizes werden dahingehend untersucht, wie sie das theoretische Konstrukt ‚Regulierung' definieren („Conceptualization", Abschn. 2), operationalisieren und messen („Measurement", Abschn. 3), und welche Aggregationsverfahren dabei zum Einsatz kommen („Aggregation", Abschn. 4). Der Beitrag schließt in Abschn. 5 mit einigen Bemerkungen zu dem aus unserer Sicht angemessenen Umgang mit den analysierten Regulierungsindizes. Zu erwähnen ist, dass weitere ländervergleichende Wirtschaftsregulierungs-Indizes existieren. Einige betrachten einzelne Wirtschaftssektoren wie z. B. Telekommunikation (Zenhäusern et al. 2007) oder Eisenbahn (IBM Global Business Services 2007). Andere untersuchen einzelne wirtschaftspolitische Regulierungsinstrumente wie etwa Kündigungsschutzvorschriften (Nicoletti et al. 2000; Venn 2009). Diese Indizes weisen eine weitaus geringere empirische Reichweite auf als die von uns ausgewählten Indizes, die die Gesamtwirtschaft oder große Teile davon in den Blick nehmen. Da beide Indextypen aus unserer Sicht nicht ohne weiteres vergleichbar sind, werden derartige Teilindizes nicht in die vergleichende Index-Analyse einbezogen.

2 Konzeptualisierung

2.1 Empirische Reichweite: Was wird wo, wann und wie reguliert?

Wer Regulierung messen möchte, muss selbstverständlich zunächst einmal den verwendeten Regulierungsbegriff definieren und den Untersuchungsgegenstand empirisch eingrenzen. Hinsichtlich der Begriffsklärung ist festzustellen, dass sich trotz oder gerade wegen der Fülle an Beiträgen zur sozialwissenschaftlichen Regulierungsliteratur bislang keine allgemein anerkannte Definition des Begriffs Regulierung durchgesetzt hat.[2] Um für die Index-Analyse zumindest eine Arbeitsdefinition zu haben, folgen wir Baldwin et al. (1998, S. 2–4), die zwischen einem engen und weiten Begriffsverständnis unterscheiden. Unter Regulierung im engeren Sinne wird die traditionelle Praxis des ‚command and control' verstanden: Gesetze, administrative Vorschriften und andere formale Regeln werden erlassen, und anschließend wird deren Einhaltung überwacht. In einem weiteren Begriffsverständnis werden dagegen auch andere wirtschaftspolitische Instrumente, die darauf abzielen steuernd in das Wirtschaftssystem einzugreifen (z. B. Besteuerung, Subventionen, öffentliches Unternehmertum, Geldpolitik), als Regulierungsinstrumente aufgefasst.

Bezüglich der empirischen Reichweite ist festzustellen, dass keiner der untersuchten und in Tab. 1 aufgeführten Indizes beansprucht, alle regulatorischen Aktivitäten in einem

---

[2] Vgl. Hertog (2000, S. 223) und Baldwin et al. (1998, S. 2). Bei letzteren heißt es: „There is no single agreed meaning of the term, but rather a variety of definitions in usage which are not reducible to some platonic essence or single concept".

Tab. 1: Internationale Regulierungsindizes im Überblick. (Eigene Zusammenstellung auf Basis der in der linken Spalte genannten Quellen. Quellenstand: 05/2010)

Index/Anbieter	Konzeptualisierung	Zeitraum	Sample
Doing business Weltbank 7 DB-Berichte seit 2004, zuletzt: World Bank (2009)[a]	„Business regulations" in den Bereichen Starting a business Dealing with construction permits Employing workers Registering property Getting credit Protecting investors Paying taxes Trading across borders Enforcing contracts Closing a business	2004–2009 (in jedem Bericht Querschnitt pro Jahr; zudem Zeitreihen)	von 133 Ländern (2003) bis 183 Länder (2009)
Economic freedom of the world Fraser Institute 13 EFW-Berichte seit 1996, zuletzt: Gwartney und Lawson (2009)[b]	„Economic freedom" in den Bereichen Size of government (Staatsausgaben, Steuern, öffentliche Unternehmen) Legal structure and security of property rights Access to sound money (u. a. Geldwertstabilität) Freedom to trade internationally Regulation of credit, labor and business	1970, 1975, 1980, 1985, 1990, 1995 und 2000 bis 2007 (Querschnitte und Zeitreihe)	von 53 Ländern (1970) bis 141 Länder (2007)
Index of economic freedom Heritage Foundation 16 EF-Berichte seit 1995, zuletzt: Heritage Foundation (2010)[c]	„Economic freedom" mit den Komponenten Business freedom Investment freedom Trade freedom Financial freedom Fiscal freedom Property rights Government spending Freedom from corruption Monetary freedom Labor freedom	seit 1995 jährlich	183 Länder (1995–2009)
OECD ETCR-Indikatoren Conway und Nicoletti (2006)[d]	„Regulatory provisions" Sektoren: Telekommunikation, Elektrizität, Gas, Post, Schiene, Straßengüterverkehr, Fluggastverkehr Regulierungsbereiche: u. a. „entry regulation", „public ownership", „market structure"	1975–2007	30 OECD-Länder

Tab. 1: (Fortsetzung)

Index/Anbieter	Konzeptualisierung	Zeitraum	Sample
OECD RBSR-Indikatoren	„Regulatory conditions"		
Boylaud und Nicoletti (2001)	Sektoren: Einzelhandel, Rechtsanwälte, Steuerberater/ Wirtschaftsprüfer, Ingenieure, Architekten	1996/1998 (professions/retail), 2003, 2008	30 OECD-Länder
Conway und Nicoletti (2006)[d]	Regulierungsbereiche: u. a. „entry regulations" (z. B. Lizenzen, Qualifikationsnachweise) und „conduct regulations" (z. B. Preiskontrollen, Regulierung von Öffnungszeiten)		
OECD PMR-Indikatoren	„Formal regulations" in Gesamtwirtschaft in puncto		
Nicoletti et al. (2000)	State control of business enterprises	1998, 2003, 2008	30 OECD-Länder
Conway et al. (2005)	Legal and administrative barriers to entrepreneurship		
Wölfl et al. (2009)[d]	Barriers to international trade & investment		
IW-Regulierungsindex	„Regulierungsintensität" in den Bereichen		
Enste und Hardege (2006)	Produktmarkt Kapitalmarkt Arbeitsmarkt Bildungs-/Innovationssystem Good governance („Qualität staatlicher Rahmenbedingungen")	2002–2005 (ein Querschnitt, nicht jährlich)	28 OECD-Länder

[a] www.doingbusiness.org
[b] www.freetheworld.com
[c] www.heritage.org/index
[d] www.oecd.org

Land zu erfassen. Der Fokus liegt auf der räumlich, zeitlich und sektoral eingegrenzten Analyse von *Wirtschafts*-Regulierungen. Die einzige Ausnahme bildet der IW-Regulierungsindex, der sich auch Regulierungen im Bildungs- und Wissenschaftssystem ansieht, da beide als wichtige ‚Zulieferer' des Wirtschaftssystems aufgefasst werden. Neben der Gemeinsamkeit, dass alle Index-Anbieter Regulierungen des Wirtschaftsgeschehens in den Blick nehmen, ergeben sich freilich Unterschiede hinsichtlich der sektoralen Reichweite der Indizes. Das heißt, die Messinstrumente decken unterschiedlich große Bereiche der Wirtschaft ab.

Im Rahmen ihres „Doing Business"-Projekts ist die Weltbank seit 2004 dabei, für möglichst alle Länder der Welt zu ermitteln, inwieweit dort unternehmerische Tätigkeiten durch Regulierungen „gefördert" oder „gehemmt" werden (vgl. World Bank 2009, S. iii). Für jede der in Tab. 1 genannten zehn idealtypischen Lebensphasen eines Unternehmens (Gründung, Einholung von Genehmigungen, Einstellung und Entlassung von Arbeitern usw.) wird der Aufwand ermittelt, der einem Unternehmen in dem betreffenden Land durch die Existenz bestimmter „business regulations" in der jeweiligen Phase entsteht. Die Konstrukteure des Doing-Business-Index beschränken sich auf „laws and regulations as well as administrative requirements", die Unternehmen betreffen (World Bank 2009, S. viii). Sie verfolgen somit einen engen Regulierungsbegriff.

Fast alle Staaten der Welt nehmen auch die „Economic Freedom"-Indizes des Fraser Institute und der Heritage Foundation in den Blick. Fraser hat Datenmaterial für die Zeit nach 1970 veröffentlicht, Heritage für die Zeit seit 1995. Ziel der Indexbildung ist bei beiden zu messen, wie stark in einem Land in die „ökonomische Freiheit" eingegriffen wird. Der EFW-Index des Fraser Institute wurde entwickelt „… to measure the consistency of a nation's institutions and policies with economic freedom. The key ingredients of economic freedom are 1) personal choice, 2) voluntary exchange coordinated by markets, 3) freedom to enter and compete in markets, 4) protection of persons and their property from aggression by others" (Gwartney und Lawson 2009, S. 3). In der Heritage-Definition umfasst ökonomische Freiheit „… all liberties and rights of production, distribution, or consumption of goods and services. The highest form of economic freedom should provide an absolute right of property ownership; fully realized freedoms of movement for labor, capital, and goods; and an absolute absence of coercion or constraint of economic liberty beyond the extent necessary for citizens to protect and maintain liberty itself" (Heritage Foundation 2010, S. 58).

Die Definitionen sowie die Komponenten ökonomischer Freiheit (vgl. Tab. 1) machen deutlich, dass beide Indizes über ein enges Regulierungsverständnis hinausgehen. So werden nicht nur Gesetze und administrative Vorschriften, sondern z. B. auch Staatsausgaben, Inflation, Korruption und Besteuerung als regulierende bzw. freiheitsbeschränkende Eingriffe in das Wirtschaftsleben aufgefasst. Eine hohe Inflationsrate wird deshalb als freiheitsbeschränkend konzeptualisiert, da diese den Zugang zu stabilem Geld behindere (Fraser: „Access to Sound Money"; Heritage: „Monetary Freedom").

Sowohl die OECD als auch das Institut der deutschen Wirtschaft (IW) betrachten nicht die ganze Welt, sondern lediglich die OECD-Mitgliedstaaten. Die OECD hat Wirtschaftsregulierungen im engeren Sinne im Fokus und analysiert das Ausmaß wettbewerbsbeschränkender Regulierungen: „the extent to which policy settings promote or inhibit competition in areas of the product market where competition is viable", wie es auf der „Indicators of Product Market Regulation Homepage" heißt (OECD online). Zu beachten ist, dass die OECD mehrere Regulierungsindizes entwickelt hat, die unterschiedliche Wirtschaftsbereiche abdecken.[3]

Die „OECD Indicators of Regulation in Energy, Transport & Communications" (ETCR) untersuchen für die Periode 1975–2007 das Ausmaß an regulatorischen Bestimmungen bzw. Vorschriften („regulatory provisions") in sieben Sektoren: Telekommunikation, Elektrizität, Gas, Post, Schiene, Straßengüterverkehr und Fluggastverkehr (Conway und Nicoletti 2006). Die „OECD Indicators of Regulatory Conditions in the Retail Distribution Sector & Professional Services" (RBSR) analysieren zum einen für die Jahre 1996, 2003 und 2008 das regulatorische Umfeld („regulatory conditions"), in dem Rechtsanwälte, Steuerberater, Wirtschaftsprüfer, Ingenieure, und Architekten ihr Gewerbe betrei-

---

3 Diese Regulierungsmaße werden von der OECD als „Indikatoren" bezeichnet. Da diese „*Indikatoren*" Aggregationen verschiedener Teilindikatoren sind und aus statistischer Sicht *Indizes* darstellen, werden beide Begriffe im Falle der OECD-Messinstrumente in diesem Beitrag synonym verwendet.

ben (Conway und Nicoletti 2006). Zusätzlich zu diesen „professional services" werden für 1998, 2003 und 2008 die regulatorischen Bedingungen im Einzelhandelssektor in die Analyse einbezogen (Boylaud und Nicoletti 2001). Die „OECD Indicators of Product Market Regulation" (PMR) beziehen sich, im Gegensatz zu den bereits genannten ETCR- und RBSR-Indikatoren, auf Regulierungsaktivitäten, die die Gesamtwirtschaft betreffen („economy-wide regulation"), und nicht speziell auf einzelne Wirtschaftssektoren wie Telekommunikation oder Einzelhandel („sectoral regulation"). Der PMR-Index inkludiert die Jahre 1998, 2003 und 2008. Gemessen wird das Ausmaß an „formalen Regulierungen" in den Bereichen 1) Staatliche Kontrolle von Unternehmen; 2) Barrieren bezüglich der Unternehmensführung; sowie 3) Handels- und Investitionsbeschränkungen (Nicoletti et al. 2000; Conway et al. 2005; Wölfl et al. 2009).

Das IW hat im Jahre 2006 zum ersten und bislang einzigen Male den „IW-Regulierungsindex" veröffentlicht, der die „Regulierungsintensität" (synonym auch: „Regulierungsdichte") auf Produkt-, Kapital- und Arbeitsmärkten sowie im Bereich Bildung & Innovation in 28 OECD-Ländern im Zeitraum 2002–2005 misst (Enste und Hardege 2006). Der IW-Regulierungsindex zielt „darauf ab, solche Eingriffe zu erfassen, die Markt- und Wettbewerbsprozesse beeinträchtigen, obgleich die Marktstrukturen einen funktionsfähigen Wettbewerb zuließen" (Enste und Hardege 2006, S. 20). Damit folgt das IW den OECD-Indexkonstrukteuren, die das Ausmaß wettbewerbsbeschränkender Regulierungen analysieren. In die IW-Indexbildung fließt zudem der Teilindex „Good Governance" ein, der die Qualität der politisch-administrativen Rahmenbedingungen (u. a. Verwaltungseffizienz, Steuersystem, Rechtssicherheit, politische Stabilität) in einem Land quantifiziert. Letztlich verfolgt das IW damit (ebenso wie Fraser und Heritage) ein weitergehendes Regulierungskonzept.

Lässt man die Unterschiede bezüglich der erfassten Zeiträume und Länder außer Acht, dann können die betrachteten Indizes hinsichtlich ihrer empirischen Reichweite grob in zwei Gruppen eingeteilt werden. Während die Indizes der OECD und der Weltbank den Fokus auf Regulierungen legen, mit denen Anbieter bzw. Unternehmen konfrontiert sind, verfolgen Fraser und Heritage ein umfassenderes Konzept. Deren Ökonomische-Freiheits-Indizes stellen in Rechnung, dass nicht nur die Geschäftsaktivitäten von Unternehmern, sondern auch das Handeln anderer Wirtschaftsakteure (z. B. Konsumenten) von Regulierungen betroffen sein kann. Der IW-Regulierungsindex lässt sich ebenfalls in die zweite Gruppe einordnen, da dieser konzeptionell sowohl auf anbieterseitige Regulierungen als auch auf das allgemeine ‚Regulierungsklima' in einem Land (z. B. „Qualität staatlicher Rahmenbedingungen") abzielt. Selbstverständlich sagt eine große empirische Reichweite eines Messinstruments noch nichts über die Qualität der Messung aus, worauf bei der Analyse der Indikatorenkataloge noch einzugehen sein wird.

2.2 Wer reguliert? Das Desinteresse am Regulierungsakteur

In den jeweils vorgenommenen Konzeptualisierungen wird nicht thematisiert, 1) von wem eine bestimmte Regulierung auf die Welt gebracht wird und 2) wer für den ‚Vollzug' der jeweiligen Regulierung verantwortlich ist. In beiden Fällen muss die Antwort nicht zwangsläufig ‚der Staat' bzw. ‚politisch-administrative Akteure' lauten, wie es im Übrigen der politikwissenschaftliche Fachbegriff „Regulatorischer Staat" (s. z. B. Majone

1997; Moran 2002) suggeriert. Oftmals sind auch private Akteure Regulierer oder es findet eine öffentlich-private Zusammenarbeit statt; letzteres wird neuerdings unter der Überschrift „hybride Regulierung" verstärkt thematisiert (Heine 2008). Die bislang vorliegenden Indizes lassen demnach keine eindeutigen Aussagen dahingehend zu, ob sich ‚der Staat' als Regulator ‚der Wirtschaft' bzw. bestimmter Wirtschaftsbereiche zurückzieht. Zwar kann man mit der Annahme arbeiten, dass alle Regulierungen staatlich veranlasst seien. Selbst ‚freiwillige' Selbstregulierungen gehen vielfach auf die Androhung staatlicher Regulierung (regulatory threat) oder staatliche Anweisung und Überwachung (enforced self-regulation) zurück (Baldwin und Cave 1999, Kap. 10; Heritier und Lehmkuhl 2008). Aber letztlich wäre es schon interessant zu erfahren, welcher Akteur (bzw. welche Akteure) in dem jeweils betrachteten Bereich regulierend tätig wird (werden).

Dies geht aus den Indikatorenkatalogen und Begleitinformationen freilich nicht hervor. Dort ist lediglich die Rede von ‚dem Staat', Verwaltungsbehörden und Gerichten (letztere u. a. zum Schutz von Property Rights). Bei der Nennung von Instrumenten zur Steuerung von Geldmenge und Preisstabilität (Fraser, Heritage, IW) lässt sich erahnen, dass dahinter als Akteur die Notenbank steht.

Das Desinteresse an der Identifizierung des Regulierungsakteurs rührt daher, dass es den Indexkonstrukteuren darum geht, das *quantitative* Ausmaß regulatorischer Eingriffe in die Wirtschaft zu bestimmen. Für Politikwissenschaftler, die sich mit dem Wandel des Regulatorischen Staates beschäftigen, wäre es wichtig, mehr über 1) die *Qualität* dieser Eingriffe (zu einem Zeitpunkt sowie Veränderung über die Zeit) und 2) die jeweils regulierenden Akteure zu erfahren. Dann wäre es möglich, im Rahmen eines quantitativen Forschungsdesigns zu untersuchen, ob sich neben der Stärke der Regulierung (hoch/niedrig) auch der Regulierungsmodus verändert hat: Zieht sich der Staat als Regulator zurück? Was tritt gegebenenfalls an die Stelle des Leviathan? Und ist/war der Staat in dem untersuchten Bereich überhaupt als Regulierer tätig?

Um Antworten auf derartige Fragen zu bekommen, bedarf es der Konstruktion andersartiger Indizes, die konzeptuell den Wandel von regulatorischen Regimen in verschiedenen Wirtschaftsbereichen in den Blick nehmen. In diese Richtung gehen bereits Arbeiten, die das Auftreten neuer Formen der (Re-)Regulierung durch unabhängige bzw. quasi-staatliche Regulierungsbehörden untersuchen (z. B. Thatcher 2002; Levi-Faur und Jordana 2005; Gilardi 2005). Allerdings verstellt die in dieser Literatur häufig anzutreffende quantitative Darstellung des „Rise of Regulatory Agencies" den Blick auf das Phänomen, dass in den ‚agencyfizierten' Wirtschaftssektoren oftmals auch noch staatliche Instanzen Regulierungsaufgaben übernehmen.

2.3 Wirtschaftsliberalismus als gemeinsamer normativer Ausgangspunkt

In puncto Konzeptualisierung fällt bei der vergleichenden Betrachtung der Indizes ferner auf, dass allen – mehr oder weniger explizit – eine wirtschaftsliberale Grundposition zugrunde liegt. Mit ‚wirtschaftsliberal' ist hier gemeint, dass (staatliche) Regulierungen, die über die Bereitstellung grundlegender institutioneller Rahmenbedingungen (Schutz von Eigentumsrechten, Rechtssicherheit, funktionierendes Geldsystem) hinausgehen, als eher hemmend für die wirtschaftliche Entwicklung eines Landes angesehen werden. Die gerade skizzierte wirtschaftsliberale Grundposition wird beispielsweise in den Arbeiten von Milton Friedman, Richard A. Posner, George J. Stigler und anderen Vertretern der Chicago-Schule der Ökonomie propagiert (z. B. Stigler 1988).

Besonders deutlich wird diese Position in den Konzeptualisierungen von Fraser und Heritage, die ihre Indizes mit dem Etikett „ökonomische Freiheit" versehen. Dies ist wenig überraschend, denn bei beiden Institutionen handelt es sich um Think Tanks, die u. a. das Konzept der freien Marktwirtschaft propagieren und dementsprechend für eine begrenzte Rolle staatlicher Instanzen in der Wirtschaft plädieren.[4] Allerdings weisen Fraser und Heritage explizit darauf hin, dass auch eine ‚freie' Marktwirtschaft auf institutionellen Voraussetzungen (z. B. Schutz von Eigentumsrechten) beruht. Und Weltbank und IW machen deutlich, „dass staatliche Regulierungen nicht per se als Hindernisse für die Wirtschaft aufzufassen sind, sondern grundlegende Regeln eine notwendige Voraussetzung für das Funktionieren von Märkten sind" (Enste und Hardege 2006, S. 7). Lediglich die OECD verzichtet auf einen entsprechenden Hinweis.

Hier geht es nicht darum, die von allen Index-Anbietern eingenommene wirtschaftsliberale Grundauffassung über das Verhältnis von Wirtschaft und (staatlicher) Regulierung zu bewerten. Klar ist aber, dass auch andere normative Grundpositionen und daran anschließende Konzeptualisierungen von Regulierungsindizes möglich wären: etwa in dem Sinne, dass ein hohes Maß an Regulierung als notwendig und ‚gut' für die ‚Zähmung' von Markt und Wettbewerb angesehen wird. Zum Beispiel deutet einiges darauf hin, dass zumindest in einigen Bereichen (z. B. bei der Regulierung von Banken und Rating-Agenturen) ein ‚Zuwenig' an Regulierung mit zur gegenwärtigen Finanzkrise beigetragen hat (Hellwig 2009; Herring und Kane 2010). Exemplarisch sei auch auf die Literatur zum Thema „Varieties of Capitalism" verwiesen, in der vielfach argumentiert wird, dass nicht per se das Ausmaß bestimmter Regulierungen, sondern vielmehr deren Kombination und Zusammenspiel einen Einfluss auf die makroökonomische Performanz von Volkswirtschaften habe (z. B. Hall und Soskice 2001).

Die Schwierigkeit, ein ökonomisch ‚sinnvolles' oder ‚gutes' Regulierungsniveau in einem Konzept abzubilden, das sich operationalisieren und messen lässt (Kenworthy 2006; Hall und Gingerich 2009), könnte eine Erklärung dafür sein, dass bislang Indexkonstruktionen dominieren, die wirtschaftsliberalen Theorien folgen und in denen wenig Regulierung als ‚besser' für den ‚Wohlstand der Nationen' angesehen wird.[5] Zudem besteht seitens Personen oder Organisationen mit einer stärker wirtschaftsinterventionistischen Grundhaltung möglicherweise überhaupt kein Bedarf an anders konstruierten Indizes: sie können sich nämlich einfach der vorhandenen wirtschaftsliberal-inspirierten Indizes bedienen, um auf das aus ihrer Sicht zu hohe Ausmaß an De-Regulierung in einem Land aufmerksam zu machen.

---

4 Vgl. Gwartney und Lawson (2009) und Heritage Foundation (2010). Als Ko-Herausgeber des Fraser-Index treten im Übrigen 76 Forschungsinstitute aus ebenso vielen Ländern auf, die sich zum „Economic Freedom Network" zusammengeschlossen haben. Ko-Herausgeber des Heritage-Index ist das Wall Street Journal.

5 Die World Bank Independent Evaluation Group kritisiert, dass 7 der 10 Oberindikatoren im Weltbank-Index der Prämisse folgen, dass weniger Regulierung besser sei, und merkt dazu u. a. an: „Defining the point at which the costs of regulation exceed the benefits is difficult" (WBIEG 2008, S. 7).

3 Messung

3.1 Validität: Verwendung geeigneter Indikatoren?

Zur Operationalisierung und Messung ihrer jeweiligen Regulierungskonzepte verwenden die Index-Anbieter unterschiedliche Indikatorenkataloge, die mehr oder weniger stark ausdifferenziert sind. In der in Abschn. 2 präsentierten Tab. 1 sind dagegen jeweils nur die Oberkategorien wiedergegeben. Zum Beispiel verbirgt sich im Falle der Weltbank hinter jedem der von ihr definierten 10 Bereiche unternehmerischer Tätigkeit (Starting a Business, Dealing with Construction Permits usw.) ein Set von Subindikatoren (insgesamt sind es 35 Subindikatoren im 2010er Bericht). Bei der Betrachtung der zur Indexbildung verwendeten Indikatoren stellt sich zunächst die Frage nach der *Validität* der eingesetzten Messinstrumente: Messen die Indikatoren tatsächlich das in der Konzeptualisierungsphase definierte theoretische Konstrukt der Regulierung?

Nach unserer Durchsicht der Indikatorenkataloge benutzen alle Index-Anbieter größtenteils Items, die geeignet sind, bestimmte Aspekte des jeweils interessierenden Regulierungskonstrukts abzubilden. Wenn man sehr kritisch herangeht, ist jedoch zu notieren, dass die Weltbank ihr enges Regulierungskonzept in der Messphase nicht konsequent durchhält: zur Messung von „Business Regulations" wird auch die Höhe der Steuerbelastung als Item verwendet (vgl. WBIEG 2008, Kap. 3). Und auch die OECD folgt streng genommen mit der Aufnahme des Indikators „Umfang an Staatseigentum" innerhalb des ETCR- und PMR-Index nicht dem angelegten engen Regulierungsbegriff (ETCR: „regulatory provisions"; PMR: „formal regulations"). Dass von diesen beiden Ausnahmen abgesehen alle Indizes hier als valide bewertet werden, liegt daran, dass die Regulierungskonzepte von Fraser, Heritage und IW sehr breit angelegt sind (vgl. Abschn. 2.1), so dass sich in der Operationalisierungs- und Messphase nahezu jede Intervention in das Wirtschaftssystem als regulierender Eingriff begreifen lässt – und damit zur Konzeptualisierung passt.

So verwendet Fraser zur Erfassung ökonomischer Freiheit als Items z. B. auch staatliche Konsum- und Investitionsausgaben (im Verhältnis zu den jeweiligen privaten Ausgaben), Subventionszahlungen an Unternehmen, Einkommensteuern, Korruption (gemessen an Bestechungsgeldern), öffentliches Unternehmertum, die Inflationsrate, die Geldmenge, die militärische Einflussnahme auf Rechts- und Politiksystem sowie Existenz und Dauer des verpflichtenden Wehrdienstes.[6] Der Heritage Index of Economic Freedom inkludiert Indikatoren wie die Steuerbelastung für Individuen und Unternehmen, die Staatsquote (d. h. Anteil der Staatsausgaben am BIP), die Inflationsrate und das Ausmaß an Korruption. Das IW nutzt als Items u. a. die Steuerbelastung, das öffentliche Ausgabenverhalten,

---

6 Militärische Einflussnahme und Wehrpflicht mögen inadäquat erscheinen, um das Ausmaß an *ökonomischer* Freiheit zu messen. Von einem wirtschaftsliberalen Standpunkt aus betrachtet, lässt sich die Itemauswahl durchaus plausibel begründen: Fraser argumentiert, dass ein hoher Militäreinfluss auf Rechts- und Politiksystem u. a. mit einem unsicheren Investitionsklima einhergehe. Der verpflichtende Wehrdienst wird bei Fraser als Arbeitsmarktregulierung eingestuft, da Bürger auf diese Weise eine zeitlang vom ‚normalen' Arbeitsmarkt ferngehalten werden und mitunter Einkommenseinbußen hinnehmen müssen.

Subventionszahlungen, Korruption sowie die Existenz von Studiengebühren (Variable im Teilindex „Bildungsregulierung"). Wer indessen als Indexnutzer an Informationen über das Ausmaß an wirtschaftsregulatorischen Eingriffen im engeren Sinne interessiert ist (d. h. Gesetze und administrative Vorschriften, die für Wirtschaftssubjekte gelten), der muss die Indizes von Fraser, Heritage und IW entsprechend bereinigen. Dies ist allerdings im Falle von Heritage und IW nur zum Teil möglich, da beide nur Datenmaterial für die Oberkategorien ihrer Indizes (vgl. Tab. 1) öffentlich bereitstellen.

Zudem ist aus politikwissenschaftlicher Sicht an den drei genannten Indizes zu kritisieren, dass diese Policy-*Outputs* und makroökonomische Performanz-Indikatoren miteinander vermischen. Zum einen werden Outputs des politisch-administrativen Systems in Form von Gesetzen, administrativen Vorschriften, Entscheidungen über Staatsausgaben sowie Beschlüsse über die Erhebung von Steuern oder die Gewährung von Subventionen betrachtet. Gleichzeitig werden aber auch Phänomene wie Korruption und Inflation erfasst, bei denen keineswegs klar ist, dass es sich dabei um Ergebnisse politisch-administrativer Entscheidungen (Policy-*Outcomes*) handelt. Dieser Eindruck entsteht jedoch beim Lesen der Item-Beschreibungen. Hier wäre zumindest ein kurzer Hinweis zu den Grenzen der Steuer- bzw. Beeinflussbarkeit der Inflationsrate durch politisches Handeln (z. B. Geld-, Finanz- und Lohnpolitik) angebracht gewesen. Zudem wäre im Falle der Korruption zu thematisieren, dass nicht nur Politiker und Bürokraten (politische Korruption), sondern auch Akteure in privatwirtschaftlichen Unternehmen anfällig für Bestechungsgelder sein können. Der Wettbewerb zwischen Wirtschaftsunternehmen um private Aufträge kann auch in einer Welt ohne staatliche Regulierungen zu korrupten Praktiken einladen.

3.2 Nachvollziehbares Vorgehen? Offenlegung der Daten?

Ein wichtiges Gütekriterium empirischer Sozialforschung ist bekanntlich die intersubjektive Nachvollziehbarkeit der durchgeführten Messungen. Diesbezüglich ist zunächst zu erwähnen, dass die Index-Beschreibungen (Ziele, Methoden, Ergebnisse usw.) bei fast allen Index-Anbietern im Internet gratis zum Abruf bereitstehen (s. Tab. 1 für die Quellenangaben). Die IW-Broschüre bekommt man lediglich via Bibliothek, Buchhandel oder direkt beim IW. Bei der Heritage Foundation, die schon relativ lang im ‚Indexgeschäft' tätig ist (seit 1995), sind nicht alle älteren Berichte im Internet verfügbar, aber öffentlich zugänglich (z. B. in Bibliotheken oder direkt beim Index-Anbieter). In den jeweiligen Berichten informieren nach unserem Eindruck fast alle Indexkonstrukteure in ausreichendem Maße über Inhalt und Struktur ihrer Indikatorenkataloge. Eine Ausnahme bildet allerdings die OECD, deren Item-Batterien in den herausgegebenen „Technical Working Papers" und Excel-Dokumenten teilweise etwas vage beschrieben sind.

In puncto Datentransparenz zeigen sich erhebliche Unterschiede. Lesern der Index-Berichte von IW und Heritage bleibt letztlich nichts anderes übrig, als dem jeweiligen Anbieter zu vertrauen, dass dieser in der Messphase sorgfältig gearbeitet hat. Das IW veröffentlicht lediglich Teilindex-Scores für die in Tab. 1 genannten Oberkategorien (1) bis (5), aber kein disaggregierteres Datenmaterial. Zudem werden die Quellen genannt, denen die Daten für die einzelnen Items entnommen wurden. Heritage veröffentlicht nur Teilindex-Scores für die 10 ökonomischen Freiheiten, jedoch kein disaggregierteres Zahlenmaterial. Für jedes Einzel-Item werden aber Datenquellen genannt. Dazu ist anzumerken, dass neben zitierten Dokumenten an mehreren Stellen auch Quellenangaben der folgenden Art zu finden sind: „… and official government publications of each country" (Heritage Foundation 2010, S. 458, 460–464, 466, 467) oder "… and various news and magazine articles" (S. 465, 466). Eine vertrauensbildende Maßnahme wäre es, wenn Heritage in einem Appendix *alle* einbezogenen Quellen auflisten würde.

Fraser macht die Daten zu allen verwendeten Einzel-Items im Internet öffentlich zugänglich, so dass quantitativ-empirisch arbeitenden (Politik-)Wissenschaftlern eine reichhaltige Datengrundlage für eigene Indexbildungen und Forschungen zur Verfügung steht. Bei Fraser sind die Datenquellen sorgfältig dokumentiert. Hier muss der Indexnutzer (wie auch Fraser selbst) lediglich darauf vertrauen, dass nationale Regierungen, internationale Organisationen, Think Tanks und andere Organisationen korrektes Datenmaterial für die 141 Länder im Sample geliefert haben, was nicht unbedingt vorausgesetzt werden kann (Herrera und Kapur 2007; Höhler 2009).

Für die Indizes von OECD und Weltbank gilt ebenfalls alles das, was gerade bei Fraser positiv hervorgehoben wurde. Ergänzend muss zu den OECD-Indizes gesagt werden, dass der Großteil der darin zu den einzelnen Items enthaltenen Daten auf Expertenbefragungen mittels des „OECD Regulatory Indicators Questionnaire" basiert (Musterfragebogen öffentlich zugänglich). In diesem Fragebogen wird das (Nicht-)Vorhandensein verschiedener Regulierungstatbestände abgefragt. Der Befragungsbogen wird an die OECD-Mitgliedstaaten versendet, mit der Aufforderung, für die Beantwortung der entsprechenden Teilbereiche kompetente Ansprechpartner (Ministerien, Regulierungsbehörden, Statistikämter usw.) heranzuziehen. Die Expertenangaben werden anschließend von OECD-Mitarbeitern durch Rückfragen und dem Abgleich mit anderen Quellen (Texte, Statistiken) validiert. Indexnutzer müssen also darauf vertrauen, dass es der OECD in Zusammenarbeit mit den konsultierten Experten gelungen ist, bestimmte Regulierungssachverhalte für jedes Land adäquat zu erfassen (dazu mehr in Abschn. 3.3). Zu kritisieren ist, dass die OECD in ihren Berichten schreibt, dass zur Validierung offizielle Quellen herangezogen wurden, ohne diese jedoch zum Zwecke der Nachprüfbarkeit für jedes Einzel-Item klar zu benennen.

Zum Weltbank-Index ist anzumerken, dass dieser ebenfalls größtenteils auf subjektiven Daten aus Expertenumfragen basiert (Musterfragebogen öffentlich zugänglich). Für den Doing-Business-Bericht 2010 wurden über 8000 „local experts" konsultiert, von denen erwartet wird, dass diese sich in dem betreffenden Regulierungsbereich auskennen und mit landesspezifischen Besonderheiten vertraut sind: etwa Fachanwälte, Notare, Unternehmensberater, Steuerberater, Wirtschaftsprüfer, Banker, Insolvenzverwalter oder Regierungs- und Verwaltungsmitarbeiter. Die Experten werden u. a. gebeten einzuschätzen, wie hoch der bürokratische Aufwand an Zeit und Kosten ist, der einem Unternehmen in ihrem Land in verschiedenen Bereichen (Gründung, Baugenehmigung usw.) entsteht. Wie im Falle der OECD, werden die auf diese Weise erhaltenen Informationen anhand anderer, nicht näher benannter Quellen validiert. Hier müssen sich also Indexnutzer darauf verlassen, dass die Weltbank und ihre Informanten möglichst ‚realitätsgetreue' Daten produzieren.

3.3 Reliabilitätsprobleme durch Experteneinschätzungen und Kodierer?

Die untersuchten Indizes unterscheiden sich hinsichtlich der Beschaffenheit des einbezogenen Datenmaterials. Fraser und Heritage greifen zur Erstellung ihrer Freiheits-Indizes auf Sekundärdaten zurück; vor allem auf schon bestehendes Datenmaterial der Weltbank, der OECD, des Internationalen Währungsfonds und des Weltwirtschaftsforums. Der IW-Regulierungsindex speist sich größtenteils aus Sekundärdaten (insb. der anderen hier untersuchten Index-Anbieter). Eine Primärerhebung wurde für das Item „Mitbestimmungsintensität" gemacht. Im Gegensatz zu den anderen Anbietern erheben Weltbank und OECD – wie oben erläutert – in großem Umfang selbst Daten, wobei zur Ergänzung und Kontrolle zusätzlich auf andere Datenquellen zurückgegriffen wird. Zwar werden eigene Expertenumfragen im großen Stil nur von OECD und Weltbank durchgeführt. Hervorzuheben ist aber, dass alle Anbieter nicht nur ‚harte' bzw. ‚objektive' Daten verwenden, die über das formale Ausmaß an politisch-administrativen Regulierungen in einem Land Auskunft geben; etwa die Anzahl von Gesetzen und Verwaltungsvorschriften in einem bestimmten Bereich (z. B. bei der Unternehmensgründung). Daneben lassen *alle* Anbieter in bestimmtem Umfang auch subjektive Daten, die auf Expertenbefragungen basieren, in ihre Indizes einfließen.

Dadurch wird es möglich, „neben den De-jure-Regelungen auch die faktischen Wirkungen zu betrachten" (Enste und Hardege 2006, S. 17). So sagt die Existenz bestimmter Regulierungen noch nichts darüber aus, ob und inwieweit diese Regelungen in der Praxis durchgesetzt werden und wirken. Gleichzeitig kann durch die Integration von Experteneinschätzungen aber ein gewisses Maß an Subjektivität die Ergebnisse verzerren.[7] Beispielsweise könnte ein befragter Experte, der ein hohes Interesse an einem niedrigeren Niveau staatlicher Regulierungen in ‚seinem' Land hat, bewusst ‚falsche' oder ‚übertriebene' Einschätzungen hinsichtlich des *de facto* bestehenden Regulierungsausmaßes machen. Fehleinschätzungen können aber auch auf mangelnder Informiertheit beruhen. Zudem kann die persönliche Wahrnehmung des Befragten durch Faktoren beeinflusst werden, die wenig oder nichts mit den abgefragten Regulierungstatbeständen zu tun haben (z. B. aktuelle politische Diskussionen, Konjunkturlage).

Subjektivität kann aber auch bereits bei der *Auswahl* bestimmter Experten in die Indexbildung einfließen. So wird z. B. in WBIEG (2008, S. 13–15) festgestellt, dass ein Großteil der von der Weltbank konsultierten „Informanten" in privaten Firmen tätige Juristen und Buchhalter seien, die sich zwar vermutlich sehr gut mit dem wirtschaftsregulatorischen Umfeld auskennen, auch Firmeninteressen haben. Erwähnt wird in diesem Zusammenhang, dass für den Besteuerungsindikator im Doing-Business-Bericht 2007 die Firma PriceWaterhouseCoopers (bzw. deren regionale Filialen) alleiniger „survey informant" für 142 Länder gewesen sei.

Die Index-Anbieter sind sich der angedeuteten Probleme der Integration subjektiver Daten bewusst (s. insb. Nicoletti et al. 2000, S. 16–17; World Bank 2009, S. viii, 78). Als Kontrollmechanismus setzen Weltbank und OECD die oben angesprochene Methode der

---

[7] Vgl. zu diesem möglichen Bias, der die *Reliabilität* von Indizes einschränken kann, Nicoletti und Pryor (2006, S. 435–436), Enste und Hardege (2006, S. 23), Herrera und Kapur (2007) sowie Ochel und Röhn (2008, S. 235–236).

Validierung ein. Beide heben in ihren Berichten hervor, dass die Experteneinschätzungen mit offiziellen Quellen (z. B. Rechtstexte, Statistiken) abgeglichen wurden, um die Verlässlichkeit der gemachten Angaben zu überprüfen. Die Weltbank nennt darüber hinaus ihre Informanten am Ende ihres Doing-Business-Berichts namentlich, wobei nicht klar wird, ob es sich tatsächlich um alle Länderexperten handelt (kritisch dazu auch WBIEG 2008, S. 16, 54). Das effektivste Mittel, um auf Seiten der Experten einen starken Anreiz zu schaffen, sorgfältig recherchierte Informationen bzw. abgewogene Einschätzungen zu liefern, scheint die namentliche Kennzeichnung und vollständige Veröffentlichung aller ausgefüllten Fragebögen bzw. schriftlichen Stellungnahmen zu sein. Ob ein solches Mittel praktikabel ist (z. B. hat die Weltbank nach eigenen Angaben über 8000 Experten konsultiert), ist eine andere Frage, auf die hier nicht weiter eingegangen werden kann.

Zu erwähnen ist schließlich, dass natürlich auch die von Index-Anbietern eingesetzten *Kodierer* Interpretationsspielräume bei der Transformation von qualitativen Daten (z. B. Gesetzestexte, administrative Vorschriften) in quantitative Daten haben (Herrera und Kapur 2007; WBIEG 2008, Kap. 2). Für diesen potentiellen subjektiven Bias ist insbesondere die Indexbildung bei Heritage anfällig. In die Messung von 4 der 10 ökonomischen Freiheiten fließen Items ein, die auf selbst entwickelten Skalen beruhen. Auf der Basis von verschiedenen Datenquellen verorten die Heritage-Kodierer die einzelnen Länder dann auf den jeweiligen Skalen. Das Vorgehen ist jedoch für Außenstehende nicht nachvollziehbar, da nicht zu allen Items Daten und die genauen Datenquellen veröffentlicht werden (s. z. B. Heritage Foundation 2010, S. 465, 466: „... and various news and magazine articles"). Und auch bei OECD und Weltbank, bei denen Mitarbeiter die Ergebnisse von Expertenbefragungen mit anderen nicht näher benannten Informationsquellen abgleichen, bleibt letztlich offen, ob ein Zahlenwert bei einem Item auf der Einschätzung von Experten, Mitarbeitern oder anderen Quellen beruht.[8]

4 Aggregation

4.1 Was bedeutet Gleichgewichtung?

Hinsichtlich der verwendeten Aggregationsverfahren ist festzustellen, dass fast alle Index-Anbieter bei der Bildung des Gesamtindex und der Teilindizes eine Gleichgewichtung vornehmen. Lediglich in OECD-ETCR und OECD-RBSR werden in verschiedenen Subdimensionen aufgrund inhaltlicher Erwägungen bestimmte Indikatoren stärker gewichtet (vgl. Conway und Nicoletti 2006). Fraser begründet die Gleichgewichtung damit, dass sich aus theoretischen Überlegungen keine bestimmte Gewichtung der Variablen ableiten lasse. Zudem hätte das Experimentieren mit unterschiedlichen Gewichtungen zu keinen

---

8 Vgl. dazu selbstkritisch Nicoletti et al. (2000, S. 16–17): „[I]t should be stressed that the scoring procedure often involved some subjective judgement, which may have led to measurement error. [...] errors may be due to the personal interpretation of the compilers of the data: even though the questionnaire was expressly designed to minimise the need for the OECD Secretariat to interpret the answers, a certain degree of interpretation was still necessary in some cases". Ähnlich auch WBIEG (2008, Kap. 2).

substantiellen Veränderungen in den Länderergebnissen geführt. Wer dennoch eine (theoriegeleitete) Gewichtung vornehmen möchte, könne dies selbstverständlich tun, da Daten zu allen Einzelindikatoren veröffentlicht werden.[9] Diese Position wird auch in World Bank (2009, S. viii, 97), Heritage Foundation (2010, S. 467) und für den OECD-PMR vertreten. Zu beachten ist allerdings, dass Heritage nicht die Zahlenwerte für alle Subindikatoren veröffentlicht, die Außenstehende nach ihren Vorstellungen gewichten könnten. Das IW gewichtet mit Ausnahme des Teilindex Bildungsregulierung gleich, ohne jedoch die Daten zu sämtlichen Indikatoren offenzulegen.

Wir möchten hier keinen Gewichtungsvorschlag für einzelne Indizes machen, jedoch darauf hinweisen, dass die Wahl der Aggregationsregel der Gleichgewichtung Implikationen hat, die von den Index-Anbietern nicht thematisiert werden. Gleichgewichtung führt beispielsweise bei Heritage Foundation (2010) dazu, dass Mauritius und Bahrain niedrigere Werte in puncto Schutz von Eigentumsrechten (beide 60 von max. 100 Punkten) und Korruption (55 bzw. 54 Punkte) durch höhere Werte bei den anderen Wirtschaftsfreiheiten ausgleichen können, und schließlich die Plätze 12 und 13 von 179 Teilnehmerländern belegen. Hinter Gesamtindex-Scores können sich also interessante Kompensationseffekte verbergen (vgl. Ochel und Röhn 2008, S. 238; OECD 2008, S. 32–34).

Zu bedenken ist außerdem, dass es innerhalb einer Gruppe von gleich gewichteten Indikatoren zu einer impliziten Gewichtung kommt, wenn die Gruppe mehrere Indikatoren enthält, die ähnliche Sachverhalte messen (Müller und Pickel 2007, S. 534; Ochel und Röhn 2008, S. 239; OECD 2008, S. 31–32). Beispielsweise werden bei Fraser für die Oberkategorie „Access to Sound Money" neben der Freiheit ein Fremdwährungskonto zu besitzen zwei Inflationsmaße und das Geldmengenwachstum herangezogen. Da davon auszugehen ist, dass zwischen Geldmenge und Inflation ein gewisser Zusammenhang besteht, kommt es innerhalb dieser Oberkategorie somit zu einer stärkeren Gewichtung des wirtschaftspolitischen Ziels der Geldwertstabilität. Innerhalb der Oberkategorie „Legal Structure and Security of Property Rights" nehmen 3 von 7 Indikatoren die Unabhängigkeit des Gerichtswesens in den Blick. In den Indikatorenkatalogen der anderen Anbieter haben wir hingegen keine Mehrfachmessungen ähnlicher Sachverhalte gefunden, die zur Verzerrung des jeweiligen Gesamtindex in Richtung des betreffenden Sachverhalts führen.

4.2 Ergebnisse der Indexbildung im Vergleich

Auf Basis der Länderdaten bilden die Index-Anbieter schließlich einen Gesamtindex-Score, mit dessen Hilfe ein Länder-Ranking vorgenommen wird. Lediglich die OECD verzichtet auf ein Ranking, allerdings lassen sich die OECD-Indexwerte leicht in eine

---

9 In den Worten von Gwartney und Lawson (2009, S. 9): „During the past several years, we have investigated several methods of weighting the various components, including principle component analysis and a survey of economists. We have also invited others to use their own weighting structure if they believe that it is preferable. In the final analysis, the summary index is not very sensitive to substantial variations in the weights. […] Of course, the component and subcomponent data are available to researchers who would like to consider alternative weighting schemes and we encourage them to do so".

Länder-Rangliste umwandeln. In Tab. 2 wird das Abschneiden der 30 OECD-Mitgliedstaaten bei denjenigen ländervergleichenden Regulierungsindizes wiedergegeben, die die Gesamtwirtschaft in den Blick nehmen (OECD-ETCR und OECD-RBSR wurden also nicht berücksichtigt). Um die Indizes vergleichbar zu machen und aus Gründen der Datenverfügbarkeit, wurde bei Weltbank, OECD-PMR und Heritage das Jahr 2008 als Bezugsjahr gewählt. Die Fraser-Daten beziehen sich auf 2006. Und der IW-Index, der erst ein Mal veröffentlicht wurde (Enste und Hardege 2006), basiert auf Länderdaten aus dem Zeitraum 2002–2005. Zur Begründung gibt das IW an, dass zur Indexbildung auf eine Vielzahl unterschiedlicher Datenquellen zurückgegriffen worden sei, die zum Teil nicht jährlich aktualisiert und publiziert werden.

In der linken Spalte von Tab. 2 ist für jeden Index und jedes Land jeweils der Gesamtindex-Score angegeben. Ausnahme: beim Doing-Business-Index sind die von der Weltbank errechneten Rangplätze ausgewiesen, wobei der erste Platz an das Land mit dem niedrigsten Regulierungsniveau ging. Der Weltbank-‚Tabellenführer' (Singapur) gehört nicht zur OECD-30 und ist folglich nicht abgebildet. Die anderen Indizes sind folgendermaßen skaliert: EFW-Index (10 = höchstmögliche ökonomische Freiheit), EF-Index (100 = höchstmögliche ökonomische Freiheit), OECD PMR-Index (6 = höchstmögliche wettbewerbsbeschränkende Regulierung) sowie IW-Index (= höhere Punktwerte signalisieren eine höhere Regulierungsintensität). Die jeweils in der rechten Spalte aufgeführten Werte sind Rangplätze, die zum Zwecke der Vereinheitlichung auf Basis der Originalwerte der Index-Anbieter (linke Spalte) von uns vergeben wurden, wobei der erste Platz jeweils an das Land mit dem niedrigsten Regulierungsniveau ging. Beim OECD-PMR stehen USA und Vereinigtes Königreich gemeinsam auf dem ‚Siegerpodest'.

Deutschland nimmt bei allen internationalen Regulierungsvergleichen nahezu den gleichen Rangplatz im Mittelfeld der OECD-30-‚Tabelle' ein: Platz 16 bei Doing Business, Platz 13 bei EFW (Fraser), Platz 15 bei EF (Heritage) und Platz 16 bei PMR (OECD). Lediglich beim IW-Regulierungsindex schneidet Deutschland mit Platz 22 etwas schlechter ab. Die Rankingergebnisse sind also für Deutschland über alle analysierten Regulierungsindizes betrachtet als robust zu bezeichnen. Dies gilt freilich nicht für alle Länder, was die recht hohen Werte beim Streuungsmaß der Spannweite sowie exemplarisch der Fall Niederlande verdeutlicht: Platz 17 bei Doing Business, Platz 12 bei EFW (Fraser), Platz 9 bei EF (Heritage), Platz 4 bei PMR (OECD) und Platz 11 bei IW. Die dargestellten deskriptiven Statistiken weisen demnach für einzelne Länder robuste Ranking-Ergebnisse, für andere Länder indessen mehr oder weniger stark schwankende Ergebnisse aus.

Wir wollen hier nicht in die grundlegende Diskussion über Sinn und Unsinn von indikatorenbasierten Länder-Rankings einsteigen (s. dazu z. B. Ochel und Röhn 2008). Aber der Vergleich der Wirtschaftsregulierungs-Rankings macht deutlich, dass mit deren Ergebnissen (insb. bei Ländern mit hoher Spannweite) gleichzeitig mehrere Standpunkte bezüglich des als wünschenswert erachteten Regulierungsausmaßes statistisch untermauert werden können. Die Rangplätze bei Weltbank (23.), Fraser (20.), Heritage (18.) und IW (17.) können beispielsweise dazu verwendet werden, um Spanien ein umfassendes De-Regulierungsprogramm zu verordnen. Der 7. Platz bei OECD-PMR eignet sich, um ein solches Reformprogramm abzuwehren.

Zum Index-Vergleich haben wir darüber hinaus auf Basis der von uns für den OECD-Ländervergleich berechneten Rangplatz-Daten eine Rangkorrelationsanalyse durchge-

Tab. 2: Ergebnisse internationaler Regulierungsindizes im Vergleich

Land	Do business (Weltbank)		EFW (Fraser)		EF (Heritage)		PMR (OECD)		IW-Index (IW)		Spannweite
Australien	9.	7.	8,04	5.	82,0	2.	1,23	11.	29	6.	9
Belgien	19.	13.	7,20	22.	71,5	14.	1,43	20.	40	13.	9
Dänemark	5.	3.	7,78	9.	79,2	8.	1,06	6.	27	4.	6
Deutschland	25.	16.	7,64	13.	71,2	15.	1,33	16.	51	22.	9
Finnland	14.	11.	7,69	10.	74,8	12.	1,19	10.	29	6.	6
Frankreich	31.	19.	7,19	23.	65,4	25.	1,45	22.	47	17.	8
Griechenland	96.	30.	7,03	26.	60,1	29.	2,14	28.	61	25.	5
Irland	7.	5.	7,92	7.	82,4	1.	1,33	17.	30	8.	16
Island	11.	9.	7,80	8.	76,5	10.	0,98	5.	–	–	5
Italien	65.	27.	7,15	25.	62,5	27.	1,38	19.	60	24.	8
Japan	12.	10.	7,48	17.	72,5	13.	1,11	8.	46	15.	9
Kanada	8.	6.	8,05	4.	80,2	4.	0,95	3.	27	4.	3
Luxemburg	50.	24.	7,58	15.	75,2	11.	1,56	24.	–	–	13
Mexiko	56.	25.	6,98	27.	66,4	24.	1,84	27.	72	27.	3
Neuseeland	2.	1.	8,28	1.	80,2	4.	1,26	12.	23	1.	11
Niederlande	26.	17.	7,65	12.	76,8	9.	0,97	4.	34	11.	13
Norwegen	10.	8.	7,54	16.	69,0	19.	1,16	9.	39	12.	11
Österreich	27.	18.	7,66	11.	70,0	17.	1,35	18.	41	14.	7
Polen	76.	29.	6,78	29.	59,5	30.	2,38	30.	66	26.	4
Portugal	48.	22.	7,16	24.	64,3	26.	1,43	21.	49	19.	7
Schweden	17.	12.	7,35	21.	70,4	16.	1,31	15.	32	10.	11
Schweiz	21.	14.	8,20	2.	79,7	6.	1,29	13.	30	8.	12
Slowak. Republik	36.	20.	7,61	14.	68,7	20.	1,60	25.	46	15.	11
Spanien	49.	23.	7,38	20.	69,7	18.	1,09	7.	47	17.	16
Südkorea	23.	15.	7,42	19.	67,9	22.	1,48	23.	53	23.	8
Tschech. Republik	75.	28.	6,95	28.	68,5	21.	1,62	26.	50	21.	7
Türkei	59.	26.	6,35	30.	60,8	28.	2,36	29.	73	28.	4
Ungarn	41.	21.	7,46	18.	67,2	23.	1,30	14.	49	19.	9
Verein. Königreich	6.	4.	8,07	3.	79,5	7.	0,84	1.	26	3.	6
Vereinigte Staaten	3.	2.	8,04	5.	80,6	3.	0,84	1.	24	2.	4

Zu jedem Index sind in der linken Spalte die Originalwerte der Index-Anbieter (s. Erläuterung im Text) und in der rechten Spalte der Rangplatz im OECD-30-Ländervergleich angegeben. Die Rangplätze beruhen auf eigenen Berechnungen auf Basis von World Bank 2008 (Bezugsjahr 2008), Gwartney und Lawson 2008 (Bezugsjahr 2006), Heritage Foundation 2008 (Bezugsjahr 2008), Wölfl et al. 2009 (Bezugsjahr 2008) und Enste und Hardege 2006 (Erhebungszeitraum 2002–2005).

führt. In Tab. 3 sind die Ergebnisse von bivariaten Korrelationen zwischen den Ranglisten der verschiedenen Regulierungsindizes aufgeführt. Da Ranglisten ordinalskalierte Variablen hervorbringen, wurde für jedes mögliche Index-Paar der Rangkorrelationskoeffizient

Tab. 3: Rangkorrelationen zwischen internationalen Regulierungsindizes

	Do business (Weltbank)	EFW (Fraser)	EF (Heritage)	PMR (OECD)	IW-Index (IW)
Do business (Weltbank)	1				
EFW (Fraser)	0,841[a]	1			
EF (Heritage)	0,876[a]	0,893[a]	1		
PMR (OECD)	0,747[a]	0,759[a]	0,757[a]	1	
IW-Index (IW)	0,896[a] (0,741[a])	0,882[a] (0,734[a])	0,891[a] (0,718[a])	0,798[a] (0,628[a])	1

Berechnet wurden Rangkorrelationskoeffizienten nach SPEARMAN (SPEARMAN's rho)
Zur Berücksichtigung von Rangbindungen wird in Klammern beim IW-Index KENDALL's Tau-b ausgewiesen. Island und Luxemburg wurden aus dem OECD-Ländersample ausgeschlossen, da diese Länder im IW-Index nicht enthalten sind (somit ist $N = 28$)
[a]Signalisiert statistische Signifikanz auf 1 %-Niveau (zweiseitig)

nach SPEARMAN berechnet (SPEARMAN's rho). Auffallend ist, dass zwischen allen Indizes – paarweise betrachtet – hohe positive Korrelationen bestehen, die statistisch signifikant sind. Ein starker Zusammenhang existiert beispielsweise zwischen dem IW-Regulierungsindex und den Indizes von Weltbank ($r=0{,}896$), Fraser ($r=0{,}882$), Heritage ($r=0{,}891$) und OECD ($r=0{,}798$). Niedrigere, aber immer noch hohe Korrelationen ergibt die Berechnung von KENDALL's Tau-b für den IW-Index, das jeweils in Klammern neben den SPEARMAN-Koeffizienten ausgewiesen wird.[10]

Die hohen Korrelationen zwischen den Länder-Ranglisten bringen zunächst zum Ausdruck, dass die Index-Anbieter zum Teil auf die gleichen Indikatoren und Datenquellen zurückgreifen. Zum Beispiel fließen in den IW-Index u. a. Daten aus den Indizes von OECD, Weltbank, Heritage und Fraser ein. Der OECD-PMR wird jedoch nicht von Weltbank, Fraser und Heritage genutzt (und nutzt auch deren Daten nicht), was eine Erklärung für die etwas niedrigeren Korrelationskoeffizienten sein dürfte; zudem sind im IW-Index nur neun OECD-PMR Items enthalten. Die hohen Übereinstimmungen zwischen den Länder-Rankings deuten außerdem darauf hin, dass die verschiedenen Indizes zu einem ähnlichen Bild der ‚Regulierungsrealität' in den einzelnen Ländern gelangen. Nicoletti und Pryor (2006, S. 433), die bei ihrer Analyse von Zusammenhängen zwischen diversen älteren Regulierungsstudien für die OECD-Welt auch hohe Korrelationen erhalten, interpretieren dies – ebenfalls vorsichtig – als Hinweis, dass die Indizes „all capture the same underlying reality".

Berücksichtigt man, dass alle untersuchten Index-Anbieter mit der theoretischen Brille des Wirtschaftsliberalismus an die Index-Konstruktion herangehen (vgl. Abschn. 2.3) und das Repertoire an messbaren regulatorischen Eingriffen in das Wirtschaftssystem begrenzt ist, so ist der erhaltene empirische Befund wenig überraschend. Dass keine

---

10 Da im IW-Index einige Rangbindungen auftreten (d. h. mehrere Länder belegen den gleichen Rangplatz), könnte dies die SPEARMAN-Koeffizienten verzerrt bzw. vergrößert haben. Denn das SPEARMAN-Maß beruht auf der Annahme, dass keine oder relativ wenige Rangbindungen (ties) bestehen. Daher wurde für den IW-Index zusätzlich KENDALL's Tau-b berechnet, das solche Bindungen berücksichtigt (vgl. Benninghaus 2007).

perfekten Korrelationen zwischen den Indizes auftreten, ist sicherlich vor allem darauf zurückzuführen, dass die Indikatorenkataloge der Anbieter auf unterschiedlich weiten Regulierungsbegriffen basieren (Verwaltungsvorschriften, öffentliches Unternehmertum, Korruption, Wehrdienst etc.), verschieden große Ausschnitte des Wirtschaftsgeschehens erfassen und sich hinsichtlich der gewählten Bezugsjahre (s. Tab. 2) geringfügig voneinander unterscheiden.

5 Resümee

Eine naheliegende Frage, die sich schließlich bei der vergleichenden Betrachtung von (Regulierungs-) Indizes stellt, ist die Frage nach dem ‚besten' Index. Auch wenn es nicht das Anliegen des vorliegenden Beitrags war, einen ‚Sieger'- oder ‚Gewinner'-Index zu küren, der Regulierung ‚am besten' misst, drängt sich dieser Punkt auf, so dass wir abschließend kurz unser Verständnis des angemessenen Umgangs mit Regulierungsindizes explizit machen möchten. Die Frage nach ‚dem besten' Index erscheint uns insofern nicht weiterführend, als dass die betrachteten Index-Anbieter in der Messphase mit unterschiedlichen Indikatorenkatalogen arbeiten, in denen Items enthalten sind, die mehr oder weniger weit über einen engen Regulierungsbegriff hinausgehen. Zudem unterscheiden sich die Indizes hinsichtlich ihrer empirischen Reichweite: OECD-ETCR und OECD-RBSR untersuchen spezifische Regulierungen in einer Gruppe von Wirtschaftssektoren (Telekommunikation, Post etc.) für die OECD-Welt. Dagegen sind Fraser, Heritage und Weltbank an ländervergleichenden Informationen über das Regulierungsniveau für alle Volkswirtschaften der Welt interessiert und nehmen jeweils größere Ausschnitte des nationalen Wirtschaftsgeschehens in den Blick. Diese Aufgabe haben sich auch IW und OECD-PMR gestellt, beschränken sich allerdings auf die Analyse der OECD-Mitgliedstaaten.

Angesichts der Unterschiede hinsichtlich Regulierungsbegriff und empirischer Reichweite kann es bei einem Vergleich der Regulierungsindizes aus unserer Sicht lediglich darum gehen, die Grundannahmen, Stärken und Schwächen der einzelnen Indizes herauszustellen. Dies wurde in den Abschn. 2–4 für die Phasen der Konzeptualisierung, Messung und Aggregation getan. Insbesondere wurde dabei überprüft, ob die Index-Anbieter ein wichtiges Kriterium empirischer Sozialforschung beherzigen: die intersubjektive Nachvollziehbarkeit ihres Vorgehens. Denn nur wenn dieses Kriterium in den einzelnen Phasen der Indexbildung weitestgehend erfüllt ist, können Wissenschaftler und andere Interessierte denjenigen Index verwenden bzw. selbst zusammenstellen, der ihnen für die jeweils interessierende Forschungsfrage am besten geeignet erscheint.[11]

Wie gezeigt, beschreiben alle Anbieter das jeweils verwendete Regulierungskonzept recht genau und machen mehr oder weniger deutlich, dass sie die Welt aus wirtschaftsliberaler Perspektive betrachten. Bis auf OECD-ETCR und OECD-RBSR basieren alle Indizes zudem auf der leicht nachvollziehbaren Aggregationsregel der Gleichgewichtung. Größere Unterschiede offenbaren sich allerdings in puncto Nachprüfbarkeit in der

---

11 So auch Nicoletti und Pryor (2006, S. 447). Einen ähnlichen Standpunkt in Hinblick auf den Umgang mit unterschiedlichen Demokratie-Indizes vertreten Munck und Verkuilen (2002, S. 18–19) und Bühlmann et al. (2008, S. 120, FN 6).

Messphase. OECD-ETCR (Zeitreihendaten 1975–2007), OECD-RBSR und OECD-PMR (Querschnittsdaten 1998, 2003, 2008), Weltbank (2004–2009) sowie Fraser (1970, 1975, 1980, 1985, 1990, 1995 und 2000–2007) legen alle Daten zu den verwendeten (Teil-) Indikatoren offen und bieten Forschern eine reichhaltige Datenbasis für eigene Indexkonstruktionen und statistische Analysen. Zudem laden diese Anbieter zur Kritik ein, diskutieren in ihren Ergebnisberichten Kritikpunkte und haben in den vergangenen Jahren wiederholt Verbesserungsvorschläge aufgegriffen. Heritage (1995–2010) macht zwar große Teile des Datenbestandes öffentlich, vollständig nachprüfbar ist das Vorgehen hier jedoch nicht. Am wenigsten offen zeigt sich der IW-Index. Man fragt sich, warum IW und Heritage nicht dem Beispiel von Fraser, Weltbank und OECD folgen, und einfach ein Excel-Dokument mit *allen* zur Index-Bildung verwendeten Daten ins Internet stellen.

Abgesehen von den Unterschieden in puncto Datentransparenz ist festzuhalten, dass die Indikatoren-Kataloge der Index-Anbieter in ihrer Gesamtheit einen sehr guten Überblick über die gegenwärtig verfügbaren ländervergleichenden Datensätze zum Thema Wirtschaftsregulierung geben. Zwar steht Forschern somit bereits eine Fülle von Daten zur Verfügung. Neben dem üblichen Wunsch nach ‚more and better data' (insb. in der Zeitreihendimension) sticht aus politikwissenschaftlicher Sicht ein Desideratum hervor, das in Abschn. 2.2 angesprochen wurde: Die vorliegenden ländervergleichenden Indizes zeigen nur wenig Interesse an der Frage „Wer reguliert?". Bislang liegt unseres Wissens kein ländervergleichender Index vor, der z. B. für die OECD-Welt explizit untersucht, ob und inwieweit sich ‚der Staat' (d. h. politisch-administrative Akteure) als Regulator aus verschiedenen Bereichen der Wirtschaft zurückzieht. Das Auftreten von mehr oder weniger unabhängigen Regulierungsbehörden führt nämlich vielfach nicht zum Rückzug des wirtschaftsregulatorischen Staates, sondern zu hybriden Regulierungsregimen, an denen staatliche, quasi-staatliche und private Akteure beteiligt sind.

Danksagung: Wir danken Felix Bethke, Jessica Fortin, Florian Töpfl, den Teilnehmern des Leipziger Workshops „Indizes in der Vergleichenden Politikwissenschaft" sowie zwei anonymen Gutachtern der *ZfVP* für hilfreiche Kommentare und Anregungen.

Literatur

Baldwin, Robert, Colin Scott, und Christopher Hood, Hrsg. 1998. *A reader on regulation*. Oxford: Oxford University Press.
Baldwin, Robert, und Martin Cave. 1999. *Understanding regulation: Theory, strategy and practice*. Oxford: Oxford University Press.
Benninghaus, Hans. 2007. Die Beschreibung der Beziehung zwischen ordinalen Variablen. In *Deskriptive Statistik: Eine Einführung für Sozialwissenschaftler*, 11. Aufl. Hrsg. Hans Benninghaus, 137–184. Wiesbaden: VS Verlag für Sozialwissenschaften.
Botero, Juan C., Simeon Djankov, Rafael La Porta, Florencio Lopez-de-Silanes, und Andrei Shleifer. 2004. The regulation of labor. *Quarterly Journal of Economics* 119 (4): 1339–1382.
Boylaud, Olivier, und Giuseppe Nicoletti. 2001. Regulatory Reform in Retail Distribution. *OECD Economic Studies* 32 (1): 253–274.
Bühlmann, Marc, Wolfgang Merkel, Lisa Müller, und Bernhard Weßels. 2008. Wie lässt sich Demokratie am besten messen? Zum Forumsbeitrag von Thomas Müller und Susanne Pickel. *Politische Vierteljahresschrift* 49 (1): 114–122.

Conway, Paul, und Giuseppe Nicoletti. 2006. Product market regulation in the non-manufacturing sectors of OECD countries: Measurement and highlights. *OECD Economics Department Working Papers* No. 530.
Conway, Paul, Véronique Janod, und Giuseppe Nicoletti. 2005. Product market regulation in OECD countries: 1998–2003. *OECD Economics Department Working Papers* No. 419.
DER SPIEGEL. 2008. Weltbank-Studie: Standort Deutschland fällt hinter Mauritius zurück. http://www.spiegel.de/wirtschaft/weltbank-studie-standort-deutschland-faellt-hinter-mauritius-zurueck-a-577418.html. Zugriffsdatum: 5. Mai 2010.
Enste, Dominik H., und Stefan Hardege. 2006. *IW-Regulierungsindex: Methodik, Analysen und Ergebnisse eines internationalen Vergleichs.* Köln: Institut der deutschen Wirtschaft.
Enste, Dominik H., und Stefan Hardege. 2007. Regulierung und Schattenwirtschaft. *IW-Trends* 34 (1): 47–60.
Enste, Dominik H., und Stefan Hardege. 2008. Regulierung, Wohlstand und Beschäftigung: Eine empirische Wirkungsanalyse für 22 OECD-Länder. *Wirtschaftspolitische Blätter* 55 (4): 819–838.
Gilardi, Fabrizio. 2005. The Institutional foundations of regulatory capitalism: the diffusion of independent regulatory agencies in Western Europe. *Annals of the American Academy of Social and Political Sciences* 598:84–101.
Gwartney, James D., und Robert Lawson. 2008. *Economic freedom of the world: 2008 annual report.* Vancouver: Fraser Institute.
Gwartney, James D., und Robert Lawson. 2009. *Economic freedom of the world: 2009 annual report.* Vancouver: Fraser Institute.
Hall, Peter A., und D. W. Gingerich. 2009. Varieties of capitalism and institutional complementarities in the political economy: An empirical analysis. *British Journal of Political Science* 39 (3): 449–482.
Hall, Peter A., und David Soskice, Hrsg. 2001. *Varieties of capitalism: The institutional foundations of comparative advantage.* Oxford: Oxford University Press.
Heine, Klaus. 2008. Hybride Regulierung – Zum Einfluss politischer Institutionen auf private Regelsetzung. In *Ökonomische Analyse politischer Institutionen,* Hrsg. Uwe Vollmer, 79–112. Berlin: Duncker & Humblot.
Hellwig, Martin F. 2009. Systemic risk in the financial sector: An analysis of the subprime-mortgage financial crisis. *De Economist* 157 (2): 129–207.
Heritage Foundation. 2008. *2008 index of economic freedom. The link between economic opportunity & prosperity.* Washington, DC: Heritage Foundation.
Heritage Foundation. 2010. *2010 index of economic freedom. The link between economic opportunity & prosperity.* Washington, DC: Heritage Foundation.
Heritier, Adrienne, und Dirk Lehmkuhl. 2008. The shadow of hierarchy and new modes of governance. *Journal of Public Policy* 28 (1): 1–17.
Herrera, Yoshiko M., und Devesh Kapur. 2007. Improving data quality: Actors, incentives and capabilities. *Political Analysis* 15 (4): 365–386.
Herring, Richard, und E. J. Kane. 2010. Rating "agencies": How regulation might help. *CESifo DICE Report* 8 (1): 14–23.
Hertog, Johan den. 2000. General theories of regulation. In *Encyclopedia of law & economics. Volume III: The regulation of contracts,* Hrsg. Boudewijn Bouckaert und Gerrit De Geest, 223–270. Cheltenham: Edward Elgar.
Höhler, Gerd. 2009. Statistik auf griechisch. *Potsdamer Neueste Nachrichten.* 11.12.2009., S. 7.
Høj, Jens, Vincenzo Galasso, Giuseppe Nicoletti, und Thai-Thanh Dang. 2006. An empirical investigation of political economy factors behind structural reforms in OECD countries. *OECD Economic Studies* 42 (1): 87–136.
IBM Global Business Services. 2007. *Liberalisierungsindex Bahn 2007. Marktöffnung: Eisenbahnmärkte der Mitgliedstaaten der Europäischen Union, der Schweiz und Norwegens im Vergleich.* Brüssel: IBM Corporation.

Kehlmann, Daniel. 2008. *Die Vermessung der Welt*. Reinbek: Rowohlt Taschenbuch.
Kenworthy, Lane. 2006. Institutional coherence and macroeconomic performance. *Socio-Economic Review* 4 (1): 69–91.
Levi-Faur, David, und Jacint Jordana, Hrsg. 2005. *The rise of regulatory capitalism: The global diffusion of a new order*. Special Issue of *The Annals of the American Academy of Political and Social Sciences*. 598 (1): 1–217.
Majone, Giandomenico. 1997. From the positive to the regulatory state: causes and consequences of changes in the mode of governance. *Journal of Public Policy* 17 (2): 139–167.
Moran, Michael. 2002. Understanding the regulatory state. *British Journal of Political Science* 32 (2): 391–413.
Müller, Thomas, und Susanne Pickel. 2007. Wie lässt sich Demokratie am besten messen? Zur Konzeptqualität von Demokratie-Indizes. *Politische Vierteljahresschrift* 48 (3): 511–539.
Munck, Gerardo L., und Jay Verkuilen. 2002. Conceptualizing and Measuring Democracy: Evaluating Alternative Indices. *Comparative Political Studies* 35 (1): 5–34.
Nicoletti, Giuseppe, Stefano Scarpetta, und Olivier Boylaud. 2000. Summary indicators of product market regulation with an extension to employment protection legislation. *OECD Economics Department Working Papers* No. 226.
Nicoletti, Giuseppe, und Stefano Scarpetta. 2003. Regulation, productivity and growth: OECD evidence. *Economic Policy* 18 (36): 11–72.
Nicoletti, Giuseppe, und Stefano Scarpetta. 2005. Product market reforms and employment in OECD countries. *OECD Economics Department Working Papers* No. 472.
Nicoletti, Guiseppe, und F. L. Pryor. 2006. Subjective and objective measures of governmental regulations in OECD nations. *Journal of Economic Behavior & Organization* 59 (3): 433–449.
Obinger, Herbert. 2004. *Politik und Wirtschaftswachstum. Ein internationaler Vergleich*. Wiesbaden: VS Verlag für Sozialwissenschaften.
Ochel, Wolfgang, und Oliver Röhn. 2008. Indikatorenbasierte Länderrankings. *Perspektiven der Wirtschaftspolitik* 9 (2): 226–251.
OECD. 2008. *Handbook on constructing composite indicators: Methodology and user guide*. Paris: OECD.
Potrafke, Niklas. 2010. Does government ideology influence deregulation of product markets? Empirical evidence from OECD countries. *Public Choice* 143 (1–2): 135–155.
Siegel, Nico A. 2007. Moving beyond expenditure accounts: The changing contours of the regulatory state, 1980–2003. In *The Disappearing State? Retrenchment Realities in Age of Globalisation*, Hrsg. Francis G. Castles, 245–272. Cheltenham: Edward Elgar.
Stigler, George J. 1988. *Memoirs of an unregulated economist*. New York: Basic Books.
Thatcher, Mark. 2002. Regulation after delegation: Independent regulatory agencies in Europe. *Journal of European Public Policy* 9 (6): 954–972.
Venn, Danielle. 2009. Legislation, collective bargaining and enforcement: Updating the OECD employment protection indicators. *OECD Social, Employment and Migration Working Papers* No. 89.
WBIEG. 2008. *Doing business: An independent evaluation*. Washington, DC: World Bank Independent Evaluation Group.
Wölfl, Anita, Isabelle Wanner, Tomasz Kozluk, und Giuseppe Nicoletti. 2009. Ten years of product market reform in OECD countries: Insights from a revised PMR indicator. *OECD Economics Department Working Papers* No. 695.
World Bank. 2008. *Doing business 2009. Comparing regulation in 181 Economies*. Washington, DC: International Bank for Reconstruction and Development.
World Bank. 2009. *Doing business 2010. Comparing regulation in 183 economies*. Washington, DC: International Bank for Reconstruction and Development.
Zenhäusern, Patrick, Harry Telser, Stephan Vaterlaus, und Philippe Mahler. 2007. *Plaut economics regulation index. Regulatory density index in telecommunications with particular consideration of investment incentives*. Olten: Plaut Economics.

AUFSÄTZE

Die Vermessung der Welt: Eine Analyse der Worldwide Governance Indicators der Weltbank

Wolfgang Muno

Zusammenfassung: Einen wichtigen Schritt zur Messung von Entwicklungserfolgen bilden die *Worldwide Governance Indicators (WGI)* der Weltbank. Es handelt sich um einen Meta-Index zur Messung von Governance bzw. Good Governance. Die WGI sollen es ermöglichen, die Qualität der Regierungsführung eines Landes zu messen, und zwar in Relation mit anderen Ländern wie auch im Vergleich über die Zeit. Im Folgenden sollen die WGI anhand der Konzeptionalisierung einerseits sowie der Umsetzung der Konzeption in den Index (Operationalisierung, Messung, Aggregation) andererseits evaluiert werden. Ein drittes Beurteilungskriterium bezieht sich auf die praktisch-politische Relevanz und daraus resultierende moralische Probleme. In einer Gesamtbewertung kann zwar eine sehr elaborierte statistische Methode konstatiert werden, doch ist die mangelnde theoretische Verortung zu kritisieren. Schließlich liegen moralische Bedenken vor.

Schlüsselwörter: Governance · Messung · Konzeptionalisierung

Measuring the world: an analysis of the World Bank's Worldwide Governance Indicators

Abstract: An important step in measuring development are the *Worldwide Governance Indicators* (WGI) of the World Bank, a meta-index for measuring good governance. The WGI shall measure the quality of governance of a country, in comparison to other countries as well as in comparison over time. In the following, the WGI's quality shall be evaluated in respect to the conceptualization and aggregation of governance-data. A third criteria relates to ethical questions. In sum, the WGI use very elaborated aggregation techniques but fail on very fundamental conceptual issues as well as on ethical issues.

Keywords: Governance · Measurement · Conzeptionalization

Online publiziert: 18.07.2012
© VS Verlag für Sozialwissenschaften 2012

Dr. W. Muno (✉)
Universitäten Mainz und Würzburg, Mainz, Deutschland
E-Mail: muno@uni-mainz.de

„Es gibt drei Arten von Lügen: Lügen, verdammte Lügen und Statistiken."
Benjamin Disraeli

1 Einleitung

„Better data for better Governance" (World Bank 2006, S. 1) – mit diesem Schlagwort startete die Weltbank Ende der 90er Jahre einen ambitionierten Versuch, im weitesten Sinne Entwicklungsfortschritte bzw. Faktoren, die für Entwicklungsfortschritte verantwortlich gemacht wurden, zu messen. Daniel Kaufmann, lange Jahre Direktor am World Bank Institute, einem think tank der Weltbank, mittlerweile Senior Fellow der Brookings Institution, und Aart Kraay, Ökonom der Forschungsabteilung der Weltbank, entwickelten die Worldwide Governance Indicators (im Folgenden WGI), zunächst mit Unterstützung von Pablo Zoido-Lobatón, später mit Massimo Mastruzzi, beide Ökonomen am World Bank Institute. Es handelt sich um einen Meta-Index zur Messung von Governance. Die WGI sollen es ermöglichen, die Qualität der Regierungsführung eines Landes zu evaluieren, und zwar sowohl im Vergleich mit anderen Ländern als im Vergleich über die Zeit (World Bank 2006, S. 2).

Ein Index wie die WGI erfüllt gleich mehrere Bedürfnisse eines Wissenschaftlers. Zum einen werden Informationen gesammelt, zusammengefasst und gebündelt, zum anderen werden komplexe Phänomene anscheinend genau erfasst und vermessen (Kessler 2009). Mit verbesserten technischen Möglichkeiten der Datenverarbeitung sowie einem zunehmenden „positivistischen" Trend in der Politikwissenschaft während der letzten Jahrzehnte haben sich auch Indizes verbreitet. Wie Pilze sprießen sie mittlerweile in allen möglichen Themengebieten. Dabei sind Indizes nicht unproblematisch. In politikwissenschaftlichen Kontexten werden i. d. R. abgeleitete Maße verwendet, d. h. komplexe Konzepte, die nicht direkt beobachtbar sind (wie Governance oder Demokratie), werden durch andere, eher beobachtbare Indikatoren abgebildet (Miller 2007). Es stellen sich daher verschiedene Fragen: Sind komplexe soziale Phänomene überhaupt messbar? Wenn ja, können Indizes präzise messen? Und messen sie das, was gemessen werden soll? Die letzten beiden Aspekte verweisen auf Reliabilität und Validität, gängige, allgemeine Gütekriterien, die für alle Messinstrumente empirischer Sozialforschung gelten. Gütekriterien speziell für Indizes aus dem Bereich der Demokratiemessung haben bspw. Munck und Verkuilen, Lauth, Hadenius und Teorell und Pickel und Müller bzw. Müller und Pickel diskutiert (Munck und Verkuilen 2002; Lauth 2004; Hadenius und Teorell 2005; Pickel und Müller 2006; Müller und Pickel 2007). In all diesen Ansätzen geht es um die Konzeptionalisierung einerseits und die Umsetzung der Konzeption in den Index (Operationalisierung, Messung, Aggregation) andererseits. Hierfür werden teilweise detaillierte Kriterien für Konzeptrelevanz, -spezifikation und -logik aufgelistet. Diesbezüglich geht es bei der Beurteilung der WGI zunächst nur um die Frage, wie Governance konzipiert wird, d. h. was gemessen wird. Existiert Klarheit und Trennschärfe des Konzepts bzw. der Kategorien? Im Falle der Umsetzung des Konzepts in den Index, die eigentliche Indexkonstruktion, geht es um die Auswahl und Zuordnung der Indikatoren, die Breite der Quellenbasis, die Transparenz der Daten und der Vorgehensweise sowie die eigentlichen Schritte der Berechnung. Ein Qualitätskriterium wäre, ob nach theoretisch begründeten Aggregationsregeln vorgegangen wird oder solche fehlen. Auch hier steht zunächst die Frage im Mittelpunkt, was eigentlich genau gemacht wird, es geht also maßgeblich um eine Konzeptvalidierung der methodischen Gestaltung des Indexes, will heißen um die Qualität der methodischen Konzeption (Müller und Pickel 2007, S. 513). Eine Beurteilung der Qualität der WGI erfolgt anhand allgemeiner wissenschaftlicher Gütekriterien wie Klarheit und logische Konsistenz, Nachvollziehbarkeit und Transparenz. Im Vordergrund stehen damit methodische Fragen im engeren Sinne, wie sie auch bei der Diskussion der Demokratie-Indizes behandelt wurden.

Es geht aber auch um einen weiteren Aspekt der Beurteilung, der bei Demokratie-Indizes bis dato keine Rolle gespielt hat: Nämlich um die praktisch-politische und damit letztlich auch moralische Bedeutung von Indizes, auf die jüngst der Philosoph Thomas Pogge im Kontext einer Diskussion von Armuts- und Geschlechtergleichstellungsindizes hingewiesen hat (Pogge 2009). Die moralische Relevanz der WGI ergibt sich aus der praktischen Anwendung in der Entwicklungspolitik.

Im Folgenden sollen nun die Worldwide Governance Indicators der Weltbank (WGI) untersucht werden. Aus der einfachen Frage: „Wie misst man (gutes) Regieren?", bzw. „wie misst die Weltbank (gutes) Regieren?" ergibt sich ein Leitfaden, der aus den nachfolgenden Fragestellungen besteht:

1. Wie ist Governance konzipiert? Hier steht zur Debatte, welches Konzept von (Good) Governance der Messung zu Grunde liegt.
2. Wie wird gemessen? Es steht dabei zur Diskussion, wie die Operationalisierung des Konzeptes gestaltet ist, d. h. welche Indikatoren verwendet werden und mit welchen Methoden gearbeitet wird. Dabei geht es unter anderem um die Frage: wie sauber und zuverlässig wird gemessen (Validität und Reliabilität)?
3. Welche Ergebnisse werden produziert und wie sind die Ergebnisse einzuschätzen? Es geht hierbei auch um die praktische Anwendung und die daraus resultierende moralische Problematik.

Im Anschluss werden diese Aspekte untersucht. Dadurch sollen die WGI evaluiert und deren methodische sowie praktisch-politische und damit auch moralische Probleme des Indexes diskutiert werden.

2 Die Konzeption von Governance

Kaufmann et al. definieren Governance recht kurz und vage als „the traditions and institutions by which authority in a country is exercised" (Kaufmann et al. 1999, S. 1, 2009, S. 5). Drei Faktoren sind damit gemeint, die in jeweils zwei Dimensionen gemessen werden: Der Prozess, durch den Regierungen gewählt, überwacht und ersetzt werden, erfasst durch „Voice and Accountability", sowie durch „Political Instability and Violence"; Die Fähigkeit von Staaten, ihre Politiken durchzusetzen, erfasst durch „Government Effectiveness" und „Regulatory Burden"; Der Respekt, den Bürger und Staaten für die Institutionen zeigen, die soziale Interaktion regulieren, erfasst durch „Rule of Law" und „Graft" (Kaufmann et al. 1999, S. 1).

Eine genauere Begründung oder Herleitung der Konzeption von Governance findet sich nicht in den WGI. Kaufmann et al. gehen hier sehr pragmatisch vor. Man kann aber unterstellen, dass die WGI aus einem Kontext stammen, in dem wissenschaftliche Beiträge und Weltbankpublikationen eine Annäherung an die Begrifflichkeit versuchen. Dieser Kontext soll im Folgenden kurz dargestellt werden.

Der Begriff „Governance" ist eine der modischen Schöpfungen der Wissenschaft, wie bspw. Globalisierung oder Zivilgesellschaft, eine „catchphrase", wie Werner Jann schreibt, deren Verwendung in wissenschaftlichen Publikationen seit 1990 um das 30fache gestiegen sei (Jann 2006, S. 21). Schuppert schlägt eine Schneise in die Begriffswucherungen und identifiziert vier Wurzeln (Schuppert 2008): politik- und verwaltungswissenschaftliche Diskussionen, den Transnationalismus der Teildisziplin Internationale Beziehungen (IB), die Institutionenökonomik und die Weltbank. Diese vier Wurzeln können ganz offensichtlich in zwei Diskussionsstränge zusammengefasst werden, einmal einen politikwissenschaftlichen, zum Zweiten einen ökonomischen Strang.

Der politikwissenschaftliche Strang umfasst den IB-Ansatz des Transnationalismus, der sich mit Global Governance, mit „Regieren jenseits des Nationalstaates" (Zürn 1998) beschäftigt. Grenzübergreifende Probleme wie Umweltzerstörung, Migration, oder globale Finanzströme, seien, so die Kernthese des Transnationalismus, nicht mehr von einzelnen Nationalstaaten lösbar (Schimmelfennig 2010). Transnationale Nichtregierungsakteure (international non-governmental organisations, INGOs) und internationale Konzerne, internationale Organisationen und Regime treten an die Stelle der Nationalstaaten, es entsteht „Governance without Government" oder „Global Governance" (Rosenau und Czempiel 1992; Zürn 2006). Auch die „multi-level Governance" der EU zählt hierzu (Börzel 2006; Benz 2006). Daneben gibt es einen stärker theoretisch-komparativ orientierten Ansatz der Policy-Analyse. Zentrale Figuren dieses Ansatzes sind Renate Mayntz und Fritz Scharpf (Mayntz 2009; Scharpf 1997). Governance wird von Mayntz weit und umfassend definiert als „das Gesamt aller nebeneinander bestehenden Formen der kollektiven Regelung gesellschaftlicher Sachverhalte: von der institutionalisierten zivilgesellschaftlichen Selbstregelung über verschiedene Formen des Zusammenwirkens staatlicher und privater Akteure bis hin zu hoheitlichem Handeln staatlicher Akteure" (Mayntz 2004, S. 72).

Der ökonomische Strang kommt aus der Institutionenökonomik. Coase (1937) und Williamson (1985) haben mit dem Begriff Governance auf Organisationsformen und Regelungsstrukturen jenseits des Marktes verwiesen, um Probleme von Marktmechanismen wie Transaktionskosten zu analysieren (Priddat 2006). Generell wurde aus dieser Perspektive dann die Rolle von institutionellen Rahmenbedingungen für wirtschaftliche Entwicklung betont (North 1992; zur Institutionenökonomik allgemein siehe Voigt 2009). Anknüpfend an institutionenökonomische Überlegungen entwickelte schließlich die Weltbank die vierte Wurzel des Governance-Begriffes. In einer Studie über afrikanische Entwicklungsprobleme tauchte 1989 zum ersten Mal prominent der Begriff „Governance" auf, definiert als „a public sector that is efficient, a judicial system that is reliable, and an administration that is accountable to its public" (Worldbank 1989, S. xii). Anlass für die Weltbank, Governance verstärkt in den Mittelpunkt zu rücken, war die Erkenntnis, dass die entwicklungspolitischen Strategien der Vergangenheit nicht die erhofften Erfolge zeigten, mithin verfehlt, auf jeden Fall nicht mehr zeitgemäß erschienen. Anfang der 80er Jahre sanken die Wachstumsraten in Entwicklungsländern derart besorgniserregend, dass Governance zentrale Bedeutung erlangte, sowohl für Industrieländer als auch für die Weltbank. Aus dieser Perspektive heraus erarbeitete die Weltbank Kriterien, an denen sich Entwicklungsländer orientieren sollten, um Fortschritte zu erzielen (World Bank 1992). Adam spricht von einem „sehr umfassenden Katalog normativer Reformziele" (Adam 2000). Dabei hatte die Weltbank aber ihr politisches Mandat zu beachten, d. h. die Vorgabe, dass nur administrative und entwicklungspolitische, nicht aber genuin politische Vorgaben gemacht werden durften. Die in der Entwicklungstheorie lang und breit geführte Debatte über Regimeformen und Entwicklung konnte daher nicht eins zu eins übernommen werden, das eher technisch orientierte und neutral formulierte Konzept „Governance" ermöglichte es aber, versteckt politische Forderungen zu stellen, ohne explizit eine Präferenz für Demokratie formulieren zu müssen.[1] „Governance" wurde nun definiert als „the exercise of authority, control, management, power of government" (World Bank 1992, S. 1) bzw. als „the manner in which power is exercised in the management of a country's economic and social resources for development" (World Bank 1992, S. 3). Das heißt, aus der Analyse von (afrikanischen) Ursachen für Entwicklungsblockaden und -fehlschlägen wurden allgemeine Vorschläge zur Verbesserung vorrangig staatlicher institutioneller Rahmenbedingungen, die schließlich Entwicklung ermöglichen sollten, abgeleitet. Aus diesen Vorschlägen wurde dann „Good Governance" im Sinne eines „sound development management" (World Bank 1992, S. 1; Hill 2006). Elemente eines solchen „sound development management" waren „accountability, publicly known rules, information and transparency", v. a. des öffentlichen Sektors (World Bank 1992, S. 6; Smith 2007). Die Weltbank entwickelte diesen Ansatz nicht nur, um die Performanz von Entwicklungsländern zu bewerten, sondern auch, um dadurch Leistungen der Entwicklungszusammenarbeit zu evaluieren und verbessern zu können (World Bank 2006). Letztlich ging es darum, Anreize zu schaffen (Collier 2008, S. 142; Schmitz 2006). Bereits in den 80er Jahren wurden Entwicklungsanreize gesetzt, die so genannte Konditionalität. Dabei handelte es sich allerdings um Ex-Ante-Konditionalität, die für Versprechungen Entwicklungshilfeleistungen vergab, was sich als problematisch erwies, da Zeitkonsistenzprobleme sowie schlicht gebrochene Versprechungen den Ansatz konterkarierten. So schreibt Collier, die kenianische Regierung habe bspw. über 15 Jahre fünfmal dieselbe Reform versprochen, um Entwicklungshilfeleistungen dafür zu bekommen, ohne jemals zu liefern (Collier 2008, S. 143). Seit einigen Jahren sind Geberorganisationen und -länder nun dabei, ihre Perspektive zu ändern und Ex-Post-Konditionalität einzuführen, d. h. stärker auf outcomes und impacts als auf in- und outputs zu achten. Entwicklungshilfeleistungen sollten an Entwicklungserfolge geknüpft werden, zuallererst an gute Regierungsführung, an Good Governance. Seit den 90er Jahren etablierte sich der Begriff „Good Governance" als bis heute umstrittenes Leitbild in der entwicklungstheoretischen und -politischen Diskussion, da nach wie vor stark diskutiert wird, was „Good Governance" beinhaltet. Jonas Wolff spricht gar vom Vorwurf des „Neo-Kolonialismus bzw. (Kultur-)Imperialismus", der im Raum stehe (Wolff 2009, S. 247). Albrecht Stockmayer fasst die Positionen elegant zusammen, wenn er von „einer Welt, die zu wissen meint, was ‚good' ist und einer anderen Welt, die nicht unbedingt die Auffassungen des Nordens

---

[1] Diesen Hinweis verdanke ich einem der anonymen Gutachter.

über dessen Universalien teilt oder teilen will" spricht (Stockmayer 2006, S. 252; s. a. Ernstorfer und Stockmayer 2009; Weiland et al. 2009).

Verbindet man die Stränge der Governance-Diskussion mit den jeweils zu Grunde liegenden Governance-Konzepten, so kann man mit Renate Mayntz zwei Begriffe von Governance sehen, einen sehr weiten und eher analytisch neutralen, wie er in der Politikwissenschaft vorherrscht, und einen engeren, „zumindest latent normativ akzentuierten" (Mayntz 2009, S. 47), wie er in der Weltbank und auch in den WGI zu finden ist. Besonders auffällig ist die Staatszentriertheit des Weltbank-Konzeptes, wie auch von Kaufmann und Kraay als Kernelement von Governance formuliert: „the importance of a capable state operating under the rule of law" (Kaufmann und Kraay 2008; zur Verbindung von Staats- und Governance-Diskussion siehe Brozus und Risse 2009; Fukuyama 2006; Jessop 2009; sowie Schuppert 2010). Das Bestreben der Weltbank, Entwicklungserfolge von Entwicklungsländern zu bewerten, führte nun zu Messversuchen und schließlich zur Entstehung der WGI.

3 Die Messung von Governance

Die WGI bilden methodisch den state of the art der Messung von (Good) Governance (Besançon 2003; Landman 2003). (Good) Governance wird in sechs Dimensionen operationalisiert, anhand von Clustern zahlreicher Einzelindikatoren. Durch deren Aggregation und Gewichtung anhand einer bestimmten Berechnungsweise, in deren Zentrum das Unobserved Components Model steht, wird letztlich (Good) Governance erfasst und vermessen. In der ersten Version von 1999 wurden etwa 300 Einzelindikatoren von 13 Quellen herangezogen, die 173 Länder abbildeten (Kaufmann et al. 1999). Die WGI wurden zwischen 1999 und 2004 zweijährlich, seit 2004 jährlich weiterentwickelt. In der letzten Version von 2009 wurden für WGI 2008 genau 441 Einzelindikatoren aus 35 verschiedenen Quellen herangezogen, die von 32 verschiedenen Organisationen produziert wurden und insgesamt 212 Länder erfassen (Kaufmann et al. 2009, S. 7, Tab. 1).

Bei den Quellen handelt es sich um internationale Umfragen (Surveys) oder um Experteneinschätzungen. Neun Surveys, etwa von Transparency International, Gallup oder dem Latinobarometro, werden benutzt sowie 26 Expertenmeinungen, jeweils neun von NGOs

Tab. 1: Governance Matters over time. (Quelle: eigene Erstellung (nach Kaufmann et al. 1999, 2002, 2004, 2005, 2006, 2007c, 2008, 2009))

Titel	Jahr	Erhebungsjahr	Anzahl der Einzelindikatoren	Anzahl der Quellen	Anzahl der Länder
GM	1999	1996, 1998	„über 300"	„Vielzahl"	„über 150"
GM II	2002	2000	194	17	175
GM III	2003	2002	250	25	199
GM IV	2005	2003, 2004	352	37	209
GM V	2006	2005	276	31	213
GM VI	2007	2006	310	33	212
GM VII	2008	2007	340	35	212
GM VIII	2009	2008	441	35	212

wie Freedom House oder dem Bertelsmann Transformations Index, ebenfalls neun von öffentlichen Stellen wie der Weltbank selbst oder dem US State Department sowie acht von kommerziellen Wirtschaftsinformationsdiensten wie der Economist Intelligence Unit (Kaufmann et al. 2009, S. 29). Dabei erfasst natürlich nicht jede Quelle 212 Länder, die Spannbreite reicht von 12 bis 192 Staaten (Tab. 2). Zwei Charakteristika sind hervorstechend: Zum einen sind die WGI keine eigenen erhobenen Quellen, sie sind aus sehr vielen Teilindikatoren zusammengesetzt, bilden also einen Meta-Indikator, zum anderen beziehen sich alle Quellen ausschließlich auf subjektive Einschätzungen, nicht auf „harte", „objektive" Daten.

3.1 Das Beispiel Rechtsstaatlichkeitsmessung

Exemplarisch soll im Folgenden die Rechtsstaatlichkeitsmessung der WGI vorgestellt werden. Rechtsstaatlichkeit oder Rule of Law wird als eine der sechs Dimensionen gemessen. Dabei geht es um die Wahrnehmung von Vertrauen in Regeln und die Gesetzestreue, speziell um die Qualität von Vertragssicherheit, um Eigentumsrechte, die Polizei und die Gerichte sowie um Verbrechen und Gewalt: „[…] perceptions of the extent to which agents have confidence in and abide by the rules of society, and in particular the quality of contract enforcement, property rights, the police, and the courts, as well as the likelihood of crime and violence" (Kaufmann et al. 2009, S. 6). Auffällig ist, dass Elemente, die oft als Teil von Rechtsstaatlichkeit angesehen werden, etwa der Schutz von Menschen- und Bürgerrechten oder vor Korruption, vom WGI nicht als Bestandteil von Rechtsstaatlichkeit, sondern als eigene Dimensionen von Governance angesehen werden. Für die Messung von Rechtsstaatlichkeit werden insgesamt 80 Indikatoren aus 25 Quellen herangezogen. Zwölf der Quellen werden als repräsentativ, 13 als nichtrepräsentativ eingestuft. Die Einstufung als nichtrepräsentativ erfolgt nach geographischen und Einkommensverteilungskriterien der untersuchten Länder und ist für die spätere Gewichtung von Bedeutung. Quellen, die nur ausgewählte und eingeschränkte Ländergruppen untersuchen, etwa regionale Surveys wie das Latinobarometro oder das Vanderbilt University Americas Barometer, oder etwa regionale Organisationen wie die Afrikanische Entwicklungsbank, die nur Daten für afrikanische Staaten bieten, gelten als nichtrepräsentativ. Dabei spielt die Zahl der Länder keine Rolle. Der Bertelsmann Transformationsindex bspw. erfasst 120 Länder weltweit, beschränkt sich aber auf Transformationsländer und klammert OECD-Länder aus. Daher gilt der BTI als nichtrepräsentativ. Die Institutional Profiles Database des französischen Außenministeriums dagegen erfasst zwar nur 85 Länder, die aber gleichmäßig über die Welt verteilt sind und Staaten verschiedener Einkommenskategorien beinhalten, so dass die IPD als repräsentativ gilt. Von den zwölf repräsentativen Quellen der Dimension Rule of Law sind zehn Experteneinschätzungen, zwei Surveys. Von den zehn Experteneinschätzungen stammen sechs von kommerziellen Wirtschaftsinformationsdiensten, drei von Regierungsstellen, eine ist von einer NGO (Tab. 3).

Tab. 2: WGI-Quellen. (Quelle: eigene Erstellung nach Kaufmann et al. 2009: 29)

Quelle	Kürzel	Typ	Länderreichweite	Repräsentativ
African Development Bank Country Policy and Institutional Assessment	ADB	Expert (GOV)	52	
OECD Development Center African Outlook	AEO	Expert (GOV)	33	
Afrobarometer	AFR	Survey	18	
Asian Development Bank Country Policy and Institutional Assessment	ASD	Expert (GOV)	25	
Business Enterprise Environment Survey	BPS	Survey	27	
Business Environment Risk Intelligence Business Risk Service	BRI	Expert (CBIP)	50	
Bertelsmann Transformation Index	BTI	Expert (NGO)	120	
Freedom House Countries at the Crossroads	CCR	Expert (NGO)	63	
Global Insight Global Risk Service	DRI	Expert (CBIP)	142	Ja
European Bank for Reconstruction and Development Transition Report	EBR	Expert (GOV)	29	
Global E-Governance Index	EGV	Expert (NGO)	196	Ja
Economist Intelligence Unit	EIU	Expert (CBIP)	154	Ja
Freedom House	FRH	Expert (NGO)	197	Ja
Cerberus Intelligence Gray Area Dynamics	GAD	Expert (CBIP)	164	Ja
Transparency International Global Corruption Barometer Survey	GCB	Survey	62	
World Economic Forum Global Competitiveness Report	GCS	Survey	125	Ja
Global Integrity Index	GII	Expert (NGO)	41	
Gallup World Poll	GWP	Survey	130	Ja
Heritage Foundation Index of Economic Freedom	HER	Expert (NGO)	157	Ja
Cingranelli Richards Human Rights Database and Political Terror Scale	HUM	Expert (GOV)	192	Ja
IFAD Rural Sector Performance Assessments	IFD	Expert (GOV)	100	
IJET Country Security Risk Ratings	IJT	Expert (CBIP)	187	Ja
Institutional Profiles Database	IPD	Expert (GOV)	85	Ja
Latinobarometro	LBO	Survey	18	

Tab. 2: (Fortsetzung)

Quelle	Kürzel	Typ	Länder-reichweite	Repräsentativ
Merchant International Group Grey Area Dynamics	MIG	Expert (CBIP)	156	Ja
International Research and Exchanges Board Media Sustainability Index	MSI	Expert (NGO)	38	
International Budget Project Open Budget Index	OBI	Expert (NGO)	59	
World Bank Country Policy and Institutional Assessment	PIA	Expert (GOV)	136	
Political Economic Risk Consultancy Corruption in Asia Survey	PRC	Survey	12	
Political Risk Services International Country Risk Guide	PRS	Expert (CBIP)	140	Ja
Reporters Without Borders Press Freedom Index	RSF	Expert (NGO)	166	Ja
US State Department Trafficking in People Report	TPR	Expert (GOV)	153	Ja
Vanderbilt University Americas Barometer	VAB	Survey	22	
Institute for Management and Development World Competitiveness Yearbook	WCY	Survey	53	
Global Insight Business Conditions and Risk Indicators	WMO	Expert (CBIP)	202	Ja

CBIP Commercial Business Information Provider (kommerzielle Wirtschaftsinformationsdienste), *GOV* Public Sector Data Provider (staatliche bzw. öffentliche Stellen), *NGO* Non-Governmental Organisation Data Provider (Nichtregierungsorganisationen), ausführliche Informationen zu jeder Quelle finden sich im Anhang zu Kaufmann et al. 2009

3.2 Methodik

Die einzelnen Informationen werden nun mit einem komplexen ökonometrischen Verfahren der Zeitreihenanalyse, dem „Unobserved Components Model", in den Teilindex der Dimension Rechtsstaatlichkeit umgerechnet (zu den technischen Details ausführlich Kaufmann et al. 2009, S. 98–99; Arndt und Oman 2006, S. 103–104 f.). Das Unobserved Components Model, in der Politikwissenschaft und Soziologie kaum verbreitet, wird in der Ökonomie zur Erstellung von Wirtschaftsprognosen genutzt (Schnittgen und Streiberg 2001; Neusser 2009). Dem Verfahren liegt die Annahme zu Grunde, dass die „wahren" Governance-Werte unbekannt sind, durch Schätzung auf Basis der beobachteten Werte (etwa von World Markets Online) aber eine Annäherung möglich ist, ähnlich, wie in Wirtschaftsprognosen anhand von beobachteten Daten noch unbekannte modelliert werden. „Each of the individual data sources provides an imperfect signal of some deep underlying notion of governance that is difficult to observe directly" (Kaufmann et al. 2009, S. 12). Tabelle 4 gibt die Formel des Unobserved Components Model wieder (Tab. 4).

Tab. 3: Indikatoren von Rechtsstaatlichkeit. (Quelle: eigene Erstellung nach Kaufmann et al. 2009, S. 77)

Quelle	Indikator
Repräsentativ	
BRI	Durchsetzung von Verträgen
	Betrug, Geldwäsche und organisiertes Verbrechen
DRI	Verluste und Kosten von Kriminalität
	Entführungen von Ausländern
	Durchsetzung von Regierungsverträgen
	Durchsetzung von Privatverträgen
EIU	Gewaltverbrechen
	Organisiertes Verbrechen
	Faire Gerichtsverfahren
	Durchsetzung von Verträgen
	Dauer von Gerichtsverfahren
	Konfiszierungen/Enteignungen
GAD	Verstaatlichung/Enteignung
GCS	Normale Verbrechen führen zu höheren Geschäftskosten
	Organisiertes Verbrechen führt zu höheren Geschäftskosten
	Qualität der Polizei
	Unabhängigkeit der Justiz von Regierung, Bürgern, Unternehmen
	Rechtlicher Rahmen zur Beurteilung der Legalität von Regierungshandeln ist ineffizient
	Geistiges Eigentumsrecht schwach ausgeprägt
	Schutz von Finanzeinlagen ist schwach ausgeprägt
	Steuerhinterziehung
GWP	Vertrauen in die Polizei
	Vertrauen in die Justiz
	Waren Sie Opfer eines Verbrechens?
HER	Eigentumsrechte
HUM	Unabhängigkeit der Justiz
IPD	Achtung der Gesetze in Verwaltungsakten
	Sicherheit von Personen und Sachen
	Organisierte Kriminalität
	Bedeutung informeller Ökonomie
	Bedeutung von Steuerhinterziehung im formellen Sektor
	Bedeutung der Zollvergehen
	Funktionieren des Justizsystems
	Wahrung traditioneller Eigentumsrechte
	Wahrung von Eigentumsrechten
	Wahrung von Privatverträgen
	Achtung der Regierung von Verträgen
	Rechtsverfahren in wirtschaftlichen Streitigkeiten
	Geistige Eigentumsrechte
	Arrangements zur Wahrung geistiger Eigentumsrechte
	Eigentumsrechte in der Landwirtschaft

Tab. 3: (Fortsetzung)

Quelle	Indikator
PRS	Law and order: Stärke und Unabhängigkeit der Justiz, Beachtung von Gesetzen
TPR	Illegaler Menschenhandel
WMO	Unabhängigkeit der Justiz
	Kriminalität
Nicht repräsentativ	
ADB	Eigentumsrechte
AFR	Wie leicht oder schwierig ist es nach Ihrer Erfahrung Hilfe von der Polizei zu bekommen?
ASD	Rechtsstaatlichkeit
BPS	Justizsystem (Fairness, Unabhängigkeit, Schnelligkeit, Ehrlichkeit, „Affordability")
	Schutz von Eigentumsrechten
	Wie problematisch ist organisierte Kriminalität für das Wachstum Ihres Unternehmens?
	Wie problematisch ist die Justiz für das Wachstum Ihres Unternehmens?
	Wie problematisch ist Straßenkriminalität für das Wachstum Ihres Unternehmens?
BTI	Rechtsstaatlichkeit
	Privateigentum
CCR	Rechtsstaatlichkeit
CPIA	Eigentumsrechte
FRH	Rechtsstaatlichkeit
GII	Accountability der Exekutive
	Accountability der Justiz
	Rechtsstaatlichkeit
	Durchsetzung von Gesetzen
IFD	Zugang zu Land
	Zugang zu Wasser für Landwirtschaft
LBO	Vertrauen in die Justiz
	Vertrauen in die Polizei
	Waren Sie Opfer eines Verbrechens?
VAB	Vertrauen in die Justiz
	Vertrauen in den Obersten Gerichtshof
	Vertrauen in die Polizei
	Waren Sie Opfer eines Verbrechens?
WCY	Steuerhinterziehung ist eine verbreitete Praxis in Ihrem Land
	Die Justiz ist nicht fair
	Persönliche Sicherheit und Privateigentum werden nicht ausreichend geschützt
	Parallelwirtschaft beeinträchtigt die wirtschaftliche Entwicklung Ihres Landes
	Geistige Eigentumsrechte werden nicht ausreichend durchgesetzt in Ihrem Land

Tab. 4: Formel des Unobserved Components Model. (Quelle: eigene Erstellung nach Kaufmann et al. 2009)

$y_{jk} = \alpha_k + \beta_k \cdot (g_j + \varepsilon_{jk})$	y(j, k) bezeichnet den Wert, den Staat j in Quelle k für die betrachtete Dimension von governance erzielt hat
	α und β sind unbekannte Parameter (abhängig von Quelle k)
	g(j) ist der unbeobachtete, wahre Wert von governance in der betrachteten Dimension
	ε (j, k) ist der Fehler von Quelle k bei Messung der governance-Dimension von Staat j

Das ganze Berechnungsverfahren funktioniert, etwas vereinfacht, in elf Schritten (Arndt und Oman 2006, S. 49, S. 105):

1. Alle Indikatoren einer Quelle zu einem Land werden zusammengerechnet und ein einfacher, ungewichteter Durchschnitt genommen. World Markets Online etwa stellt zwei Fragen zu Rule of Law, eine zur Unabhängigkeit der Justiz („an assessment of how far the state and other outside actors can influence and distort the legal system. This will determine the level of legal impartiality investors can expect") und eine zu Verbrechen („how much of a threat businesses face from crime such as kidnapping, extortion, street violence, burglary [...]") (Kaufmann et al. 2009, S. 77). Die quantifizierten Antworten auf diese beiden Einzelfragen von WMO werden für jedes Land addiert und durch zwei geteilt. Letztlich liegen nach diesem Verfahren noch insgesamt 25 Indikatoren für den Teilindex vor.
2. Jeder Indikator wird reskaliert.
3. Die 25 Quellen werden in repräsentativ oder nichtrepräsentativ eingeteilt.
3. Die unbekannten Parameter für die repräsentativen Indikatoren im Rule of Law-Cluster werden geschätzt.
5. Die repräsentativen Einzelindikatoren werden gewichtet und aggregiert, je höher die Korrelation untereinander, umso größer die Gewichtung.
6. Für die repräsentativen Quellen werden die „wahren" Governance-Werte durch den Durchschnitt der „wahren Parameter" geschätzt.
7. Des Weiteren wird der Standardfehler der Schätzungen berechnet.
8. Die nicht-repräsentativen Quellen werden per Regressionsanalyse mit dem vorläufigen Index kombiniert.
9. Daraufhin wird der neue „wahre" Governance-Wert, basierend sowohl auf den repräsentativen als auch den nicht-repräsentativen Indikatoren, geschätzt.
10. Die Werte werden reskaliert durch Subtraktion des Durchschnitts über die Länder, dividiert durch die Standardabweichung, so dass der Durchschnitt der Werte bei Null liegt und fast jedes Land einen Rechtsstaatswert zwischen −2,5 und +2,5 erhält.
11. Die Standardabweichung wird erneut berechnet.

3.3 Ergebnisse

Die Ergebnisse der WGI können hier nicht ausführlich dargestellt werden. Alle Daten und Ergebnisse sind auf der Homepage einsehbar. Die Indikatoren der einzelnen Dimensionen werden nicht in einen einzelnen Gesamtindex der (Good) Governance zusammengeführt, sondern sind in den jeweiligen Einzeldimensionen abrufbar. Dabei bedient sich der WGI einer interessanten Darstellungsweise. Wie am Beispiel Venezuelas zu sehen ist, werden die Ergebnisse in Form eines Rankings dargestellt, wobei die Prozentzahlen die Zahl der Länder, die schlechter bzw. besser dastehen, abbilden. In der Dimension Rule of Law liegt Venezuela bei den schlechtesten Ländern, weniger als fünf Prozent aller Länder schneiden schlechter, sehr viele besser ab (Abb. 1). Die Darstellung der Region Lateinamerika in der Dimension Rule of Law zeigt einen weiteren interessanten Aspekt der Darstellungsweise (Abb. 2).

In Form eines erweiterten Ampelschemas wird schon farblich klar gemacht, wo die Länder liegen: Chile im grünen Bereich, Venezuela und Ecuador im roten, dazwischen Länder im gelben, orange- und rosafarbenen Bereich. Die jeweiligen dünnen schwarzen Balken zeigen die möglichen Varianzen an. Es ist deutlich zu sehen, dass die Varianzen beträchtlich und etliche Zuordnungen daher fragwürdig sind. Das eine oder andere Land könnte ebenso gut eine andere Farbe bekommen, Brasilien etwa Gelb statt Orange.

Einige herausragende Ergebnisse für die Regierungsführung verschiedener Länder im Zeitraum von 1998 bis 2008 werden von Kaufmann et al. kurz erwähnt (Kaufmann et al. 2009, S. 20). So werden signifikante Verbesserungen in der Dimension „Voice and Accountability" für Ghana, Indonesien, Kenia, Nigeria und Peru festgestellt, Verschlechterung dagegen für Weißrussland, Venezuela und Zimbabwe. In der Dimension „Rule of Law" sind die Elfenbeinküste, Ecuador, Bolivien und Zimbabwe die Verlierer, dagegen Georgien, Liberia, Ruanda und Estland Gewinner. Doch was bedeutet bspw. die Kategorisierung „signifikante Verschlechterung" in der Dimension Rule of Law etwa für Bolivien angesichts der Methodik der Indexkonstruktion? Rein logisch betrachtet existieren drei Möglichkeiten. Erstens könnte sich Boliviens Regierungsführung im Zeitraum in der Tat verschlechtert haben. Zweitens könnte sich Bolivien nicht verändert, die anderen Länder aber verbessert haben. Somit würde sich Bolivien dadurch relativ verschlechtern und im Index einen schlechteren Rang bekommen. Drittens aber könnte sich Bolivien sogar verbessert haben, wenn sich die anderen Länder jedoch noch deutlicher verbessert hätten, würde sich Bolivien auch hier relativ verschlechtern und im Index abrutschen, obwohl es sich tatsächlich gebessert hätte. Diese „Gedankenspielerei" offenbart einige Probleme der WGI.

4 Einschätzung und Kritik

Die Kriterien der Evaluation beinhalteten drei Faktoren: Konzeptionalisierung, Umsetzung und moralische Problematik. Zunächst ist generell zu konstatieren, dass die WGI zweifellos der umfassendste Versuch ist, Governance zu messen. Es handelt sich wohl um den elaboriertesten Index überhaupt, der in politikwissenschaftlichen Kontexten zu finden ist. Drei Punkte stechen positiv hervor: erstens die äußerst umfangreiche Quellen-

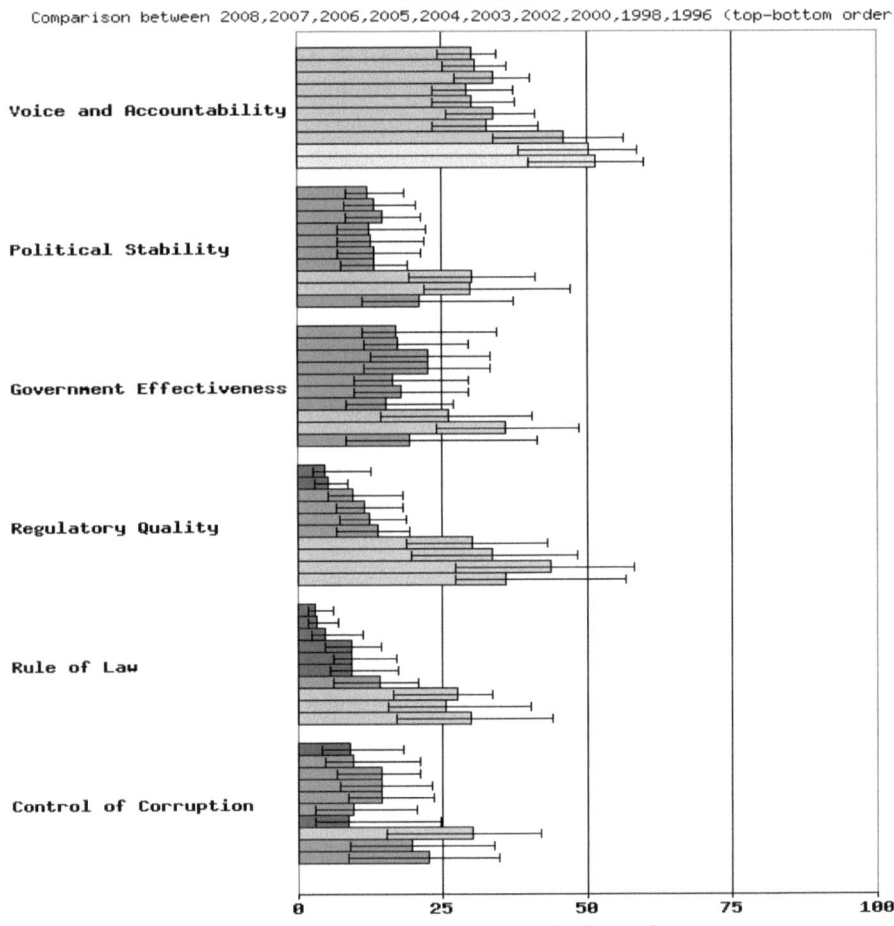

Abb. 1: Länderdaten Venezuela. (Quelle: eigene Erstellung nach Kaufmann et al. 2009)

lage, die eine Vielzahl anderer Versuche, Aspekte von Governance zu messen, erfasst und berücksichtigt; zweitens die mit 212 erfassten Ländern überaus große Reichweite; drittens die Transparenz. Sämtliche technisch-mathematischen Details zur Berechnung der Indizes sind dokumentiert, alle Quellen detailliert aufgelistet, sowohl in verschiedenen Printversionen als auch seit 2005 in umfangreichen Datenbanken auf der Homepage der WGI, wo sich auch sämtliche Ergebnisse abrufen lassen. Kritikpunkte werden ebenfalls

Die Vermessung der Welt 101

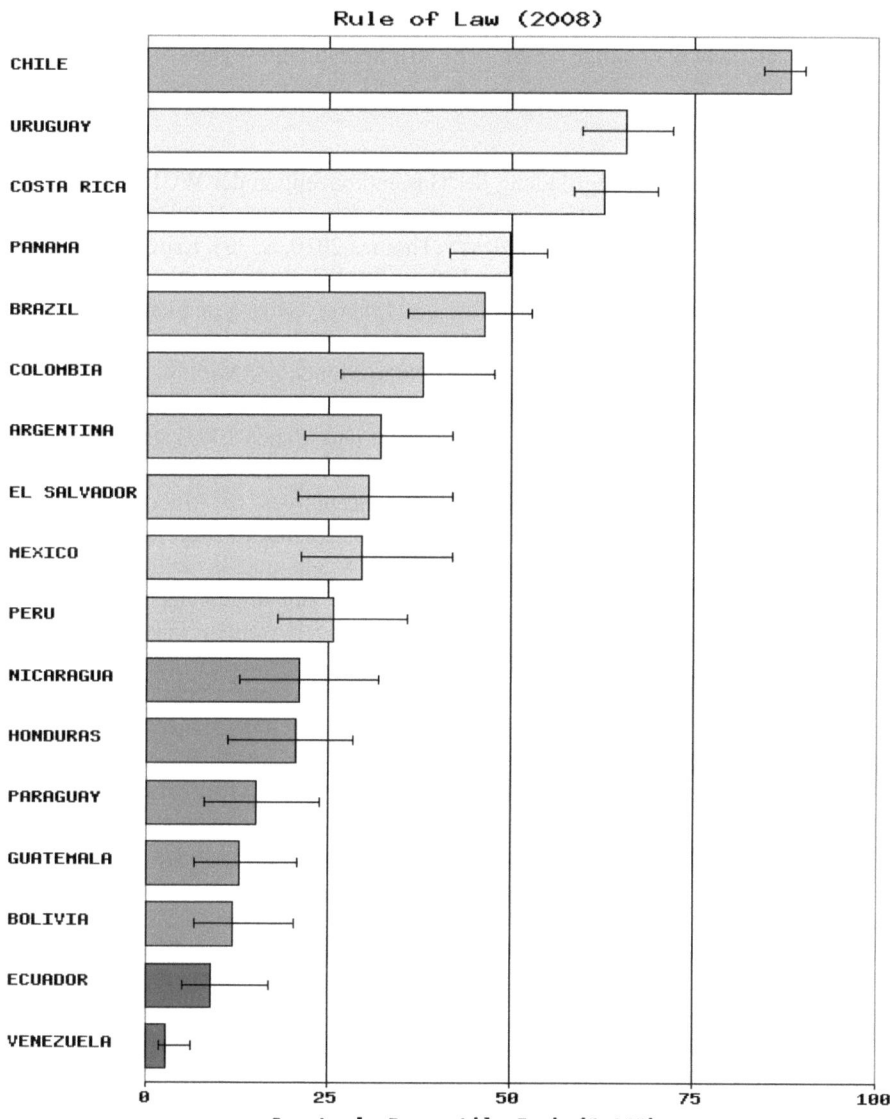

Abb. 2: Rule of Law in Lateinamerika. (Quelle World Bank 2010)

offen diskutiert, z. T. sogar auf der Homepage der WGI selbst. Diese positiven Aspekte dürfen aber auch nicht über einige wesentliche Kritikpunkte hinwegtäuschen.[2]

4.1 Konzeption

Die mangelnde theoretische Begründung der Gesamtkonzeption der WGI ist zweifellos der Schwachpunkt des Indexes. Thomas kritisiert, die Governance-Konzeption der WGI sei „poorly defined and may be meaningless" (Thomas 2010, S. 39). Kriterien zur Konzeptspezifikation sind in der Politikwissenschaft ausführlich thematisiert, angefangen mit den klassischen Aufsätzen von Sartori, Collier und Mahon, Gerring und neueren Datums Goertz, von Munck und Verkuilen explizit für Demokratie-Indizes (Sartori 1970, 1984; Collier und Mahon 1993; Gerring 2001; Goertz 2006; Munck und Verkuilen 2002). Konzeptionalisierung findet auf verschiedenen Abstraktionsebenen („levels of abstraction", Sartori 1970, 1984 oder „levels of generality" Collier und Mahon 1993) statt, von einem allgemeinen Begriff über die erklärenden Attribute des Begriffs bis hin zu empirischen Indikatoren, den Komponenten oder „leaves" des „concept trees" bei Munck und Verkuilen (Munck und Verkuilen 2002). Dabei sollte die Konzeptspezifikation im Kontext der Forschungsdiskussion stehen, um Redundanzen oder Widersprüchlichkeiten zu vermeiden. Insbesondere das Verhältnis der Attribute zueinander, zum allgemeinen Konzept und zu den Komponenten sollte klar und ausführlich spezifiziert werden. Diese Regeln zur Konzeptspezifikation werden in den WGI nicht beachtet (Thomas 2010). Die allgemeine Definition wird nicht aus einem Forschungskontext heraus aufgestellt, obwohl ganz offensichtlich ein solcher existiert. Keine der präsentierten Dimensionen, der Attribute von Governance, beinhaltet einen Bezug zur theoretischen Literatur über Governance. Hier sei bspw. auf die Rule of Law verwiesen. Die Attribute von Rule of Law sind, wie bereits erwähnt, „perceptions of the extent to which agents have confidence in and abide by the rules of society, and in particular the quality of contract enforcement, property rights, the police, and the courts, as well as the likelihood of crime and violence" (Kaufmann et al. 2009, S. 6). Diese Attribute werden von Kaufmann et al. nicht weiter erklärt. Für eine Konzeptionalisierung gibt es drei wesentliche Strategien: Kumulation, Addition und Redefinition (Weyland 2001, der diese Strategien am Beispiel des Populismus vorstellt). Mit einer kumulativen Konzeptualisierung wird versucht, die Kernelemente, ein Kernkonzept, zu entwickeln. Die additive Konzeptualisierung führt zu einem radialen Konzept. Die redefinitorische Strategie versucht, das „klassische" Konzept zu finden, d. h. die originären Attribute. Kaufmann et al. verfolgen weder eine kumulative, noch eine additive, noch eine redefinitorische Strategie. Trotz der umfangreichen Literatur zu Rechtsstaatlichkeit und Rule of Law (etwa Becker et al. 2001; Tamanaha 2004 oder Lauth und Sehring 2009) wird kaum eine der Vorleistungen zur Kenntnis genommen oder zur

---

[2] Zur kritischen Diskussion Arndt und Oman 2006; Iqbal und Shah 2008; Langbein und Knack 2008; Knack und Langbein 2010; die Antwort auf Knack und Langbein von Kaufmann et al. 2010a; Thomas 2010; die Antwort auf Thomas von Kaufmann et al. 2010b; die Debatte in The Journal of Politics mit Kurtz und Schrank 2007a; Kaufmann et al. 2007a; Kurtz und Schrank 2007b; Kaufmann et al. 2007b; sowie den jüngsten methodologischen Beitrag von Kaufmann et al. 2010c.

theoretischen Herleitung herangezogen. Es wäre so möglich, entweder Kernelemente zu definieren oder einen radialen Typus zu konstruieren. Auf die explizite Kritik von Thomas, die WGI litten an mangelnder Konstruktvalidität, antworten Kaufmann, Kraay und Mastruzzi an anderer Stelle zunächst mit dem Argument, dies sei ein eher ungewöhnliches Konzept in Politikwissenschaft und Ökonomie (Kaufmann et al. 2007d, S. 23). Danach führen sie aber als Beleg für die theoretische Fundierung der Attribute ihrer Rule of Law-Dimension eine Definition von Maria Dakolias an (Kaufmann et al. 2007d, S. 24). Dakolias beschreibt Rule of Law hier durch die Existenz von „meaningful and enforceable laws where decisions are transparent, fair, and predictable; enforceable contracts that promote business and commerce; basic security with personal safety; protection of individual and property rights, and an independent judiciary that safeguards both; and access to justice with concrete ways to invoke rights and protect them" (Dakolias 2006, S. 1117). Warum ausgerechnet die Ausführungen von Dakolias genutzt werden, wird nicht geklärt. Auch verschweigen Kaufmann, Kraay und Mastruzzi, dass Dakolias an dieser Stelle Folgen von Rule of Law aufzählt und die eigentliche Definition erst an späterer Stelle gibt: „Rule of law may be defined as a system 1) in which the government itself is bound by the law; 2) in which all in society are treated equally under the law; 3) where government authorities, including the judiciary, protect citizens' aspirations for human dignity, and 4) which is accessible to its citizens" (Dakolias 2006, S. 1122). Welche Definition von Dakolias aber man nun auch nimmt, die Attribute sind nicht deckungsgleich mit den WGI, Verbrechen und Gewalt bspw. oder auch Zugang zu Recht sind nur je einmal vorhanden. Bei näherer Betrachtung erscheint das Vorgehen von Kaufmann et al. relativ willkürlich. Um die Anzahl und die inhaltliche Stoßrichtung der Dimensionen und ihrer Attribute begründen zu können, wäre ein Nachweis der Konstruktvalidität notwendig, diese ist aber aufgrund der fehlenden expliziten theoretischen Herleitung und mangelnder Hypothesen schwer zu erbringen (Thomas 2010). Ein großes konzeptionelles Problem liegt auch in der Zuordnung der Einzelindikatoren zu den Dimensionen. Diese Zuordnung erfolgt nicht theoriegeleitet, sondern, wie Kaufmann et al. selbst betonen, nach der subjektiven Einschätzung, ob diese Indikatoren den gleichen Aspekt von Governance messen. Dabei werden diverse Einzelindikatoren mehreren dieser Aspekte zugeteilt, teilweise gehen die Einzelindikatoren in alle sechs Dimensionen mit ein. Dies kann auf der einen Seite Zusammenhänge überlagern und auf der anderen Seite künstliche Zusammenhänge generieren. Insgesamt wird das Verhältnis der Attribute zueinander, zum allgemeinen Konzept und zu den Komponenten überhaupt nicht spezifiziert. Statt einer Ableitung der Indikatoren aus einem allgemeinen, theoretischen Konzept, hat es eher den Anschein, als würden Kaufmann et al. umgekehrt aus der zusammenfassenden Beschreibung der Summe der Einzelindikatoren relativ willkürlich und ad-hoc eine allgemeine Definition konstruieren (Thomas 2010, S. 41).

4.2 Umsetzung

Neben der Konzeptionalisierung, die grundsätzlich kritisiert wird, kann eine Vielzahl von Problemen bei der Umsetzung des Indexes konstatiert werden. Nicht alle in der Literatur zu findenden Kritikpunkte können hier ausführlich diskutiert werden, aber als problematisch gelten hauptsächlich folgende Punkte, die im Anschluss näher besprochen werden sollen: Transparenz, Fehlerkumulation, Gewichtungen, Varianz der Quellen, Subjektivität und Unabhängigkeit der Residuen.

Zunächst ist ein Kritikpunkt die Transparenz. Zwar wurde zu Recht die Transparenz des Meta-Indexes gelobt, aber die Einzelquellen sind nicht zwangsläufig entsprechend. Einige Quellen, wie etwa Freedom House, sind nicht sehr transparent in ihrer Methodik. Andere Quellen, interessanterweise gerade die Weltbankberichte CPIA, sind nur teilweise öffentlich. Wiederum andere Quellen, v. a. die kommerziellen, sind nur gegen Bezahlung zugänglich. Dabei sind schon die Preise teilweise nur auf Anfrage erhältlich, Business Risk Service etwa berechnet 575 US-Dollar für einen Länderbericht, Global Insight soll für die Global Risk-Daten 12,700 US-Dollar verlangen (Arndt und Oman 2006, S. 72). Kaufmann et al. verweisen zwar auf die Erlaubnis der kommerziellen Anbieter, „to report their proprietary data in the form which it enters our governance indicators" (Kaufmann et al. 2009, S. 9). Was das im Einzelnen bedeutet, kann aber nicht unbedingt abgeschätzt werden, dies muss man so hinnehmen. Letztlich ist dann die Transparenz des Meta-Indexes nicht mehr ganz so überzeugend.

Aus der Gestaltung als Meta-Index ergibt sich dann das methodische Problem der Fehlerkumulation. Methodische Fehler einzelner Quellen werden letztlich summiert. Es kann hier nicht auf alle Quellen eingegangen werden, aber ungenaue Fragen oder nicht-transparente Auswahl der Befragten bzw. der Experten, was zu selection-bias führen kann, könnten so vielfach kumuliert werden. Teilweise sind Indikatoren doppelt oder dreifach vorhanden. So taucht etwa in der Dimension Rule of Law viermal Rechtsstaatlichkeit als Einzelindikator auf. Wie erwähnt, tauchen dafür andere Aspekte, die möglicherweise auch Bestandteil von Rechtsstaatlichkeit sind, wie die Beachtung von Menschenrechten, in dieser Dimension gar nicht auf.

Als problematisch gelten auch diverse Aspekte der statistischen Berechnungen, v. a. die Gewichtungen. Die Einzelindikatoren fließen nicht gleichgewichtig in die Dimension ein, sondern in unterschiedlicher Gewichtung. Diese variiert über die Aktualisierungen, da sie abhängig ist vom Datenmaterial der einzelnen Indikatoren. Dies führt zwar zu homogenen Dimensionen, vernachlässigt aber den Einfluss abweichender Einzelindikatoren. Die Gewichtung ändert sich sogar bei identischen Quellen über aufeinander folgende Messzeitpunkte, so waren die Quellen für die Dimension „Political Stability" zwischen 2000 und 2002 sowie 2003 bis 2005 identisch, die Gewichtung der jeweiligen Einzelindikatoren aber unterschiedlich (Iqbal und Shah 2008, S. 40). Dies mag zwar methodisch konsequent sein, inhaltlich ist es fragwürdig. Das Verfahren der Gewichtung führt im Endeffekt dazu, dass die kommerziellen Wirtschaftsinformationsdienste bis zu 71 % Anteil an der Dimension bekommen (Kaufmann et al. 2009, S. 31). Iqbal/Shah kritisieren dies als einseitige Überbewertung der kommerziellen Wirtschaftsdienste, als „Western business perspectives" (Iqbal und Shah 2008, S. 0). Diese Perspektive beinhalte einen ideologischen bias zugunsten von z. B. freier Marktwirtschaft, Eigentumsrechten, eine Ablehnung von Staatseingriffen, etc. Diese Problematik wird später erneut aufgegriffen und unter dem Gesichtspunkt moralischer Bedenken thematisiert.

Ein weiteres großes methodisches Problem liegt in der Varianz der Quellen. Die Anzahl der Länder, die von den WGI erfasst werden, variiert mit jeder Ausgabe. Ebenso jene der Quellen. Zudem variiert die Anzahl der Quellen für ein Land, genauso wie die Art der Quellen (kommerzielle Anbieter, NGOs, Surveys oder staatliche Stellen) von

Land zu Land und von Ausgabe zu Ausgabe varriert. Dazu werden die Ergebnisse, wie erwähnt, jedesmal so reskaliert, dass der Durchschnitt bei Null liegt. Letztlich bedeutet dies aber, dass methodisch gesehen ein Vergleich der Länder ebenso unzulässig ist wie ein Vergleich eines Landes über die Zeit, da die jeweiligen Samples nicht übereinstimmen. Dies wird zwar von den Autoren, gewissermaßen im Kleingedruckten der Methodik, eingeräumt, ansonsten aber i. d. R. nicht weiter beachtet. Besonders interessant ist nun, dass die Weltbank selbst die Vergleichbarkeit als explizites Ziel der WGI herausstellt. Die WGI sollten es, wie schon dargelegt, ermöglichen, die Qualität der Regierungsführung eines Landes zu evaluieren, und zwar sowohl im Vergleich mit anderen Ländern als auch im Vergleich über die Zeit (World Bank 2006, S. 2).

Die ausschließliche Subjektivität der Indikatoren ist ein weiterer Kritikpunkt, der von einigen Autoren angebracht wird. Es handelt sich, wie erwähnt, ausschließlich um Umfragen oder Expertenmeinungen. Diese Kritik kontern Kaufmann et al. mit der Aussage „perceptions matter because agents base their actions on their perceptions, impressions, and views" (Kaufmann et al. 2009, S. 43). Hier geht es um grundlegende konzeptionelle Fragen zur Messung von sozialen Phänomenen überhaupt, die nicht vorschnell entschieden werden können, aber die Überlegung erscheint lohnenswert, ob nicht auch „objektive" Daten, im Fale von Rechtsstaatlichkeit etwa Kriminalitätsraten oder die Anzahl von Richtern, in Kombination mit subjektiven Daten aussagekräftig wären. Die Autoren der WGI weisen diese Kritik zurück, sie sehen, trotz aller Defizite, keine sinnvollen Alternativen zu ihrer Vorgehensweise (Kaufmann und Kraay 2008). Mehrere Aspekte sind aber bei subjektiven Daten problematisch. So ist es wahrscheinlich, dass sich Expertenmeinungen gegenseitig beeinflussen. Außerdem können Experten mehreren Quellen zur Verfügung stehen und somit zur Abhängigkeit der Residuen beitragen (Iqal und Shah 2008, S. 30; Arndt und Oman 2006, S. 66). Außerdem können subjektive Quellen stark durch äußere, konjunkturelle Umstände beeinflusst sein: die Wahrnehmung von aktuellen politischen und wirtschaftlichen Krisen oder der aktuellen wirtschaftliche Situation, wiederum stark beeinflusst durch mediale Berichterstattung, können Umfragen verzerren und die Messungen der tatsächlichen Governance-Aspekte überlagern. Ein weiteres Problem stellen verzerrte Umfragedaten dar, die durch die einseitige Auswahl der Befragten verursacht werden. Dies lässt sich in vielen Fällen zwar nicht vermeiden, führt aber zu Schwierigkeiten bei der Interpretation. Das Problem der Messung des Ausmaßes von Korruption sei hier beispielhaft für diesen Aspekt dargestellt:

> Ideally the data applied in research on corruption should be based on direct and first-hand observations of corrupt transactions made by unbiased observers who are familiar with the rules and routines in the sector under scrutiny (Andvig et al. 2001, S. 35).

Dies ist aufgrund der Informalität von Korruption oftmals nicht möglich. Stattdessen werden subjektive Einschätzungen von Unternehmern über Korruptionsniveaus erhoben, die u. U. nur wenig mit der Realität zu tun haben. Die Berichterstattung über einen aktuellen Korruptionsfall könnte die subjektive Wahrnehmung beeinträchtigen. Es ist durchaus zu erwarten, dass mehr Befragte Korruption in Deutschland als Problem sehen, wenn über die Siemens-Korruption berichtet wird. Tatsächlich könnte es sich aber um einen Einzelfall handeln. Die Einschätzungen können also stark verzerrt sein. Solche Verfälschungen durch systematische Messfehler führen allerdings wiederum zu verzerrten Residuen und somit zu Inkonsistenzen. Ein weiterer Kritikpunkt an den WGI bezieht sich auf die Annahme über die Nichtkorrelation der Residuen. Kaufmann et al. unterstellen die Unabhängigkeit der Residuen zum einen zwischen den Einzelindikatoren eines Landes und zum anderen zwischen den Ländern eines bestimmten Einzelindikators (Kaufmann et al. 1999, S. 10).

Somit wird eine völlige Unabhängigkeit aller Residuen zwischen den Indikatoren über alle Länder hinweg unterstellt. Mehrere Aspekte lassen allerdings den Schluss zu, dass aufgrund systematischer Verzerrungen der Daten, durch welche die Residuen nicht mehr zufallsverteilt sind, diese Annahme nicht gehalten werden kann, was zu erheblichen Problemen führt (Kurtz und Schrank 2007a, S. 544). Treffen aber die zu Grunde liegenden Annahmen des Indexes nicht mehr zu, können sie die Ergebnisse nicht nur ungenau, sondern sogar inhaltlich falsch werden lassen.

4.3 Moralische Problematik

In Anlehnung an Thomas Pogge soll auch die moralische Problematik der WGI angesprochen werden, die sich durch die praktisch-politische Relevanz ergibt. Pogge hat auf die Problematik von Indizes, die als Bewertungsstandard aufgefasst werden, hingewiesen, „weil dazu konzeptuell und normativ geklärt werden muss, wie eine Konzeption der Gleichstellung auszusehen hat: eine Konzeption, die angibt, was daran wünschenswert ist und als Grundlage für die Identifikation und Messung der Geschlechtergleichstellung in der Wirklichkeit dienen kann. Das ist eine philosophische Arbeit: die Erstellung einer allgemeinen Grundlage für eine Rangordnung, die verschiedene Zustände einer Population sowie alternative Veränderungspfade dieser Zustände nach besser und schlechter ordnet, moralisch bewertet und auf dieser Grundlage Vorschläge und Pläne macht." (Pogge 2009, S. 300–301). Pogges Argumente beziehen sich in erster Linie auf konzeptionelle Fragen. Die moralische Bedeutung ergibt sich erst aus der praktischen Relevanz. Die WGI haben sich in der entwicklungspolitischen Diskussion zu einem (umstrittenen) Referenzpunkt entwickelt. Nicht nur die Presse, auch Entwicklungsorganisationen sowie staatliche Stellen ziehen die Daten zu Vergleichszwecken heran. Die Millenium Challenge Corporation (MCC) bspw., eine Organisation der US-amerikanischen Entwicklungspolitik, zieht explizit die WGI heran, um Entwicklungen im Bereich der Governance zu beobachten und damit die Auswahl von Förderländern, also direkt Mittelzuweisungen, zu legitimieren, ohne allerdings die Problematik der WGI in Rechnung zu stellen (Arndt und Oman 2006, 2008). Von 17 Kriterien der MCC sind fünf deckungsgleich mit fünf der sechs Governance-Dimensionen (MCC 2009). MCC nutzt die anscheinend präzisen Werte der WGI, um ihre Mittelvergabe als transparent und nachvollziehbar zu loben, was als „hallmark", als Gütezeichen, verkauft wird (MCC 2009). Nun sind aber die Fehlermargen, Abweichungen, Mängel und Grenzen der WGI bekannt und, besonders bei der leicht zugänglichen und nutzerfreundlich gemachten graphischen Darstellung, auch offensichtlich. Würde es sich lediglich um Probleme einer rein wissenschaftlichen Diskussion handeln, wäre der moralische Aspekt vielleicht vernachlässigbar. Aber „was wir denken, hat seine Folgen", wie Dürrenmatt in seinem Stück „Die Physiker" schreibt (Dürrenmatt 1980, S. 69). Dürrenmatt thematisierte die paradoxe Situation der modernen Physik, die einerseits unglaubliche Fortschritte ermöglicht hat, andererseits aber auch die Zerstörung der Welt und damit die Auslöschung der Menschheit. Auf solchen Höhen bewegen sich die WGI zwar nicht, die Nutzung des Indexes für praktisch-politische Zwecke wie die Vergabe von Entwicklungsmitteln betrifft allerdings das Leben zahlreicher Menschen und hat daher moralische Implikationen. Moralisch verwerflich könnten die WGI im Sinne Thomas Pogges sein, „weil derart mängelbehaftete Indizes in die Irre leiten und Politikern falsche Anreize setzen […]" (Pogge 2009, S. 325) und damit „unser moralisches Urteil verzerren und die Allokation von Ressourcen durch Regierungen, internationale Behörden und Nichtregierungsorganisationen (NGOs) fehlleiten" (Pogge 2009, S. 327). Wäre die Kritik von Iqbal/Shah an einer „Western business perspective", die den WGI zu Grunde liegen soll, zutreffend, dann würden falsche Beurteilungen vorliegen, die zu fehlgeleiteter Allokation führten. Länder wie Venezuela oder Bolivien, die seit einigen Jahren wieder eine stark dirigistische und etatistische Wirtschaftspolitik verfolgen und Eigentumsrechte durch Verstaatlichungen beschneiden, würden schlechter beurteilt und erhielten dadurch per se weniger Hilfsmittel als Länder, die sich dem marktorientierten Mainstream der Weltbank beugen, ob die Governance nun tatsächlich „besser" ist oder nicht. Moralisch gesprochen könnte man dies dann als „unfair" bezeichnen.

Neben der Fairness kann als weiteres moralisches Problem die Frage der Legitimation aufgeworfen werden, eine alte Diskussion, die i. d. R. die Strukturen der Weltbank kritisiert, da dort das Stimmengewicht von eingezahltem Kapital abhängt. Anhand der WGI zeigt sich, dass nicht nur die Strukturen der Weltbank ein Problem sind, sondern auch die Praktiken. Vordergründig geht es bei den WGI nur um wissenschaftlich fundierte Einschätzung und Beratung, tatsächlich aber werden letztlich Politiken nationalstaatlicher Regierungen massiv beeinflusst. Daher geht es vielmehr um Macht und Entscheidungshoheit. Sending und Neumann diskutieren die Macht der Weltbank anhand der Länderberichte CPIA, die Situation kann analog für die WGI gesehen werden (Sending und Neumann 2011). Mit methodisch versierten Standards depolitisiert die Weltbank ihr Vorgehen und stellt sich der (Welt-)Öffentlichkeit als neutraler, technokratischer Berater dar. Mit der Praxis der Länderbewertungen übt die Weltbank Macht aus, sie setzt einen globalen Standard, der für alle Länder gleichermaßen gelten soll und dem sich Regierungen fügen müssen, wollen sie gut bewertet werden, was Voraussetzung für Hilfsmittel und Kreditwürdigkeit ist. Der Weltbank-Direktor hat die Situation wie folgt formuliert: „[…] people with the money tell the people without the money what to do to get the money" (zitiert nach Burchardt 2004, S. 120). Mit ihrer technokratischen Strategie entzieht sich die Weltbank einer politischen Diskussion über Inhalte, ebenso der Verantwortlichkeit. Da nicht gewählt, ist sie eigentlich nicht legitimiert, politische Entscheidungen zu treffen, und kann auch nicht für Fehler politisch (oder gar juristisch) verantwortlich gemacht werden. Sie zwingt letztlich durch ihre Bewertung Regierungen zum Handeln, zum Guten oder Schlechten. Die Macht der Weltbank könnte, jenseits aller organisatorischen Reformdiskussionen, als undemokratisch und damit als illegitim angesehen werden, da nützt es auch nichts, wenn China mehr Stimmen bekommt.

Es kann hier nicht ausführlicher auf diese Kritiken eingegangen werden. Die moralischen Fragen, ob die WGI fair und legitim sind, stehen aber im Raum. Zwar findet sich in den WGI mehrfach der Hinweis, die Daten sollten bzw. werden nicht als Grundlage für die Mittelvergabe der Weltbank genutzt, so etwa in den Anmerkungen der Abbildungen, die aus dem Internet geladen werden können.[3] Allerdings erscheint das eher wie das Kleingedruckte im Anhang von komplizierten Verträgen, das nicht wirklich gelesen werden soll, sondern nur zu Alibizwecken aufgeführt wird. Von den Autoren der WGI wie von den Nutzern könnte man daher erwarten, dass sie sich mit diesen moralischen Bedenken stärker auseinandersetzen.

5 Fazit

Drei Aspekte wurden angesprochen, um die Qualität eines Indexes zu untersuchen: ein konzeptioneller und ein methodisch-technischer Aspekt der Operationalisierung, Berechnung und Aggregation, sowie ein moralischer Aspekt. Wie gezeigt, ist die Performanz der WGI auf der konzeptionellen Ebene äußerst schwach. Von Kriterien wie Relevanz, Spezifikation oder Konzeptlogik zu sprechen, ist gar nicht notwendig, da Governance überhaupt nicht systematisch konzeptionalisiert wird. Kaufmann et al. führen ad-hoc eine intuitive Definition ein. Darauf beschränkt sich die Konzeptionalisierung. Weder die Definition noch die sechs Dimensionen werden diskutiert oder theoretisch hergeleitet, auch die Zuordnung der einzelnen Variablen zu den Dimensionen erfolgt ebenso unsystematisch. Insgesamt müssen auf dieser Ebene die WGI als mangelhaft eingestuft werden. Anders sieht es auf der Durchführungsebene aus. Hier sticht die breite Quellenbasis hervor, ebenso ist die Transparenz des Vorgehens hervorzuheben. Mathematisch sind die WGI ausgesprochen elaboriert, hier fallen die WGI positiv auf. Die Transparenz und Nachvollziehbarkeit der Vorgehensweise eröffnet die Möglichkeit für Kritik, wie gezeigt. Bei den meisten Kritikpunkten handelt es sich eher um methodische Feinheiten, die diskutabel sind und nicht das Gewicht haben wie die mangelhafte Konzeptionalisierung, aber eben auch Fehler benennen. Insgesamt ist daher das Ergebnis zwiespältig. Einer äußerst schwachen Konzeptionalisierung steht ein besonders raffiniertes mathematisches Vorgehen gegenüber. Iqbal und Shah kommen in ihrer Analyse der Aggregationsmethode und der theoretischen Fundierung der Indikatoren zu dem Ergebnis:

„WGI use the state of the art aggregation techniques but fail on most fundamental considerations" (Iqbal und Shah 2008, S. 44). Hinzu kommt der dritte Aspekt, die moralische Qualität. Hier ergeben sich Probleme aus der Anwendung der WGI für politische Zwecke, wie bei der Mittelvergabe in der Entwicklungszusammenarbeit durch MCC gezeigt. Dafür kann man zwar Kaufmann et al. juristisch nicht haftbar machen, aber letztlich sind sie dafür mitverantwortlich. Pogge hat zu Recht eine solche Praxis angesichts der Probleme von Indizes wie der WGI als moralisch bedenklich, gar verwerflich beurteilt (Pogge 2009).

---

3 Hierfür nutzt die Weltbank nicht die WGI, sondern die Country Policy And Institutional Assessments CPIA (Sending und Neumann 2011; Arndt und Oman 2008). Bei den CPIA handelt es sich um Primärbeurteilungen von Ländern anhand ausgewählter Indikatoren, die in den Meta-Index der WGI als eingehen, aber auch umgekehrt von den WGI beeinflusst sein könnten, wie Kritiker befürchten, da es sich bei beiden um eine Bewertung von Governance handelt (Arndt und Oman 2006).

Was wäre nun die Konsequenz aus der vorliegenden Kritik? Soll man auf die WGI, weil sie nicht perfekt sind, wie die Weltbank selbst formuliert, ganz verzichten? Ein großer Teil der methodischen Kritik hat oftmals kaum bessere Argumente als Kaufmann et al., selten werden konkrete und konstruktive Verbesserungsvorschläge formuliert. Kaufmann und Kraay thematisieren selbst etliche Kritikpunkte, z. B. das Problem objektiver und subjektiver Daten (Kaufmann et al. 2007d; Kaufmann und Kraay 2008). Daher kann man dafür plädieren, das Messverfahren beizubehalten, solange kein Besseres vorliegt. Die konzeptionellen Mängel dagegen sind gravierender. Hier liegen vielfältige Ansätze zur Konzeptionalisierung von Governance vor, so dass hier erwartet werden könnte, dass künftig mehr Wert auf eine stärkere konzeptionelle Gestaltung gelegt wird und etliche Annahmen, die sich an anderen Stellen befinden (z. B. Kaufmann et al. 2007d; Kaufmann und Kraay 2008) explizit gemacht werden. Auch die moralischen Bedenken sollten stärker thematisiert werden.

In einer Gesamtbewertung kann und sollte die elaborierte statistische Methode die mangelnde theoretische Verortung und die moralischen Bedenken nicht ausgleichen. Aber für beide Kritikpunkte liegen Verbesserungsvorschläge auf dem Tisch. Die Weiterentwicklung der WGI könnte gezielt hier ansetzen, um letztlich vielleicht tatsächlich „better data for better Governance" zu bekommen (World Bank 2006, S. 1).

Danksagung: Der vorliegende Beitrag ist im Rahmen des DFG-Projektes „Rechtsstaat und informelle Institutionen – Osteuropa und Lateinamerika im Vergleich" an der Universität Würzburg entstanden. Ich danke meinen Kollegen in Würzburg und Mainz sowie den anonymen Gutachtern für zahlreiche und sogar meist konstruktive Hinweise.

Literatur

Adam, Markus. 2000. Die Entstehung des Governance-Konzepts bei Weltbank und UN. *Die EZ wird politischer* E + Z 10:272–274.
Andvig, Jens Chr., Odd-Helge Fjeldstad, Inge Amundsen, Tone Sissener, und Tina Søreide. 2001. *Corruption. A review of contemporary research.* Bergen: CMI-Reports. http://www.cmi.no/publications/file/861-corruption-a-review-of-contemporary-research.pdf. Zugegriffen: 13.Mai 2010.
Arndt, Christiane, und Charles Oman. 2006. *Uses and Abuses of Governance Indicators.* Paris: OECD Development Center Studies.
Arndt, Christiane, und Charles Oman. 2008. *The politics of governance ratings.* http://www.governance.unimaas.nl/training_activities/aau/download/Papers/The%20politics%20of%20governance%20ratings_arndt.pdf. Zugegriffen: 5. Mai 2010.
Becker, Michael, Hans-Joachim Lauth, und Gert Pickel, Hrsg. 2001. *Rechtsstaat und Demokratie.* Wiesbaden: Westdeutscher.
Benz, Arthur. 2006. Governance in Mehrebenensystemen. In *Governance-Forschung. Vergewisserung über Stand und Entwicklungslinien,* 2. Aufl. Hrsg. Gunnar Folke Schuppert, 95–120. Baden-Baden: Nomos.
Besançon, Marie. 2003. *Good governance rankings. The art of measurement.* WPF Reports 36. Cambridge: World Peace Foundation.

Börzel, Tanja. 2006. European Governance – nicht neu, aber anders. In *Governance-Forschung. Vergewisserung über Stand und Entwicklungslinien,* 2. Aufl. Hrsg. Gunnar Folke Schuppert, 72–94. Baden-Baden: Nomos.

Brozus, Lars, und Thomas Risse. 2009. Staatlichkeit und Governance – Regieren mit begrenzten Konzepten in Räumen begrenzter Staatlichkeit? In *Nord-Süd-Beziehungen im Umbruch. Neue Perspektiven auf Staat und Demokratie in der Weltpolitik,* Hrsg. Hans-Jürgen Burchardt, 43–68. Frankfurt a. M.: Campus.

Burchardt, Hans-Jürgen. 2004. Neue Konturen internationale Sozialpolitik: Paradigmenwechsel am Horizont? In *Wohlfahrtsstaatliche Politik in jungen Demokratien,* Hrsg. Aurel Croissant, Gero Erdmann und Friedbert Rüb, 111–130. Wiesbaden: VS Verlag für Sozialwissenschaften.

Coase, Ronald. 1937. The nature of the firm. *Economica* 4:386–405.

Collier, David, und James Mahon. 1993. „Conceptual ‚stretching'" revisited: adapting categories in comparative analysis. *American Political Science Review* 87 (4): 845–855.

Collier, Paul. 2008. *Die unterste Milliarde. Warum die ärmsten Länder scheitern und was man dagegen tun kann.* München: Beck.

Dakolias, Maria. 2006. Are we there yet? Measuring success of constitutional reform. *Vanderbilt Journal of Transnational Law* 39 (4): 1117–1231.

Dürrenmatt, Friedrich. 1980. *Die Physiker.* Zürich: Diogenes.

Ernstorfer, Anita, und Albrecht Stockmeyer, Hrsg. 2009. *Capacity building for good governance.* Baden-Baden: Nomos.

Fukuyama, Francis. 2006. *Staaten bauen. Die neue Herausforderung internationaler Politik.* Berlin: Ullstein.

Gerring, John. 2001. *Social science methodology. A criterial framework.* Cambridge: University Press.

Goertz, Gary. 2006. *Social science concepts. A user's guide.* Princeton: University Press.

Hadenius, Axel, und Jan Teorell. 2005. *Assessing alternative indices of democracy.* Committee on Concepts and Methods. Political Concepts. Working Paper Series 6. http://www.concepts-methods.org/papers_download.php?id_categoria=1&titulo=Political%20Concepts&id_wp=63. Zugegriffen:12. Okt. 2009.

Hill, Herrmann. 2006. Good Governance – Konzepte und Kontexte. In *Governance-Forschung. Vergewisserung über Stand und Entwicklungslinien,* 2. Aufl. Hrsg. Gunnar Folke Schuppert, 220–250. Baden-Baden: Nomos.

Iqbal, Kazi, und Anwar Shah. 2008. *How do worldwide governance indicators measure up?* Washington D.C.: Worldbank. http://siteresources.worldbank.org/PSGLP/Resources/Howdoworldwidegovernanceindicatorsmeasureup.pdf. Zugegriffen: 13. Okt. 2009.

Jann, Werner. 2006. Governance als Reformstrategie – Vom Wandel und der Bedeutung verwaltungspolitischer Leitbilder. In *Governance-Forschung. Vergewisserung über Stand und Entwicklungslinien,* 2. Aufl. Hrsg. Gunnar Folke Schuppert, 21–44. Baden-Baden: Nomos.

Jessop, Bob. 2009. Der strategisch-relationale Ansatz der Staatstheorie in der Südperspektive. In *Nord-Süd-Beziehungen im Umbruch. Neue Perspektiven auf Staat und Demokratie in der Weltpolitik,* Hrsg. Hans-Jürgen Burchardt, 69–102. Frankfurt a. M.: Campus.

Kaufmann, Daniel, und Aart Kraay. 2008. Governance indicators: Where are we, where should we be going? *The World Bank Research Observer* 23 (1): 1–30.

Kaufmann, Daniel, Aart Kraay, und Pablo Zoido-Lobatón. 1999. *Governance matters. Policy Research Working Paper 2196.* Washington D.C.: Worldbank. http://info.worldbank.org/governance/wgi/resources.htm. Zugegriffen: 13. Okt. 2009.

Kaufmann, Daniel, Aart Kraay, und Pablo Zoido-Lobatón. 2002. *Governance matters II – Updated Indicators for 2000/2001. Policy Research Working Paper 2772.* Washington D.C.: Worldbank.

Kaufmann, Daniel, Aart Kraay, und Massimo Mastruzzi. 2004. Governance matters III: Governance indicators for 1996, 1998, 2000, and 2002. *World Bank Economic Review* 18:253–287.

Kaufmann, Daniel, Aart Kraay, und Massimo Mastruzzi. 2005. *Governance matters IV: Governance indicators for 1996–2004*. Policy Research Working Paper 3630. Washington D.C.: Worldbank.
Kaufmann, Daniel, Aart Kraay, und Massimo Mastruzzi. 2006. *Governance matters V: Aggregate and individual governance indicators 1996–2005*. Policy Research Working Paper 4012. Washington D.C.: Worldbank.
Kaufmann, Daniel, Aart Kraay, und Massimo Mastruzzi. 2007a. Growth and governance: A reply. *The Journal of Politics* 69 (2): 555–562.
Kaufmann, Daniel, Aart Kraay, und Massimo Mastruzzi. 2007b. Growth and governance: A rejoinder. *The Journal of Politics* 69 (2): 570–572.
Kaufmann, Daniel, Aart Kraay, und Massimo Mastruzzi. 2007c. *Governance matters VI: Aggregate and individual governance indicators 1996–2006*. Policy Research Working Paper 4280. Washington D.C.: Worldbank.
Kaufmann, Daniel, Aart Kraay, und Massimo Mastruzzi. 2007d. *The worldwide governance indicators project: Answering the critics*. Policy Research Working Paper 4149. Washington D.C.: Worldbank. http://info.worldbank.org/governance/wgi/pdf/critics.pdf. Zugegriffen: 13. Mai 2010.
Kaufmann, Daniel, Aart Kraay, und Massimo Mastruzzi. 2008. *Governance matters VII: Aggregate and individual governance indicators 1996–2007*. Policy Research Working Paper 4654. Washington D.C.: Worldbank.
Kaufmann, Daniel, Aart Kraay, und Massimo Mastruzzi. 2009. *Governance matters VIII: Aggregate and individual governance indicators 1996–2008*. Policy Research Working Paper 4978. Washington D.C.: Worldbank. http://papers.ssrn.com/sol3/papers.cfm?abstract_id=1424591##. Zugegriffen: 12. Mai 2010.
Kaufmann, Daniel, Aart Kraay, und Massimo Mastruzzi. 2010a. *Response to: „The Worldwide Governance Indicators: Six, one, or none"*. http://info.worldbank.org/governance/wgi/pdf/ResponseKL.pdf. Zugegriffen: 31. Dez. 2010.
Kaufmann, Daniel, Aart Kraay, und Massimo Mastruzzi. 2010b. Response to: „What Do the Worldwide Governance Indicators Measure?". *European Journal of Development Research* 22 (1): 55–58.
Kaufmann, Daniel, Aart Kraay, und Massimo Mastruzzi. 2010c. The *Worldwide Governance Indicators: Methodology and analytical issues*. World Bank Policy Research Working Paper 5430. http://papers.ssrn.com/sol3/papers.cfm?abstract_id=1682130. Zugegriffen: 31. Dez. 2010.
Kessler, Johannes. 2009. Zur konsistenten Messung komplexer Makrophänomene. Das Beispiel Globalisierung. In *Datenwelten. Datenerhebung und Datenbestände in der Politikwissenschaft*, Hrsg. Schnapp, Kai-Uwe, Nathalie Behnke und Joachim Behnke, 351–372. Baden-Baden: Nomos.
Knack, Stephen, und Laura Langbein. 2010. The Worldwide Governance Indicators: Six, one, or none? *Journal of Development Studies* 46 (2): 350–370.
Kurtz, Marcus, und Andrew Schrank. 2007a. Growth and governance: models, measures, and mechanisms. *The Journal of Politics* 69 (2): 538–554.
Kurtz, Marcus, und Andrew Schrank. 2007b. Growth and governance: A defense. *The Journal of Politics* 69 (2): 563–569.
Landman, Todd. 2003. *Map-making and analysis of the main international initiatives on developing indicators on democracy and good governance*. Eurostat Contract No. 200221200005, Final Report. Essex: University of Essex – Human Rights Centre.
Langbein, Laura, und Stephen Knack. 2008. *The Worldwide Governance Indicators and tautology: Causally related separable concepts, indicators of a common cause, or both? Policy Research Working Paper 4669*. Washington D.C.: Worldbank.
Lauth, Hans-Joachim. 2004. *Demokratie und Demokratiemessung*. Wiesbaden: VS Verlag für Sozialwissenschaften.

Lauth, Hans-Joachim, und Jenniver Sehring. 2009. Putting deficient rechtsstaat on the research agenda: Reflections on diminished Subtypes. *Comparative Sociology* 8 (2): 165–201.
Mayntz, Renate. 2004. Governance im modernen Staat. In *Governance – Regieren in komplexen Regelsystemen. Eine Einführung,* Hrsg. Arthur Benz, 65–76. Wiesbaden: VS Verlag für Sozialwissenschaften.
Mayntz, Renate. 2009. *Über Governance. Institutionen und Prozesse politischer Regelung.* Frankfurt a. M.: Campus.
MCC. 2009. *Millenium challenge corporation: Selection criteria.* http://www.mcc.gov/mcc/selection/indicators/index.shtml. Zugegriffen: 13. Okt. 2009.
Miller, Bernhard. 2007. Maßvoll Messen: Zur konzeptorientierten Entwicklung von Messinstrumenten. In *Forschungsdesign in der Politikwissenschaft. Probleme – Strategien – Anwendungen,* Hrsg. Thomas Gschwend und Frank Schimmelfennig, 123–148. Frankfurt a. M.: Campus.
Müller, Thomas, und Susanne Pickel. 2007. Wie lässt sich Demokratie am besten messen? Zur Konzeptqualität von Demokratie-Indizes. *Politische Vierteljahresschrift* 48 (3): 511–539.
Munck, Gerardo, und Jay Verkuilen. 2002. Conceptualizing and measuring democracy. Evaluating alternative indices. *Comparative Political Studies* 35 (1): 5–34.
Neusser, Klaus. 2009. *Zeitreihenanalyse in den Wirtschaftswissenschaften.* 2. Aufl. Wiesbaden: Vieweg + Teubner.
North, Douglass. 1992. *Institutionen, institutioneller Wandel und Wirtschaftsleistung.* Tübingen: Mohr Siebeck.
Pickel, Susanne, und Thomas Müller. 2006. Systemvermessung-Schwächen der Konzepte und Verzerrungen der empirisch-quantitativen Bestimmung von Demokratie und Autokratie. In *Demokratisierung im internationalen Vergleich. Neue Erkenntnisse und Perspektiven,* Hrsg. Susanne Pickel und Gert Pickel, 135–172. Wiesbaden: VS Verlag für Sozialwissenschaften.
Pogge, Thomas. 2009. Die Entwicklung moralisch plausibler Indizes für Armut und Geschlechtergleichstellung: ein Forschungsprogramm. *Zeitschrift für Politik* 56 (3): 300–327.
Priddat, Birger. 2006. Economic governance. In *Governance-Forschung. Vergewisserung über Stand und Entwicklungslinien,* 2. Aufl. Hrsg. Gunnar Folke Schuppert, 173–194. Baden-Baden: Nomos.
Rosenau, James, und Ernst-Otto Czempiel, Hrsg. 1992. *Governance without government: Order and change in world politics.* Cambridge: University Press.
Sartori, Giovanni. 1970. Concept misformation in comparative politics. *American Journal of Political Science* 64 (4): 1033–1053.
Sartori, Giovanni. 1984. Guidelines for concept analysis. In *Social science concepts. A systematic analysis,* Hrsg. Giovanni Sartori. Beverly Hills: Sage.
Scharpf, Fritz. 1997. *Games real actors play: Actor-centered institutionalism in policy research.* Boulder: Westview Press.
Schimmelfennig, Frank. 2010. *Internationale Politik.* 2. Aufl. Paderborn: Schöningh.
Schlittgen, Rainer, und Bernd Streiberg. 2001. *Zeitreihenanalyse.* 9. Aufl. München: Oldenbourg.
Schmitz, Andrea. 2006. *Konditionalität in der Entwicklungspolitik.* SWP-Studie. Berlin: SWP.
Schuppert, Gunnar Folke. 2008. Governance – auf der Suche nach Konturen eines „anerkannt uneindeutigen Begriffs". In *Governance in einer sich wandelnden Welt. PVS-Sonderband,* Hrsg. Gunnar Folke Schuppert und Michael Zürn, 13–40. Wiesbaden: VS Verlag für Sozialwissenschaften.
Schuppert, Gunnar Folke. 2010. *Staat als Prozess. Eine staatstheoretische Skizze in sieben Aufzügen.* Baden-Baden: Nomos.
Sending, Ole Jacob, und Iver Neumann. 2011. Banking on Power: How Some Practices in an International Organization Anchor Others. In *International Practices,* Hrsg. Emanuel Adler und Vincent Pouliot, 231–254. Cambridge: Cambridge University Press.
Smith, B. C. 2007. *Good governance and development.* Houndsmill: Palgrave.

Stockmayer, Albrecht. 2006. *Governance – aus der Praxis der GTZ*. In *Governance-Forschung. Vergewisserung über Stand und Entwicklungslinien,* 2. Aufl. Hrsg. Gunnar Folke Schuppert, 251–274. Baden-Baden: Nomos.
Tamanaha, Brian. 2004: *On the rule of law*. Cambridge: University Press.
Thomas, M. A. 2010. What do the Worldwide Governance Indicators measure? *The European Journal of Development Research* 22 (1): 31–54.
Voigt, Stefan. 2009. *Institutionenökonomik*. 2. Aufl. München: Fink.
Weiland, Heribert, Ingrid Wehr, und Matthias Seifert, Hrsg. 2009. *Good Governance in der Sackgasse*. Baden-Baden: Nomos.
Weyland, Kurt. 2001. Clarifying a contested concept: Populism in the study of Latin American Politics. *Comparative Politics* 34 (1): 1–22.
Williamson, Oliver. 1985. *The economic institutions of capitalism*. New York: Free Press.
Wolff, Jonas. 2009. *Die externe Förderung von Demokratie und Good Governance zwischen Dominanz und Konvergenz*. In *Nord-Süd-Beziehungen im Umbruch. Neue Perspektiven auf Staat und Demokratie in der Weltpolitik,* Hrsg. Hans-Jürgen Burchardt, 245–272. Frankfurt a. M.: Campus.
World Bank. 1989. *Sub-Saharan Africa. From crisis to sustainable growth. A long-term-perspective study*. Washington D.C.: World Bank.
World Bank. 1992. *Governance and Development*. Washington D.C.: World Bank.
World Bank. 2006. *A decade of measuring the quality of governance*. Washington D.C.: World Bank. http://info.worldbank.org/governance/wgi/resources.htm. Zugegriffen: 13. Okt. 2009.
World Bank. 2010. *Worldwide Governance Indicators WGI.* http://www.worldbank.org/wbi/governance. Zugegriffen: 5. Mai 2010.
Zürn, Michael. 1998. *Regieren jenseits des Nationalstaates*. Frankfurt a. M.: Suhrkamp.
Zürn, Michael. 2006. *Global Governance*. In *Governance-Forschung. Vergewisserung über Stand und Entwicklungslinien,* 2. Aufl. Hrsg. Gunnar Folke Schuppert, 121–146. Baden-Baden: Nomos.

AUFSÄTZE

Demokratiebarometer: ein neues Instrument zur Messung von Demokratiequalität

Marc Bühlmann · Wolfgang Merkel · Lisa Müller · Heiko Giebler · Bernhard Weßels

Zusammenfassung: Ziel dieses Artikels ist die Präsentation eines neuen Demokratieindex – des Demokratiebarometers. Das Demokratiebarometer versucht, die konzeptionellen und methodologischen Schwächen bisheriger Demokratiemaße zu überwinden, um so die Qualitätsunterschiede von etablierten Demokratien messen und analysieren zu können. Der Index basiert auf einem ausdifferenzierten Demokratiekonzept, aus dem in mehreren transparenten Schritten die Messindikatoren abgeleitet werden: Aus den drei konstituierenden Prinzipien Freiheit, Gleichheit und Kontrolle werden zunächst neun grundlegende Funktionen deduziert, aus denen dann Komponenten und daraus wiederum Subkomponenten und schließlich Indikatoren abgeleitet werden. Dieses Konzept wird in einem ersten Schritt dargelegt. Danach werden die methodologischen Grundlagen – die Messung und Aggregierung – des Demokratiebarometers erläutert. Die Präsentation erster Resultate sowie die Ergebnisse verschiedener Validitätstests zeigen schließlich die Plausibilität und das Potenzial dieses neuen Messinstruments auf.

Schlüsselwörter: Demokratiemessung · Demokratiequalität

Democracy Barometer: a new instrument to measure the quality of democracy

Abstract: In this contribution we present a new instrument to assess the quality of democracy—the Democracy Barometer. This measure aims at overcoming the conceptual and methodological shortcomings of previous indices and to describe and compare the differences in the democratic quality of established democracies. The Democracy Barometer is based on a comprehensive concept of democracy which is used for a stepwise deduction of measures and indicators on different levels of abstraction. Starting with three principles, freedom, equality and control, we deduce nine basic functions. Every function is further disaggregated into components, which are measured by several sub-components and indicators. In the first part of our contribution, we present the un-

---

Online publiziert: 27.07.2012
© VS Verlag für Sozialwissenschaften 2012

M. Bühlmann (✉)
Institut für Politikwissenschaft, Universität Bern, Bern, Schweiz
E-Mail: marc.buehlmann@ipw.unibe.ch

W. Merkel · H. Giebler · B. Weßels
Wissenschaftszentrum Berlin, Berlin, Deutschland

L. Müller
Zentrum für Demokratie Aarau (ZDA), NCCR Democracy Universität Zürich, Zürich, Schweiz

derlying concept of democracy as well as the aforementioned process of deduction. In the second part, we focus on the methodology: the choice of indicators and scales as well as the rules of aggregation. Finally, first results and several tests for validation, which underline the potential of our new instrument for future comparative analyses, are presented.

Keywords: Measuring democracy . Quality of democracy

1 Einleitung

In der empirischen Demokratieforschung findet seit einiger Zeit eine Neuorientierung hinsichtlich des Forschungsgegenstands statt. Es stellt sich nicht mehr primär die Frage, ob ein politisches System eine Demokratie ist oder nicht. Vielmehr liegt das wissenschaftliche Interesse zusehends auf der Bestimmung des Demokratiegehaltes bereits etablierter demokratischer Systeme (Altman und Pérez-Liñán 2002; Berg-Schlosser 2004a, b; Bühlmann et al. 2008; Diamond und Morlino 2004; Morlino 2004a, b; Plattner 2004). Allerdings finden sich bisher kaum Indizes, mit welchen Demokratiequalität gemessen werden kann. Bisherige, etablierte Demokratiemasse wie etwa Freedom House, der Vanhanen- oder der Polity-Index (Gastil 1990; Jaggers und Gurr 1995; Vanhanen 1997, 2000, 2003) eignen sich zwar gut für die Beschreibung der Entwicklung von und der Unterschiede zwischen Demokratien und Autokratien. Sie sind aber zu wenig differenziert und valide, um feine Unterschiede zwischen etablierten Demokratien zu erfassen. So weisen etwa sowohl Freedom House wie auch Polity im Jahr 2005 für Italien unter Berlusconi oder die USA unter Georg W. Bush die gleichen Maximalwerte auf wie für Finnland unter Matti Vanhanen, obwohl der geneigte Leser die Qualität dieser drei Länder zumindest intuitiv als unterschiedlich beurteilen dürfte.

Die Schwäche bisheriger Demokratieindizes ist insbesondere dem Umstand geschuldet, dass diese auf einer (zu) minimalistischen Demokratiekonzeption basieren. Um das Phänomen ‚Demokratie' jedoch in seiner ganzen Komplexität erfassen zu können, muss eine Demokratiequalitätsmessung auf einem breiten Demokratiekonzept fußen. Darüber hinaus weisen bisherige Indizes zahlreiche methodische Mängel auf (Müller und Pickel 2007; Munck und Verkuilen 2002). Im vorliegenden Beitrag beschreiben wir ein Instrument, das sich der Erfüllung der Ansprüche, welche an Demokratiemaße gestellt werden, annähert: das Demokratiebarometer bezweckt explizit die Messung der Qualität von etablierten Demokratien. Es stützt sich auf eine Demokratiekonzeption mittlerer Reichweite, die sowohl liberale als auch partizipatorische Demokratieentwürfe vereint, aber durch eine systematische und schrittweise Deduktion die zentralen Elemente einer Demokratie bestimmt und transparent misst. Dadurch ist das Demokratiebarometer außerordentlich anschlussfähig. Institutionelle Neuerungen oder theoriegestützte Erweiterungen können – vorausgesetzt die Datenverfügbarkeit ist gegeben – relativ einfach nachträglich eingebaut werden. Zudem beruht die Messung der Demokratiequalität, also die Auswahl der Indikatoren, die Bestimmung des Messniveaus und die Art der Aggregierung der Daten, auf ausgewiesenen theoretischen Überlegungen und empirischen Tests.

In diesem Beitrag werden neben der detaillierten Beschreibung der konzeptionellen Basis des Demokratiebarometers (Abschn. 2) und der Erörterung der Messung (Abschn. 3) erste Resultate für 30 Länder präsentiert (Abschn. 4). Darüber hinaus wird in Abschn. 5

mit verschiedenen Tests eruiert, wie valide und reliabel das neue Instrument ist. Eine Diskussion über die Möglichkeiten und Grenzen des Demokratiebarometers rundet den Beitrag ab.[1]

2 Die Konzeptualisierung des Demokratiebarometers

In der einschlägigen Literatur gibt es unzählige Definitionen von Demokratie. Das Phänomen ‚Demokratie' ist komplex, so dass kaum Einigkeit darüber herrscht, welches dessen konstituierende Elemente sein sollen. Hilfreich sind deshalb Versuche, die verschiedenen Vorschläge zu systematisieren und in unterschiedliche idealtypische Modelle einzuteilen (z. B. Held 2006; Merkel 2010; Schmidt 2000). Dabei lassen sich drei hauptsächliche Modelle ausmachen, die sich anhand ihrer konzeptuellen Komplexität, ihrer Ansprüche und Ziele unterschieden lassen:

1. Aus einer minimalistischen Perspektive wird Demokratie als Mittel betrachtet, mit welchem die Freiheitsrechte der Bürgerinnen und Bürger vor Übergriffen durch den Staat geschützt werden. In freien und fairen Wahlen werden Interessen durch die Bestimmung fähiger, politischer Eliten artikuliert. Eine Einmischung der Bürgerschaft in politische Belange ausserhalb regelmässig stattfindender Wahlen ist nicht vorgesehen. Klassische Vertreter dieses liberalen, minimalistischen Models sind etwa Locke (1974 [1689]), Montesquieu (1965 [1748]), Mill (1991 [1861]) und Tocqueville (1997 [1835]). Das Modell findet moderne Erweiterungen in elitären (Weber 1988 [1921]) wie in pluralistischen Demokratieentwürfen (Dahl 1956; Fraenkel 1962, 1991; Truman 1971 [1951]). Schumpeters (1950) realistische Demokratietheorie kann als prononcierteste Form minimalistischer Modelle betrachtet werden.
2. Anspruchsvoller ist die partizipatorische Konzeption von Demokratie. Politische Beteiligung und Mitsprache werden in diesem Modell als Wert an sich und als Kern von Demokratie betrachtet, da sie die individuelle Selbstentfaltung, politisches Interesse und die gesellschaftliche Integration fördern. Den Bürgerinnen und Bürgern müssen möglichst viele Opportunitäten für möglichst unmittelbare Partizipation geboten werden. Darüber hinaus sollen gemeinsam gefasste politische Entscheide Produkt möglichst deliberativer Prozesse darstellen. Der partizipatorische Typus wurzelt in einer Demokratie nach athenischem Vorbild (Fenske et al. 1994, S. 37) und dem klassischen Republikanismus von Rousseau (1977 [1762]) sowie in neuerer Zeit in den Ideen der partizipatorischen Demokratie (Barber 1984; Pateman 1970) und teilweise der deliberativen Demokratietheorie (Cohen und Fung 2004; Fishkin 1991; Habermas 1992; Offe und Preuss 1991; Warren 1996).

---

1 Das Demokratiebarometer ist ein vom schweizerischen Nationalfonds unterstütztes Forschungsprojekt, das im Rahmen des NCCR Democracy durchgeführt wird. Gedankt sei an dieser Stelle dem Zentrum für Demokratie Aarau sowie dem Wissenschaftszentrum Berlin für die Unterstützung. Dank gebührt nicht zuletzt auch den zahlreichen Mitarbeiterinnen und Mitarbeitern, ohne die das Demokratiebarometer nicht entstanden wäre: Stefani Gerber, Miriam Hänni, Ruth Kunz, Lisa Schädel, Dag Tanneberg, Max Schubiger, Isabel Vollenweider und David Zumbach.

3. Der dritte Typus nimmt Teile der minimalistischen und partizipatorischen Modelle auf und erweitert sie mit sozialen Voraussetzungen, welche für freie und faire Partizipation erfüllt sein müssen. Er bezieht zusätzlich Politikergebnisse in seine Definition mit ein, wenn sie Bereiche der sozialen Gerechtigkeit, im Sinne einer sozialen Demokratie, berühren. Die Etablierung sozialer Rechte und die Reduzierung sozioökonomischer Ungleichheiten werden als inhärente demokratische Ziele betrachtet. Demokratien müssen daher entsprechende Leistungen erbringen (vgl. Heller 1934, 1971; Miller et al. 1967; Meyer 2005; Rawls 1971 oder Sen 1979, 1996, 1997).

Bisherige Demokratieindizes basieren entweder auf minimalistischen Demokratieentwürfen[2] oder relativ anspruchslosen Beurteilungskriterien.[3] Damit lassen sich zwar durchaus demokratische von nicht-demokratischen Regimen unterscheiden. Für die Bestimmung feiner Unterschiede hinsichtlich der Demokratiequalität eines Landes muss das Phänomen ‚Demokratie' allerdings möglichst in seiner ganzen Komplexität erfasst werden. Das Demokratiebarometer löst sich deshalb von rein minimalistischen Demokratievorstellungen und basiert auf einer Demokratiekonzeption mittlerer Reichweite. Es verbindet Elemente des liberalen und des partizipatorischen Modells und beleuchtet somit den Gegenstand ‚Demokratie' – entsprechend der Popper'schen Scheinwerfermetapher (1992 [1957]) – gleichzeitig aus unterschiedlichen Perspektiven.

Dabei werden jedoch Forderungen nach einem spezifischen demokratischen Output im Sinne des oben beschriebenen dritten Typus aus zwei Gründen abgelehnt. Erstens werden Outputs als genuin politische Entscheidungen betrachtet, die durch Demokratie als Mittel hervorgebracht werden sollten, nicht aber Bestandteil von Demokratie sind. Zweitens sind Politikergebnisse (im Sinne von Outcomes) nicht nur unmittelbares Resultat von demokratischen Entscheidungen, denn auch ökonomische oder soziostrukturelle Faktoren beeinflussen die Umsetzung politischer Entscheidungen.

Auf der Basis dieses Konzepts wird in der Folge über mehrere miteinander verknüpfte Schritte ein theoretisch fundiertes Messinstrument der Demokratie entwickelt. Ausgangspunkt bildet die Prämisse, dass demokratische Systeme eine Balance zwischen den interdependenten Werten ‚Freiheit' und ‚Gleichheit' herzustellen versuchen und sich dazu einer dritten demokratieinhärenten Dimension bedienen: Kontrolle. Kontrolle hat darüber hinaus einen prinzipiellen Wert für die Demokratie. Herrschaftskontrolle ist einer der kardinalen Unterschiede, der die Demokratie von der Autokratie mit ihrer tendenziell unkontrollierten Machtausübung unterscheidet. Mit Hilfe dieser drei Grundprinzipien werden dann in einem zweiten Schritt neun Funktionen hergeleitet, von deren Erfüllungsgrad die Qualität einer Demokratie abhängt. Dieser Erfüllungsgrad wird anhand verschiedener

---

2 Dazu gehören nicht nur der Polity- oder der Vanhanen-Index, sondern auch die Arbeiten von Hadenius (1992); Arat (1991); Coppedge und Reinicke (1990); Bollen (1990); Gasiorowski (1990) und Alvarez et al. (1996), die implizit oder explizit auf dem empirisch minimalistischen Demokratieentwurf von Dahl (1971) basieren, wie er in dessen Polyarchiemessung Verwendung findet (vgl. dazu Lauth 2004; Müller und Pickel 2007).

3 Dies ist etwa der Fall bei Freedom House, das in seiner Demokratiedefinition sichtbar über Dahl hinausgeht, aber bei der Kriterienbeurteilung so anspruchslos ist, dass sich auch über Jahrzehnte hinweg bei einer Gruppe von mehr als 30 Ländern (etablierte Demokratien) nahezu keine Varianz ergibt.

Komponenten bestimmt, die ihrerseits durch Subkomponenten und geeignete Indikatoren gemessen werden.

2.1 Demokratieprinzipien Freiheit, Gleichheit und Kontrolle

Die Messung von Demokratiequalität sollte auf einer theoretisch solide abgestützten Demokratiedefinition beruhen. So lapidar dies klingt, so selten wird eine stringente Diskussion und Begründung des Messkonzepts in der zeitgenössischen Demokratiemessung tatsächlich vorgenommen (Berg-Schlosser 1999; Collier und Levitsky 1997; Munck und Verkuilen 2002). Das Demokratiebarometer argumentiert, dass Demokratie auf drei fundamentalen Prinzipien beruht: Freiheit, Gleichheit und Kontrolle.

2.1.1 Freiheit

Freiheit – verstanden als negative Freiheit – bedeutet vorerst Schutz eines Individuums vor den illegitimen Eingriffen dritter: dieser Schutz besteht gegenüber dritten Privatpersonen aber insbesondere gegenüber dem Staat. Die historisch bedeutsamsten Aspekte dieser Abwehrrechte sind das Recht auf Integrität von Leib und Leben, Meinungs- und Religionsfreiheit und – durchaus umstrittener – das Recht auf Eigentum. Die Liste der Freiheiten ist mit der Zeit angewachsen (z. B. Meinungsfreiheit, Versammlungsfreiheit, Informationsfreiheit; vgl. Merkel et al. 2003), und deren rechtsstaatlich garantierter Schutz gilt mittlerweile als Minimalbedingung für demokratische Regime: Demokratie ohne Freiheit wird als „contradiction in terms" (Beetham 2004, S. 62) betrachtet. Von den negativen Abwehrrechten sind politische wie soziale Beteiligungsrechte abzugrenzen. Politische Beteiligungsrechte sind in der Demokratie dem Gleichheitsgebot unterworfen (Rawls 1971), während soziale Beteiligungsrechte unter Ressourcenvorbehalt (Höffe 1999, S. 75) stehen. Erstere fassen wir unter ‚Gleichheit', während wir letztere über unser Demokratiekonzept mittlerer Reichweite aus der Demokratiedefinition ausgeschlossen haben.

Verbriefte und durchgesetzte Freiheitsrechte sind eine Voraussetzung der Demokratie. Sind sie nicht garantiert, können die Bürger ihre politischen Beteiligungsrechte nicht hinreichend geschützt wahrnehmen. Die Garantie solcher Rechte kann keineswegs alleine über die Volkssouveränität realisiert werden, sondern bedarf der Sicherung durch den Rechtsstaat. Habermas hat diese funktionale Interdependenz die Gleichursprünglichkeit von Volkssouveränität und Menschenrechten, von Demokratie und Rechtsstaat genannt (Habermas 1992; Meyer 2009). Zu den für die Demokratie unverzichtbaren Bürgerrechten zählen aber nicht nur Integrität von Leib und Leben, Freiheit und Schutz vor willkürlicher Verhaftung und Eigentum (Locke 1974 [1689]). Auch Versammlungs- und Organisationsrechte sowie Meinungs- und Medienfreiheit, die eine lebendige Zivilgesellschaft ermöglichen, gehören zu den demokratischen Basisrechten (Linz und Stepan 1996). Effektive Meinungsfreiheit hängt allerdings ab von den „Bedingungen, unter denen der Bürger Informationen erhält" (Sartori 2006, S. 94). Demokratie kann also nur dann substantiell freiheitlich sein, wenn der freie Informationsfluss gewährleistet und eine grundlegende Möglichkeitsbedingung demokratischer Öffentlichkeit unverbrüchlich geschützt ist.

Historisch wie funktional ist Freiheit eng verknüpft mit Volkssouveränität. Wie die politischen Kämpfe des 19. Jahrhunderts gezeigt haben, kann eine tatsächliche Garantie bürgerlicher Freiheitsrechte nur dort funktionieren, wo politische Teilhaberechte für alle Bürger gewährleistet sind (Habermas 1992; Meyer 2005). In diesem Sinne hängen Freiheit und *politische* Gleichheit eng zusammen.

2.1.2 Gleichheit

Obwohl schon in der griechischen Stoa die natürliche Gleichheit aller rationalen Wesen betont wird und später im Neuen Testament, dem Talmud und im Islam die Gleichheit der Menschen vor Gott zum Prinzip erhoben wird, gelingt der Idee der politischen Gleichheit erst in den Vertragstheorien der Neuzeit der Durchbruch (Gosepath 2007, S. 4). Von Hobbes über Locke bis Rousseau ist die Gleichheit der Menschen im Naturzustand die Ausgangsfigur herrschaftspolitischen Denkens. In Kants Moral- und Rechtsphilosophie führen die Reflexionen über Autonomie und Selbstgesetzgebung zu der gleichen Freiheit für alle rationalen Wesen (Kant 1902 [1785]). In der Französischen Revolution wurde Gleichheit, neben Freiheit und Brüderlichkeit zur Grundlage der *Déclaration des droits de l'homme et du citoyen* von 1789.

In der Moderne sind Gleichheit und Freiheit in der philosophischen aber insbesondere der politischen Moderne unauflösbar verknüpft. Freiheit verlangt zwingend eine Gleichheitskomponente, ohne die eine gleiche individuelle Autonomie nicht zu haben ist. Wie in der Kantischen Republik müssen sich die Bürger in der modernen Demokratie die gleiche Autonomie zubilligen (Nida-Rümelin 2006, S. 125; 144–145).

Mindestens zwei Gründe sprechen dafür, politische Gleichheit als fundamentales Prinzip einer Demokratie zu bezeichnen (Dahl 1998, 2006). Aus einer normativ-moralischen Perspektive gehen moderne Gesellschaften erstens vom Standpunkt aus, dass keine objektive Bewertungsgrundlage dafür existieren kann, ob der Lebensentwurf von Individuum A besser oder schlechter sei als jener von Individuum B. Zweitens: „no persons are so definitely better qualified than others to govern that they should be entrusted with complete and final authority over the government of the state" (Dahl 1998, S. 75).

Gleichheit – hier immer verstanden als politische Gleichheit – bedeutet v. a. Gleichbehandlung aller Individuen im politischen Prozess. Allen Bürgerinnen und Bürger müssen die gleichen Rechte zur Beeinflussung demokratischer Entscheidungen eingeräumt werden (Dahl 1976). Darüber hinaus muss die gesamte Bürgerschaft über gleiche Zugangschancen zu politischer Macht verfügen (Böckenförde 1991; Vossenkuhl 1997; Saward 1998; Lauth 2004).

Aus dem Prinzip ‚Politische Gleichheit' erwächst die Kompetenz für demokratische Selbstregierung, die auf den Schultern möglichst aller Bürger ruhen muss. Damit logisch verbunden ist die Forderung nach einer möglichst breiten Inklusion aller Gesellschaftsmitglieder auch und insbesondere durch eine möglichst umfassende politische Partizipation. Ein Postulat, dass trotz seiner zwingenden Logik v. a. in der angelsächsischen Demokratietheorie vernachlässigt oder bestritten wird.

Wir argumentieren dagegen, dass politische Gleichheit insbesondere dann effektiv ist, wenn eine gleichberechtigte Einbindung und Berücksichtigung möglichst aller individuellen Präferenzen gesichert wird. Die gleichberechtigte Einbindung von Präferenzen ist dabei nicht nur abhängig von rechtsstaatlichem Schutz, sondern bedingt aus einer pluralistischen Perspektive (Fraenkel 1991) auch eine gut organisierte, aktive Öffentlichkeit, welche dazu beiträgt, Interessen zu bündeln und zu aggregieren. Zentral sind darüber hinaus in einer repräsentativen Demokratie freie, faire und kompetitive Wahlen, welche die gleichberechtigte Einbindung von Interessen zulassen. Politische Partizipation, nicht nur konventioneller sondern auch unkonventioneller Art, sollte zudem möglichst gleich wahrgenommen werden können, um zu verhindern, dass gewisse Gesellschaftsgruppen systematisch vom politischen Prozess ausgeschlossen werden (Teorell et al. 2007; Lijphart 1997).

Auch wenn freie, faire und kompetitive Wahlen garantieren können, dass Interessen gleichberechtigt in den politischen Prozess eingespeist werden, bedeutet dies noch nicht, dass Präferenzen auch gleichberechtigt zu politischen Outputs verarbeitet werden. Eine gleichberechtigte Einbindung aller Präferenzen setzt deshalb auch eine möglichst adäquate deskriptive und substantielle politische Repräsentation voraus. Eine wichtige Voraussetzung für eine gleichberechtigte Wahrnehmung von politischen Rechten sowie für eine responsive Einbindung aller Präferenzen ist schliesslich, dass der politische Entscheidungsprozess für alle gleichermassen sichtbar und durch eine hohe Transparenz gekennzeichnet ist (Stiglitz 1999).

2.1.3 Kontrolle

Das Streben nach Freiheit und Gleichheit gilt als fundamentale und treibende Kraft hinter der Entwicklung von modernen repräsentativen Demokratien. Allerdings sind die beiden Prinzipien nicht nur gleichursprünglich komplementär, sondern sie stehen in einem interdependenten Verhältnis zueinander (Talmon 1960 und bereits Tocqueville 1997 [1835]). Die Beziehung der beiden Prinzipien wird hier als dynamisches Gleichgewicht gedacht, wobei die Etablierung einer optimalen Balance eine Kernherausforderung einer Demokratie darstellt. Ein drittes Prinzip dient dazu, das labile Gleichgewicht zu halten: *Kontrolle* oder, in anderen Worten, Machtbeschränkungen der politischen Repräsentanten. Dies geschieht sowohl vertikal durch die Bürger als horizontal durch konstitutionelle wie institutionelle Kontrollmechanismen, mit deren Hilfe die demokratischen Gewalten sich gegenseitig überwachen und beschränken.

Die horizontale Kontrolle funktioniert im Sinne der klassischen Gewaltentrennung als Netzwerk relativ autonomer Institutionen, mit deren Hilfe gewählte Autoritäten kontrolliert werden bzw. sich gegenseitig in ihrer Macht ausbalancieren (O'Donnell 1994). Diese Funktion widerspiegelt somit eine der ältesten Forderungen in der Theorie der repräsentativen Demokratie, nämlich die Idee, dass die verschiedenen Gewalten in einem Staat durch Beaufsichtigung gegenseitig Machtmissbrauch verhindern (Locke 1689; Montesquieu 1748).

Ein zentraler Anspruch an die Demokratie ist, dass Bürgerinnen und Bürger einen grossen Spielraum für die Gestaltung gesellschaftlicher Verhältnisse haben: sie müssen also „selbst entscheiden [können], welche Bilanz sie im Falle der unvermeidlichen trade off's zwischen Freiheit und Gleichheit ziehen wollen" (Meyer 2009, S.59). Diese Entscheidung wird in repräsentativen Demokratien primär über Wahlen getroffen. Wahlen garantieren vertikale Kontrolle, indem sie den Bürgerinnen und Bürgern erlauben, die politischen Repräsentanten wiederzuwählen oder zu ersetzen (Manin et al. 1999). Wirksame Wahlen müssen möglichst frei und fair und insbesondere kompetitiv sein. Entsprechend erfordert eine Demokratie einen hohen Grad an Wettbewerb bei der Besetzung von politischen Ämtern (Bartolini 1999, 2000; Dahl 1971). Erst kompetitive und offene Wahlen ermöglichen eine tatsächliche Auswahl und zwingen so die Amtsträger zu responsivem Verhalten.

Wahlen können allerdings nur dann effektiv im Sinne von responsiv sein, wenn es der Regierung überhaupt möglich ist, Entscheidungen zu fällen und umzusetzen. Die Idee der vertikalen Kontrolle würde korrumpiert, wenn Bürgerinnen und Bürger zwar Personal bestellen würden, das verspricht, im Interesse der Wählerinnen und Wähler zu handeln, dieses Versprechen dann aber nicht umsetzen kann, weil es nicht über genügend Kapazitäten verfügt. Die Regierung muss also über eine hinreichende Handlungsfähigkeit verfügen. Nur wenn es möglich ist, aus den Wählerinteressen auch politische Entscheidungen zu formen, können Wahlen effektiv und Repräsentation adäquat sein (Alonso et al. 2010). Regierungen benötigen eine gewisse Kontrolle über das politische Geschehen bzw. eine ausreichende Handlungsfähigkeit, um demokratisch gefällte Entscheidungen effizient umsetzen zu können. Wenn Demokratie Selbstbestimmung durch kollektive Entscheidungen bedeutet, muss es die demokratisch bestimmte Regierung sein, welche diese Entscheidungen letztendlich umsetzt. Sie darf dabei nur durch neue, demokratisch legitimierte Entscheidungen oder durch rechtsstaatliche Barrieren eingeschränkt sein (Etzioni 1968), nicht jedoch durch außerkonstitutionelle private, politische, religiöse oder militärische Akteure. Die Durchsetzungsfähigkeit von demokratisch legitimierten Entscheidungen durch eine demokratisch gewählte Regierung ist deshalb ein entscheidender Bestandteil demokratischer Kontrolle und demokratischer Qualität.

Aus einer partizipatorischen Perspektive sollte die vertikale Kontrolle zudem auch zwischen den Wahlen ausgeübt werden können. Eine zentrale Rolle spielt dabei die Aufdeckung und Diskussion von Missständen durch eine aktive Öffentlichkeit (vgl. dazu bereits Tocqueville 1997 [1835]) in Form einer lebendigen Zivilgesellschaft und in Form von freien Medien. Diese Kontrolle ist allerdings wiederum nur möglich, wenn die Transparenz politischer Prozesse gewährleistet ist und wenn die entsprechenden individuellen Freiheiten garantiert sind.

Zusammenfassend definieren wir Freiheit, Gleichheit und Kontrolle als fundamentale Kernprinzipien einer Demokratie. Damit ein Regime als Demokratie bezeichnet werden kann, muss es Freiheit und Gleichheit garantieren und schützen. Darüber hinaus muss es die Interdependenzen dieser beiden Prinzipien vermittels vertikaler und horizontaler Kontrolle balancieren und optimieren. Kontrolle ist freilich mehr als lediglich ein Instrument zur optimalen Balance, es muss als gleichursprüngliches Prinzip von Demokratie verstanden werden.

2.2 Die neun Funktionen von Demokratie und ihre Komponenten

Um Freiheit, Gleichheit und Kontrolle zu garantieren und funktional zu sichern, müssen demokratische Systeme unterschiedliche Funktionen erfüllen, welche sich theoretisch aus den Prinzipien herleiten lassen. Die Ableitungsrichtung, die wir auf der Prinzipienebene

Abb. 1: Demokratiebarometer-
Konzeptbaum (Ausschnitt)

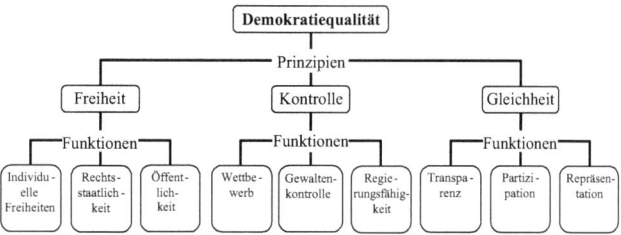

herausgearbeitet haben und unten auf der Funktionsebene noch weiter ausdifferenzieren, wird in Abb. 1 noch einmal verdeutlicht.

Im Demokratiebarometer wird nun Demokratiequalität anhand des Erfüllungsgrads dieser neun Funktionen gemessen: je höher der Erfüllungsgrad der einzelnen Funktionen ist, desto besser ist die Demokratiequalität. Eine simultane Maximierung der neun Funktionen ist theoretisch zwar wünschenswert, realiter jedoch kaum möglich, da vermutet werden kann, dass die einzelnen Funktionen in zielinkongruenter Spannung zueinander stehen. Dies ist bereits im Spannungsverhältnis von Freiheit und Gleichheit angelegt. Verschiedene Demokratien – verstanden als Systeme, die durch politische wie auch gesellschaftliche Kräfte immer wieder neu ausgehandelt werden – werden deshalb die neun Funktionen unterschiedlich gewichten. Es kann allerdings davon ausgegangen werden, dass es einzelnen Demokratien besser gelingt, die neun Funktionen in ein optimales Gleichgewicht zu bringen, und diese deshalb eine insgesamt höhere Demokratiequalität erreichen als andere. Wir erwarten entsprechend unterschiedliche empirische Realisierungen von Demokratie. Ein Hauptziel des Demokratiebarometers ist es denn auch, diese ‚varieties of democracies' zu analysieren und zu bewerten.

In der Folge werden die neun Funktionen genauer definiert und auf eine spezifischere, messbare Ebene heruntergebrochen. Wir gehen kurz auf jede Funktion entsprechend der Anordnung in Abb. 1 ein. Funktionen werden dabei durch jeweils zwei Komponenten näher bestimmt, die ihrerseits durch Subkomponenten definiert werden. Die Subkomponenten werden dann mit Hilfe verschiedener Indikatoren gemessen. Es wird dabei unterschieden zwischen Subkomponenten, deren Indikatoren verfasste Regeln messen und Subkomponenten, deren Indikatoren die Verfassungswirklichkeit bestimmen.

2.2.1 Individuelle Freiheiten

Die Existenz und Garantie von individuellen Freiheiten in Demokratien ist eine, wenn nicht die grundlegende Voraussetzung für die demokratische Selbst- und Mitbestimmung der Bürger. Freiheit ist als die Unverletzlichkeit der persönlichen Sphäre zu verstehen. Insofern lassen sich die ‚negativen Freiheitsrechte' als unverbrüchlicher Schutz gegen die Intervention dritter Privatpersonen aber v.a. auch vor dem Staat verstehen (Höffe 1999, S. 66; Berlin 2006). Zu den individuellen Freiheiten gehört zuallererst das *Recht auf körperliche Unversehrtheit*. Diese erste Komponente umfasst drei Subkomponenten, von denen die erste durch die Existenz von Verfassungsgarantien und die Ratifizierung wichtiger internationaler Menschenrechtskonventionen die staatliche Kultur im Umgang mit Folter erfasst (Camp Keith 2002; Cingranelli und Richards 1999; O'Donnell 2004; Saward 1994). Verfassungswirklichkeit wird durch die zweite Subkomponente anhand von Verstössen gegen das Recht auf körperliche Unversehrtheit der Bürger durch den Staat bestimmt. Die dritte Subkomponente schließlich basiert auf der Idee, dass staatlicher Rechtsschutz nur dann effektiv sein kann, wenn die Bürgerschaft selbst bereit ist, das gegenseitige Recht auf Unversehrtheit anzuerkennen (Beetham 2004, S. 72). Als Indizien gegen eine breite Akzeptanz werden die Mordrate und die Anzahl politischer Aktionen, in denen Gewalt angewendet wird, herangezogen.

Die zweite Komponente beschreibt einen weiteren wichtigen Aspekt individueller Freiheiten: das *Recht auf Selbstbestimmung*. Dazu gehört einerseits das Recht auf eine freie Lebensgestaltung in Form von Religions- und Bewegungsfreiheit. Andererseits müssen Eigentumsrechte effektiv geschützt sein. Auch hier wird unterschieden zwischen verfassungsmässiger Garantie dieser Rechte und effektiver Verfassungswirklichkeit.

2.2.2 Rechtsstaatlichkeit

Ein zentraler Garant für die Einhaltung demokratischer Prinzipien und unverzichtbarer Grundrechte ist keineswegs die vertikale Kontrolle durch die Bürger allein, sondern der Rechtsstaat. Er sichert die Freiheitsrechte und politischen Rechte, ohne die Partizipation auch nur an freien Wahlen nicht zu denken ist. Niemand hat eindrucksvoller auf die Rolle der rechtsstaatlichen Sicherung von demokratischen Beteiligungsrechten hingewiesen als Habermas (1992), als er von der Gleichursprünglichkeit von Freiheits- und Beteiligungsrechten gesprochen hat. Beide Rechte verweisen funktional aufeinander, sonst können sie keinen Bestand haben. Insofern lässt sich der Rechtsstaat dem Prinzip der Freiheit zuordnen, wiewohl er auch Funktionen der Kontrolle und der Gleichheitssicherung erfüllt.

Dies bedeutet erstens, dass alle Bürger eines Staates vor dem Gesetz gleich sind und gleich behandelt werden müssen (Beetham 2004; Esquith 1999; Rawls 1971). Entsprechend ist *Gleichheit vor dem Gesetz* die erste Komponente von Rechtsstaatlichkeit. Sie wird mit Hilfe von drei Subkomponenten untersucht. Die erste beinhaltet die verfassungsmäßig garantierte Unparteilichkeit von Gerichten. Die beiden anderen Subkomponenten bestimmen die effektive Unabhängigkeit der Judikative bzw. die effektive richterliche Objektivität. Gleichheit vor dem Gesetz kann nur verwirklicht sein, wenn Gerichte von spezifischen politischen Interessen möglichst unbeeinflusst bleiben und nicht manipulierbar sind (O'Donnell 2004).

Die zweite Komponente von Rechtsstaatlichkeit soll die *Qualität der Justiz bestimmen*. Auch hier werden drei Subkomponenten herangezogen. Erstens sichern verfasste Regeln die Professionalität der Judikative (berufliche Qualifikationen, Amtsdauer) (Camp Keith 2002; La Porta et al. 2004). Daneben kann die Legitimität der Justiz als Indiz für ihre Qualität betrachtet werden. Die Judikative bezieht im Unterschied zu den beiden anderen Gewalten ihre Legitimität nicht aus Wahlen, sondern diese basiert auf der demokratisch verabschiedeten Verfassung und dem anhaltenden Vertrauen der Bevölkerung in das Justizsystem (Bühlmann und Kunz 2011; Gibson 2006) und in die Inhaber des rechtsstaatlichen Gewaltmonopols.

2.2.3 Öffentlichkeit

Freiheit beruht aber nicht nur auf Rechtsstaatlichkeit und der Garantie individueller Freiheiten, sondern hat eine wichtige kollektive Bestimmung: Freiheit bedeutet auch, sich mit Anderen auszutauschen, sie von der eigenen Meinung zu überzeugen und für eine Sache zu mobilisieren versuchen (Beetham 2004, S. 62). In einem emphatischen Sinne ist dies bei Habermas in der Nachfolge von Kant die Sphäre der Vermittlung von Politik und Moral (Habermas 1990 [1962], S. 178). Die Demokratie-Funktion ‚Öffentlichkeit' wird im Demokratiebarometer über die zwei Komponenten ‚*Vereinigungsfreiheit*' und ‚*Meinungsfreiheit*' erfasst. Vereinigungsfreiheit muss dabei nicht nur konstitutionell abgesichert sein, sondern deren Funktionieren wird in Anlehnung an die Sozialkapitalforschung anhand der Aktivität der Zivilgesellschaft und der Öffentlichkeit bestimmt (Putnam 1993; Teorell 2003; Young 1999). Bereits Tocqueville (1997 [1835]) argumentierte, dass Organisationen, Vereine und Gewerkschaften als wichtige Schulen der Demokratie wirken. Eine hohe Organisationsdichte in politischen Interessenorganisationen wie auch in Organisationen, die öffentliche Interessen verfolgen, wird hier deshalb als Proxy für eine funktionierende, freie Artikulation von Präferenzen gedeutet. Dass diese freie Artikulation freier Assoziationen kollektiv geschieht und nicht allein im Publikum singulärer Privatleute, ist Teil des Strukturwandels der Öffentlichkeit und verleiht dieser eine höhere Wirksamkeit als sie durch einzelne Individuen je erzeugt werden könnte.

Artikulation von Interessen setzt Meinungsfreiheit voraus – die zweite Komponente. Auch Meinungsfreiheit muss wiederum in der Verfassung verankert sein. In der demokratischen Praxis wird freie Meinungsäusserung in repräsentativen Demokratien v. a. durch ein freies, vielfältiges und ausgewogenes Pressesystem gewährleistet. Demokratische Medien müssen allen kollektiven Akteuren und Bürgern ein Forum bieten, in dem ein möglichst breites Spektrum an Informationen zugänglich gemacht wird, sowie Meinungen geäussert und öffentliche Diskurse geführt werden können (Beierwaltes 2000; Graber 2003, 2004; Norris 2000). Wie frei und effektiv dies geschieht, bestimmt die Qualität der demokratischen Öffentlichkeit.

2.2.4 Wettbewerb

Die vertikale Kontrolle der gewählten politischen Repräsentanten wird dann gestärkt, wenn in Wahlkämpfen ein möglichst grosser Wettbewerb herrscht. Bartolini (1999, 2000) unterscheidet vier Bereiche von Wettbewerb, wobei zwei davon – vulnerability und contestability– unserer Demokratiekonzeption mittlerer Reichweite bzw. der Funktion der vertikalen Kontrolle am besten entsprechen (Bartolini 2000, S. 61).[4] Die Komponente *vulnerability* entspricht einerseits der Unsicherheit des Wahlresultats, welche sich durch die Knappheit eines Wahlausgangs bestimmen lässt (Bartolini 2000, S. 52; Elkins 1974; Strom 1992). Andererseits bedeutet vulnerability im Sinne von Konkurrenz eine geringe Konzentration von Sitzen auf einzelne Parteien im Parlament. Darüber hinaus wird der Grad an Konkurrenz von Wahlen aber auch durch formelle Regeln eingeschränkt: die

---

4 Die beiden anderen Bereiche umfassen die Elasitzität der Wählernachfrage (availability) und die Transparenz des alternativen Angebots (decidability).

Größe der Wahlbezirke, aber auch gesetzliche Grundlagen hinsichtlich der Einteilung von Wahlbezirken (Gerrymandering) können die Konkurrenzsituation des politischen Wettbewerbs stark beeinflussen.

Die Komponente *contestability* bezieht sich auf die Höhe der gesetzlich vorgegebenen Hürden, die Parteien oder Kandidaten überwinden müssen, um überhaupt bei Wahlen antreten zu können. Dazu gehören administrative Zulassungsbarrieren und gesetzlich festgelegte Quoren, die mehr oder weniger hoch sein können. Effektive Eintrittschancen können hingegen mit Hilfe der effektiven Anzahl antretender Parteien, dem Verhältnis zwischen antretenden und gewählten Parteien sowie der Existenz und Gewinnchancen von kleinen Parteien eruiert werden (Bartolini 1999; Tavits 2006).

2.2.5 Gewaltenkontrolle

Die gegenseitige Kontrolle der demokratischen Gewalten gründet in der seit Locke (1689) und Montesquieu (1748) verbreiteten Idee des Machtausgleichs zwischen den demokratischen Gewalten. Dieser hängt erstens von der *Beziehung zwischen der Exekutive und der Legislative* ab. Die Machtbalance zwischen diesen beiden Gewalten sollte möglichst ausgeglichen sein. Dies bedingt, dass die Regierungs- und Oppositionskräfte im Parlament möglichst gleich stark bzw. der Sitzanteil der Regierungskräfte in der Legislative möglichst klein ist. Zudem sorgen institutionalisierte Absetzungs- bzw. Auflösungsmöglichkeiten der Regierung bzw. des Parlamentes für eine effektive wechselseitige Kontrolle der Exekutive und der Legislative (de la Porta et al. 2004). Dabei können bereits Sanktionsandrohungen im Sinne von verfassten Opportunitäten als wichtige Voraussetzung für horizontale Verantwortlichkeit betrachtet werden (Bovens 2007).

Die zweite Komponente der Funktion Gewaltenkontrolle umfasst *weitere institutionelle Sicherungen*: auf der einen Seite handelt es sich dabei um die Verfassungsgerichtsbarkeit bzw. die verbriefte Möglichkeit der Judikative, die Verfassungsmäßigkeit von Gesetzesvorhaben zu überprüfen. Auf der anderen Seite wird der Föderalismusgrad eines Landes als wichtige Veto- und Kontrollmöglichkeit betrachtet (Hamilton und Madison 1993 [1788]). Hier fließen – in Anlehnung an die Föderalismus- und Dezentralisierungsforschung (Steffani 1979; Schneider 2003) – sowohl der institutionalisierte Grad an Dezentralisierung wie auch die effektive subnationale fiskale Autonomie als Subkomponenten ein. Die horizontale und vertikale demokratische Gewaltenkontrolle, die in minimalistischen Demokratiedefinitionen von Schumpeter (1950) bis Dahl (1971) keinen Platz findet, betrachten wir als ein wesentliches Qualitätsmerkmal der repräsentativen Demokratie.

2.2.6 Regierungs- und Implementierungsfähigkeit

Eine zentrale Idee repräsentativer Demokratie ist, dass die Präferenzen des Demos gesammelt, gebündelt, artikuliert, über Wahlen aggregiert und in Parlamentsmandate übersetzt werden, deren Inhaber dann mit der politischen Entscheidungsfindung betraut sind. In einer responsiven Demokratie wird diese Kette um ein weiteres Glied verlängert, nämlich die Umsetzung von politischen Entscheidungen, welche den ursprünglich eingespeisten Präferenzen entsprechen (Powell 2004). Eine responsive Umsetzung demokratisch gefällter Entscheidungen wird allerdings in dem Maße behindert, in welchem die Regierungsfähigkeit der politischen Entscheidungsträger eingeschränkt wird. Im Rahmen des Demokratiebarometers, in welchem hauptsächlich etablierte Demokratien betrachtet werden, wird diese Einschränkung nicht primär als Behinderung durch nicht legitimierte Akteure oder als mögliche Restriktionen durch supranationale Akteure gedacht, sondern es wird auf mögliche Ressourcen und Implementationsbedingungen in der entsprechenden Demokratie selber rekurriert.[5]

Regierungen benötigen Kontrolle über das politische Geschehen bzw. eine ausreichende Handlungsfähigkeit, um demokratisch gefällte Entscheidungen effizient umsetzen zu können. Eine unzureichende Implementierung infolge mangelnder Ressourcen oder mangelhafter Staatsverwaltung schwächt die Qualität der Demokratie, weil demokratisch getroffene Entscheidungen nicht umgesetzt werden. Eine demokratietheoretische Überlegung, die in nahezu allen Demokratieindizes unberücksichtigt bleibt.

Die Handlungsfähigkeit einer Regierung nimmt ceteris paribus zu, wenn sie über *Ressourcen* (Komponente 1) verfügt, die eine unparteiische und effektive Umsetzung demokratisch getroffener Entscheidungen ermöglicht. Das bedeutet erstens, dass die gewählte Regierung auf große öffentliche (diffuse und spezifische) Unterstützung zählen kann (Chanley et al. 2000; Rudolph und Evans 2005; Schiller 1999; Tsebelis 1995). Darüber hinaus beeinflusst auch der – durch die Verfassung vorgegebene wie auch effektiv ausgenutzte – Zeithorizont die Regierungsfähigkeit: eine hohe Regierungsstabilität ermöglicht eine kontinuierlichere und damit verlässlichere Umsetzung der Wählerpräferenzen und Erledigung der Staatsaufgaben in der Sicherheits-, Wohlfahrts- und Gerechtigkeitsproduktion, die die Bürger erwarten (Harmel und Robertson 1986).

Die zweite Komponente umfasst Subkomponenten, welche die *Bedingungen zur effizienten Implementierung* von Policies bzw. zur effizienten Regierungsführung messen. Die Umsetzung von demokratisch getroffenen Regierungsentscheidungen wird erschwert, wenn sie auf Widerstand in Teilen der Bevölkerung stoßen. Dazu können auch Streiks und Demonstrationen gerechnet werden.[6] In einem viel stärkeren Maße gilt dies für illegitime Umsturzversuche durch Guerillaaktivitäten, gewaltsame Autonomiebestrebungen oder durch die Einflussnahme nicht legitimierter militärischer oder religiöser Akteure. Im Gegensatz dazu kann eine effiziente Verwaltung den Vollzug demokratischer Ent-

---

5 Wir gehen dabei davon aus, dass Globalisierung im Sinne von Denationalisierung und Internationalisierung der Märkte auf die Qualität von Demokratien einwirkt. Es ist allerdings umstritten, ob diese Einwirkung verhindernden oder aber ermöglichenden Charakter hat (für einen Überblick vgl. Guillén 2003). Mit Hilfe des Demokratiebarometers kann dieser Frage nachgegangen werden; allerdings nur dann, wenn externe Einschränkungen nicht ins Maß einfließen.

6 Hier zeigt sich exemplarisch die Zielinkongruenz einzelner Funktionen. Sowohl Regierungsfähigkeit als auch öffentliche Artikulation werden als wichtige Funktionen einer guten Demokratie betrachtet. Demonstrationen können einerseits die Umsetzung demokratisch getroffener Entscheidungen behindern; sie können andererseits aber ein Indiz für eine aktive Öffentlichkeit sein. Solche Trade-Offs, die der repräsentativen Demokratie inhärent sind (Alonso et al. 2010) auch kenntlich zu machen, ist ebenfalls ein Ziel des Demokratiebarometers. Freilich wird – mit dem Ziel der Vermeidung von Redundanz und hier konkret mit dem Ziel der Vermeidung artefaktischer Zusammenhänge – darauf geachtet, dass kein Indikator zur Messung mehrerer Konzepte herangezogen wird.

scheidungen wesentlich vereinfachen und so mithelfen, Regierungsfähigkeit und Output-Legitimität zu steigern (Scharpf 1999).

2.2.7 Transparenz

Fehlende Transparenz hat verschiedene negative Auswirkungen auf die Qualität einer Demokratie: „Secrecy provides the fertile ground on which special interests work; secrecy serves to entrench incumbents, discourage public participation in democratic processes, and undermine the ability of the press to provide an effective check against the abuses of government" (Stiglitz 1999, S. 14). Da fehlende oder mangelhafte Transparenz gewisse Interessengruppen übervorteilt, den breiten, öffentlichen Informationsfluss untergräbt und politische Partizipation hemmen kann, stellt Intransparenz eine Gefahr für das Gebot der politischen Gleichheit in der Demokratie dar. Transparenz bedeutet dabei einerseits *Absenz von Geheimhaltung* (Komponente 1). Stiglitz (1999) weist darauf hin, dass Geheimhaltung Korruption und Bestechung fördert. Korruption wird in etablierten Demokratien deshalb als Anzeichen für geringe politische Transparenz gedeutet (Lindstedt 2005; Rosendorff 2004). Die ungerechtfertigte Übervorteilung partikulärer Interessen wird insbesondere auch im Zusammenhang mit Parteienfinanzierung diskutiert. Wir argumentieren, dass Regeln, die eine Offenlegung von Einnahmen und Ausgaben von Parteien verlangen, Geheimhaltung einschränken und Transparenz fördern.

Andererseits sollte eine Demokratie insgesamt über gute *Voraussetzungen für einen transparenten politischen Prozess* verfügen. Partizipation, öffentliche Artikulation, Wettbewerb und Kontrolle sind abhängig davon, wie einfach Informationen über den politischen Prozess erhältlich sind und wie groß seitens der Regierenden die Bereitschaft zur offenen Kommunikation ist. Stiglitz (1999) spricht in diesem Zusammenhang von einer Kultur der Offenheit. Allerdings kann schon auf der Verfassungsebene eine wirksame Informationsfreiheitsgesetzgebung vorschreiben, dass Informationen zu politischen Entscheidungen leicht zugänglich sind (Islam 2006). Von zentraler Bedeutung für die Transparenz ist, wie offen über Regierungspolitik berichtet wird: Medien, die über politische Entscheidprozesse berichten, dürfen keinem politischen Druck oder Zensur ausgesetzt werden. Zudem sollte die Medienregulierung eines Landes weder Medieninhalte noch die Handlungsfähigkeit von Medienunternehmen einschränken. Transparenz ist eine wichtige Funktion, die eine gleichberechtigte Kontrolle der Regierenden durch die Regierten erst wirklich effektiv macht.

2.2.8 Partizipation

Partizipationsrechte und -möglichkeiten sollten in einer guten Demokratie nicht nur gleich verteilt sein, sondern auch möglichst gleichmäßig und umfassend genutzt werden (Pateman 1970; Barber 1984; Teorell 2006). Entsprechend steht erstens die *Gleichheit der Partizipation* als eine Komponente im Zentrum dieser Funktion. Weil es unter der Annahme normativer demokratischer Gleichheit keine unabhängige Kriterien für den Ausschluss bestimmter Individuen von politischen Entscheidungen geben kann, wird argumentiert, dass alle Individuen, die von einer politischen Entscheidung betroffen sind, auch die Möglichkeit haben müssen, an dieser Entscheidung teilzuhaben (Kelsen 1925; Dahl 1998). Dies wird i.d.R. durch Partizipationsrechte bestimmt (Blais et al. 2001; Paxton et al. 2003). Daneben sollte sich kein Individuum aufgrund gewisser sozialer Charakteristika oder mangels Ressourcen daran hindern lassen, am politischen Prozess teilzunehmen – sei dies im Rahmen von Wahlen oder alternativen Partizipationsformen (Demonstrationen und Petitionen). Ungleiche Partizipation führt dazu, dass nicht alle Interessen im politischen System vertreten sind und somit repräsentativ-responsives Handeln seitens der politischen Repräsentanten eingeschränkt bleibt (Alonso et al. 2010; Lijphart 1997; Rueschemeyer 2004; Teorell et al. 2007).

Zweitens ist gerade die *effektive Partizipation* entscheidend, denn eine hohe politische Beteiligung geht i.d.R. Hand in Hand mit sozial gleichmäßiger, d.h. möglichst geringer gesellschaftlicher Selektivität bei der politischen Partizipation (Lijphart 1997). Auch bei dieser Komponente werden verschiedene Partizipationsmöglichkeiten und -formen berücksichtigt, da die verschiedenen Beteiligungsopportunitäten nicht überall die gleiche Bedeutung haben. Entsprechend wird die Höhe der Partizipation bei konventionellen (Legislativ- und Exekutivwahlen sowie auch Referenden) und unkonventionellen Beteiligungsformen (Demonstrationen und Petitionen) gemessen. Auch die effektive Partizipation kann schließlich durch formelle Mechanismen gefördert werden: Eine Vereinfachung der Partizipation etwa durch flexible Wahlorte oder Möglichkeiten zur frühzeitigen Stimmabgabe können die allgemeine Partizipationsbereitschaft erhöhen. Die Beteiligung wird hingegen in jenen Ländern eingeschränkt, bei denen eine Registrierungspflicht vorgesehen ist.

2.2.9 Repräsentation

Repräsentation bedeutet, dass möglichst alle Individuen innerhalb einer politischen Einheit politische Mitsprache genießen und im politischen System vertreten sein sollten. Responsive, repräsentative Demokratien müssen gewährleisten, dass möglichst alle gesellschaftlichen Interessen gleichgewichtig in gewählten Gremien vertreten werden. Deshalb ist einerseits eine adäquate deskriptive Repräsentation von Minderheiten im Parlament ein entscheidendes Kriterium (Mansbridge 1999; Wolbrecht und Campbell 2007). *Substantielle Repräsentation* fokussiert andererseits auf eine adäquate Inklusion von Präferenzen (Mansbridge 2003). Sie wird mit der ersten Komponente bestimmt, welche zwei Subkomponenten umfasst. Die erste misst den Grad an Disproportionalität zwischen Stimm- und Sitzanteilen sowie die Kongruenz zwischen der Verteilung von Links-Rechts-Präferenzen in der Bevölkerung und dem Parlament. Schlechte Übereinstimmungen von Wählerstimmen- und Sitzanteilen oder Inkongruenzen von Wähler- und Parteipräferenzen sind Zeichen einer ungleichen Einbindung von individuellen Präferenzen (Holden 2006; Urbinati 2010; Urbinati und Warren 2008). Die Inklusion von Präferenzen kann durch strukturelle Opportunitäten beeinflusst werden: so zeigen verschiedene empirische Beiträge (für einen Überblick vgl. Powell 2004), dass eine hohe relative Sitzzahl substantielle Repräsentation begünstigt. Darüber hinaus bieten direktdemokratische Verfahren eine unmittelbare Möglichkeit zur Inklusion von Präferenzen.

Die zweite Komponente besteht aus drei Subkomponenten, welche die *deskriptive Repräsentation* von Minderheiten bestimmen. Als Minderheiten werden dabei einerseits ethnische Minderheiten verstanden, deren Zugang zu Machtpositionen gemessen wird (Alonso 2010; Banducci et al. 2004). Andererseits gelten Frauen als strukturelle Minderheiten, deren adäquate Vertretung erstens eine zentrale Forderung deskriptiver Repräsentationsansätze darstellt und zweitens auch hundert Jahre nach Einführung des Frauenwahlrechts nirgends vollständig eingelöst wird (Dahlerup 2010). Um Gender-Gleichgewichte zu messen, werden effektive Vertretungsquoten und spezifische verfasste politische Rechte für Frauen jeweils zu Subkomponenten verdichtet.

3 Demokratiequalität messen

Auf der Basis unseres differenzierten theoretischen Demokratiekonzepts mittlerer Reichweite kann nun der Grad an Demokratiequalität in einem Land für einen gegebenen Zeitpunkt gemessen werden. Dazu werden zuerst anhand einer Reihe von Indikatoren die Komponenten der verschiedenen Funktionen gemessen, um so den Erfüllungsgrad jeder einzelnen Funktion zu bestimmen. Mittels Aggregierung der entsprechenden Funktionen und danach der Prinzipien zum Konzept ‚Demokratiequalität' erhalten wir dann ein Maß, mit welchem die Güte der jeweiligen gesamten Demokratie erfasst und im Längs- und Querschnitt verglichen werden kann.

Freilich basieren die einzelnen Messschritte auf wichtigen Prämissen. Um die Kritik an aktuellen Demokratiemessungen zu berücksichtigen, sollen diese Prämissen theoretisch untermauert, transparent und intersubjektiv nachvollziehbar dargestellt werden. Drei zentrale Herausforderungen stellen sich beim eigentlichen Messvorgang (Müller und Pickel 2007; Munck und Verkuilen 2002). Erstens muss festgelegt werden, welche Eigenschaften Indikatoren aufweisen müssen, damit sie sich für die Bestimmung der einzelnen Komponenten bzw. Subkomponenten eignen (Abschn. 3.1). Zweitens müssen geeignete Ober- und Untergrenzen der Messung festgelegt werden (Abschn. 3.2). Drittens ist entscheidend, auf welche Weise die einzelnen Indikatoren zu Komponenten, Funktionen und dem Indikator für Demokratiequalität verdichtet werden (Abschn. 3.3).

3.1 Geeignete Indikatoren

Wie oben diskutiert, werden die drei Prinzipien in neun Funktionen der Demokratie ausdifferenziert, die durch jeweils zwei Komponenten näher bestimmt werden. Von diesen werden wiederum mehrere Subkomponenten deduziert, welche schließlich mittels verschiedener Indikatoren gemessen werden. Insgesamt bestehen die neun Funktionen bzw. 18 Komponenten aus 51 Subkomponenten und 100 Indikatoren.[7]

---

7 Es werden hier nicht alle Indikatoren einzeln besprochen. Ein erster Überblick über die in diesem Beitrag verwendeten Indikatoren findet sich im Anhang. Eine detaillierte Demonstration und Diskussion aller Funktionen (Konzeptbäume), die Quellen und Ausprägungen aller Indikatoren, ausführliche Hinweise zur Messmethode sowie die Rohdaten für alle Indikatoren, Komponenten und Funktionen sowie der Index ‚Demokratiequalität' lassen sich unter www.democracybarometer.org abrufen.

Teilweise handelt es sich bei den Indikatoren um eigene Erhebungen oder Auswertungen von Quellenmaterial. Die meisten der 100 Indikatoren wurden jedoch aus einer grossen Sammlung von mehr als 300 Sekundärdaten-Indikatoren anhand von spezifischen Kriterien ausgewählt. Bei der Selektion der Indikatoren haben wir versucht die Mängel der bisherigen Demokratieindizes zu berücksichtigen.

1. Es wurde versucht, Indikatoren zu vermeiden, die auf Expertenbefragen beruhen, da deren Reliabilität z. T. fragwürdig und die Kategorienzuordnung zumeist hochgradig intransparent ist (Bollen und Paxton 1998, 2000). Anstelle von Einschätzungen durch sogenannte Länderexperten verwendet das Demokratiebarometer möglichst Indikatoren, die auf ‚objektiven' Daten aus statistischen Sekundärquellen oder repräsentativen Bevölkerungsumfragen beruhen.
2. Ein Hauptziel des Demokratiebarometers ist es, die effektive Demokratiequalität zu messen. Mit anderen Worten sollen „institutionalistische Fehlschlüsse" (Abromeit 2004) möglichst vermieden werden. Deshalb fokussieren wir nicht nur auf die Existenz von Institutionen wie dies etwa beim Polity-Index der Fall ist, sondern beziehen insbesondere auch die „Verfassungswirklichkeit" (Meyer 2005) oder die effektive Wirkung von Institutionen mit ein. In jeder Funktion findet sich deshalb jeweils mindestens eine Subkomponente, deren Indikatoren ‚rules in law' erfassen als auch mindestens eine Subkomponente, deren konstituierende Indikatoren ‚rules in use' messen. Damit sollen die demokratischen Normen des Verfassungsbuchstaben und die Manifestation in der Verfassungswirklichkeit erfasst werden. Würden nur erstere gemessen, wäre noch nicht viel über deren Umsetzung gesagt. Würde nur letztere berücksichtigt, könnten wir nicht das Spektrum demokratischer Möglichkeiten erfassen, die, selbst dann, wenn sie nicht umfangreich genutzt werden, doch ein Element der Demokratiequalität darstellen, da sie die Möglichkeitsstruktur der Demokratie in den Blick nehmen.
3. Um Messfehler zu reduzieren wurde versucht, zur Messung jeder Subkomponente mindestens zwei Indikatoren aus unterschiedlichen Quellen heranzuziehen (Bollen 1993; Kaufmann und Kraay 2008).

3.2 Skalierung

Eine der am häufigsten missachteten Herausforderung in der empirischen Demokratiemessung ist die theoretische Fundierung der Skalierung der verwendeten Indikatoren (Munck und Verkuilen 2002). Von großer Bedeutung ist dabei die Bestimmung von Unter- und Obergrenzen bzw. die Skalierung der Indikatoren nach bestimmten Regeln. Grundsätzlich sind drei solche Regeln denkbar:

1. Wir könnten unsere Indikatoren an theoretisch deduzierten Bezugswerten ausrichten. In diesem Fall müsste uns die Theorie mit Minima und Maxima für jeden Indikator aushelfen. Während dies für formale Institutionen wahrscheinlich relativ einfach wäre, dürfte es sich bei vielen Indikatoren hingegen als nahezu unmöglich heraus-

stellen, Schwellenwerte für tatsächliche Wirkungen von Institutionen zu bestimmen.[8] Darüber hinaus wäre die Definition von theoretischen Minima und Maxima insofern bedenklich, als dass, wie bereits eingangs erwähnt, keine universelle Theorie von Demokratie existiert. Die Definition der Schwellenwerte wäre abhängig von der normativen Ausgangsposition und würde deshalb sehr unterschiedlich ausfallen. Für einen minimalistischen Demokratieentwurf wäre etwa eine Wahlbeteiligung von 50 % unproblematisch. Konsequenterweise wäre 100 % Wahlbeteiligung nicht notwendigerweise ein theoretisches Maximum. Anhänger der partizipatorischen Demokratietheorie würden jedoch nicht nur universelles Wahlrecht, sondern auch eine möglichst hohe Wahlbeteiligung fordern. Darüber hinaus lassen sich für verschiedene Indikatoren überhaupt keine theoretischen Maxima oder Minima finden.

2. Ober- und Untergrenzen könnten durch internationale, ‚neutrale' Standards für Demokratiequalität vorgegeben werden. Allerdings lassen sich solche Standards nur für die wenigsten unserer Indikatoren finden.[9]

3. Wir optieren deshalb für die dritte Möglichkeit, welche die Indikatoren nach ‚best' bzw. ‚worst practice'-Verfahren klassiert. Dazu wurde folgendes Vorgehen gewählt. Zuerst wurde auf der Basis etablierter Demokratieindizes ein Ländersample erstellt, welches für den Zeitraum zwischen 1995 und 2005 alle etablierten Demokratien mit mehr als 250.000 Einwohnern enthält.[10] Aufgrund dieses Samples, welches quasi das ‚Universum aller etablierter Demokratien' abbildet, wird die Skalierung vorgenommen sowie die Beziehungsstruktur zwischen den Indikatoren einer Subkomponente festgelegt, um beides dann später als eine Art ‚blue print' auf weitere Länder und

---

8 Zwei Beispiele sollen als Illustration dienen: Wie groß ist die optimale Anzahl von Parteien? Wie viele Streiks pro Jahr kennzeichnen eine minimale Demokratiequalität? Es könnte argumentiert werden, dass diese Schwierigkeit für die Konzentration auf formale Institutionen sprechen würde. Mit unserem Demokratiekonzept schlagen wir hingegen vor, dass Demokratiequalität umfassender gemessen werden muss. Freilich lässt sich das Demokratiebarometer auch auf Indikatoren reduzieren, die lediglich Institutionen messen. Es steht den Anwender/Innen unseres Instruments frei, einer institutionalistischen Minimaldefinition der Demokratie zu folgen und sich die entsprechenden Indikatoren auszuwählen. Die Transparenz der Daten macht eine solche Vorgehensweise möglich.

9 Ein Beispiel für entsprechende Standards wäre etwa die UNO-Menschenrechtscharta (z. B. Humana 1992).

10 Ein Land gilt dann als etablierte Demokratie, wenn es in allen elf Untersuchungsjahren (1995–2005) bei Freedom House mindestens den Wert 1,5 und bei Polity mindestens den Wert 8,0 aufweist, also über einen längeren Zeitraum hinweg konstant als etablierte Demokratie eingestuft wird. Folgende 34 Länder erfüllen diese Kriterien: Australien, Bahamas, Barbados, Belgien, Costa Rica, Dänemark, Deutschland, Finnland, Frankreich, Großbritannien, Island, Irland, Italien, Japan, Kanada, die Kapverdischen Inseln, Luxemburg, Malta, Mauritius, Neuseeland, die Niederlande, Norwegen, Österreich, Polen, Portugal, Schweden, Slowenien, Südafrika, Spanien, die Schweiz, die Tschechische Republik, Ungarn, die USA und Zypern. Aufgrund zu vieler fehlender Daten mussten Bahamas, Barbados, die Kapverdischen Inseln und Mauritius ausgeschlossen werden. Unser ‚blue print'-Sample umfasst also 30 Länder und elf Jahre (330 Länderjahre).

Jahre im Demokratiebarometer anzuwenden.[11] Für die eigentliche Skalierung wurden innerhalb dieses ‚blue print'-Samples (30 Länder und elf Jahre, also total 330 Länderjahre) alle Indikatoren so standardisiert, dass für jeden Indikator die höchste (im Sinne des Erfüllungsgrads einer Funktion) Ausprägung mit dem Wert 100 und die niedrigste Ausprägung mit dem Wert 0 versehen wurde.[12] Neben den Einwänden, die oben bereits gegen die alternativen Skalierungsverfahren vorgebracht wurden, gibt es mindestens drei weitere Gründe für die Wahl des ‚best practice'-Vorgehens:

- Wir definieren Demokratie als eine politische Ordnung, die sich aufgrund kontinuierlicher politischer und gesellschaftlicher Aushandlungsprozesse beständig neu bestimmt und verändert. Wir gehen konsequenterweise davon aus, dass jede Demokratie den neun Funktionen und drei Prinzipien infolge historischer Pfade und normativer Präferenzen unterschiedliche Wichtigkeit zuschreibt. Was wir also messen sollten, ist das momentan existierende und justierbare empirische Maximum; mit anderen Worten: die ‚best practice' für jede Funktion. Diese lässt sich zudem jederzeit neu anpassen.[13] Das ist im Vergleich zu anderen Demokratiemaßen ein nicht zu unterschätzender Vorteil bei Längsschnitt-Analysen. Während Verbesserungen über die Zeit mit einem einmal definierten und fixen Maximum nicht mehr adäquat erfasst werden können, erlaubt die ‚best practice'-Messung eine flexible Anpassung nach oben und nach unten.
- Ein wichtiges Ziel des Projekts ist der Vergleich verschiedener etablierter Demokratien. Die Bestimmung von ‚best practice' kommt diesem Anliegen in adäquater Weise entgegen (vgl. dazu auch Beetham 2004), denn sie erlaubt die Darstellung von Zielkonflikten zwischen verschiedenen Prinzipien bzw. Funktionen, von möglichen Trade-Offs und von verschiedenen realen Erscheinungsformen von Demokratien (siehe nachfolgend).
- Was die Mindestschwelle betrifft, ist hervorzuheben, dass es nicht Ziel des Demokratiebarometers ist, zu definieren, ob ein Land eine Demokratie ist oder nicht. Wir wollen vielmehr den Gehalt der Demokratie von bereits etablierten Demokratien bestimmen. Werte von 0 oder Minuswerte sind deshalb möglich.

---

11 Daten für rund 45 weitere Länder und den Zeitraum 1990–2007 werden z.Z. erhoben und gemäß dem ‚blue print'-Sample rekodiert.

12 Werden weitere Länder oder Jahre mit einbezogen, ist es also möglich, dass sich Werte unter 0 oder über 100 ergeben. 0 bedeutet also nicht ‚keine Demokratie', sondern 0 (oder Werte unter 0) bedeutet, dass ein Land bei einem Indikator schlechter abschneidet als das schlechteste Land (bei diesem Indikator) der ‚blue print'-Länder zwischen 1995 und 2005.

13 Im Prinzip braucht es keine Anpassung, da die Skala nach oben und unten offen ist. Werte über 100 bedeuten, dass ein Land bei einem Indikator einen höheren Wert erreicht, als dies im ‚blue print'-Sample (30 Länder in elf Jahren) erreicht wurde. Der Demokratiebarometer ist zudem mit neuen Indikatoren erweiterbar, wenn sie die Bedingungen, wie sie unter Abschn. 3.1 formuliert wurden, erfüllen. Wir laden die Forschergemeinschaft ein, die Indikatorenliste zu erweitern und so die Messung von Demokratiequalität weiter zu verbessern (vgl. dazu auch www.democracy-barometer.org).

3.3 Aggregierung

Die dritte Herausforderung, der jede Indexbildung begegnen muss, ist die Frage der Aggregierung: wie sollen die Indikatoren zu Subkomponenten, Komponenten, Funktionen, Prinzipien und schließlich zum Index ,Demokratiequalität' verdichtet werden? Damit verbunden ist zudem die Frage der Gewichtung der einzelnen Bestandteile. Wir haben uns –nach ausführlichen empirischen Tests – für die nachfolgend beschriebene Vorgehensweise entschieden.

Um Demokratiequalität zu messen, gehen wir den in der theoretischen Deduktion gefolgten Weg in umgekehrter Richtung zurück – von konkreten Indikatoren zum abstrakten Konzept. Zuerst werden die ausgewählten Indikatoren gemäß ,best practice' skaliert. Der arithmetische Mittelwert der Indikatoren bildet dann den Wert der entsprechenden Subkomponente. Der ,einfache' Mittelwert spiegelt die Überlegung wieder, dass die Indikatoren einer Subkomponente das gleiche Konzept messen müssen und entsprechend kompensierbar sein sollten. Auf die gleiche Weise werden im nächsten Schritt aus den Subkomponenten die Komponenten gebildet.

In den nachfolgenden Aggregationsschritten (von Komponenten zu Funktionen; von Funktionen zu Prinzipien; von Prinzipien zum Gesamtaggregat ,Demokratiequalität') fließen zwei Ideen ein, die bereits im theoretischen Teil erörtert wurden: wir gehen erstens davon aus, dass es sich bei den Komponenten, Funktionen und Prinzipien jeweils um notwendige Bedingungen für die jeweils nächste Aggregatsstufe handelt. Zweitens nehmen wir an, dass es Demokratien unterschiedlich gut gelingt, eine optimale Balance zwischen den Komponenten, bzw. den Funktionen und den Prinzipien herzustellen. Wir errechnen deshalb den Wert der jeweiligen höheren Stufe mit Hilfe einer Formel, welche erstens die Idee der notwendigen Bedingungen aufnimmt und zweitens nicht nur hohe Werte belohnt, sondern auch Inkongruenzen zwischen Wertepaaren bestraft.[14]

---

[14] Die Aggregationsformel soll nicht nur Progression abbilden (vermittels Multiplikation) und ungleiche Betonung unterschiedlicher Elemente (Komponenten, Funktionen, Prinzipien) adäquat (d.h. mit zunehmendem Ungleichgewicht zunehmend) bestrafen, sondern sie soll auch abnehmenden Grenznutzen bei zunehmender Demokratiequalität abbilden. Wir haben uns deshalb für eine Arkustangens-Funktion entschieden:

$$Funktionswert = (arctan(Komponente1 * Komponente2) * 1.2/4000) * 80.$$

Bei drei Elementen, d.h. bei der Aggregierung der Funktionen zu Prinzipien bzw. der Prinzipien zu Demokratiequalität wird die gemittelte Summe der paarweisen Funktionenwerte herangezogen:

$$Prinzipwert = \{[(arctan(Komponente1 * Komponente2) * 1.2/4000) * 80]$$
$$+ [(arctan(Komponente1 * Komponente3) * 1.2/4000) * 80]$$
$$+ [(arctan(Komponente2 * Komponente3) * 1.2/4000) * 80]\}/3.$$

Komplexer wird die Formel, wenn die Werte einzelner Elemente unter den Nullbereich fallen. Dies ist im hier behandelten Blueprint-Sample natürlich nicht der Fall, wird aber in erweiterten Datensammlungen möglich sein. Eine ausführliche Diskussion zu diesen Fällen sowie zur hier verwendeten Formel findet sich im Methodenhandbuch unter www.democracybarometer.org.

Unser Vorgehen kann (und soll) natürlich kritisiert werden. So könte etwa aus einer liberalen Sichtweise heraus argumentiert werden, dass die Funktionen ‚Rechtsstaatlichkeit', ‚individuelle Freiheiten' und ‚Wettbewerb' stärker gewichtet werden müssten als die restlichen Funktionen. Aus einer rein partizipatorischen Perspektive müsste der Funktion Partizipation ein besonderes Gewicht beigemessen werden. Auf der Basis unseres ausgewiesenen Konzeptes mittlerer Reichweite und der Interdependenz aller Funktionen gebietet die Logik, alle Funktionen gleich zu gewichten. Nichtsdestotrotz sind andere Gewichtungen möglich. Allerdings gilt es dann, die theoretische Pflicht zu respektieren und den genauen Gewichtungsfaktor jenseits des Arbiträren zu begründen.[15]

4 Die Qualität von Demokratien – erste empirische Resultate

Im Folgenden werden erste vorläufige Resultate präsentiert und ein Einblick in die Analysemöglichkeiten gewährt, die mit dem Demokratiebarometer einhergehen. Dies soll gleichzeitig die Plausibilität des Messinstrumentes aufzeigen.

Wir argumentieren, dass der Erfüllungsgrad der Funktionen innerhalb eines etablierten demokratischen Systems das Ergebnis politischer und gesellschaftlicher Aushandlungsprozesse darstellt. Die unterschiedliche Balance der neun Funktionen lässt sich anhand von Netzdiagrammen darstellen. In Abschn. 4.1. präsentieren wir deshalb zuerst eine deskriptive Analyse unterschiedlicher Formen von Demokratie. Das Demokratiebarometer eignet sich des Weiteren auch für Längs- und Querschnittvergleiche der Demokratiequalität insgesamt oder einzelner Funktionen (Abschn. 4.2).

4.1 Formen von Demokratien – deskriptive Analysen

In einer ersten, etwas naiven Herangehensweise könnte vermutet werden, dass ein demokratisches Regime, das bei allen Funktionen den höchsten Erfüllungsgrad aufweist, auch die höchste Demokratiequalität erreicht. Unter der Annahme, dass die neun Funktionen in einem Spannungsverhältnis stehen, scheint eine simultane Maximierung aller neun Funktionen allerdings sowohl aus theoretischer wie auch aus empirischer Warte unwahrscheinlich. Wir gehen deshalb davon aus, dass verschiedene empirische Realisierungen von Demokratien unterschiedliche Optima bzgl. der Kombination der neun Funktionen finden. Diese unterschiedlichen Optima lassen sich anhand von Netzdiagrammen darstellen, bei denen die einzelnen Achsen die neun Funktionen repräsentieren. Zur Illustration werden in Abb. 2 die Netzdiagramme der drei Länder für jeweils drei Jahre abgebildet, die bereits in der Einleitung Erwähnung fanden: Finnland, Italien und die USA.

Wie eingangs erwähnt, finden sich bei etablierten Demokratieindizes wie Freedom House oder Polity zwischen diesen Ländern keine Unterschiede. Die Netzdiagramme zeigen jedoch eine recht deutliche Varianz hinsichtlich der Form und der Größe der Netzflächen zwischen den Ländern. Anhand der Formen lassen sich zudem unterschiedliche

---

15 Wir laden die Forschergemeinschaft explizit dazu ein, mit den Daten des Demokratiebarometers andere Gewichtungs- und Aggregierungsverfahren zu testen und anzuwenden.

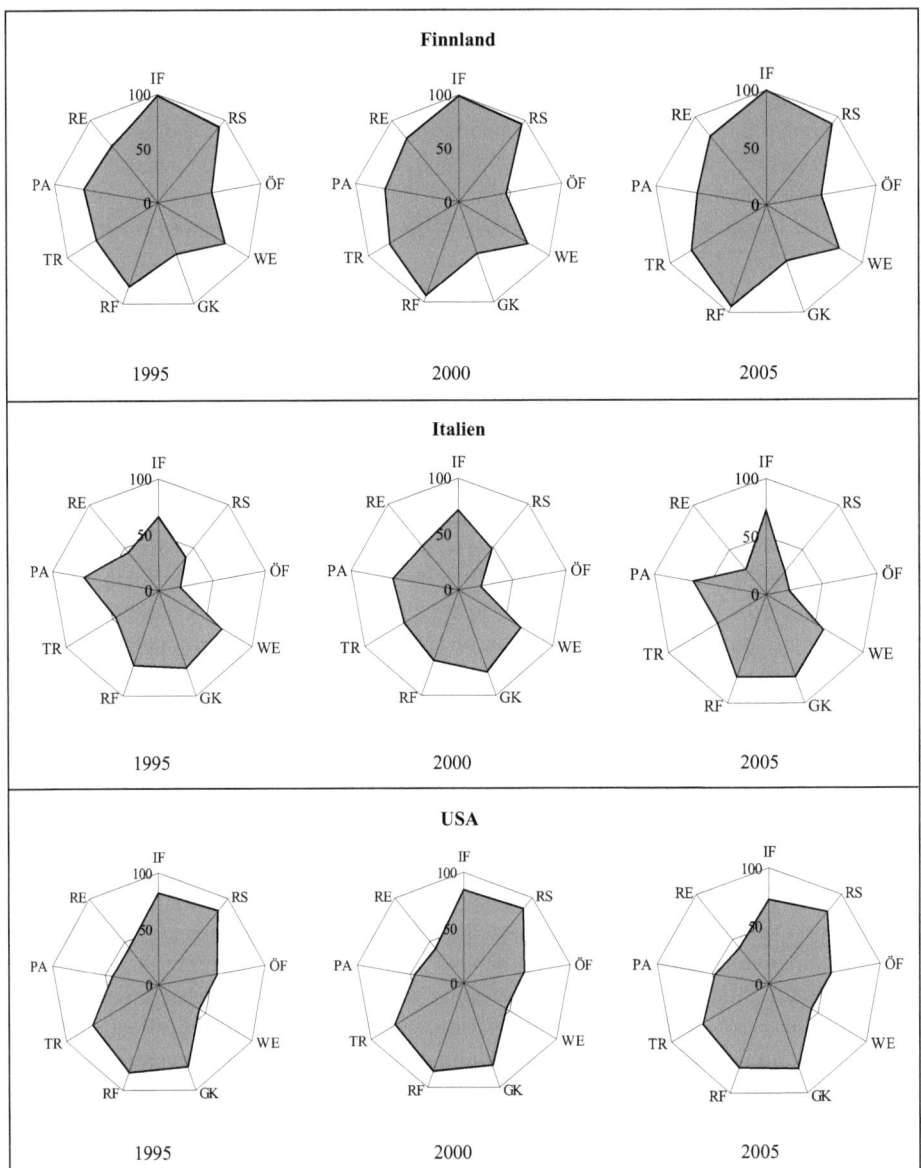

Abb. 2: Demokratiebarometer – Netzdiagramme. (*IF* Individuelle Freiheiten, *RS* Rechtsstaatlichkeit, *ÖF* Öffentlichkeit, *WE* Wettbewerb, *GK* Gewaltenkontrolle, *RF* Regierungs- und Implementierungsfähigkeit, *TR* Transparenz, *PA* Partizipation, *RE* Repräsentation)

Realisierungen von Demokratie beobachten: in den drei Ländern werden verschiedene Funktionen unterschiedlich und in unterschiedlichem Grad erfüllt.

Darüber hinaus können auch Veränderungen über die Zeit in den Ländern selbst festgestellt werden. Die Interpretation all dieser Unterschiede soll hier nicht Gegenstand sein. Es kann aber festgehalten werden, dass sich mit dem Demokratiebarometer verschiedene Vergleichsmöglichkeiten eröffnen, welche sich zudem anschaulich darstellen lassen.

4.2 Demokratiequalität im Vergleich

Auch wenn die neun Funktionen kaum gleichzeitig maximiert werden können, so kann ihr Zusammenspiel doch derart optimiert werden, dass sich die gesamte Demokratiequalität erhöht. Wir gehen also davon aus, dass sich Demokratien hinsichtlich der von uns bestimmten Demokratiequalität (Gesamtaggregat) unterscheiden und dass sich die Qualität einer Demokratie über die Zeit verändert. Hinsichtlich unseres Gesamtindex für Demokratiequalität lassen sich für die 30 ‚blue print'-Länder für die Jahre 1995–2005 folgende Beobachtungen machen.

Im Zeitvergleich zeigt sich im Schnitt über alle 30 Demokratien insgesamt eine leichte Zunahme an Demokratiequalität von 1995 bis 2005. Die mittlere Demokratiequalität aller 30 Staaten liegt 1995 bei 63,1. Sie steigt bis 2000 auf 66,6 an und nimmt dann bis 2005 wieder auf 65,5 ab.[16] Von einer häufig behaupteten kontinuierlich zunehmenden Krise der Demokratie kann also nicht gesprochen werden (Crozier et al. 1975; Pharr und Putnam 2000), da bereits das Ausgangsniveau 1995 relativ hoch ist und sich von da weiterentwickelt.[17] Freilich variieren die einzelnen Länder relativ stark. Werden lediglich die Differenzen der Länderwerte zwischen 2005 und 1995 betrachtet, können grob drei Ländergruppen unterschieden werden.

Insgesamt verschlechtert sich die Demokratiequalität zwischen 1995 und 2005 in neun Ländern: in Italien (Rückgang von 2005 bis 1995 um −9,3 DQ-Punkte), in der Tschechischen Republik (−7,2), Portugal (−5,0), in den USA (−2,2), in Costa Rica (−1,8), in Irland (−1,4), in Australien (−1,3) in Frankreich (−1,0), und in Deutschland (−1,0). In den restlichen 21 Ländern zeigt sich eine Verbesserung der Demokratiequalität über die Zeit. Diese ist in 14 Ländern unterdurchschnittlich ausgeprägt (unter 4,9), nämlich in Dänemark (0,9), Ungarn (1,2), Finnland (1,8), Norwegen (2,4), Zypern (2,5), Luxemburg (2,5), Schweden (2,6), Spanien (2,8), Österreich (2,9), Slowenien (2,9), Belgien (3,2), den Niederlanden (3,9), Neuseeland (3,9) und Südafrika (4,1). In den restlichen sieben Ländern zeigt sich eine überdurchschnittliche Zunahme der Demokratiequalität (Zunahme von mehr als 4,9 zwischen 1995 und 2005): in Kanada (5,8), Island (6,3), Polen (7,8), Grossbritannien (10,0), Malta (11,3), Japan (11,8) und in der Schweiz (12,8).

Die Veränderungen in der Demokratiequalität über die Zeit schlagen sich teilweise auch in den Rangfolgen der Länder hinsichtlich ihrer demokratischen Qualität nieder (Tab. 1).

---

16 Den geringsten Wert in den 330 Länderjahren weist Costa Rica im Jahr 2005 (29,2) und den höchsten Wert weist Dänemark in den Jahren 2003 und 2004 auf (88,7).

17 Es kann vermutet werden, dass sich der Knick in den Jahren 1999/2000 mindestens teilweise auf die dotcom-Krise zurückführen lässt.

Tab. 1: Die Qualität etablierter Demokratien (Rangliste für 1995, 1998, 2000, 2003 und 2005; Länder geordnet entsprechend ihres Rangs 2005)

Land	1995	1998	2000	2002	2005
Dänemark	1	1	2	1	1
Finnland	2	2	1	2	2
Belgien	3	5	3	3	3
Island	6	4	4	4	4
Schweden	5	3	5	5	5
Norwegen	4	6	6	6	6
Kanada	8	7	7	8	7
Niederlande	7	8	8	7	8
Schweiz	19	21	13	12	9
USA	9	10	10	11	10
Neuseeland	14	11	11	13	11
Luxemburg	11	9	9	9	12
Deutschland	10	12	12	10	13
Slowenien	12	13	15	14	14
Irland	13	14	14	16	15
Spanien	17	16	18	15	16
Österreich	18	20	21	18	17
Australien	16	17	19	17	18
Portugal	15	15	17	19	19
Ungarn	20	19	16	20	20
Malta	24	24	24	21	21
Zypern	23	23	23	22	22
Tschechische Republik	21	22	22	24	23
Japan	26	29	27	25	24
Grossbritannien	28	26	26	26	25
Italien	22	18	20	23	26
Polen	27	27	29	27	27
Frankreich	25	25	25	29	28
Südafrika	29	28	28	28	29
Costa Rica	30	30	30	30	30

So verschlechtern sich etwa Deutschland und Frankreich innerhalb der Untersuchungsjahre um drei Ränge und Italien und Portugal sogar um vier Ränge, während sich umgekehrt Neuseeland, Malta und Grossbritannien um 3 und die Schweiz gar um 10 Ränge verbessern.[18]

---

18 Zumindest teilweise lassen sich diese Verbesserungen, die hinsichtlich der Rangpunkte – nicht aber hinsichtlich der effektiven Werte – recht hoch ausfallen, durch institutionelle Reformen erklären: in Neuseeland scheint die Wahlrechtsreform 1994 bzw. die darauf folgenden Wahlen 1996 zu Verbesserungen in der demokratischen Qualität zu führen, während der Rangsprung der Schweiz zwischen 1998 und 1999 unter anderem auf die Totalrevision der Verfassung zurückführbar sein dürfte.

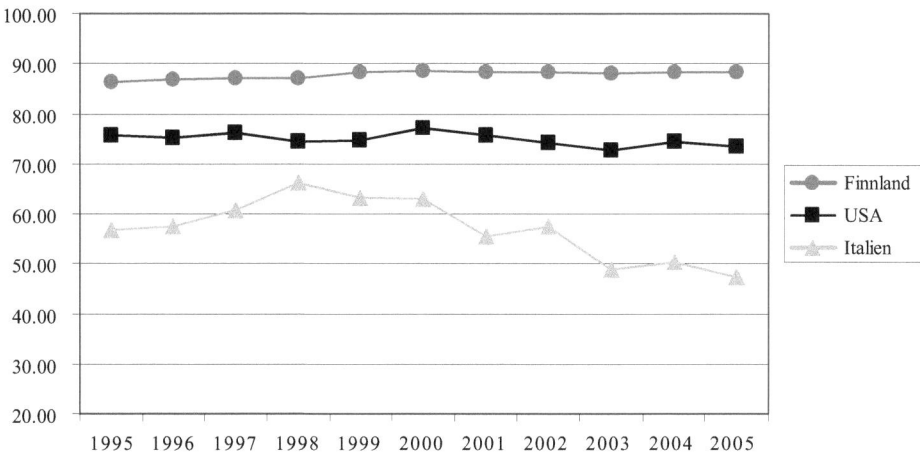

Abb. 3: Entwicklung der Demokratiequalität in Finnland, Italien und den USA

Die Veränderungen über die Zeit lassen sich mit dem Demokratiebarometer noch differenzierter nachzeichnen. Wiederum sollen die drei Beispielländer Finnland, Italien und die Vereinigten Staaten zur Illustration herangezogen werden. Abbildung 3 zeigt, dass Finnland hinsichtlich der allgemeinen Demokratiequalität insgesamt auf einem höheren Niveau liegt als die USA und Italien. Die Entwicklungen in der Demokratiequalität scheinen zudem – zumindest in Italien und den USA – mit Regierungswechseln einherzugehen. Dies kann zumindest als ein Indiz für eine valide Messung betrachtet werden, insbesondere wenn bedacht wird, dass keiner der Indikatoren politische Faktoren wie bspw. die parteiliche Zusammensetzung der Regierung o. ä. erfasst. Natürlich müssen und können hier feinere Untersuchungen erfolgen, um das Potenzial des Demokratiebarometers noch besser auszuschöpfen.

5 Die Qualität der Qualitätsmessung

Nachfolgend soll evaluiert werden, ob das Demokratiebarometer ein zuverlässiges Maß ist oder nicht. In der Folge werden deshalb Validitätstests durchgeführt. Es wird dabei zwischen Konstrukt- (Abschn. 5.1) und Kriteriumsvalidität (Abschn. 5.2) unterschieden. Konstruktvalidität bedeutet, dass sich unsere theoretischen Erwartungen hinsichtlich der Funktionen und Komponenten auch empirisch nachzeichnen lassen müssen. Kriteriumsvalidität kann attestiert werden, wenn unser Demokratiemaß mit anderen Faktoren so korreliert, wie es gemäss einschlägigen Theorien erwartet werden kann. Darüber hinaus führen wir endogene Validitätstests durch und gehen dabei den in der empirischen Demokratieforschung am häufigsten gewählten Weg, nämlich den Vergleich unseres Maßes mit bestehenden Indizes, die Demokratie ähnlich messen (Abschn. 5.3).

Tab. 2: Unterschiedliche Realisierungen von Demokratie (Mittelwerte der Funktionen-, Prinzipien- und Demokratiequalitätswerte innerhalb jedes Clusters)

	Cluster 1	Cluster 2	Cluster 3	Cluster 4
Individuelle Freiheiten	88,16	**91,60**	81,9	77,63
Rechtsstaatlichkeit	**82,45**	74,14	72,2	39,81
Öffentlichkeit	*42,89*	49,97	20,6	22,45
Wettbewerb	71,04	**73,11**	55,1	49,57
Gewaltenkontrolle	50,99	34,95	59,2	**60,30**
Regierungs- und Implementierungsfähigkeit	85,99	**87,91**	76,6	66,29
Transparenz	**71,25**	*32,62*	61,7	30,26
Partizipation	**77,53**	59,06	60,6	50,02
Repräsentation	**77,62**	53,93	56,9	58,61
Freiheit	73,86	**76,88**	49,8	39,35
Kontrolle	**73,27**	65,89	67,4	61,29
Gleichheit	**82,69**	46,61	63,3	41,19
Demokratiequalität	**83,63**	67,00	63,4	45,26

fett höchster Mittelwert im Gruppenvergleich, schattiert drei Funktionen innerhalb der Gruppe mit stärkster Ausprägung, *kursiv* Funktion mit schwächster Betonung innerhalb der Gruppe

5.1 Konstruktvalidität

In unserem Demokratiekonzept unterscheiden wir neun Funktionen, welche die Prinzipien Freiheit, Gleichheit und Kontrolle umsetzen und deren Erfüllungsgrad schließlich die Demokratiequalität bestimmt. Wir vermuten, dass das Gewicht, welches eine Demokratie den unterschiedlichen Funktionen zumisst, zum einen ein Desiderat fortwährender politischer und gesellschaftlicher Deliberation, zum anderen aber auch ein Resultat historisch gewachsener Pfadabhängigkeiten ist. Wir erwarten deshalb unterschiedliche empirische Realisierungen von Demokratie, die in eine beachtliche *variety of democracies* münden.

Diese Vermutung muss sich nun mit Hilfe des Demokratiebarometers empirisch nachweisen lassen. Mit Hilfe einer Clusteranalyse der 30 Länder für das Jahr 2005 lassen sich unterschiedliche Demokratiemuster finden (Tab. 2).[19]

Die Clusteranalyse unterteilt die Länder in vier Gruppen: in der ersten Gruppe finden sich Belgien, Dänemark, Finnland, Island, Neuseeland, die Niederlande, Norwegen und Schweden. Diese Gruppe weist die höchste mittlere Demokratiequalität sowie die höchsten mittleren Werte in den Prinzipien Kontrolle und Gleichheit auf. Auffällig ist insbesondere die starke Betonung des Prinzips ‚Gleichheit'. In der zweiten Gruppe werden die Kleinstaaten Luxemburg, die Schweiz und Zypern zusammengefasst. In dieser Gruppe wird das Prinzip Freiheit am stärksten und das Prinzip Gleichheit vergleichsweise schwach betont. Ersteres ist auf eine im Vergleich relativ starke Betonung der Funktion Öffentlichkeit und letzteres auf die schwache Betonung der Funktion Transparenz zurückzuführen. Australien, Deutschland, Frankreich, Großbritannien, Irland, Japan, Kanada,

---

19 Die Clusteranalyse wurde mit den Funktionenwerten aller Länder für das Jahr 2005 durchgeführt ($N=30$). Als Methode wurde die gebräuchliche Ward-Methode mit quadrierter euklidischer Distanz angewendet.

Österreich, Portugal, Slowenien, Spanien, Ungarn und die USA machen die zahlenmäßig größte Gruppe 3 aus. Die Länder dieser Gruppe scheinen Kontrolle stärker zu betonen als Gleichheit und Freiheit, wobei das Ungleichgewicht zwischen den drei Prinzipien nicht ganz so stark ist wie in Gruppe 2. Die vierte Gruppe schließlich umfasst die restlichen sechs Länder Costa Rica, Italien, Malta, Polen, die Tschechische Republik und Südafrika. In dieser Gruppe ist die mittlere Demokratiequalität im Jahr 2005 am geringsten. Auch hier wird Kontrolle am stärksten betont, diesmal allerdings recht deutlich. Sowohl Freiheit wie auch Gleichheit sind hier im Mittel am wenigsten stark ausgeprägt.

Die Ländergruppen können hinsichtlich der einzelnen Funktionen beschrieben werden. Auffallend ist, dass im Jahr 2005 die individuellen Freiheiten wie auch die Regierungs- und Implementierungsfähigkeit in allen vier Gruppen mit am besten erfüllt zu sein scheinen. Mit Ausnahme der Gruppe 4 zeigt sich die Rechtsstaatlichkeit als vergleichsweise gut entwickelt. In der Gruppe 4 scheint der Gewaltenkontrolle allerdings ein größeres Gewicht beigemessen zu werden. Öffentlichkeit hingegen ist in drei der vier Ländergruppen die am schlechtesten erfüllte Funktion – wenn auch auf unterschiedlichem Niveau. Ausnahme bildet hier die Gruppe 2, in der allerdings die Funktion der Transparenz vergleichsweise unerfüllt bleibt.

Selbstverständlich müssten die einzelnen Gruppen genauer analysiert, die Bedeutung der unterschiedlichen Erfüllungsgrade ausführlich erörtert und Analysen für die restlichen Jahre durchgeführt werden. Für den hier verfolgten Zweck reicht es aber, zu sehen, dass auf der Basis der Demokratiebarometerdaten die Idee der unterschiedlichen Realisierungen von Demokratie empirisch nachgezeichnet werden kann.

5.2 Kriteriumsvalidität

Eine weitere Möglichkeit, die Validität unseres Instruments zu testen, ist die Kriteriumsvalidität (Cassel und Lo 1997; Lawrence 2006; Wyckoff 1987). Hier wird untersucht, wie das Demokratiebarometer mit externen Variablen zusammenhängt, mit denen es aus theoretischen Gründen korrelieren müsste. So kann etwa vermutet werden, dass eine hohe Demokratiequalität mit einem hohen Entwicklungs- bzw. Wohlstandsniveau einhergeht. Unsere Analysen bestätigen dies: Die mittels des Demokratiebarometers bestimmte Demokratiequalität hängt positiv mit dem von der UNO bzw. vom UNDP entwickelten ‚Human Development Index' (HDI) zusammen.[20] Pearsons r beträgt über alle Jahre hinweg 0,54.[21] Dies ist insbesondere auch deshalb bemerkenswert, weil der HDI in unserem Sample etablierter Demokratien nicht stark variiert (Abb. 4).[22]

---

20 Der HDI setzt sich aus der Lebenserwartung, der Alphabetenrate, der Schülerquote sowie der realen Pro-Kopf-Kaufkraft zusammen.

21 Die Stärke der Korrelation variiert zwischen den Jahren: 1995: 0,57; 1998: 0,58; 2000: 0,59; 2001: 0,42; 2005: 0,58.

22 Der HDI reicht von 0 bis 1. Die verfügbaren 150 ‚blue print'-Länder-Jahre (30 Länder in den Jahren 1995, 1998, 2000, 2001 und 2005) weisen einen Mittelwert von 0,91 bei einer Standardabweichung von 0,05 auf.

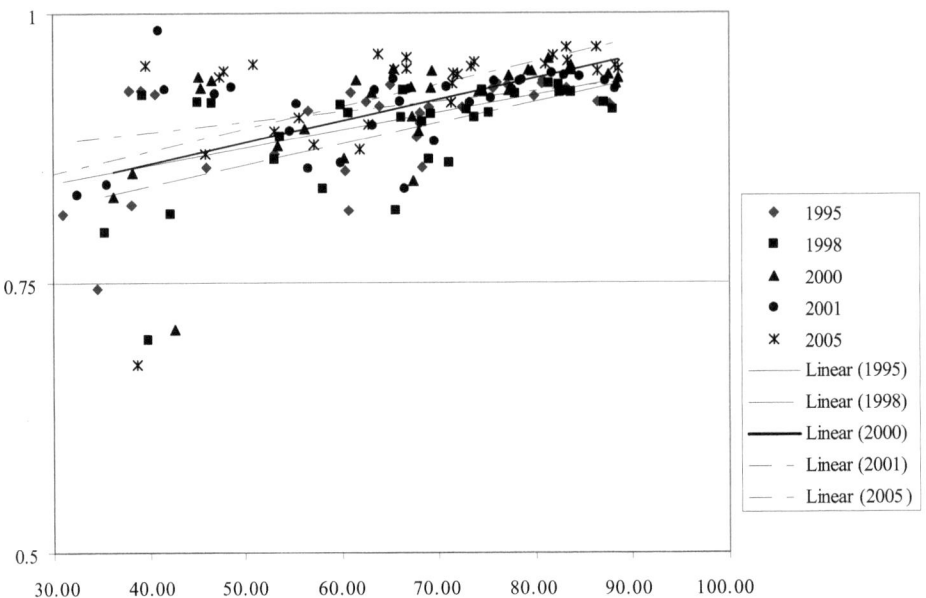

Abb. 4: Demokratiequalität und HDI ($N=150$ (30 Länder in den Jahren 1995, 1998, 2000, 2001 und 2005); Quelle: Human Development Index)

5.3 Endogene Validität

Die Verknüpfung mit anderen Demokratiemessungen scheint sich in der empirischen Demokratieforschung als Standard-Proxytest zur Einschätzung der Messqualität eines Messinstruments etabliert zu haben (Bollen 1993; Bollen und Paxton 1998; Gaber 2000; Munck und Verkuilen 2002; Welzel 2000). Allerdings können für das Demokratiebarometer in der Form des ‚blue print'-Samples keine Korrelationstests mit bestehenden Maßen durchgeführt werden, weil sich für diese Länder in bisherigen Indizes keine Varianz ergibt: sowohl Polity als auch Freedom House stufen die 30 Länder wie erwähnt durchwegs als etablierte Demokratien ein. Wir nutzen deshalb mit den „Worldwide Governance Indicators" (Kaufmann et al. 2009) ein Maß, das zwar nicht Demokratiequalität, sondern ‚good governance' misst. Diese beiden Konzepte sind jedoch eng miteinander verwandt.[23] In Abb. 5 sind die Koeffizienten der Korrelationen zwischen dem Governan-

---

23 Governance consists of „the traditions and institutions by which authority in a country is exercised. This includes the process by which governments are selected, monitored and replaced, the capacity of the government to effectively formulate and implement sound policies and the respect of citizens and the state for the institutions that govern economic and social interactions among them" (Kaufmann et al. 2009, S. 5).

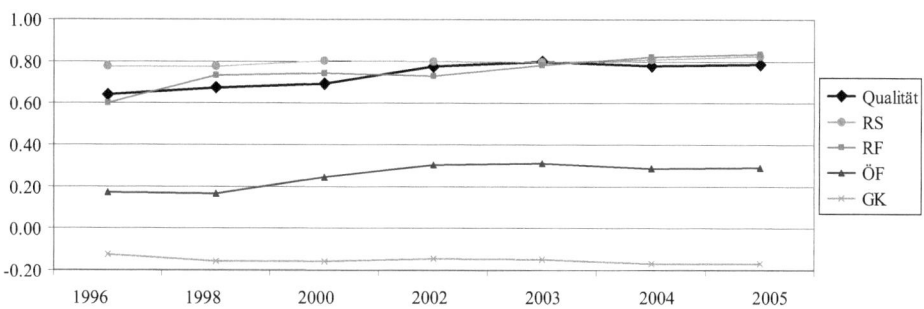

Abb. 5: Korrelationen zwischen Demokratiebarometer und Governance-Index. (Korrelationen zwischen aggregierten Governance-Indikatoren (s. Fussnote 24) und Demokratiequalität sowie den Funktionen ‚Rechtsstaatlichkeit' (*RS*), ‚Regierungs- und Implementierungsfähigkeit' (*RF*), ‚Öffentlichkeit' (*ÖF*) und ‚Gewaltenkontrolle' (*GK*) für alle ‚blue print'-Länder in den Jahren, in denen die Governance-Indikatoren erhältlich sind (1996, 1998, 2000, 2002, 2003, 2004, 2005)

ce-Index[24] der Weltbank und der Demokratiequalität für jene Jahre abgetragen, für die Governance-Indikatoren erhältlich sind.

Es kann beobachtet werden, dass die Demokratiequalität insgesamt stark mit dem aggregierten Governance-Index korreliert. Dies kann als Indiz für die Messqualität des Demokratiebarometers gewertet werden. Zwei weitere Beobachtungen verdienen hier allerdings Erwähnung:

1. Der Zusammenhang zwischen dem aggregierten Governance-Index und einzelnen Funktionen variiert sehr stark. Schwache und sogar negative Korrelationen zeigen sich mit den Funktionen ‚Gewaltenkontrolle' (mittlere Pearsons Korrelationswerte von $-0{,}15$), ‚Öffentlichkeit' (0,25), ‚Repräsentation' (0,40), ‚Individuelle Freiheiten' (0,44), und ‚Wettbewerb' (0,45); mittlere bis starke statistische Zusammenhänge finden sich zwischen dem aggregierten Governance-Index und den Funktionen ‚Partizipation' (0,55), ‚Transparenz' (0,63), ‚Regierungs- und Implementierungsfähigkeit' (0,75), und ‚Rechtsstaatlichkeit' (0,80). Diesen Funktionen wird im Governance-Index der Weltbank besonderes Gewicht eingeräumt. Es scheint, als würden jene Funktionen eher schwach korrelieren, die sich primär dem Kontrollprinzip zuordnen lassen. Dies bestätigt die von uns geteilte Ansicht Lauths (2004), dass bisherige Demokratieindizes diesem Prinzip stiefmütterlich begegnen. Mit anderen Worten:

---

24 Die Worldwide Governance Indicators werden seit 1996 alle zwei Jahre und seit 2002 jährlich erhoben. Sie bestehen aus den sechs Dimensionen ‚Voice and Accountability' (Partizipationsmöglichkeiten), ‚Political Stability' (Wahrscheinlichkeit gewaltfreier Herrschaftswechsel), ‚Government Effectiveness' (Qualität der Policies und Fehlen nicht-legitimierten Drucks), ‚Regulatory Quality' (Kapazität der Regierung, gute Policies zu produzieren), ‚Rule of Law' (Grad der Akzeptanz von Rechtsstaatlichkeit in der Gesellschaft) und ‚Control of Corruption' (Grad an Korruption), welche anhand von Indikatoren bestimmt werden, die aus verschiedenen und mit der Zeit zunehmenden Quellen gewonnen werden. Für die Korrelationen haben wir diese sechs Dimensionen für jedes Länderjahr per Mittelwert zu einem Gesamtscore aggregiert.

ähnlich wie bestehende Demokratiemaße scheint auch der Governance-Index hinsichtlich demokratischer Kontrolle konzeptuell unterspezifiziert zu sein.
2. Die Stärke der Korrelationen zwischen der von uns gemessenen Demokratiequalität und dem aggregierten Governance-Index nimmt mit der Zeit zu. Dies ist darauf zurückzuführen, dass der Governance-Index 1996 weniger differenziert misst als 2005.[25] Die Messung der Demokratiequalität bleibt hingegen für alle Jahre genau gleich. Dies spricht erneut für endogene Validität des Demokratiebarometers. Wir messen die feinen Unterschiede zwischen etablierten Demokratien und zwar während der gesamten Messperiode auf immer die gleiche Weise.

6 Konklusion

Zusammenfassend lässt sich festhalten, dass uns unsere informierte Intuition[26] nicht getäuscht hat. Obwohl bisherige Demokratieindizes dafür ‚blind' sind, gibt es deutliche Unterschiede in der Qualität etablierter Demokratien, die sich messen und darstellen lassen. Dies gilt nicht nur für die drei eingangs genannten Länder Italien, USA und Finnland, sondern für alle Staaten, welche in den elf Jahren von 1995 bis 2005 konstant als etablierte Demokratien gelten können. Mit Hilfe eines theoretisch breit abgestützten Konzepts, welches auf einer systematisch-deduktiven Logik basiert, sowie einem umfassenden Set an Indikatoren, die anhand klarer Regeln schrittweise aggregiert werden, gelingt es, diese Unterschiede deutlich sichtbar zu machen.

So hat sich gezeigt, dass etablierte Demokratien hinsichtlich ihrer gesamten Demokratiequalität stark variieren und dass sich die Demokratiequalität innerhalb eines Landes über die Zeit verändert. Insgesamt nimmt die Demokratiequalität zwischen 1995 und 2005 in rund zwei Dritteln der 30 hier untersuchten Staaten zu. Dies weist erstens darauf hin, dass von einer allseits beklagten Krise der Demokratie nicht die Rede sein kann. Zweitens macht der Befund deutlich, dass auch etablierte Demokratien noch erhebliches Entwicklungspotenzial haben. Ein Endstadium der Demokratisierung der Demokratie ist in diesem Sinne nicht in Sicht (Dahl 1971; Offe 2004).

Dies liegt nicht zuletzt daran, dass eine gleichzeitige Maximierung aller neun Demokratiefunktionen aufgrund eines gewissen Spannungsverhältnisses zwischen den Prinzipien ‚Freiheit' und ‚Gleichheit' kaum möglich ist. Entsprechend bestätigen die Netzdiagramme (vgl. Abb. 2), dass Demokratie das Produkt fortwährender gesellschaftlicher und politischer Aushandlungsprozesse ist und es deshalb verschiedene empirische Realisierungen von Demokratien gibt, die die drei Prinzipien und neun Funktionen unterschiedlich gewichten bzw. erfüllen. So lassen sich verschiedene Demokratiemuster

---

25 Tatsächlich nimmt die Zahl der Indikatoren, die in die jeweiligen Dimensionen des Governance-Index einfließt bis 2005 kontinuierlich zu. Mit anderen Worten: die Basis des Weltbank-Maßes wird mit der Zeit breiter und damit auch unserem Demokratieindex ähnlicher.

26 Intuition wird hier nicht als vorrationale Annahme verwendet, sondern als eine Annahme, die sich aus vielen partikulären Demokratiebeobachtungen in der wissenschaftlichen Debatte speist.

identifizieren, die zudem Aufschluss über spezifische Defizite bzw. Reform- oder Verbesserungspotenziale in einzelnen Ländern geben können.

Hierfür sind aber noch differenziertere Analysen erforderlich.[27] Das Demokratiebarometer bietet vielfältige Möglichkeiten für diverse Kausalanalysen. Entsprechend ist geplant, die Ursachen wie Auswirkungen unterschiedlicher Demokratiequalitäten auszuloten. Einerseits soll untersucht werden, wie die Demokratiequalität von unterschiedlichen Institutionenordnungen beeinflusst wird. Andererseits kann getestet werden, welche wirtschaftlichen oder gesellschaftlichen Auswirkungen eine hohe Demokratiequalität hat und ob es einen Zusammenhang zwischen Qualität und Leistungsstärke einer Demokratie in der Politikproduktion gibt. Das Demokratiebarometer stellt für all diese Kausalanalysen die nötigen Daten bereit.

Freilich kann die Komplexität des Demokratiebarometers mit seinen 100 Indikatoren und spezifizierten Messverfahren kritisiert werden. Darüber hinaus ist das Demokratiebarometer – wie jedes andere sozialwissenschaftliche Instrument – von der Qualität seiner Indikatoren abhängig. Auch hier gilt also das Bonmot Einsteins: „Not everything that can be counted counts, and not everything that counts can be counted". So können bisher einige der Komponenten nicht ganz befriedigend mit Proxies gemessen werden, da (noch) keine besseren Daten bestehen. Allerdings zeigen erste Tests, dass das Instrument durchaus als valide und reliabel betrachtet werden kann. Zudem darf Sparsamkeit nicht auf Kosten einer adäquaten Messung des komplexen Phänomens ‚Demokratie' gehen. Ebenfalls ist hervorzuheben, dass mit dem vorliegenden neuen Instrument versucht wurde, Fehler und Schwächen bisheriger Demokratiemessungen zu vermeiden. Nicht nur das theoretische Konzept, das über bisherige, v. a. minimalistische und theoretisch kaum begründete Entwürfe weit hinaus geht, sondern die methodischen Überlegungen, die theoretisch fundiert und empirisch abgesichert werden, geben dem Demokratiebarometer eine solide Basis, die weit über das hinausgeht, was an Demokratiemessungen bisher vorgelegt wurde.

Anhang

Verwendete Indikatoren

Im Folgenden werden pro Funktion und Komponente die im Demokratiebarometer enthaltenen Indikatoren aufgelistet. Die Beschreibung der Indikatoren ist jedoch nur grob und in englischer Sprache. Ein detailliertes Codebuch ist unter www.democracybarometer.org erhältlich.

---

27 Ziel unserer weiterführenden Forschung ist es unter anderem, mit Hilfe von umfassenden Untersuchungen die Qualität etablierter Demokratien im Quer- und Längsschnitt für ein Sample von rund 75 Ländern detailliert auszuleuchten und unterschiedliche Demokratiemuster zu bestimmen.

Individuelle Freiheiten

1. Komponente ‚Recht auf körperliche Unversehrtheit':

1a) Subkomponente ‚Verfassungsrechtlich garantiertes Recht auf körperliche Unversehrtheit':

- Consttort: Constitutional ban of torture or cruel or unusual punishment.
- Convtort: Ratification of Convention Against Torture and Other Cruel, Inhuman or Degrading Treatment or Punishment.

1b) Subkomponente ‚Keine Eingriffe durch den Staat':

- Politterr: Political Terror Scale; degree of political terror by government.
- Torture: Torture and other cruel, inhumane, or degrading treatment or punishment.

1c) Subkomponente ‚Gegenseitige Akzeptanz des Rechts auf Unversehrtheit in der Bevölkerung':

- Homicide: Number of homicides per 100.000 capita, standardized according to best value in overall sample (reversed).
- Riot: Number of violent demonstration or clash of more than 100 citizens involving the use of physical force (reversed).

2. Komponente ‚Recht auf Selbstbestimmung':

2a) Subkomponente ‚Verfassungsrechtlich garantierte Freiheit der individuellen Lebensgestaltung':

- Constrel: Existence of constitutional provisions protecting religious freedom.
- Constfreemov: Existence of constitutional provisions guaranteeing freedom of movement.

2b) Subkomponente ‚Recht auf freie Lebensgestaltung':

- Freerelig: Extent to which the freedom of citizens to exercise and practice their religious beliefs is subject to actual government restrictions.
- Freemove: Extent of citizens' freedom to travel within their own country and to leave and return to that country.

2c) Subkomponente ‚Effektive Eigentumsrechte':

- Propright: Degree to which a country's laws protect private property rights and the degree to which its government enforces those laws.
- Secprop: Personal security and private property are adequately protected.

Rechtsstaatlichkeit

1. Komponente ‚Gleichheit vor dem Gesetz':

1a) Subkomponente ‚Verfassungsmässig garantierte Unparteilichkeit von Gerichten':

- Constfair: Constitutional provisions for fair organisation of court system (no exceptional courts and hierarchical judicial system).
- Pubtrial: Existence of constitutional provisions guaranteeing a public trial.

1b) Subkomponente ‚Effektive Unabhängigkeit der Judikative':

- Judindepcor: Assessment of the level of independence of the judiciary (no corruption within or pressures from outside the judiciary)
- Judindepinf: Business people's assessment of the level of independence of the judiciary from political influences of the government, citizens or firms.

1c) Subkomponente ‚Effektive richterliche Objektivität':

- Impcouts: Impartial Courts: Business people's assessment of statement: „The legal framework in your country for private businesses to settle disputes and challenge the legality of government actions and/or regulations is inefficient and subject to manipulation".
- Intgrlegal: Integrity of the legal system.

2. Komponente ‚Qualität der Justiz':

2a) Subkomponente ‚Verfassungsmässig garantierte Professionalität der Gerichte':

- Profjudge: Professionalism (law degree, professional experience) is a precondition for appointment of judges to highest courts.
- Proftenure: Length of judges' tenure.

2b) Subkomponente ‚Vertrauen in die Justiz':

- Confjust: Confidence in the legal system: share of survey respondents indicating high confidence/trust.
- Fairjust: Business people's assessment of the confidence in the fair administration of justice in the society.

2c) Subkomponente ‚Vertrauen in die Polizei':

- Confpolice: Confidence in the police: share of survey respondents indicating high confidence/trust.
- Fairpolice: Business people's assessment of the reliability/effectiveness of the police services.

Öffentlichkeit

1. Komponente ‚Vereinigungsfreiheit':

1a) Subkomponente ‚Verfassungsmässig garantierte Vereinigungsfreiheit':

- Constfras: Existence of constitutional provisions guaranteeing freedom of association.
- Constass: Existence of constitutional provisions guaranteeing freedom of assembly.

1b) Subkomponente ‚Vereinigungsgrad ökonomischer Interessen':

- Union: Trade union density.
- Memproorg: Share of survey respondents indicating that they are member in a professional organization.

1c) Subkomponente ‚Vereinigungsgrad öffentlicher Interessen':

- Memhuman: Share of survey respondents indicating that they are member in and/or actively spend time for a humanitarian organization.
- Memenviron: Share of respondents indicating that they are member in and/or actively spend time for an environmental or animal rights organization.

2. Komponente ‚Meinungsfreiheit':

2a) Subkomponente ‚Verfassungsmässig garantierte Meinungsfreiheit':

- Constspeech: Existence of constitutional provisions guaranteeing freedom of speech.
- Constpress: Existence of constitutional provisions guaranteeing freedom of press.

2b) Subkomponente ‚Medienangebot':

- Newsimp: Import of newspapers, journals and periodicals as a % of GDP.
- Newspaper: Number of daily newspapers (titles) per 1 mio. inhabitants.

2c) Subkomponente ‚Politische Neutralität des Pressesystems':

- Balpress: Ideological balance of the press system (regional and national newspapers).
- Neutrnp: Share of neutral/independent newspapers' circulation (weighted by frequency of publication) of a country's total newspaper circulation.

Wettbewerb

1. Komponente ‚Vulnerability':

1a) Subkomponente ‚Formelle Regeln für Konkurrenz':

- Meandistrict: Mean district magnitude.
- Gerryman: Gerrymandering: extent to which changing electoral districts is possible (reversed).

1b) Subkomponente ‚Knappheit des Wahlresultates':

- Largepavo: Margin of electoral concentration of votes = 100% − pstrongest, where pstrongest = percentage of votes obtained by strongest party.
- Votediff: 100 − Difference between largest and second largest lower house party in % of all votes.

1c) Subkomponente ‚Geringe Sitzkonzentration':

- Herfindex: Herfindahl index: the sum of the squared seat shares of all parties in parliament. Measures the degree of concentration of seats on single or few parties (reversed).
- Seatdiff: 100 − Difference between largest and second largest lower house party in % of all seats.

2. Komponente ‚Contestability':

2a) Subkomponente ‚Niedrige Wahlhürden':

- Adminhurd: Degree/number of administrative requirements to become a competitor (reversed).
- Legthresh: No or low legal electoral threshold, calculated as 100 − legal threshold.

2b) Subkomponente ‚Effektive Wettbewerbschancen':

- Smallpavo: Chance for small parties to win a seat: share of votes of smallest party in national parliament (reversed).
- Nuparties: Number of important parties (>1% of votes) running for elections.

2c) Subkomponente ‚Effektive Eintrittschancen':

- Enep: Effective number of parties at the electoral level.
- Effparrat: Ratio of effective number of parties at the parliamentary level and the effective number of parties at the electoral level.

Gewaltenkontrolle

1. Komponente ‚Beziehung zwischen Exekutive und Legislative':

1a) Subkomponente ‚Institutionalisierte Absetzungsmöglichkeiten für Exekutive und Legislative':

- Controlle: Constitutionally guaranteed possibility for executive to veto laws passed by the legislature and to dissolve the legislature.
- Controlex: Constitutionally guaranteed possibility for legislative branch to remove executive from office (instruments such as vote of no confidence/impeachment as well as difficulty to proceed).

1b) Subkomponente ‚Ausgeglichene Machtbalance zwischen Exekutive und Legislative':

- Balpowexle: Balance of powers (opposition vs. government) according to Altman und Perez-Liñan 2002.
- Seatsgov: 100 – Proportion of parliamentary seats belonging to governing parties.

2. Komponente ‚Weitere institutionelle Sicherungen':

2a) Subkomponente ‚Verfassungsgerichtsbarkeit':

- Judrev: Extent to which Supreme or Constitutional Court judges have the power to review the constitutionality of (proposed) laws.
- Powjudi: Extent of constitutional provisions guaranteeing judicial exclusive authority over political decisions.

2b) Subkomponente ‚Föderalismusgrad':

- Federgeta: Degree of federalism according to Geering-Thacker (2004).
- Nonunitar: Extent of unitarism (combination of nonfederalism and nonbicameralism)

2c) Subkomponente ‚Subnationale fiskale Autonomie':

- Subexp: Subnational expenditures as a % of total state expenditures.
- Subrev: Subnational revenues as a % of GDP.

Regierungs- und Implementierungsfähigkeit

1. Komponente ‚Ressourcen':

1a) Subkomponente ‚Zeithorizont':

- Legislen: Length of legislative period
- Govterm: Length of government term.

1b) Subkomponente ‚Öffentliche Unterstützung':

- Confgov: Confidence in the government: share of survey respondents indicating high confidence/trust.
- Devbehav. Share of citizens which do not endorse behavior and attitudes that are directed against the democratic society (justifying claiming government benefits/ avoiding a fare on public transport/cheating on taxes/someone accepting a bribe).

1c) Subkomponente ‚Regierungsstabilität':

- Govstab: Stability of the government: no changes during legislature.
- Cabchange: Number of major cabinet changes (reversed).

2. Komponente ‚Bedingungen zur effizienten Implementierung':

2a) Subkomponente ‚Keine regierungsfeindlichen Aktionen':

- Antigovact: No legitimate and peaceful political anti-government action (reversed sum of number of strikes aimed at national government policies or authority and number of peaceful gatherings for the primary purpose of displaying or voicing their opposition to government policies or authority).
- Violantig: Not illegitimate and violent political anti-government action (reversed sum of number of armed activities, sabotage, or bombings carried on by independent bands of citizens or irregular forces and aimed at the overthrow of the present regime and number of illegal or forced changes in the top government elite, any attempt at such a change, or any successful or unsuccessful armed rebellion whose aim is independence from the central government).

2b) Subkomponente ‚Keine Einmischung':

- MipRip: No political interference by military and religious authorities.
- Publser: Independence of public service of political interference.

2c) Subkomponente ‚Durchsetzungsfähigkeit der Verwaltung':

- Govdec: Business people's assessment of effectiveness of implementation of government decisions.
- Bureau: Assessment of the strenght and expertise of the bureaucracy to govern withhouth drastic changes in policy or interruptions in government services as well as its autonomy from political pressure.

Transparenz

1. Komponente ‚Absenz von Geheimhaltung':

1a) Subkomponente ‚Keine Korruption':

- Bribcorr: Business people's assessment of the prevalence of bribery and corruption.
- CPI: Corruption Perception Index (Transparency International): overall extent of corruption (frequency and/or size of bribes) in the public and political sectors.

1b) Subkomponente ‚Offenlegung von Parteifinanzierung':

- Discinco: Existence of provision for disclosure of income by political parties.
- Discexp: Existence of provision for public disclosure of expenditure by political parties

2. Komponente ‚Voraussetzungen für transparenten politischen Prozess':

2a) Subkomponente ‚Bereitschaft zur transparenten Kommunikation':

- Transp: Business people's assessment of the transparency of government policy.

2b) Subkomponente ‚Informationsfreiheitsgesetzgebung':

- RestricFOI: Restriction of freedom of information/barriers for access to official information.
- EffFOI: Effectiveness of Freedom of Information laws.

2c) Subkomponente ‚Offene und freie politische Berichterstattung':

- Legmedia: Press Freedom: Legal Environment: The examination of both the laws and regulations that could influence media content and the government's inclination to use these laws and legal institutions to restrict the media's ability to operate.
- Polmedia: Press Freedom: Political Environment: the degree of political control over the content of news media.

Partizipation

1. Komponente ‚Gleichheit der Partizipation':

1a) Subkomponente ‚Nicht-Selektivität der Wahlpartizipation':

- Repturnined: Representative voter turnout (parliamentary elections) in terms of resources (no participation gap in terms of education and income).
- Repturngeag: Representative voter turnout (parliamentary elections) in terms of gender and age (no participation gap).

1b) Subkomponente ‚Nicht-Selektivität alternativer Partizipation':

- Repaltined: Representative alternative participation (signing petitions, attending lawful demonstrations) in terms of resources (no participation gap).
- Repaltgeag: Representative alternative participation (signing petitions, attending lawful demonstrations) in terms of gender and age (no participation gap).

1c) Subkomponente ‚Partizipationsrechte':

- Suffrage: Extent of universal active suffrage.
- Regprovap: Registered voters as a % of the voting age population.

2. Komponente ‚Effektive Partizipation':

2a) Subkomponente ‚Effektive institutionalisierte Partizipation':

- Turnout: Mean level of participation in % of registered electorate in legislative and/or presidential elections and/or national referenda.

2b) Subkomponente ‚Effektive nicht-institutionalisierte Partizipation':

- Petitions: Share of survey respondents indicating having signed petitions.
- Demons: Share of WVS respondents indicating having attended lawful demonstrations.

2c) Subkomponente ‚Gesetzliche Grundlagen zur erleichterten Stimmabgabe':

- Facilitat: Extent of facilitated voting.
- Regist: Voter registration is not compulsory.

Repräsentation

1. Komponente ‚Substantielle Repräsentation':

1a) Subkomponente ‚Disproportionalität':

- Gallagindex: Index of proportionality according to Gallagher (vote-seat congruence).
- Issuecongr: Congruence between left-right position of voters and left-right position of parliamentarians (measured by party's positions).

1b) Subkomponente ‚Strukturelle Opportunitäten substantieller Repräsentation':

- Seatperin: Number of parlimentary seats (lower house) per inhabitants.
- Dirdem: opportunities for vertical control on political decisions. Availability of mandatory and facultative referenda (including their coverage, terms of adoption, bondage, initiator, popular vote, hurdles).

2. Komponente ‚Deskriptive Repräsentation':

2a) Subkomponente ‚Effektiver Zugang zu politischen Ämtern für Minderheiten':

- Accpowmin: Access to power for minority groups (average of all groups in a country).
- Poldismin: Index of political discrimination of minority groups concerning equal representation (reversed).

2b) Subkomponente ‚Adäquate Frauenvertretung':

- Womrep: Number of female representatives in the lower house of parliament in % of all seats.
- Womgov: Share of female members of the government.

2c) Subkomponente ‚Spezifische politische Frauenrechte':

- Polrightwom: Degree of political rights for women, including the right to vote, the right to run for political office, the right to hold elected and appointed government positions, the right to join political parties, and the right to petition government officials.
- Constraints: Extent of universal passive suffrage.

Literatur

Abromeit, Heidrun. 2004. Die Messbarkeit von Demokratie: Zur Relevanz des Kontextes. *Politische Vierteljahresschrift* 45 (1): 73–93.

Alonso, Sonia. 2010. Multinational democracy and the comsequences of compounded representation: The case of Spain. In *The future of representative democracy,* Hrsg. Sonia Alonso, John Keane und Wolfgang Merkel. Cambridge: Cambridge University Press (i.E.).

Alonso, Sonia, John Keane, und Wolfgang Merkel, Hrsg. 2010. *The future of representative democracy*. Cambridge: Cambridge University Press.

Altman, David, und Aníbal Pérez-Liñán. 2002. Assessing the quality of democracy: Freedom, competitiveness and participation in eighteen Latin American countries. *Democratization* 9 (2): 85–100.

Alvarez, Michael, José Antonio Cheibub, Fernando Limongi, und Adam Przeworski. 1996. Classifying political regimes. *Studies on Comparative International Development* 31 (2): 1–37.

Arat, Zehra F. 1991. *Democracy and human rights in developing countries*. Boulder: Rienner.

Banducci Susan A., Todd Donovan, und Jeffrey A. Karp. 2004. Minority representation, empowerment, and participation. *The Journal of Politics* 66 (2): 534–556.

Barber, Benjamin R. 1984. *Strong democracy: participatory politics for a new age*. Berkeley: University Press.

Bartolini, Stefano. 1999. Collusion, competition, and democracy. *Journal of Theoretical Politics* 11 (4): 435–470.

Bartolini, Stefano. 2000. Collusion, competition and democracy: Part II. *Journal of Theoretical Politics* 12 (1): 33–65.

Beetham, David. 2004. Freedom as the foundation. *Journal of Democracy* 15 (4): 61–75.

Beierwaltes, Andreas. 2000. *Demokratie und Medien: Der Begriff der Öffentlichkeit und seine Bedeutung für die Demokratie in Europa*. Baden-Baden: Nomos.

Berg-Schlosser, Dirk. 1999. Empirische Voraussetzungen und allgemeine Konstituierungsbedingungen von Demokratie. In *Perspektiven der Demokratie. Probleme und Chancen im Zeitalter der Globalisierung,* Hrsg. Dirk Berg-Schlosser und Hans-Joachim Giegel, 57–81. Frankfurt a. M.: Campus.

Berg-Schlosser, Dirk. 2004a. Indicators of democracy and good governance as measures of the quality of democracy in Africa: A critical appraisal. *Acta Politica* 39:248–278.

Berg-Schlosser, Dirk. 2004b. The quality of democracies in Europe as measured by current indicators of democratization and good governance. *Journal of Communist Studies and Transition Politics* 20 (1): 28–55.

Berlin, Isaiah. 2006. *Freiheit. Vier Versuche*. Frankfurt a. M.: Fischer.

Blais, André, Louis Massicotte, und Antoine Yoshinaka. 2001. Deciding who has the right to vote: A comparative analysis of election laws. *Electoral Studies* 20 (1): 41–62.

Böckenförde, Ernst Wolfgang. 1991. *Staat, Verfassung, Demokratie. Studien zur Verfassungstheorie und zum Verfassungsrecht*. Frankfurt a. M.: Suhrkamp.

Bollen, Kenneth A. 1990. Political democracy. Conceptual and measurement traps. *Studies in Comparative International Development* 25 (2): 7–24.

Bollen, Kenneth A. 1993. Liberal democracy. Validity and method factors in cross-national measures. *American Journal of Political Science* 37 (4): 1207–1230.

Bollen, Kenneth A., und Pamela Paxton. 1998. Detection and determinants of bias in subjective measures. *American Sociological Review* 63 (3): 465–478.

Bollen, Kenneth A., und Pamela Paxton. 2000. Subjective measures of liberal democracy. *Comparative Political Studies* 33:58–86.

Bovens, Mark. 2007. Analysing and assessing accountability: A conceptual framework. *European Law Journal* 13 (4): 447–468.

Bühlmann, Marc, und Ruth Kunz. 2011. *Confidence in the judiciary. A cross country comparison of independence and legitimacy of judicial systems.* West European Politics 34 (2): 317–345.
Bühlmann, Marc, Wolfgang Merkel, Lisa Müller, und Bernhard Weßels. 2008. Wie lässt sich Demokratie am besten messen? Zum Forumsbeitrag von Thomas Müller und Susanne Pickel. *Politische Vierteljahresschrift* 49 (1): 114–122.
Camp Keith, Linda. 2002. Constitutional provisions for individual human rights (1977–1996): Are they more than mere ‚Window Dressing?'. *Political Research Quarterly* 55 (1): 111–143.
Cassel, Carol A., und Celia C. Lo. 1997. Theories of political literacy. *Political Behavior* 19 (4): 317–335.
Chanley, Virginia A., Thomas J. Rudolph, und Wendy M. Rahn. 2000. The origins and consequences of public trust in government: A time series analysis. *The Public Opinion Quarterly* 64 (3): 239–256.
Cingranelli, David L., und David L. Richards. 1999. Respect for human rights after the end of the cold war. *Journal of Peace Research* 36 (5): 511–534.
Cohen, Joshua, und Archon Fung. 2004. Radical democracy. *Swiss Political Science Review* 10 (4): 169–180.
Collier, David, und Steven Levitsky. 1997. Democracy with adjectives: Conceptual innovation in comparative research. *World Politics* 49 (3): 430–451.
Coppedge, Michael, und Wolfgang Reinicke. 1990. Measuring polyarchy. *Studies in Comparative International Development* XXV:51–72.
Crozier, Michel, Samuel P. Huntington, und Joji Watanuki, Hrsg. 1975. *The crisis of democracy: Report on the governability of democracies to the trilateral commission.* New York: New York University Press.
Dahl, Robert A. 1956. *A preface to democratic theory.* Chicago: University of Chicago Press.
Dahl, Robert A. 1971. *Polyarchy. Participation and opposition.* New Haven: Yale University Press.
Dahl, Robert A. 1976. *Vorstufen zur Demokratie-Theorie.* Tübingen: Mohr.
Dahl, Robert A. 1998. *On democracy.* New Haven: Yale University Press.
Dahl, Robert A. 2006. *On political equality.* New Haven: Yale University Press.
Dahlerup, Trude. 2010. Engendering representation. In *The future of representative democracy,* Hrsg. Sonia Alonso, John Keane und Wolfgang Merkel. Cambridge: Cambridge University Press (i.E.).
de la Porta, Rafael, Florencio Lopez-de-Silanes, Cristian Pop-Eleches, und Andrei Shleifer. 2004. Judicial checks and balances. *Journal of Political Economy* 112 (2): 445–470.
Diamond, Larry, und Leonardo Morlino. 2004. The quality of democracy: An overview. *Journal of Democracy* 15 (4): 14–25.
Elkins, D. J. 1974. The measurement of party competition. *American Political Science Review* 68:682–700.
Esquith, Stephen L. 1999. Toward a democratic rule of law: East and West. *Political Theory* 27 (3): 334–356.
Etzioni, Amitai. 1968. *The active society.* London: Collier-McMillan.
Fenske, Hans, Dieter Mertens, Wolfgang Reinhard, und Klaus Rosen. 1994. *Geschichte der politischen Ideen. Von Homer bis zur Gegenwart.* Frankfurt a. M.: Fischer.
Fishkin, James. 1991. *Democracy and deliberation: New directions for democracy reform.* New Haven: Yale University Press.
Fraenkel, Ernst, Hrsg. 1962. *Staat und Politik.* Frankfurt a. M.: Fischer.
Fraenkel, Ernst. 1991. *Deutschland und die westlichen Demokratien.* Frankfurt a. M.: Suhrkamp.
Gaber, Rusanna. 2000. Demokratie in quantitativen Indizes. Ein mehr- oder eindimensionales Phänomen? In *Demokratiemessung. Konzepte und Befunde im internationalen Vergleich,* Hrsg. Hans-Joachim Lauth, Gert Pickel und Christian Welzel, 112–131. Opladen: Westdeutscher.
Gasiorowski, Mark J. 1990. The political regimes project. *Studies in International Development* 25 (1): 109–125.

Gastil, Raymond Duncan. 1990. The comparative survey of freedom: Experiences and suggestions. *Studies in Comparative International Development* 1:25–50.

Geering, John und Strom C. Thacker. 2004. Political institutions and corruption. The role of unitarism and parliamentarism. *British Journal of Political Science* 34: 295–330.

Gibson, James L. 2006. Judicial institutions. In *Political institutions*, Hrsg. R.A.W. Rhodes, Sarah A. Binder und Bert A. Rockman, 514–534. Oxford: Oxford University Press.

Gosepath, Stefan. 2007. Equality. *Stanford encyclopedia of philosophy.* http://plato.Stanford.edu/entries/equality/. Zugriff am 17.7.2012.

Graber, Doris. 2003. The media and democracy: Beyond myths and stereotypes. *Annual Review of Political Science* 6:139–160.

Graber, Doris. 2004. Mediated politics and citizenship in the twenty-first century. *Annual Review of Psychology* 55:545–571.

Guillén, Mauro F. 2003. Is globalization civilizing, destructive or feeble? A critique of five key debates in the social science literature. *Annual Review of Sociology* 27:235–60.

Habermas, Jürgen. 1990 [1962]. *Strukturwandel der Öffentlichkeit. Untersuchungen zu einer Kategorie der bürgerlichen Gesellschaft.* Frankfurt: Suhrkamp.

Habermas, Jürgen. 1992. *Faktizität und Geltung: Beiträge zur Diskurstheorie des Rechts und des demokratischen Rechtsstaates.* Frankfurt a. M.: Suhrkamp.

Hadenius, Axel. 1992. *Democracy and development.* Cambridge: Cambridge University Press.

Hamilton, Alexander, und James Madison. 1993 [1788]. *Die Federalist Papers.* Darmstadt.

Harmel, Robert, und John D. Robertson. 1986. Government stability and regime support: A cross-national analysis. *The Journal of Politics* 48 (4): 1029–1040.

Held, David. 2006. *Models of democracy.* 3. Aufl. Cambridge: Polity Press.

Heller, Hermann. 1934. *Staatslehre* (Herausgegeben von Gerhart Niemeyer). Leiden: A. W. Sijthoff's Uitgeversmaatschappij N. V.

Heller, Herrmann. 1971. *Gesammelte Schriften* (2 Bd.). Leiden: Sijthoff.

Höffe, Ottfried. 1999. *Demokratie im Zeitalter der Globalisierung.* München: Beck.

Holden, Matthew. 2006. Exclusion, inclusion, and political institutions. In *Political institutions*, Hrsg. R.A.W. Rhodes, Sarah A. Binder und Bert A. Rockman, 163–190. Oxford: Oxford University Press.

Humana, Charles. 1992. *World human rights guide.* 3. Aufl. New York: Oxford University Press.

Islam, Roumeen. 2006. Does more transparency go along with better governance? *Economics and Politics* 18 (2): 121–167.

Jaggers, Keith, und Ted R. Gurr. 1995. Transition to democracy. Tracking the third wave with polity III indicators of democracy and autocracy. *Journal of Peace Research* 32 (4): 469–482.

Kant, Immanuel. 1902 [1785]. Grundlegung zur Metaphysik der Sitten. In *Kants Gesammelte Schriften,* Hrsg. Preußische Akademie der Wissenschaften. Berlin: Walter de Gruyter.

Kaufmann, Daniel, und Aart Kraay. 2008. Governance indicators: Where are we, where should we be going? *MPRA Paper* 8212.

Kaufmann, Daniel, Aart Kraay, und Massimo Mastruzzi. 2009. Governance matters VIII: Aggregate and individual governance indicators, 1996–2008. *World Bank Policy Research Working Paper* No. 4978.

Kelsen, Hans. 1925. *Allgemeine Staatslehre. Enzyklopädie der der Rechts- und Staatswissenschaften.* 23. Bd. Berlin: Springer.

Lauth, Hans-Joachim. 2004. *Demokratie und Demokratiemessung. Eine konzeptionelle Grundlegung für den interkulturellen Vergleich.* Wiesbaden: VS Verlag für Sozialwissenschaften.

Lawrence, Christopher N. 2006. *Should voters be encyclopedias? Measuring the political sophistication of survey respondents.* Saint Louis. http://polmeth.wustl.edu/retrieve.php?id=664. Zugegriffen: 8. Mai 2009.

Lijphart, Arend. 1997. Unequal participation: democracy's unresolved dilemma. *American Political Science Review* 91 (1): 1–14.

Lindstedt Catharina. 2005. Transparency and corruption. The conditional significance of a free press. *Paper prepared for the conference "The Quality of Government: What It Is, How to Get It, Why It Matters", November 17–19 2005*. The quality of government institute, department of political science, Göteborg University.

Linz, Juan J., und Alfred Stepan. 1996. *Problems of democratic transition and consolidation: Southern Europe, South America and post-communist Europe*. Baltimore: The Johns Hopkins University Press.

Locke, John. 1974 [1689]. *Über die Regierung*. Stuttgart: Reclam.

Manin, Bernhard, Adam Przeworski, und Susan C. Stokes. 1999. Elections and representation. In *Democracy, accountability, and representation*, Hrsg. Adam Przeworski, Susan C. Stokes und Bernhard Manin, 29–54. Cambridge: Cambridge University Press.

Mansbridge, Jane. 1999. Should blacks represent blacks and women represent women? A contingent yes. *Journal of Politics* 61 (3): 628–657.

Mansbridge, Jane. 2003. Rethinking representation. *American Political Science Review* 97 (4): 515–528.

Merkel, Wolfgang. 2010. *Systemtransformation. Eine Einführung in die Theorie und Empirie der Transformationsforschung*. Wiesbaden: VS Verlag für Sozialforschung.

Merkel, Wolfgang, Hans-Jürgen Puhle, Aurel Croissant, Claudia Eicher, und Peter Thiery. 2003. *Defekte Demokratien. Band I: Theorie*. Opladen: Leske und Budrich.

Meyer, Thomas. 2005. *Theorie der Sozialen Demokratie*. Wiesbaden: VS Verlag für Sozialwissenschaften.

Meyer, Thomas. 2009. *Was ist Demokratie? Eine diskursive Einführung*. Wiesbaden: VS Verlag für Sozialwissenschaften.

Mill, John Stuart. 1991 [1861]. *Considerations on representative government*. Amherst: Prometheus Books.

Miller, S. M., Martin Rein, Pamela Roby, und Bertram M. Gross. 1967. Poverty, inequality, and conflict. *Annals of the American Academy of Political and Social science* 373 (2): 16–52.

Montesquieu, Charles-Louis de Secondat, Baron de la Brède et de Montesquieu. 1965 [1748]. *Vom Geist der Gesetze*. Stuttgart: Reclam.

Morlino, Leonardo. 2004a. ,Good' and ,Bad' democracies: How to conduct research into the quality of democracy. *Journal of Communist Studies and Transition Politics* 20 (1): 5–27.

Morlino, Leonardo. 2004b. What is a ,Good' democracy? *Democratization* 11 (5): 10–32.

Müller, Thomas, und Susanne Pickel. 2007. Wie lässt sich Demokratie am besten messen? Zur Konzeptqualität von Demokratie-Indizes. *Politische Vierteljahresschrift* 48 (3): 511–539.

Munck, Gerardo L., und Jay Verkuilen. 2002. Conceptualizing and measuring democracy: Evaluating alternative indices. *Comparative Political Studies* 35 (1): 5–34.

Nida-Rümelin, Julian. 2006. *Demokratie und Wahrheit*, München: Beck.

Norris, Pippa. 2000. *A Virtuous circle: Political communications in post-industrial societies*. Cambridge: Cambridge University Press.

O'Donnell, Guillermo. 1994. Delegative democracy. *Journal of Democracy* 5 (1): 55–70.

O'Donnell, Guillermo. 2004. Why the rule of law matters. *Journal of Democracy* 15 (4): 32–46.

Offe, Claus, Hrsg. 2004. *Demokratisierung der Demokratie. Diagnosen und Reformvorschläge*. Frankfurt a. M.: Campus.

Offe, Claus, und Ulrich K. Preuss. 1991. Democratic institutions and moral resources. In *Political theory today*, Hrsg. David Held. Cambridge: Cambridge University Press.

Pateman, Carole. 1970. *Participation and democratic theory*. London: Cambridge University Press.

Paxton, Pamela, Kenneth A. Bollen, Deborah M. Lee, und HyoJoung Kim. 2003. A half- century of suffrage: New data and a comparative analysis. *Comparative International Development* 38 (1): 93–122.

Pharr, Susan J., und Robert D. Putnam. 2000. *Disaffected democracies. What's troubling the trilateral countries?* Princeton: Princeton University Press.

Plattner, Marc F. 2004. The quality of democracy: A skeptical afterword. *Journal of Democracy* 15 (4): 106–110.
Popper, Karl. 1992 [1957]. *Die offene Gesellschaft und ihre Feinde.* Tübingen: Siebeck.
Powell, G. Bingham. 2004. Political representation in comparative politics. *Annual Review of Political Science* 7:273–296.
Putnam, Robert. 1993. *Making democracy work.* Princeton: Princeton University Press.
Rawls, John A. 1971. *A theory of justice.* Cambridge: Harvard University Press.
Rosendorff, B. Peter. 2004. Democracy and the supply of transparency. *Paper presented at the annual meeting of the International Studies Association in Montreal, Quebec, Canada*, March 17 2004.
Rousseau, Jean-Jacques. 1977 [1762]. *Vom Gesellschaftsvertrag oder Grundsätze des Staatsrechts.* Stuttgart: Reclam.
Rudolph, Thomas J., und Jillian Evans. 2005. Political trust, ideology, and public support for government spending. *American Journal of Political Science* 49 (3): 660–671.
Rueschemeyer, Dietrich. 2004. Adressing inequality. *Journal of Democracy* 15 (4): 76–90.
Sartori, Giovanni. 2006. *Demokratietheorie.* 3. Aufl. Darmstadt: WBG.
Saward, Michael. 1994. Democratic theory and indices of democratization. In *Defining and measuring democracy,* Hrsg. David Beetham, 6–24. London: Sage.
Saward, Michael. 1998. *The terms of democracy.* Cambridge: Polity Press.
Scharpf, Fritz. 1999. *Regieren in Europa. Effektiv und demokratisch?* Frankfurt a. M.: Campus.
Schiller, Theo. 1999. Prinzipien und Qualifizierungskriterien von Demokratie. In *Perspektiven der Demokratie. Probleme und Chancen im Zeitalter der Globalisierung,* Hrsg. Dirk Berg-Schlosser und Hans-Joachim Giegel, 28–56. Frankfurt a. M.: Campus.
Schmidt, Manfred G. 2000. *Demokratietheorien: Eine Einführung.* 3., überarb. und erw. Aufl. Opladen: Leske + Budrich.
Schneider, Aaron. 2003. Decentralization: Conceptualization and measurement. *Studies in Comparative International Development* 38 (3): 32–56.
Schumpeter, Joseph A. 1950. *Kapitalismus, Sozialismus und Demokratie.* 2., überarb. und erw. Ausgabe. Bern: Francke.
Sen, Amartya. 1979. *Equality of what? The tanner lecture of human values.* Stanford University.
Sen, Amartya. 1996. On the status of equality. *Political Theory* 24 (3): 394–400.
Sen, Amartya. 1997. From income inequality to economic inequality. *Southern Economic Journal* 64 (2): 383–401.
Steffani, Winfried. 1979. *Parlamentarische und präsidentielle Demokratie.* Opladen: Westdt.
Stiglitz, Joseph E. 1999. On liberty, the right to know, and public discourse: The role of transparency in public life. *Oxford Amnesty Lecture,* January 27, 1999.
Strom, Kaare. 1992. Democracy as political competition. *American Behavioral Scientist* 35 (4/5): 375–396.
Talmon, Jacob Leib. 1960. *The origins of totalitarian democracy.* New York: Praeger.
Tavits, Margit. 2006. Party system change: Testing a model of new party entry. *Party Politics* 12 (1): 99–119.
Teorell Jan. 2003. Linking social capital to political participation: voluntary associations and networks of recruitment in Sweden. *Scandinavian Political Studies* 26 (1): 49–66.
Teorell, Jan. 2006. Political participation and three theories of democracy: A research inventory and agenda. *European Journal of Political Research* 45 (5): 787–810.
Teorell, Jan, Paul Sum, und Mette Tobiasen. 2007. Participation and political equality. An assessment of large-scale democracy. In *Citizenship and involvement in European democracies. A comparative analysis,* Hrsg. Jan W. Van Deth, José Ramon Montero und Anders Westholm, 384–414. London: Routledge.
Tocqueville, Alexis de. 1997 [1835]. *Über die Demokratie in Amerika.* Stuttgart: Reclam.
Truman, David B. 1971 [1951]. *The governmental process.* New York: Knopf.

Tsebelis, George. 1995. Decision making in political systems: Veto players in presidentialism, parliamentarism, multicameralism and multipartyism. *British Journal of Political Science* 25 (3): 289–325.
Urbinati, Nadja. 2010. Representative democracy and its critics. In *The future of representative democracy,* Hrsg. Sonia Alonso, John Keane und Wolfgang Merkel. Cambridge: Cambridge University Press (i.E.).
Urbinati, Nadia, und Mark E. Warren. 2008. The concept of representation in contemporary democratic theory. *Annual Review of Political Science* 11:387–412.
Vanhanen, Tatu. 1997. *Prospects of democracy: A study of 172 countries.* London: Routledge.
Vanhanen, Tatu. 2000. A new dataset for measuring democracy, 1810–1998. *Journal of Peace Research* 37 (2): 251–265.
Vanhanen, Tatu. 2003. *Democratization. A comparative analysis of 170 countries.* London: Routledge.
Vossenkuhl, Wilhelm. 1997. Gleichheit. In *Lexikon der Ethik,* Hrsg. Otfried Höffe, 108–110. München: Beck.
Warren, Mark E. 1996. What should we expect from more democracy? Radically democratic responses to politics. *Political Theory* 24 (2): 241–270.
Weber, Max. 1988 [1921]. *Gesammelte Politische Schriften.* Tübingen: Siebeck.
Welzel, Christian. 2000. Humanentwicklung und Demokratie: Welcher Index erfasst die ‚humane' Dimension der Demokratie am besten?. In *Demokratiemessung. Konzepte und Befunde im internationalen Vergleich,* Hrsg. Hans-Joachim Lauth, Gert Pickel und Christian Welzel, 132–162. Opladen: Westdeutscher.
Wolbrecht, Christina, und David E. Campbell. 2007. Leading by example: Female members of parliament as political role models. *American Journal of Political Science* 51:921–39.
Wyckoff, Mikel L. 1987. Measures of attitudinal consistency as indicators of ideological sophistication: A reliability and validity assessment. *The Journal of Politics* 49 (1): 148–168.
Young, Iris Marion. 1999. State, civil society, and social justice. In *Democracy's value,* Hrsg. Ian Shapiro und Casiano Hacker-Cordon, 141–162. Cambridge: Cambridge University Press.

Ein duales Messkonzept für liberale und radikale Demokratiequalität

Oliver Dlabac · Hans-Peter Schaub

Zusammenfassung: Bisherige Indizes zur Messung von Demokratie stützen sich auf ein liberales Konzept repräsentativer Demokratie, ohne eine zweite grundlegende Tradition zu berücksichtigen: jene der radikalen Demokratie, welche eine unmittelbare Teilhabe aller Bürger an der politischen Meinungs- und Entscheidungsfindung anstrebt. Die Demokratiequalität politischer Systeme mit ausgeprägt radikaldemokratischer Institutionenordnung und Kultur wird damit ungenügend erfasst. Mit Blick auf eine Anwendung auf die Schweizer Kantone präsentieren die Autoren ein duales Messkonzept, welches in der Lage ist, demokratische Systeme sowohl nach ihrem liberalen als auch nach ihrem radikalen Demokratiegrad zu unterscheiden. Zu diesem Zweck werden zwei empirisch fassbare Demokratiemodelle konstruiert, welche ideen- und institutionengeschichtlich in der liberalen respektive in der radikalen Demokratietradition verortet werden.

Schlüsselwörter: Demokratiequalität · Demokratiemessung · Subnationaler Vergleich · Radikale Demokratie · Liberale Demokratie

A dual measurement concept for liberal and radical quality of democracy

Abstract: Since existing measures of democracy are based solely on a liberal conceptualization of representative democracy, they overlook another fundamental tradition: that of radical democracy, which strives for direct participation of all citizens in the formation of the public opinion and in political decision-making. The quality of democracy of political systems with pronounced radical democratic institutions and culture has therefore not been well understood so far. Drawing from classical liberal and radical views on what democratic institutions can or

---

Online publiziert: 27.07.2012
© VS Verlag für Sozialwissenschaften 2012

Dieser Beitrag ist im Rahmen des Projekts ‚Demokratiequalität in den Schweizer Kantonen' des Schweizerischen Nationalfonds (Projekt-Nr. 100012–117661) entstanden, welches von den Autoren unter Leitung von Marc Bühlmann und Adrian Vatter bearbeitet wird. Für die konstruktive Kritik und die wertvollen Hinweise danken wir den Teilnehmern der Autorentagung ‚Indizes in der Vergleichenden Politikwissenschaft' in Leipzig sowie den beiden anonymen Gutachtern dieses Artikels.

O. Dlabac, MA (✉) · H.-P. Schaub, lic. rer. soc.
Institut für Politikwissenschaft, Universität Bern,
Lerchenweg 36, 3012 Bern, Schweiz
E-Mail: oliver.dlabac@gmail.com

H.-P. Schaub, lic. rer. soc.
E-Mail: schaub.hanspeter@gmail.com

should accomplish, the authors construct two empirically measurable models of democracy. With a particular interest in assessing democracy in the Swiss cantons, they present a dual measurement concept capable of differentiating democratic systems according to their degree of both liberal and radical democracy.

Keywords: Quality of Democracy · Measurement of Democracy · Subnational Comparison · Radical Democracy · Liberal Democracy

1 Einführung

Was unter einer guten Demokratie konkret zu verstehen ist, war in der gesamten Geschichte demokratischen Denkens umstritten und ist es bis heute. Dabei können zwei grundlegende Denkströmungen unterschieden werden: die liberale und die radikale Demokratietradition (Held 2006, S. 4–5). Während das liberale Modell auf garantierten Freiheitsrechten, Gewaltenteilung und Repräsentation beruht, strebt das radikale Demokratiemodell v. a. nach umfassender, unmittelbarer Teilhabe aller Bürger an den Prozessen öffentlicher Willensbildung und direktdemokratischer Entscheidungsfindung.

Obwohl die Forderungen nach radikaldemokratischen Reformen angesichts des sinkenden Bürgervertrauens in die Kerninstitutionen repräsentativer Demokratie (Parlament, Regierung, Parteien) zunehmend lauter werden (Dalton 2004), findet dieses alternative normative Demokratiemodell bislang keine Entsprechung in der empirischen Demokratiemessung. Neuere wie ältere Indizes zur empirischen Erfassung von Demokratiequalität stützen sich auf ein liberales Konzept repräsentativer Demokratie (Munck und Verkuilen 2002; Pickel und Pickel 2006).

Die ungenügende Berücksichtigung radikaler Demokratieaspekte hat zur Folge, dass bestehende Indizes die Demokratiequalität politischer Systeme mit ausgeprägt radikaldemokratischen Institutionen und Kultur unangemessen erfassen (Bühlmann et al. 2009). Dies betrifft auf nationaler Ebene insbesondere die Schweiz und Liechtenstein, auf subnationaler Ebene kommen zumindest die Schweizer Kantone und die US-Bundesstaaten hinzu.[1] Abromeit (2004, S. 76) spricht diesbezüglich von einem „institutionellen Fehlschluss", da die bisherigen Ansätze zur Demokratiemessung „von im Großen und Ganzen derselben Form der Verwirklichung von Demokratie ausgehen und alternative Formen nicht wahrnehmen, bzw. eben *nicht* als Alternative, sondern bestenfalls als Ergänzung eines standardisierten institutionellen Kerns in den Blick nehmen."

Im vorliegenden Beitrag soll nun ein Messkonzept entwickelt und theoretisch verankert werden, welches das radikale Demokratiemodell als eigenständige Alternative zur liberalen Demokratietradition aufnimmt. Im Hinblick auf politische Systeme mit radikaldemokratischem Selbstverständnis erscheint dies für eine differenzierte Demokratie-

---

1 Kropp et al. (2008) demonstrieren mit der Anwendung des Vanhanen-Index auf die Schweizer Kantone und die deutschen Bundesländer, wie willkürlich der Demokratiegehalt direktdemokratischer Elemente in diese für den internationalen Vergleich konzipierte Maßzahl einfließt; einzelne Kantone werden gar als autokratisch bewertet.

messung unumgänglich.² Als empirischer Anwendungsfall werden dabei die Schweizer Kantone ins Auge gefasst, da hier das liberale Repräsentationsprinzip und die radikale Volkssouveränität besonders variantenreich verwirklicht und kombiniert sind und da sich mit der subnationalen Ebene Vorteile für vergleichende Studien ergeben (Vatter 2002). Gleichzeitig stellt ein Messkonzept für die subnationale Ebene eine Innovation dar (Bühlmann et al. 2009).

Innovativ ist auch der duale Aufbau unseres Messkonzepts: Im Gegensatz zu Abromeit (2004) schlagen wir für die Mitberücksichtigung radikaler Demokratiequalität nicht eine universelle Demokratiedefinition vor,[3] sondern konstruieren zwei alternative, empirisch fassbare Demokratiemodelle, welche ideen- und institutionengeschichtlich in der liberalen respektive in der radikalen Demokratietradition verortet werden (Kap. 2 und 3).[4] Jedes Demokratiemodell wird mehrdimensional konzeptualisiert, indem wir aus beiden Denktraditionen je drei zentrale Dimensionen des Phänomens ‚Demokratiequalität' herausfiltern. Für jede Dimension leiten wir sodann die zugehörigen Komponenten und Subkomponenten her.

In Kap. 4 fassen wir die liberalen und radikalen Demokratiedimensionen zu einem dualen Messkonzept für Demokratiequalität zusammen, welches die differenzierte Darstellung sowohl eines liberalen als auch eines radikalen Idealtyps von Demokratie zulässt. Kapitel 5 zeigt in einem Ausblick, wie das duale Messkonzept auf reale politische Systeme angewendet werden soll: Einerseits erlaubt es die Bildung eines liberalen und eines radikalen Demokratieindex sowie die Identifikation von Realtypen, andererseits bietet es einen konzeptuellen Rahmen für die Untersuchung der effektiven Funktions- und Wirkungsweise der beiden Demokratiemodelle.

2 Das liberale Demokratiemodell

Das hier entwickelte liberale Demokratiemodell reicht vom liberalen Konstitutionalismus Lockes über die Gewaltenteilung bei Montesquieu und in den Federalist Papers bis hin zur direkten Regierungsverantwortung gegenüber den Wählern gemäß Bentham, James Mill und John Stuart Mill. Varianten dieser drei Dimensionen ziehen sich durch die gesamte

---

2 In den Schweizer Landsgemeinde-Kantonen etwa, wo sich die Stimmbürger jährlich zur Meinungs- und Entscheidfindung physisch versammeln und die höchste Staatsgewalt darstellen, ist den repräsentativen Institutionen mit der Vorbereitung und dem Vollzug lediglich eine ergänzende Rolle zugedacht.

3 Auch Fuchs (2004) bezweifelt in seiner Replik auf Abromeit (2004) die Möglichkeit, Demokratiequalität anhand eines fiktiven normativen Ideals zu messen.

4 Gegenüber einer empirischen oder philosophischen Begründung des Messkonzepts ermöglicht es die gewählte ideengeschichtliche Vorgehensweise, zwei rivalisierende breitgefasste Denktraditionen abzudecken, welche bis heute wirkungsmächtig und für das Demokratieverständnis prägend sind. Dabei kann es auch aus Platzgründen nicht um eine detailliertere Rekonstruktion dieser Demokratiemodelle gehen, sondern um die demokratietheoretische Verankerung eines für die empirisch-analytische Anwendung konstruierten Instruments.

liberale Demokratietradition[5] (vgl. Held 2006) und sind zu den zentralen Größen theoretischer und empirischer Demokratieforschung geworden. Im Zusammenhang mit dem *Liberalen Verfassungsstaat* werden oft Freiheitsrechte (Beetham 2004) sowie Aspekte der Rechtsstaatlichkeit diskutiert (O'Donnell 2004) und gemessen (Gastil 1990); bzgl. der Gewaltenteilung ist das Konzept der *Horizontal Accountability* (O'Donnell 1994; Schedler 1999) in den Vordergrund gerückt; die Regierungsverantwortung gegenüber den Wählern wird unter dem Begriff der *Electoral Accountability* diskutiert (O'Donnell 2004; Schmitter 2005). Wir werden im Folgenden die Verankerung dieser drei Dimensionen in der liberalen Demokratietradition aufzeigen und ihre jeweiligen Komponenten näher ausführen.

2.1 Liberaler Verfassungsstaat

In der Vertragstheorie Hobbes' (1968 [1651]), die als Vorstufe zur liberalen Demokratietheorie gesehen werden kann, soll das Volk all seine Rechte an einen allmächtigen, legitimen „Leviathan" übertragen, um die Bedingungen für Sicherheit, Frieden und Freiheit zu schaffen. Im Grundsatz verteidigte Hobbes die Idee der individuellen Freiheit und einer Sphäre frei von Staatsinterventionen: Handel, Gewerbe und die patriarchalische Familie. Unter anderem aus dieser Idee entwickelte Locke (1963 [1689]) das Konzept vom Verfassungsstaat, dessen Staatsgewalten unpersönlich und gesetzlich eingeschränkt sind und dessen einziger Zweck die Sicherung des individuellen Rechts auf Leben, Freiheit und Besitz ist. Das Konzept der Rechtsstaatlichkeit findet eine Ergänzung in Montesquieus (1994 [1748]) Vorstellung der Rechtsgleichheit. Im Folgenden werden die liberalen Konzepte der *individuellen Freiheit* und der *Rechtsstaatlichkeit* genauer beleuchtet.

2.1.1 Individuelle Freiheit

In liberalen Demokratietheorien finden sich über die Zeit hinweg Forderungen nach einer ganzen Reihe *individueller Freiheitsrechte*. Locke (1963 [1689]) ging in seiner Vertragstheorie von einem vorstaatlichen Recht auf Leben, Freiheit und Besitz aus. Montesquieu (1994 [1748]) versprach sich vom Schutz privater Interessen eine Entfaltung individueller Fähigkeiten und Kräfte. Bentham (1843 [1831], 1960 [1776]) und Mill (1937 [1820]) rechtfertigten Presse-, Rede- und Vereinigungsfreiheit als Mittel gegen Korruption, Mill (1859) betonte das Recht auf einen individuellen Lebensentwurf. In jüngerer Zeit ist die Informationsfreiheit hinzugekommen (Beetham 2004).

In einer liberalen Demokratie müssen diese Freiheitsrechte nicht nur formell übernommen, sondern auch effektiv gesichert werden – einerseits gegen Übergriffe durch den Staat, andererseits hat der Staat auch die Pflicht, diese Rechte vor Bedrohungen aus der Gesellschaft selbst zu sichern (Beetham 2004). Freiheitsrechte sind effektiv also nur in dem Mass gesichert, in dem die demokratisch gesetzten Rechte und Regeln sowohl vom

---

5 Zur deutlicheren Abgrenzung vom radikalen Demokratiemodell werden hier die Theorien der „protective liberal democracy" herangezogen; nicht verfolgt wird der Theoriestrang der „developmental liberal democracy" (zur Unterscheidung vgl. Held 2006).

Staat als auch von den einzelnen Bürgern *akzeptiert und eingehalten* werden (Lijphart 1999).

Mit der liberalen Forderung nach Freiheitsrechten geht jene nach einer *begrenzten Reichweite des Staates* einher; der Staat soll sich darauf beschränken, die Rahmenbedingungen für eine freie individuelle Lebensgestaltung zu setzen. Locke (1963 [1689]) bezweifelte, dass ein allmächtiger Leviathan die Freiheit und Sicherheit der Bürger garantieren würde, und forderte eine verfassungsmäßige Einschränkung der Staatsreichweite. Bentham (1960 [1776]) und Mill (1937 [1820]) brachten das klassische liberale Argument zur Begrenzung staatlicher Regulierung vor: Freie Transaktionen zwischen eigennützigen Individuen förderten den Nutzen aller. Auch Mill (1861) warnte vor übermässiger Regulierung und Bürokratisierung. Neoliberale Denker wie Nozick (1997 [1974], S. 113–118) befürworteten den Minimalstaat und den freien Markt und wollten Staatsinterventionen in die Zivilgesellschaft und in das private Leben auf die Funktion einer „protective agency" gegen Gewalt, Diebstahl und Betrug beschränkt sehen.

2.1.2 Rechtsstaatlichkeit

Locke sah im Konzept des Verfassungsstaats eine gesetzliche Einschränkung der Herrschaft vor, denn „wo das Gesetz endet, beginnt die Tyrannei" (1963 [1689], Kap. 18). Keine Gewalt im Staat soll sich von den Gesetzen ausnehmen und private Vorteile gegen das Gemeinwohl durchsetzen dürfen. Um staatliche Willkür, Korruption und Privilegien abzubauen, forderte auch Montesquieu (1994 [1748]) ein System positiver Gesetze, welche unantastbare Grenzen für Staatshandlungen setzen (Bellamy 1996). Im Rahmen dieser *formellen Rechtsbindung* sollen also Gesetze die Staatsmacht binden und die Bürger vor Willkür schützen.

Der weitergehende *materielle* Rechtsstaatsbegriff, der schon bei Locke und Montesquieu aufscheint, bindet die öffentliche Gewalt an Naturrecht und Menschenrechte. Demnach sollen die grundlegendsten Freiheitsrechte unantastbar sein und folglich außer Reichweite von Mehrheitsentscheidungen gelegt werden (O'Donnell 2004; Diamond und Morlino 2004), damit Mehrheitsdemokratien nicht in „Tyranneien der Mehrheit" umschlagen können (Tocqueville 2006 [1835]). Wichtig für den Schutz individueller Freiheiten wie auch kollektiver Minderheitenrechte ist außerdem der Anspruch auf Rechtsschutz und rechtliches Gehör (Mill 1859; Beetham 2004).

Montesquieu (1994 [1748]) nahm in seiner Demokratietheorie das Prinzip der „Gleichheit vor dem Gesetz", der *Rechtsgleichheit*, auf. Rechtsgleichheit und prozedurale Gerechtigkeit sind entscheidend für eine hohe Qualität der Rechtsstaatlichkeit (Rawls 1971; Beetham 2004). Zentral sind hier der gleiche Zugang zu den Gerichten, gleiche Behandlung durch das Gesetz sowie der Ausschluss von Korruption und von selektiver Bevorteilung durch den Staatsapparat (Beetham 2004).

2.2 Horizontal Accountability

Bereits in frühen Vorstellungen liberaler Demokratie wurde die Bedeutung der Kontrolle der Regierung hervorgehoben. Dabei wurde anfangs weniger an die („vertikale') Kontrolle durch Wähler gedacht als vielmehr an („horizontale') Kontrollmechanismen innerhalb der Elite. Bei Locke (1963 [1689]) stand die Gewaltenteilung zwischen Exekutive und Legislative im Vordergrund, welche Montesquieu (1994 [1748]) präzisierte und zum effektiven Schutz individueller Rechte um die Forderung nach einer von Exekutive und Legislative unabhängigen Judikative ergänzte. Die Prinzipien der „Checks and Balances" und der unabhängigen Judikative stellen wichtige Komponenten einer liberalen Demokratie dar (Maus 1994), da Freiheitsrechte und Rechtsstaatlichkeit allein noch keine Sicherungsmechanismen gegen Selbstperpetuierung und Missbrauch von Macht darstellen. Erst die Teilung der Gewalten bringt demnach deren gegenseitige Einschränkung.

In der Demokratieforschung wird die Gewaltenteilung unter dem Aspekt der Horizontal Accountability untersucht: Die Behörden sollen sich durch ein Netzwerk relativ autonomer Institutionen gegenseitig überwachen und auf gesetzmäßiges Handeln festlegen (O'Donnell 1994, S. 61; Schedler 1999). Accountability umfasst die Aspekte der Information, der Rechtfertigung und der Sanktion (Schedler 1999, S. 14–18; Schmitter 2005, S. 19, 23). Im Gegensatz zu vertikalen Formen von Accountability, worunter Rechenschaftsbeziehungen zwischen Regierenden und Regierten verstanden werden, vermag Horizontal Accountability eine kontinuierliche Kontrolle in Kombination mit bindender Sanktionsgewalt zu gewährleisten.[6] Nachfolgend werden *Checks and Balances*, die *Unabhängigkeit der Judikative* und weitere *unabhängige Kontrollstellen* unter dem Aspekt der Horizontal Accountability diskutiert.

2.2.1 Checks and Balances

Schon Locke (1963 [1689]) betonte, dass sich die Exekutive und die Legislative die Macht teilen müssen, damit sich beide Gewalten dem Gesetz unterordnen statt private Interessen zu verfolgen. Montesquieu seinerseits wollte die stabilitätssichernde monarchische Regierung mit einem breiteren System von Checks and Balances verknüpfen, in welchem die verschiedenen Staatsorgane auch über unterschiedliche gesetzliche Kompetenzen verfügen sollten. Eine tugendhafte Regierungsführung sollte nicht von heroischen Individuen abhängen; die Ambitionen der Individuen sollten vielmehr durch ein kluges System von Institutionen in gute und effektive Regierungsführung umgewandelt werden (Montesquieu 1994 [1748]). Diese Checks and Balances bildeten später das Herzstück der Federalist Papers, die Montesquieus monarchisch-aristokratisches Modell auf republikanische, gewählte Exekutiven und Legislativen übertrugen (Hamilton et al. 1788: Art. 47–51; vgl. Bellamy 1996, S. 449).

Während Madison wie vor ihm Locke und Montesquieu v. a. eine Übermacht der Legislative befürchtete (Hamilton et al. 1788: Art. 48; Bellamy 1996, S. 448), warnt die aktuelle Demokratieforschung mehr vor einem Übergewicht der Exekutive, was durch ein *starkes Parlament*, etwa mit ausreichenden Budget- und Kontrollkompetenzen, zu verhindern sei (Lijphart 1999). Oft ist aber auch von einer Gewaltenteilung zwischen

---

6 Die vertikalen Formen von Accountability (durch Wahlen bzw. durch Öffentlichkeit) werden weiter unten als eigenständige Dimensionen diskutiert: Electoral Accountability und Public Accountability. Während erstere nur periodische Kontroll- und Sanktionsmöglichkeiten bietet, stellt letztere eine zwar fortlaufende, aber lediglich ‚weiche' Kontrolle ohne unmittelbare Sanktionsgewalt dar.

Regierung und Opposition die Rede; damit beruht ein optimales System der Checks and Balances auch auf einer *starken Opposition* (Altman und Pérez-Liñan 2002).

2.2.2 Unabhängige Judikative

Gemäß Montesquieu (1994 [1748]: Buch XI, Kap. 6) birgt die Abhängigkeit der Judikative von der Exekutive oder Legislative die noch größere Gefahr der Unterdrückung als die ungeteilte Macht zwischen Exekutive und Legislative. Madison (Hamilton et al. 1788: Art. 51) forderte professionelle, politisch unabhängige Gerichte, womit Richterwahlen und Amtszeitbeschränkungen nicht vereinbar seien.

Hayek (2005 [1960]) unterscheidet zwei Wege, wie die Judikative die Macht von Exekutive und Legislative einschränken kann. Einerseits sollen Rechtsetzung und Rechtsprechung getrennt werden: Die Legislative schafft Gesetze, aber durchzusetzen sind diese dann durch Richter in *unabhängiger Rechtsprechung*. Zweitens müssen Rechtsetzung und Politikentscheide selber einer richterlichen Überprüfung unterzogen werden können, im Sinne der *Verfassungsgerichtsbarkeit*. Schliesslich ist es zur Verhinderung von Korruption und Willkür nötig, dass der Staatsapparat durch eine *unabhängige Verwaltungsgerichtsbarkeit* kontrolliert wird (Maus 1994, S. 298).

2.2.3 Unabhängige Kontrollstellen

Zu den Checks and Balances und einer unabhängigen Judikative sind über die Zeit hinweg eine ganze Reihe weiterer Institutionen und Mechanismen zur horizontalen Kontrolle von Regierungsmacht hinzugekommen. Diamond und Morlino (2005, S. xxi) erwähnen unter anderem Rechnungsprüfungskommissionen, Antikorruptions-Behörden, eine unabhängige Wahlbehörde sowie Ombudsmänner. Beetham (2004, S. 68, 71) nennt solche Institutionen „agencies of protection", welche die individuellen Freiheiten der Bürger gegen Machtmissbrauch schützen und die Gesetzmässigkeit des Staatshandelns sichern können. Dazu benötigen sie unabhängige Überwachungs-, Untersuchungs- und Sanktions-Kompetenzen gegenüber den Regierenden sowie die nötige Expertise (Diamond und Morlino 2005, S. xxiv).

2.3 Electoral Accountability

Die Idealvorstellung der Theoretiker, welche in der liberalen Demokratietradition stehen, ist eine repräsentative und kontrollierte Elite, welche an der Stelle der Bürger, aber auch in deren Sinn handelt. Im liberalen Modell bilden Repräsentation und Wahlen die zentrale Schnittstelle zwischen ‚demos' (Volk) und ‚kratein' (herrschen) und das eigentliche demokratische Element (Merkel 2004). Für Locke (1963 [1689], S. 308, 395) war der Staat eine Rechtsschöpfung durch freie Individuen, welche der Regierung die Autorität anvertrauen, damit diese die Ziele der Bürger umsetze. Werden die Repräsentanten diesem Vertrauen jedoch nicht gerecht, so steht es den Bürgern frei, sie (und nötigenfalls auch die existierende Regierungsform) zu dispensieren. Auch Montesquieu (1994 [1748], insbes. S. 220) plädierte angesichts von Flächenstaaten und eigennützigen Bürgern für die repräsentative Demokratie, wobei die Gewählten den Wählern aber keine Rechenschaft schulden sollten. Für Madison (Hamilton et al. 1788: Art. 10) stellte Repräsentation auch eine verfassungsmässige Vorkehrung gegen eine Tyrannei der Mehrheit dar: Während sich die Bürger um ihre Leidenschaften und Eigeninteressen zu widerstreitenden Gruppen verbinden, können über die Repräsentation eine kompetente Deliberation, die Vermeidung exzessiver Policies sowie die Erkenntnis des nationalen Interesses erreicht werden. Eine andere Auffassung der Repräsentation vertraten die Utilitaristen Bentham (1843 [1831], 1960 [1776]) und Mill (1937 [1820]): Die Regierung muss gegenüber den Wählern demnach *direkt verantwortlich* sein.[7] Kompetitive Wahlen sollen responsive[8] und verantwortungsvolle Gesetzgebung zur Maximierung des Gemeinwohls garantieren (Bentham 1843 [1831], S. 47). Die Forderung nach einer rechenschaftspflichtigen Regierung, deren Macht letztlich durch das Volk kontrolliert wird, findet sich als Grundsatz später auch bei Mill (1859) und Hayek (2005 [1960]).

Vor allem die Vorstellungen der Utilitaristen und John Stuart Mills haben das moderne Konzept der Electoral Accountability mitgeprägt, worunter die Rechenschaftsbeziehungen zwischen Regierenden und Wählern verstanden werden (O'Donnell 2004). Diese Beziehungen lassen sich mit den drei Elementen von Accountability – Information, Rechtfertigung und Beurteilung bzw. Sanktionierung – konkreter fassen: Voraussetzung für eine effektive Sanktion sind *freie Wahlen* sowie ein funktionierender *Wettbewerb* um Wählerstimmen; eine wohlinformierte vorangehende Beurteilung bedingt ausreichende *Transparenz*; gleichzeitig erfordert Electoral Accountability eine gewisse *Handlungsautonomie* der Repräsentanten, damit diese ihre Verantwortung überhaupt wahrnehmen können. Diese vier Komponenten sollen nachfolgend erläutert werden.

2.3.1 Freie, geheime und regelmäßige Wahlen

Electoral Accountability hängt fundamental davon ab, dass Machtmissbrauch effektive Sanktionen nach sich zieht. Den Sanktionsmechanismus stellen hier Wahlen dar, weshalb regelmäßig stattfindende, freie Wahlen zentral sind (Dahl 1998, S. 95; Beetham 2004, S. 69). Auch wenn sich die direkte Sanktionsmacht der Bürger auf den Wahltag beschränkt, werden sich rationale Repräsentanten mit dem Ziel der Wiederwahl auch zwischen den Wahlen zu responsivem Regieren angehalten sehen. Als Voraussetzung dafür, dass die Bürger ihre Präferenzen unverzerrt, frei von Zwang oder Angst ausdrücken können, gelten geheime Wahlen.

---

7 Neuere Konzeptionen von Repräsentation umschließen neben den nachfolgend besprochenen Mechanismen der liberalen Demokratie auch Aspekte wie deskriptive Repräsentation und Responsivität (Pitkin 1967). Das Anliegen deskriptiver Repräsentation ist aber unseres Erachtens eher der radikalen Denkströmung zuzuschreiben (vgl. Kap. 3.3 zu Inklusion). Zu Responsivität vgl. Fußnote 8.

8 Wenn Responsivität wie bei Pitkin (1967, S. 232–233) als Bereitschaft des politischen Systems verstanden wird, im Sinne der Wünsche der Bürger zu handeln, kann sie als ein normatives Ziel sowohl des liberalen wie auch des radikalen Demokratiemodells gesehen werden. Da Responsivität eine eigentliche Outcome-Dimension von Demokratiequalität darstellt (Diamond und Morlino 2004, 2005), findet sie keinen direkten Eingang in das vorliegende Messkonzept, welches sich auf die vorgelagerte Ebene demokratischer Strukturen und Prozesse konzentriert (vgl. dazu auch Bühlmann et al. 2008b, S. 7; Lauth 2004, S. 25).

2.3.2 Wettbewerb

Damit die Amtsinhaber effektiv zur Rechenschaft gezogen werden können, müssen Wahlen zudem offen und kompetitiv sein (Dahl 1971; Sartori 1987; Merkel 2004). Der Wettbewerb stellt deshalb ein weiteres zentrales Element liberaler Demokratietheorien dar. Die Utilitaristen setzten in der Privatwirtschaft wie auch bei politischen Wahlen auf Wettbewerb. Auch Mill (1861) betonte die Bedeutung des Wettbewerbs, um eine erfahrene Regierung mit Führungsqualitäten und Verstand hervorzubringen. Downs (1957, S. 23–24) modellierte den politischen Wettbewerb explizit in Analogie zum Konkurrenzprinzip der Märkte; nach der Logik dieses Modells erfüllen rationale, nutzenmaximierende Parteien in einem voll entwickelten Parteienwettbewerb die Präferenzen rationaler Wähler am ehesten.

Bartolini (1999, 2000) unterscheidet verschiedene Dimensionen von elektoralem Wettbewerb hinsichtlich demokratischer Accountability. Definitionsgemäß erfordern demokratische Wahlen beim Rennen um die Mandate einen *freien Eintritt für Wettbewerber* („contestability"). Hierfür sind insbesondere niedrige Eintrittshürden und fairer Medienzugang nötig (Bartolini 1999, S. 457). Entscheidend ist im Weiteren die *Umstrittenheit der Mandate bei Wahlen* („electoral vulnerability of incumbents"): Nur wenn der Wahlausgang hinreichend knapp ist, wird sich eine Partei, eine Koalition oder ein Kandidat angreifbar und dadurch zu Responsivität gegenüber den Bürgerpräferenzen gezwungen fühlen (Bartolini 2000, S. 53; Altman und Pérez-Liñán 2002). Voraussetzung für die Verletzbarkeit der Amtsträger ist gemäß Bartolini (1999) die Mobilitätsbereitschaft der Wähler („electoral availability"), also die grundsätzliche Bereitschaft eines Teils der Wähler, eine Partei oder einen Kandidaten nicht länger zu wählen. Damit die Entscheidung für einen der Wettbewerber überhaupt möglich und relevant wird, ist ausserdem eine klare *Differenzierung zwischen den (Partei-) Angeboten* („decidability of the offer") nötig.

2.3.3 Transparenz

Transparenz ist eine grundlegende Voraussetzung für die Evaluation der Amtsinhaber und der verfügbaren Alternativen. Ein *transparentes Angebot der Alternativen* erfordert unverzerrte Informationen sowohl über die Entscheide bisheriger Amtsträger als auch über die Herausforderer und deren Programme. Dies setzt einerseits ungehinderten Medienzugang und unabhängige Medien voraus (Schiller 1999; Beetham 2004; Diamond und Morlino 2004; vgl. auch Bartolini 1999, S. 457), andererseits Regeln zur Transparenz der Partei- und Kampagnenfinanzierung (Beetham 2004). Die Evaluation der bisherigen Amtsträger erfordert darüber hinaus transparente Verantwortlichkeiten. Die *Klarheit der Regierungsverantwortung* sinkt mit einer zunehmenden Zahl von Koalitionspartnern sowie mit abnehmender Fraktions- und Koalitionsdisziplin der Regierungsparteien (Powell und Whitten 1993, S. 399–400; vgl. auch Arato 2006).

2.3.4 Handlungsautonomie der Exekutive und Legislative

Die Handlungsfähigkeit und -autonomie der Regierenden ist ein wiederkehrendes Motiv in liberalen Demokratietheorien. Hobbes (1968 [1651]) wollte mit einem mächtigen Staat die Bedingungen für Sicherheit und Frieden herstellen. Auch Montesquieu (1994 [1748], S. 222) würdigte die Stabilisierungsleistung und die effiziente Politikformulierung einer führungsstarken monarchischen Regierung im Kampf gegen Korruption und illegitime Interessen. Madison (Hamilton et al. 1788: Art. 10) trat für einen mächtigen, auf dem Repräsentationsprinzip beruhenden Staat ein, um Gewaltanwendung zwischen rivalisierenden Interessengruppen zu verhindern.

In der neueren Demokratieforschung stehen drei potentielle Einschränkungen der Autonomie im Vordergrund, welche die Electoral Accountability beeinträchtigen können: Wenn erstens die Gewählten durch Lobby-Gruppen mit nicht demokratisch legitimierten, *spezifischen Interessen* beeinflusst werden, rückt die Verpflichtung gegenüber den Wählern in den Hintergrund, die effektive und gleichberechtigte Sanktionsmöglichkeit für alle Wähler wird unterlaufen (Tsebelis 1995; Schiller 1999; Merkel 2004). Zweitens schmälern Entscheide anderer Staatsebenen die Bedeutung der Electoral Accountability (Arato 2006). In dem Maß, in dem etwa ein Schweizer Kanton an *Unabhängigkeit gegenüber dem Bund*, aber auch gegenüber *anderen Kantonen* einbüßt, verkommt der Kanton zum ‚policy taker' und die kantonalen Wahlen verlieren an Bedeutung. Drittens verlangt verantwortungsvolles Regieren *Unabhängigkeit der Repräsentanten von den Bürgern* selber. Electoral Accountability bedeutet nicht nur Regierungskontrolle durch die Bürger, sondern auch die Delegation von Entscheidungsgewalt. Gemäß Pitkin (1967) ist seriöse Entscheidungsfindung nur möglich, wenn die Repräsentanten in ihren einzelnen Entscheiden frei sind; die Wähler sollen die Entscheide ihrer Repräsentanten erst retrospektiv beurteilen. Direktdemokratische Instrumente und bindende Mandate sind damit nicht vereinbar. Dabei hängt die Handlungsautonomie der Gewählten auch davon ab, ob sie über ein Minimum an öffentlichem Vertrauen verfügen (Tsebelis 1995; Schiller 1999).

3 Das radikale Demokratiemodell

Das radikale Demokratiemodell beruht insbesondere auf den partizipatorischen und einem Teil der deliberativen Demokratietheorien, wie sie Cohen und Fung (2004) unter dem Begriff der „radical democracy" zusammenfassen.[9] Die Wurzeln der radikalen Demokratietheorien liegen aber bereits in der antiken athenischen Versammlungsdemokratie, im Republikanismus Rousseaus und in marxistischen Demokratietheorien (Held 2006, S. 5, 187).

Übergeordnetes Ziel demokratischer Gemeinwesen ist nach radikalen Theorien die gemeinschaftliche Lösung kollektiver Aufgaben unter möglichst großer Beteiligung und möglichst breiter Berücksichtigung aller Betroffenen. Die drei Dimensionen, die nachfolgend in der radikalen Theorietradition verankert werden, erfüllen unterschiedliche Aspekte dieses übergeordneten Ziels: *Radikale Partizipation* soll mittels direkter Mitwirkung der Bürger die gemeinschaftliche Entscheidungsfindung unter Berücksichtigung von deren Präferenzen sicherstellen; *Public Accountability* sorgt dafür, dass die Bevölke-

---

9 Partizipatorische und deliberative Demokratietheorien werden auch etwa bei Fung (2006), Fuchs (2007) und Schmidt (2008, S. 236–253) als Ausprägungen einer gemeinsamen Strömung dargestellt.

rung auch in jenen Fällen Einfluss nehmen und ihre Anliegen zum Ausdruck bringen kann, wo Partizipation dies nur mangelhaft erreicht; und *Inklusion* zielt auf die Beteiligung aller Betroffenen an politischen Entscheiden und damit letztendlich auf die breite Berücksichtigung vielfältiger Anliegen ab. Ein radikales Demokratiemodell erschöpft sich also nicht in der Einführung direktdemokratischer Institutionen, sondern verbindet diese mit funktionierenden Prozessen der Public Accountability und einem hohen Grad an Inklusion.[10] Die folgenden Abschnitte bieten eine ausführlichere Beschreibung der drei genannten Dimensionen und ihrer Bedeutung innerhalb des radikalen Demokratiemodells.

3.1 Radikale Partizipation

Gemäß radikalen Demokratietheorien fördert die aktive Teilnahme am öffentlichen Leben die Selbstverwirklichung des Menschen sowie die Entfaltung staatsbürgerlicher Tugenden. Der politischen Beteiligung jedes Einzelnen kommt damit ein Eigenwert zu, der eine zentrale Rechtfertigung für die Demokratie darstellt (Pateman 1970, S. 25, 43; Macpherson 1977, S. 114–115; Barber 1984).

Je mehr und je ernsthaftere Mitsprachegelegenheiten die Bürger erhalten, desto aktiver werden sie diese auch tatsächlich benutzen. Gefordert wird deshalb die Institutionalisierung möglichst umfangreicher Partizipationsmöglichkeiten (Pateman 1970; Barber 1984). Dazu gehört die direktdemokratische Beteiligung der Bürger an der Beratung und Entscheidung konkreter Sachfragen: Erst sie macht aus Individuen echte Bürger und aus einem politischen System eine partizipatorische Demokratie, nur sie bringt unmittelbare Selbstbestimmung und Volkssouveränität[11] (Rousseau 1762; Barber 1984, S. 232).

Die radikaldemokratische Forderung nach mehr Partizipation enthält zwei Komponenten: Erstens soll mit umfangreichen *Partizipationsrechten der Bürger* der Bereich dessen, worüber die Bürger selbst entscheiden, erweitert werden. Zweitens sollen die Bürger ihre Rechte auch rege nutzen; angestrebt wird eine möglichst große *politische Aktivität der Bürger*.

3.1.1 Partizipationsrechte der Bürger

Geleitet durch die Ideale der Volkssouveränität, der Selbstverwirklichung durch unmittelbare Partizipation sowie der gleichen Befähigung aller Bürger zur politischen Partizipation, begegnen radikale Demokratietheorien einer Kompetenzdelegation weg von den Bürgern hin zu Repräsentativorganen mit Skepsis (Rousseau 1762, S. 235–239; Barber 1984, S. 145–147). Angestrebt wird eine möglichst große, in doppelter Hinsicht

---

10 Damit geht es über bestehende Ansätze zur Messung der direkten Demokratie (für die Schweizer Kantone etwa Stutzer 1999) hinaus.

11 Das Volk soll nach radikalen Theorien auch insofern souverän sein, als eine Einschränkung seiner Entscheidungs- und Gestaltungsfreiheit durch Verfassungsstaat und Gewaltenteilung nach liberalem Vorbild nur in sehr engem Umfang akzeptiert wird; die Bürger sollen weitgehend selbst und immer wieder neu entscheiden können, worüber sie entscheiden wollen; kein Bereich soll der Politik a priori vorenthalten sein (vgl. etwa Rousseau 1762, S. 57–62; Pateman 1970; Cohen 1989, S. 22).

unmittelbare Kontrolle durch die Stimmbürger: Erstens sei die Delegation von Entscheidungskompetenzen an repräsentative Institutionen auf ein Minimum zu begrenzen, der Bürgerschaft also ein Maximum an *Sachkompetenzen* in der Hand zu belassen. Damit können die Bürger auch zwischen den Wahlen, unmittelbar und differenziert die Kontrolle über konkrete Sachpolitik ausüben, Entscheidungen der Repräsentanten korrigieren und neue Themen auf die Agenda setzen (Barber 1984, S. 281–289). Zweitens habe die Kompetenzdelegation, wo sie nötig ist, zumindest so kontrolliert wie möglich zu erfolgen: Ausgebaute *Wahlkompetenzen* bringen eine möglichst umfassende und direkte Kontrolle der Bürger über ihre Delegierten. So seien etwa möglichst viele öffentliche Ämter in direkter Volkswahl zu besetzen und die Amtszeiten möglichst kurz zu halten. Echte Selbstregierung geschieht nach radikalem Verständnis am meisten und am besten dort, wo die Bürger am direktesten Einfluss nehmen können: in ihrer unmittelbaren Umgebung (Macpherson 1977, S. 108; Barber 1984, S. 267–273). Je mehr die *lokale Selbstregierung* hochgehalten werde, desto mehr Einflussmöglichkeiten verblieben den Bürgern.

3.1.2 Politische Aktivität der Bürger

Wie ausgebaut die formellen Partizipationsrechte in einer Demokratie auch sein mögen: Ihren in radikaldemokratischen Theorien postulierten Wert entfalten sie nur in dem Maß, in dem sie auch tatsächlich genutzt werden. Je höher das *Beteiligungsniveau*, desto mehr Personen erreichen partizipatorische Selbstverwirklichung, und desto breiter die Selbstbestimmung der Betroffenen. Soll Partizipation aber wirklich zu voller Entfaltung kommen, muss sie nach radikalem Verständnis neben dem primären politischen System auf weitere Gesellschaftsbereiche ausgedehnt werden. Anzustreben ist die Etablierung einer basisdemokratischen, *partizipativen Kultur* auch jenseits staatlicher Institutionen, so etwa innerhalb der politischen Parteien, der zivilgesellschaftlichen Organisationen oder am Arbeitsplatz (Pateman 1970; Macpherson 1977, S. 98–114; Barber 1984, S. 305).

3.2 Public Accountability

Auch wenn die direkte Demokratie einen zentralen Bestandteil des radikalen Demokratiemodells bildet, lässt sich dieses keinesfalls darauf reduzieren. Heutige radikale Demokratietheoretiker wie Barber (1984, S. 267) anerkennen bei all ihren Forderungen nach ausgebauter Partizipation, dass eine gewisse Machtdelegation von den Bürgern an Repräsentanten schon aus Kapazitätsgründen unumgänglich ist. Diese Delegation wird aber nur unter der Bedingung maximal ausgebauter Verantwortlichkeits- und Kontrollbeziehungen zwischen Bürgern und Regierenden akzeptiert.

Aus der Sicht radikaler Theoretiker reichen die Instrumente der Horizontal und der Electoral Accountability allein dafür nicht aus; nötig seien zusätzlich Mechanismen der Public Accountability. Diese erlauben es der Gesellschaft jederzeit ein breites Spektrum an Bedürfnissen in den politischen Prozess einzubringen, die politischen Amtsträger zu kontrollieren und nötigenfalls unter Druck zu setzen. Public Accountability erfüllt damit mehrere Funktionen, die bei den liberalen Formen von Accountability, aber auch bei direktdemokratischer Partizipation zu wenig verwirklicht sind (Smulovitz und Peruzzotti 2000, S. 149): Erstens bringt sie eine Ausweitung der Kontrollkanäle auf informelle Partizipationsformen und den öffentlichen Diskurs sowie eine Ausweitung der kontrollierenden und der kontrollierbaren Akteure (Smulovitz und Peruzzotti 2000; Lauth 2004); zweitens lässt sie mehr als eine lediglich punktuelle Kontrolle zu und soll so für eine Verstetigung von Responsivität sorgen; und drittens umfasst sie Voraussetzungen, damit die Stimmbürger direkte Partizipationsrechte überhaupt auf sinnvolle Weise nutzen können.[12]

Zu diesen Voraussetzungen gehört insbesondere die öffentliche Debatte. Der diskursive Prozess, in dem unterschiedliche Positionen einander nicht einfach gegenübergestellt, sondern einander angepasst, verfeinert und auf einen höheren Grad an Vernunft gebracht werden, war bereits in der athenischen Demokratie oder später für Barber (1984) zentral; deliberative Demokratietheoretiker sehen darin den eigentlichen Kern von Selbstregierung und legitimer Entscheidungsfindung (Bohman 1998, S. 401).[13] Ein öffentlicher Charakter der Debatte ist wichtig, um ihre allgemeine Zugänglichkeit, aber auch die Orientierung der vorgetragenen Argumente am Allgemeinwohl sicherzustellen (Cohen 1989; Habermas 1992).

Die nachfolgend besprochenen drei Komponenten von Public Accountability lassen sich mit den drei wesentlichen Elementen von Accountability – Information, Rechtfertigung und Sanktion – in Zusammenhang bringen: Die *öffentliche Debatte* sorgt dafür, dass die Regierenden – wie auch die anderen Teilnehmer der Debatte – über ihr Handeln informieren, dieses rechtfertigen und einer öffentlichen Reflexion aussetzen. Praktiken *außerinstitutioneller Partizipation* geben der Öffentlichkeit gewisse Sanktionsmöglichkeiten in die Hand. Eine intakte *Zivilgesellschaft* umfasst schließlich die Akteure, welche sich in der öffentlichen Debatte zu Wort melden, von den Regierenden Rechtfertigungen einfordern und die Bevölkerung zu außerinstitutioneller Partizipation mobilisieren können.

3.2.1 Öffentliche Debatte

Eine zentrale Voraussetzung für die öffentliche Debatte wie auch für Accountability generell stellen Information und ihre Verfügbarkeit dar. Information kann einmal durch transparente *Behördenkommunikation* bereitgestellt werden. Je eher die Behörden der Öffentlichkeit Zugang zu umfangreichen, aktuellen und objektiven Informationen über ihre Tätigkeit und Entscheidungsgrundlagen verschaffen, desto besser werden sie ihrer Accountability-Aufgabe gerecht und ermöglichen eine gehaltvolle, beidseitige Debatte mit der Bevölkerung (Diamond und Morlino 2004; Schmitter 2005).

Die deliberativen Prozesse der öffentlichen Debatte erfordern jedoch mehr als nur Informationsweitergabe, und sie betreffen nebst den Beziehungen zwischen Behörden

---

12 Nach Ansicht einiger deliberativer Theoretiker (vgl. etwa Fishkin 1991; Offe und Preuss 1991) kann eine Verleihung direkter Bestimmungsrechte an die Bürger sogar kontraproduktiv sein, wenn nicht gleichzeitig die nötigen Voraussetzungen in Form einer Arena zu ausreichender Information, Reflexion und Deliberation gegeben sind.

13 Das Demokratiemodell von Habermas (1992) als einem herausragenden deliberativen Theoretiker betont neben der Deliberation zwar auch liberale Aspekte wie freiheitliche Grundordnung und repräsentative Demokratie. Den Aspekt der öffentlichen Debatte übernimmt jedoch auch Habermas (1992, S. 365–366) aus der radikalen Tradition. Insofern, als es radikale und liberale Elemente kombiniert, ist Habermas' Modell also nicht als Ganzes, wohl aber in seinen Teilen, einem der beiden in diesem Beitrag konstruierten Modelle zuzuordnen.

und Bürgern auch jene der Bürger untereinander: Unter den Bürgern soll ein allseitiger *Austausch von Informationen und Meinungen*, deren argumentative Verteidigung und v. a. deren Transformation stattfinden (Offe und Preuss 1991). Die dafür nötigen Plattformen bilden in modernen Gesellschaften nebst persönlichen Netzwerken (vgl. ‚Zivilgesellschaft') insbesondere *vielfältige Medien*. Ein breites Angebot an politisch unterschiedlich ausgerichteten Medien in diversifizierten Besitzverhältnissen bildet eine Arena für die öffentliche Debatte, in welcher verschiedenste Stimmen zu Wort kommen und möglichst niemand von vornherein ausgeschlossen bleibt (Cohen 1989, S. 22–23). Als ‚watchdogs' können Medien zudem eine eigene Accountability-Funktion übernehmen, wenn sie das Handeln politischer Entscheidungsträger kritisch beobachten und kommentieren (Peruzzotti und Smulovitz 2006).

Ein weiterer Maßstab radikaler Theorien für die Qualität öffentlicher Debatte ist die *politische Interessiertheit der Bürger* (Fishkin 1991), welche sowohl als Voraussetzung als auch als Folge einer gehaltvollen öffentlichen Debatte zu sehen ist.

3.2.2 Außerinstitutionelle Partizipation

Einen weiteren Kanal zur Mitwirkung im öffentlichen Meinungsbildungsprozess stellen außerinstitutionelle Partizipationsformen dar (vgl. Young 2001). Sie machen – wie institutionelle Partizipation – in der Bevölkerung vorhandene Präferenzen für alle sichtbar und sollen nicht-responsives Verhalten der Behörden korrigieren. Im Unterschied zu institutioneller Partizipation sind die Sanktionsmöglichkeiten gegenüber den Entscheidungsträgern hier nicht rechtlich verankert, doch spätestens wenn der Sprung ins Scheinwerferlicht der Öffentlichkeit gelingt, können die Inhaber politischer Entscheidungspositionen durchaus effektiv unter Druck gesetzt werden, ihre Regierungsführung anzupassen (Peruzzotti und Smulovitz 2006, S. 16–19).

3.2.3 Zivilgesellschaft

In radikalen Demokratietheorien wird die Wichtigkeit der zivilgesellschaftlichen Sphäre neben den im Staatsgefüge verankerten politischen Institutionen betont (Pateman 1970, S. 42; Habermas 1992, S. 443–467). Ein hoher *zivilgesellschaftlicher Organisationsgrad* wird v. a. aus zwei Gründen begrüßt: Erstens sorgen zivilgesellschaftliche Akteure dafür, dass in der Gesellschaft vorhandene Anliegen artikuliert, aggregiert und über die öffentliche Debatte auch für die Regierenden hörbar gemacht werden (Habermas 1992, S. 443–444). Gleichzeitig kann eine gut organisierte, aktive und vielfältige Zivilgesellschaft mit dem Druckmittel der Öffentlichkeit wirkungsvoll Rechenschaft einfordern und die Regierenden nötigenfalls über außerinstitutionelle Partizipationskanäle sanktionieren (Young 2000, S. 153; Diamond und Morlino 2004, S. 25). Zweitens gelten zivilgesellschaftliche Gruppen als Keimzellen und Schulen politischer Aktivität: Sie fördern das öffentliche Bewusstsein, die Partizipationsbereitschaft und die deliberativen Fähigkeiten ihrer Mitglieder. „Civil society puts normative and participatory potential at a democracy's disposal" (Merkel 2004, S. 46; vgl. auch Barber 1984, S. 264–266).

Damit zivilgesellschaftliche Organisationen in diesen positiven Funktionen gestärkt und verbreitet werden, soll ihnen finanzielle und logistische *Unterstützung durch die öffentliche Hand* zukommen (Cohen 1989, S. 31).

3.3 Inklusion

Das dritte zentrale radikaldemokratische Anliegen, die Erweiterung des *demos* (Schmidt 2008, S. 236–241) oder die Inklusion, beruht v. a. auf dem Gleichheitsgedanken: Jeder und jede von einem künftigen Entscheid Betroffene gilt als gleichermaßen befähigt und legitimiert, bei der Entscheidungsfindung mitzuwirken. Die Partizipation eines jeden wird als grundsätzlich gleich- und hochwertig betrachtet (vgl. Rousseau 1762; Barber 1984; Dahl 1998, S. 62–78). Politische Beteiligung sollte einerseits deshalb allen offenstehen, weil sie die Selbstverwirklichung eines jeden Individuums fördert und ihr so immer ein Eigenwert zukommt (Barber 1984, S. 213–217). Zum anderen werden alle Individuen und Gruppen als gleichermaßen wichtige und wertvolle Quellen von Beiträgen zur öffentlichen Deliberation gesehen. Ihre Unterschiedlichkeit gilt hier gerade nicht als Argument gegen politische Gleichheit und Inklusion, sondern als Vielfalt, die der rationalen Entscheidungsfindung zugutekommt (Dryzek 1990, S. 41–42; Young 2000, S. 81–120). Inklusion fördere somit die Qualität wie auch die Legitimität politischer Entscheide.

Eine substanzielle Inklusion aller Bürger in die demokratischen Prozesse beinhaltet drei Komponenten: Einerseits ist über die verschiedenen Bevölkerungsgruppen hinweg eine *gleiche politische Beteiligung* anzustreben. Soziale Merkmale eines Individuums sollen weder de iure noch de facto dessen Partizipationschancen beeinflussen. In Repräsentationsorganen soll eine *inklusive Vertretung* herrschen, indem möglichst alle vorhandenen politischen und sozialen Gruppen Eingang finden. Dafür, dass auch strukturelle Minderheiten ernsthaft inkludiert werden, sind schließlich spezielle *politische Rechte für Minderheiten* notwendig.

3.3.1 Gleiche politische Beteiligung

Die Grundannahme einer elementaren Gleichheit aller Menschen führt radikale Demokratietheoretiker zu einem Verständnis von Inklusion als *allgemeine und gleiche* Inkludiertheit: Es sollen nicht nur möglichst alle Betroffenen einbezogen werden (vgl. Goodin 2007), sondern alle gleichermaßen (Young 2000, S. 11; Cohen 1989, S. 22–23). Die Beseitigung ungleicher Einflusschancen und ungleicher Partizipation impliziert zuallererst die breite Verleihung gleicher politischer Rechte: *Stimm- und Wahlrecht* sowie weitere Mitwirkungsrechte müssen *universell und gleich* sein; der Kreis politisch Berechtigter ist demnach auf möglichst große Teile der Bevölkerung auszuweiten (vgl. etwa Wollstonecraft 2004 [1792]; Marx 1949 [1871]).

Über die formelle Gewährung gleicher Rechte hinaus legen radikale Autoren Wert auf eine auch effektiv *gleiche Nutzung von Partizipationsrechten*; ein Gemeinwesen wird als umso demokratischer eingestuft, je gleichmäßiger sich die tatsächliche Nutzung von Partizipationsmöglichkeiten über die gesamte Bevölkerung verteilt.

Eine Voraussetzung dafür ist, dass sich kein Partizipationsberechtigter wegen Ressourcenmangels an der Wahrnehmung seiner Rechte gehindert sieht. Eine *Erleichterung gleicher politischer Beteiligung* soll einerseits die Partizipationshürden möglichst niedrig halten; andererseits ist es aus Sicht radikaldemokratischer Theoretiker auch nötig, dass der Staat für eine Ressourcenausstattung sorgt, welche allen eine unabhängige politische Betätigung erlaubt. Dazu wird nebst materiellen Ressourcen und Zeit auch politische Bildung gezählt (Barber 1984; Dahl 1998, S. 79–80).[14]

3.3.2 Inklusive Vertretung

Wenn Kompetenzdelegation von den Bürgern an gewählte Gremien unumgänglich ist, kann sich Inklusion nicht auf die Verleihung *direkter* politischer Mitwirkungsrechte an möglichst viele Individuen beschränken, sondern muss auch auf den Einbezug möglichst aller vorhandenen politischen und sozialen Gruppen in den *Repräsentativorganen* zielen (Young 2000, S. 152).

In diesen Organen soll zunächst die gesamte Vielfalt an *parteipolitischen Präferenzen*, die in einer Gesellschaft existieren, Vertretung finden. Daneben fordern radikale Demokraten den Einbezug von nach *sozialen* Kriterien strukturierten Bevölkerungsgruppen. Dies ist für die Demokratiequalität aus drei[15] wesentlichen Gründen bedeutsam: Erstens gibt die Vertretung gesellschaftlicher Gruppen Hinweise darauf, wie gerecht und offen die politischen Institutionen und die Gesellschaft insgesamt funktionieren. Systematische Abweichungen sind ein Signal dafür, dass das demokratische Prinzip der Gleichheit zumindest im Hinblick auf das passive Wahlrecht effektiv nur bedingt realisiert ist. Zweitens stellt die Inklusion vieler Gruppen eine Bereicherung des politischen Diskurses und eine Steigerung der in einem Repräsentativorgan vorhandenen „social knowledge" dar (Young 2000). Drittens kann eine breitgestreute Vertretung die Barrieren für den Dialog der Bürger mit ihren Gewählten senken, was die Aufnahmefähigkeit der Gewählten für Anliegen aus der Bevölkerung erhöht (Arato 2006). Institutionell wird eine inklusive Vertretung durch ein *minderheitenfreundliches Wahlsystem* begünstigt, welches möglichst niedrige Wahlhürden für kleinere Gruppen aufstellt (Lijphart 2004; Arato 2006).

---

14 Die Ressourcenausstattung wird hier nur so weit berücksichtigt, wie sie in radikalen Theorien als notwendig zur Ermöglichung von Partizipation gilt (Rousseau 1762, S. 124–125; Pateman 1970, S. 22). Es geht also nicht um *Gleichverteilung* von Ressourcen, sondern lediglich darum, ob von der öffentlichen Hand allen Bürgern ein für eine unabhängige politische Beteiligung notwendiges *Minimum* an Ressourcen garantiert wird. Unser Ansatz gleicht damit jenem von Merkel (2004, S. 44–45) und steht in bewusster Abgrenzung von Sozialen Demokratietheorien, welche aus einem maximalistischen Demokratieverständnis heraus eine möglichst *gleiche* Ressourcenausstattung als *Ziel* einer jeden Demokratie setzen (Lauth 2004; Meyer 2005).

15 Dagegen wird das hier konzeptualisierte radikale Demokratiemodell nicht auf – besonders in marxistischen Theorien verbreitete – Begründungsschemata gestützt, welche aus Merkmalen wie Geschlecht oder Einkommen unmittelbare politische Präferenzen der Individuen ableiten (so etwa Marx 1949 [1871]; vgl. dazu Young 2000, S. 87–89, 147–148).

3.3.3 Politische Rechte für Minderheiten

Ein potenzielles Problem des demokratischen Mehrheitsprinzips ist, dass strukturelle Minderheiten faktisch permanent vom Entscheidungsprozess ausgeschlossen werden können, selbst wenn sie formell kooptiert werden (Linder 2005, S. 35, 374). Zur Förderung der effektiven Inklusion sind von radikalen Autoren deshalb *spezielle politische Rechte* und damit eine stärkere Stimme für *strukturelle Minderheiten* gefordert worden (Barber 1984, S. 309–310; Young 2000).[16]

4 Synthese: Das Messkonzept und seine Dualität

In diesem Kapitel sollen nun die sechs Demokratiedimensionen, wie sie in den vorangehenden Kapiteln in der liberalen und der radikalen Demokratietradition verankert worden sind, zu einem Messkonzept für Demokratiequalität zusammengeführt werden. Die Dimensionen mit ihren Komponenten und Subkomponenten sind in Tab. 1 überblicksartig aufgelistet. Indem wir dem Messkonzept mehrere theoretisch fundierte Dimensionen zugrunde legen, gelangen wir zu einem *mehrdimensionalen* Messkonzept und folgen damit einer methodischen Anregung von Pickel und Pickel (2006, S. 269).[17] Die herangezogenen Dimensionen sind als demokratische Funktionen zu verstehen, welche anhand kontextspezifisch geeigneter formeller und informeller institutioneller Arrangements realisiert werden können;[18] diese Institutionen erscheinen auf den unteren Ebenen unseres Messkonzepts.

Mit der Strukturierung der Dimensionen in Komponenten und Subkomponenten haben wir bereits bei der Konzeptualisierung ein *hierarchisches* Messkonzept angestrebt. Indem die nachgeordneten Ebenen konsequent und schrittweise aus den jeweils übergeordneten Ebenen abgeleitet wurden, trägt das vorgelegte Messkonzept der methodologischen Kritik an bestehenden Demokratiemassen Rechnung (Munck und Verkuilen 2002, S. 12–14). Auf einer vierten und letzten Ebene, welche hier aus Platzgründen nicht gezeigt werden kann, wird das Konzept zu einem eigentlichen *Messinstrument*, indem die Subkomponenten anhand von Indikatoren operationalisiert werden. Um die feinen Unterschiede in der Demokratiequalität messen zu können, sind nebst formalen Institutionen (‚rules in form') auch weniger formalisierte Strukturmerkmale (‚rules in use') zu erfassen. Dies

---

16 Auch die unter der Subkomponente ‚Partizipationsrechte der Bürger' (Kap. 3.1) erfassten direktdemokratischen Instrumente können in der Praxis starke Faktoren für den Einbezug von Minderheiteninteressen sein; dies hängt jedoch von ihrer institutionellen Ausgestaltung ab. Wie Vatter (2002, S. 306–311) darlegt, ist im Kontext der Schweizer Kantone das Instrument des obligatorischen Referendums als nahezu idealtypisches Mehrheitsinstrument zu sehen, während das fakultative Referendum und die Volksinitiative auch „typische ‚Power-Sharing'-Charakteristika" aufweisen und somit das Potenzial zu schlagkräftigen Minderheiteninstrumenten haben.

17 Die mehrdimensionale Konzeptualisierung von Demokratiequalität lehnt sich an das Vorgehen im Projekt ‚Demokratiebarometer' von Bühlmann et al. (2008a, b, Beitrag in diesem Heft) an.

18 Wir orientieren uns an der funktionalen Forschungsstrategie, wie sie Lauth (2004) für den interkulturellen Demokratievergleich vorschlägt: Universelle Demokratiefunktionen können anhand kontextspezifischer „funktionaler Äquivalente" realisiert werden.

Tab. 1: Die Dimensionen, Komponenten und Subkomponenten des dualen Messinstruments

Liberale Dimensionen	Komponenten	Subkomponenten	Radikale Dimensionen	Komponenten	Subkomponenten
Liberaler Verfassungsstaat	Individuelle Freiheit	Freiheitsrechte	Radikale Partizipation	Partizipationsrechte der Bürger	Ausgebaute Wahlkompetenzen
		Akzeptanz von Rechten und Regeln			Sachpolitische Kompetenzen
		Begrenzte Reichweite des Staats			Lokale Selbstregierung
	Rechtsstaatlichkeit	Formelle Rechtsbindung		Politische Aktivität der Bürger	Beteiligungsniveau
		Materielle Rechtsbindung			Partizipative Kultur
		Rechtsgleichheit		Öffentliche Debatte	Behördenkommunikation
	Checks and balances	Stärke des Parlaments gegenüber der Regierung			Medienvielfalt
		Stärke der (fallweisen) Opposition			Politische Interessiertheit der Bürger
	Unabhängige Judikative	Unabhängige Rechtsprechung	Public Accountability		Informations- und Meinungsaustausch unter Bürgern
		Unabhängige Verwaltungsgerichtsbarkeit		Außerinstitutionelle Partizipation	Außerinstitutionelle Partizipation
		Verfassungsgerichtsbarkeit		Zivilgesellschaft	Zivilgesellschaftlicher Organisationsgrad
	Unabhängige Kontrollstellen	Agencies zur Kontrolle von Gesetzeskonformität			Förderung durch die öffentliche Hand
	Freie Wahlen	Freie, geheime und regelmäßige Wahlen		Gleiche politische Beteiligung	Allgemeines und gleiches Stimmrecht
		Eintrittsregeln für Wettbewerber			Gleiche Nutzung von Partizipationsrechten
	Wettbewerb	Unstrittenheit der Sitze bei Wahlen			Erleichterung gleicher politischer Beteiligung
		Differenzierung des Wahlangebots	Inklusion	Inklusive Vertretung	Minderheitenfreundlichkeit der Wahlsysteme
	Transparenz	Transparentes Angebot der Alternativen			Proportionale Vertretung von Parteipräferenzen
		Klarheit der Regierungsverantwortung			Proportionale Vertretung soziostruktureller Gruppen
	Handlungsautonomie der Exekutive und Legislative	Unabhängigkeit von Wählerwillen zwischen Wahlen		Politische Minderheitenrechte	Politische Rechte für strukturelle Minderheiten
		Unabhängigkeit von spezifischen Interessen			
		Autonomie gegenüber Bund und anderen Kantonen			

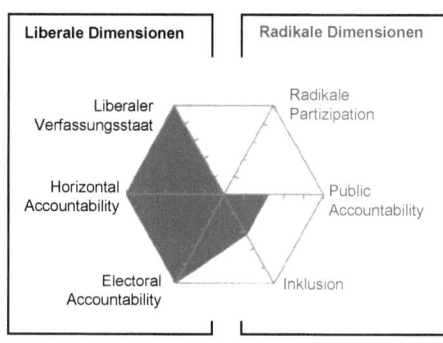 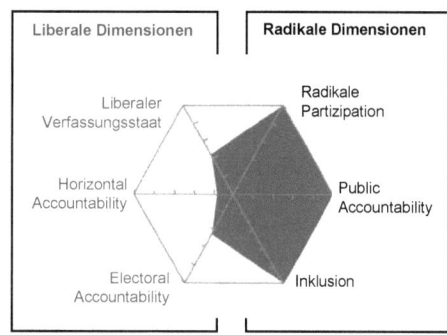

Idealtyp liberaler Demokratie   Idealtyp radikaler Demokratie

Abb. 1: Idealtypen liberaler und radikaler Demokratie

kann anhand einiger ausgewählter Indikatoren für die radikalen Dimensionen im Falle der Schweizer Kantone gezeigt werden. So wird für die Radikale Partizipation neben der Existenz, der Reichweite und den Hürden zur Ergreifung direktdemokratischer Instrumente (Referenden, Initiativen) auch deren effektive Nutzung durch die Bürger berücksichtigt (Häufigkeit, Stimmbeteiligung). Hinzu kommen etwa der Grad an Gemeindeautonomie oder die Bereitschaft der Bürger zur Übernahme ehrenamtlicher politischer Aufgaben. Für die Dimension der Public Accountability wird bspw. die gesetzliche Verankerung des Öffentlichkeitsprinzips, aber auch die tatsächliche Informationstätigkeit und Transparenz der Behörden erfasst. Neben Medienvielfalt und Mediennutzung können zudem über Umfragedaten das politische Interesse, die Teilnahme an politischen Debatten und die Nutzung außerinstitutioneller Partizipationsformen erhoben werden. Auch in der Inklusionsdimension werden nebst institutionellen Vorkehrungen Umfragedaten berücksichtigt, um zu erfassen, inwiefern gleiche Partizipationsrechte tatsächlich gleichmäßig genutzt werden. Die Dimensionenwerte sollen sodann durch theoriegeleitete Aggregation dieser Indikatoren bestimmt werden, wobei die Dimensionalitäten der einzelnen Komponenten und Dimensionen anhand von Faktorenanalysen validiert werden.

Das vorgelegte Messkonzept ist innovativ in seiner *dualen Abstützung* auf zwei grundlegende, sich gegenüberstehende Demokratietraditionen, womit sich der Anspruch verbindet, sowohl liberale als auch radikale Demokratien und deren Qualitäten differenziert zu erfassen. Dabei impliziert die Dualität des Messkonzepts nicht eine simple Gegenüberstellung liberaler und radikaler Dimensionen: Die Grenze zwischen liberalem und radikalem Modell ist nicht so trennscharf, wie es die klare Aufteilung der Dimensionen erscheinen lässt. Nebst Gegensätzen gibt es auch Übereinstimmungen in den theoretischen Forderungen beider Strömungen.

Bei der Definition der beiden Idealtypen, die als Referenzrahmen für eine Messung liberaler bzw. radikaler Demokratiequalität realer Systeme angelegt werden,[19] ist deshalb

---

19 Es handelt sich bei diesen Idealtypen also nicht um abstrakte Idealvorstellungen im normativen Sinn, sondern vielmehr um Idealisierungen im Sinne hypothetischer Systeme, welche gleichzeitig in allen Aspekten des jeweiligen Demokratiemodells einen maximalen Erfüllungsgrad erreichen und somit als Referenzgrößen zur Beurteilung liberaler respektive radikaler Demokratiequalität gelten können.

eine Differenzierung nötig: Die *Idealtypen liberaler und radikaler Demokratie* erstrecken sich in gewissem Maß auch auf Subkomponenten des jeweils anderen Modells. Abbildung 1 bringt die Überschneidungen zwischen den beiden Idealtypen anhand von Netzdiagrammen[20] schematisch zum Ausdruck.

So beinhaltet das liberale Demokratiemodell mit dem allgemeinen und gleichen Wahlrecht einen Aspekt der Dimension ‚Inklusion', radikalere Inklusionsforderungen werden hier jedoch nicht geteilt. Zudem wird im liberalen Demokratiemodell zur Überwindung von Informationsasymmetrien zwischen Repräsentanten und Gewählten nicht nur Informations- und Medienfreiheit gefordert, sondern auch tatsächliche Behördenkommunikation und Medienvielfalt; und während eine niedrige Wahlbeteiligung durchaus als Indiz für Demokratiezufriedenheit gewertet werden kann, setzt eine solche Interpretation doch eine grundsätzliche politische Interessiertheit der Bürger voraus.[21] Umgekehrt werden in modernen radikaldemokratischen Ansätzen ebenfalls gewisse rechtsstaatliche Prinzipien vorausgesetzt, welche durch eine unabhängige Judikative zu gewährleisten sind; auch wird ein Mindestmaß an Repräsentation befürwortet, welche aus freien Wahlen hervorgehen und nicht von illegitimen Interessen abhängig sein soll.[22] Da die Übereinstimmungen sich jedoch nur auf einzelne Subkomponenten pro Dimension beschränken, resultiert in den ‚modellfremden' Gesamtdimensionen auch für den Idealtyp jeweils nur ein mittlerer Wert.

Die Dualität des Messkonzepts erschöpft sich also nicht in der Gegenüberstellung zentraler Dimensionen aus zwei unterschiedlichen Demokratiemodellen, sondern soll die Möglichkeit bieten, die entsprechenden differenzierten Demokratiemodelle anhand eines und desselben Messkonzepts zu erfassen.

5 Ausblick: Realtypen, Demokratieindizes und Forschungsbedarf

Soweit haben wir ein duales, mehrdimensionales Messkonzept präsentiert, welches dazu konzipiert ist, sowohl das liberale als auch das radikale Demokratiemodell differenziert zu erfassen. Im Folgenden sollen nun die weiteren Schritte skizziert werden, welche zur Bestimmung der Qualität real existierender demokratischer Systeme führen sollen.

Anhand der empirisch ermittelten Dimensionenwerte werden wir zunächst überprüfen, ob sich die Schweizer Kantone in ihrem Grad liberal- und radikaldemokratischer Ausprä-

---

20 Die Darstellung von Demokratiequalität anhand von Netzdiagrammen ist dem Vorgehen im Projekt ‚Demokratiebarometer' von Bühlmann et al. (2008a, b, Beitrag in diesem Heft) nachempfunden.

21 Namentlich sind folgende Subkomponenten radikaler Dimensionen auch dem liberaldemokratischen Idealtyp zuzurechnen: Behördenkommunikation, Medienvielfalt, politische Interessiertheit der Bürger; allgemeines und gleiches Wahlrecht. Das Beteiligungsniveau an Wahlen hingegen fließt aufgrund der Zweideutigkeit nicht mit ein.

22 In den radikaldemokratischen Idealtyp fließen folgende Subkomponenten liberaler Dimensionen ein: Formelle Rechtsbindung, Rechtsgleichheit; unabhängige Judikative, Verwaltungsgerichtsbarkeit; freie und regelmäßige Wahlen, Unabhängigkeit der Exekutive und Legislative von spezifischen Interessen sowie Autonomie gegenüber Bund und anderen Kantonen.

gung voneinander unterscheiden und in *Realtypen* aufteilen lassen, welche den beiden Idealtypen entsprechen.

Für die Bestimmung der Demokratiequalität lässt das duale Messkonzept die Konstruktion *zweier Demokratieindizes* zu: eines liberalen Index, welcher den liberalen Idealtyp als Referenzrahmen hat, und eines entsprechenden radikalen Index.[23] Denkbar wäre auch ein dritter Index, welcher alle sechs Dimensionen voll umfasst. Ein solcher Gesamtindex ähnelt zwar anderen breiter gefassten Messkonzepten[24], kann aber weder dem liberalen noch dem radikalen Modell zugeordnet werden. Es müsste demnach zuerst gezeigt werden, ob ein solcher Index überhaupt Demokratiequalität misst und welche Demokratievorstellungen damit allenfalls verbunden wären.

Neben der Beschreibung und Messung liberaler und radikaler Demokratien bietet das Messkonzept auch einen Rahmen für weiterführende Untersuchungen zur Funktions- und Wirkungsweise der beiden Demokratiemodelle. Dank der mehrdimensionalen Konzeptualisierung von Demokratiequalität können positive und negative *Interaktionen* untersucht werden: Handelt es sich bei den beiden Demokratiemodellen um zwei selbstverstärkende interaktive Systeme, welche untereinander *trade-offs* aufweisen, oder lassen sich liberale und radikale Demokratiequalität entgegen demokratietheoretischen Annahmen simultan maximieren? Relevant dürften auch Befunde zu den *Effekten* der beiden Demokratiemodelle sein: Favorisiert eine radikale Demokratie etwa die wohlfahrtsstaatliche Performanz, die liberale Demokratie hingegen die ökonomische Performanz? Kann durch einen radikaldemokratischen Ausbau das politische Vertrauen der Bürger gestärkt werden, wie von radikalen Theoretikern angenommen?

Eine Anwendung dieses für die Schweizer Kantone entwickelten Messinstruments ist auch für Vergleiche zwischen anderen subnationalen und grundsätzlich zwischen nationalen Demokratien denkbar, wobei die Auswahl der konkreten Indikatoren teilweise an den jeweiligen Kontext anzupassen wäre. Dabei ist die Messung radikaler Demokratiequalität sicher dort von besonderem Interesse, wo auch direktdemokratische Elemente als gewichtiger Bestandteil der Partizipationsdimension stark ausgebaut sind, wie dies etwa in den US-Bundesstaaten oder zunehmend auch in den deutschen Bundesländern (Eder und Magin 2008) der Fall ist. Die radikalen Dimensionen der Public Accountability und der Inklusion sind allerdings auch für rein repräsentativdemokratische Systeme bedeutsam.

Mit dem vorgestellten dualen Messkonzept und dem skizzierten Forschungsvorhaben soll die empirische Demokratiemessung um ein alternatives Demokratiemodell bereichert werden. Wenn die demokratische Herausforderung sinkenden Bürgervertrauens tatsächlich auch Chancen für die Wahl alternativer Demokratieformen bietet (Dalton 2004), erscheint es angezeigt, die Befunde und Empfehlungen der empirischen Demokratieforschung explizit in alternativen Demokratiemodellen zu verankern. Mit dem liberalen

---

23 Dabei werden jeweils die zugehörigen Subkomponenten, Komponenten und Dimensionen theoriebasiert zu einem Index aggregiert.

24 Diamond und Morlino (2004, 2005) etwa unterscheiden folgende prozedurale Dimensionen: Rechtsstaatlichkeit, Partizipation, Wettbewerb, Vertical Accountability und Horizontal Accountability. Die Aspekte der Freiheit und der Gleichheit werden separat als inhaltliche Dimensionen berücksichtigt, jener der Responsivität als ergebnisorientierte Dimension.

und dem radikalen Demokratiemodell nehmen wir zwei grundlegende Traditionen in den Blick, welche zweifellos auch in Zukunft das politische Denken und Handeln von Bürgern und Eliten prägen werden.

Literatur

Abromeit, Heidrun. 2004. Die Messbarkeit von Demokratie: Zur Relevanz des Kontexts. *Politische Vierteljahresschrift* 45 (1): 73–93.
Altman, David, und Aníbal Pérez-Liñán. 2002. Assessing the quality of democracy: Freedom, competitiveness and participation in eighteen Latin American countries. *Democratization* 9 (2): 85–100.
Arato, Andrew. 2006. Accountability and civil society. In *Enforcing the rule of law: Social accountability in the new Latin American democracies*, Hrsg. Enrique Peruzzotti und Catalina Smulovitz, 307–321. Pittsburgh: University of Pittsburgh Press.
Barber, Benjamin R. 1984. *Strong democracy. Participatory politics for a new age*. Berkeley: University of California Press.
Bartolini, Stefano. 1999. Collusion, competition and democracy: Part I. *Journal of Theoretical Politics* 11 (4): 435–470.
Bartolini, Stefano. 2000. Collusion, competition and democracy: Part II. *Journal of Theoretical Politics* 12 (1): 33–65.
Beetham, David. 2004. Freedom as the foundation. *Journal of Democracy* 15 (4): 61–75.
Bellamy, Richard. 1996. The political form of the constitution: The separation of powers, rights, and representative democracy. *Political Studies* 44 (3): 436–456.
Bentham, Jeremy. 1843 [1831]. Constitutional code. Book I. In *The works of Jeremy Bentham*, Hrsg. John Bowring. Edinburgh: Tait.
Bentham, Jeremy. 1960 [1776]. *Fragment on government*. Oxford: Blackwell (Hrsg. Harrison, Wilfrid).
Bohman, James. 1998. Survey article: The coming of age of deliberative democracy. *Journal of Political Philosophy* 6 (4): 400–425.
Bühlmann, Marc, Wolfgang Merkel, Lisa Müller, und Bernhard Wessels. 2008a. Wie lässt sich Demokratie am besten messen? Zum Forumsbeitrag von Thomas Müller und Susanne Pickel. *Politische Vierteljahresschrift* 49 (1): 114–122.
Bühlmann, Marc, Wolfgang Merkel, und Bernhard Wessels. 2008b. *The quality of democracy. Democracy barometer for established democracies*. National Centre of Competence in Research (NCCR) challenges to democracy in the 21st century. Working Paper No. 10a. Revised version. http://www.nccr-democracy.uzh.ch/publications/workingpaper/pdf/WP10a.pdf. Zugegriffen: 7. Feb. 2011.
Bühlmann, Marc, Adrian Vatter, Oliver Dlabac, und Hans-Peter Schaub. 2009. Demokratiequalität im subnationalen Labor: Anmerkungen zum Beitrag von Sabine Kropp u. a. in Heft 4/2008 der ZParl. *Zeitschrift für Parlamentsfragen* 40 (2): 454–467.
Cohen, Joshua. 1989. Deliberation and democratic legitimacy. In *The good polity: Normative analysis of the state*, Hrsg. Alan Hamlin und Philip Pettit, 17–34. New York: Blackwell.
Cohen, Joshua, und Archon Fung. 2004. Radical democracy. *Swiss Political Science Review* 10 (4): 23–34.
Dahl, Robert A. 1971. *Polyarchy: Participation and opposition*. New Haven: Yale University Press.
Dahl, Robert A. 1998. *On democracy*. New Haven: Yale University Press.
Dalton, Russell J. 2004. *Democratic challenges, democratic choices. The erosion of political support in advanced industrial democracies*. Oxford: Oxford University Press.
Diamond, Larry, und Leonardo Morlino. 2004. The quality of democracy: An overview. *Journal of Democracy* 15 (4): 20–31.

Diamond, Larry, und Leonardo Morlino. 2005. Introduction. In *Assessing the quality of democracy*, Hrsg. dies, ix–xliii. Baltimore: Johns Hopkins University Press.
Downs, Anthony. 1957. *An economic theory of democracy*. New York: Harper & Row.
Dryzek, John S. 1990. *Discursive democracy: Politics, policy, and political science*. Cambridge: University Press.
Eder, Christina, und Raphael Magin. 2008. Direkte Demokratie. In *Die Demokratien der deutschen Bundesländer: Politische Institutionen im Vergleich*, Hrsg. Markus Freitag und Adrian Vatter, 257–308. Opladen: Budrich.
Fishkin, James S. 1991. *Democracy and deliberation: New directions for democratic reform*. New Haven: Yale University Press.
Fuchs, Dieter. 2004. Konzept und Messung von Demokratie. Eine Replik auf Heidrun Abromeit. *Politische Vierteljahresschrift* 45 (1): 94–106.
Fuchs, Dieter. 2007. Participatory, liberal and electronic democracy. In *Participatory democracy and political participation. Can participatory engineering bring citizens back in?*, Hrsg. Thomas Zittel und ders, 29–54. London: Routledge.
Fung, Archon. 2006. *Empowered participation: Reinventing urban democracy*. 2. Aufl. Princeton: Princeton University Press.
Gastil, Raymond D. 1990. The comparative survey of freedom: Experiences and suggestions. *Studies in Comparative International Development* 25 (1): 25–50.
Goodin, Robert E. 2007. Enfranchising all affected interests, and its alternatives. *Philosophy & Public Affairs* 35 (1): 40–68.
Habermas, Jürgen. 1992. *Faktizität und Geltung. Beiträge zur Diskurstheorie des Rechts und des demokratischen Rechtsstaats*. Frankfurt a. M.: Suhrkamp.
Hamilton, Alexander, James Madison, und John Jay. 1788. *The federalist. A collection of essays, written in favour of the new constitution, as agreed upon by the federal convention, september 17, 1787*. New York: McLean.
Hayek, Friedrich August von. 2005 [1960]. *Die Verfassung der Freiheit*. 4. Aufl. Tübingen: Siebeck.
Held, David. 2006. *Models of democracy*. Malden: Polity.
Hobbes, Thomas. 1968 [1651]. *Leviathan*. Harmondsworth: Penguin (Hrsg. Macpherson, Crawford B).
Kropp, Sabine, Benedikt Giesbers, Nicole Höhmann, Laura Möllers, und Matthias Ruschke. 2008. Demokratiequalität im Ermessen der Forschung. Der Vanhanen-Index im Labor der deutschen Länder und Schweizer Kantone. *Zeitschrift für Parlamentsfragen* 39 (4): 703–727.
Lauth, Hans-Joachim. 2004. *Demokratie und Demokratiemessung. Eine konzeptionelle Grundlegung für den interkulturellen Vergleich*. Wiesbaden: VS Verlag für Sozialwissenschaften.
Lijphart, Arend. 1999. *Patterns of democracy: Government forms and performance in thirty-six countries*. New Haven: Yale University Press.
Lijphart, Arend. 2004. Constitutional design for divided societies. *Journal of Democracy* 15 (2): 96–109.
Locke, John. 1963 [1689]. *Two treatises of government*. Cambridge: Cambridge University Press.
Linder, Wolf. 2005. *Schweizerische Demokratie. Institutionen, Prozesse, Perspektiven*. Bern: Haupt.
Macpherson, Crawford B. 1977. *The life and times of liberal democracy*. Oxford: University Press.
Marx, Karl. 1949 [1871]. *Der Bürgerkrieg in Frankreich. Adresse des Generalrats der Internationalen Arbeiterassoziation*. Berlin: Dietz.
Maus, Ingeborg. 1994. *Zur Aufklärung der Demokratietheorie. Rechts- und demokratietheoretische Überlegungen im Anschluss an Kant*. Frankfurt a. M.: Suhrkamp.
Merkel, Wolfgang. 2004. Embedded and defective democracies. *Democratization* 11 (5): 33–58.
Meyer, Thomas. 2005. *Theorie der Sozialen Demokratie*. Wiesbaden: VS Verlag für Sozialwissenschaften.
Mill, John Stuart. 1859. *On liberty*. London: Parker and Son.

Mill, John Stuart. 1861. *Considerations on representative government*. London: Parker and Son.
Mill, James. 1937 [1820]. *An essay on government*. Cambridge: Cambridge University Press.
Montesquieu, Charles de Secondat de. 1994 [1748]. *Vom Geist der Gesetze*. Stuttgart: Reclam (Hrsg. Weigand, Kurt).
Munck, Gerardo L., und Jay Verkuilen. 2002. Conceptualizing and measuring democracy: Evaluating alternative indices. *Comparative Political Studies* 35 (1): 5–34.
Nozick, Robert. 1997 [1974]. *Anarchy, state, and utopia*. Reprint. Oxford: Blackwell.
O'Donnell, Guillermo. 1994. Delegative democracy. *Journal of Democracy* 5 (1): 55–70.
O'Donnell, Guillermo. 2004. Why the rule of law matters. *Journal of Democracy* 15 (4): 32–46.
Offe, Claus, und Ulrich K. Preuss. 1991. Democratic institutions and moral resources. In *Political theory today*, Hrsg. David Held, 143–171. Cambridge: Polity Press.
Pateman, Carole. 1970. *Participation and democratic theory*. Cambridge: University Press.
Peruzzotti, Enrique, und Catalina Smulovitz. 2006. Social accountability. In *Enforcing the rule of law: Social accountability in the new Latin American democracies*, Hrsg. dies, 3–33. Pittsburgh: University of Pittsburgh Press.
Pickel, Susanne, und Gert Pickel. 2006. *Politische Kultur-und Demokratieforschung: Eine Einführung. Grundbegriffe, Theorien, Methoden*. Wiesbaden: VS Verlag für Sozialwissenschaften.
Pitkin, Hanna F. 1967. *The concept of representation*. Berkeley: University of California Press.
Powell, G. Bingham, und Guy D. Whitten. 1993. A cross-national analysis of economic voting: Taking account of the political context. *American Journal of Political Science* 37 (2): 391–414.
Rawls, John. 1971. *A theory of justice*. Cambridge: Harvard University Press.
Rousseau, Jean-Jacques. 1762. *Du contrat social ou Principes du droit politique*. Amsterdam: Rey.
Sartori, Giovanni. 1987. *The theory of democracy revisited. Part one, the contemporary debate*. Chatham: Chatham House Publishers.
Schedler, Andreas. 1999. Conceptualizing accountability. In *The self-restraining state: Power and accountability in new democracies,* Hrsg. ders, Larry Diamond und Marc F. Plattner, 13–28. Boulder: Rienner.
Schiller, Theo. 1999. Prinzipien und Qualifizierungskriterien von Demokratie. In *Perspektiven der Demokratie. Probleme und Chancen im Zeitalter der Globalisierung*, Hrsg. Dirk Berg-Schlosser und Hans-Jochen Giegel. Frankfurt a. M.: Campus.
Schmidt, Manfred G. 2008. *Demokratietheorien*. Wiesbaden: VS Verlag für Sozialwissenschaften.
Schmitter, Philippe C. 2005. The ambiguous virtues of accountability. In *Assessing the quality of democracy*, Hrsg. Larry Diamond und Leonardo Morlino, 18–31. Baltimore: Johns Hopkins University Press.
Smith, Graham. 2009. *Democratic innovations: Designing institutions for citizen participation*. Cambridge: Cambridge University Press.
Smulovitz, Catalina, und Enrique Peruzzotti. 2000. Societal accountability in Latin America. *Journal of Democracy* 11 (4): 147–158.
Stutzer, Alois. 1999. *Demokratieindizes für die Kantone der Schweiz*. Universität Zürich: Institute for Empirical Research in Economics. Working Paper No. 23.
Tocqueville, Alexis de. 2006 [1835]. *Über die Demokratie in Amerika*. Stuttgart: Reclam.
Tsebelis, George. 1995. Decision making in political systems: Veto players in presidentialism, parliamentarism, multicameralism and multipartyism. *British Journal of Political Science* 25 (3): 289–325.
Vatter, Adrian. 2002. *Kantonale Demokratien im Vergleich. Entstehungsgründe, Interaktionen und Wirkungen politischer Institutionen in den Schweizer Kantonen*. Opladen: Leske + Budrich.
Wollstonecraft, Mary. 2004 [1792]. *A vindication of the rights of woman*. London: Penguin Books (Hrsg. Brody, Miriam).
Young, Iris Marion. 2000. *Inclusion and democracy*. Oxford: Oxford University Press.
Young, Iris Marion. 2001. Activist challenges to deliberative democracy. *Political Theory* 29 (5): 670–690.

AUFSÄTZE

Index Regionale Vernetzung
Ein Vorschlag zur Erfassung der regionalen Kooperation von Hochschulen

Stefan Ewert

Zusammenfassung: Die regionale Vernetzung von Institutionen ist bisher vorrangig ein Thema ideographisch-deskriptiver Regionalstudien. Der Aufsatz argumentiert, dass mit Hilfe eines Index zur Erfassung der regionalen Vernetzung von Hochschulen der Regionalisierungsdebatte ein quantitativer Input gegeben wird, anhand dessen einerseits die Regionalisierungspolitik der Europäischen Union und regionaler politischer Organisationen zu bewerten ist und andererseits regionale Diffusionsprozesse analysiert werden können. Die Konstruktion des Index erfolgt aus verschiedenen Elementen der Internationalisierung der Hochschulen in den Bereichen Lehre und Forschung. Die Anwendung des Index am Beispiel des Ostseeraums zeigt verschiedene Bestimmungsfaktoren der regionalen Vernetzung auf.

Schlüsselwörter: Regionalisierung · Hochschule · Diffusion

Index regional networking – A proposal to measure regional cooperation of higher education institutions

Abstract: Regional networking of institutions is hitherto primarily the topic of ideographic-descriptive area studies. This article gives a quantitative input to the controversy on regionalization by building an index of regional networking of higher education institutions. The index helps to evaluate the importance and effects of regional political organizations and the regional policy of the European Union. In addition, the index could help to analyze regional convergence and diffusion. The index consists of different elements of higher education teaching and research. Using the index for the higher education institutions in the Baltic Sea region shows different patterns of regional networking.

Keywords: Regionalization · Higher education · Diffusion

Online publiziert: 18.07.2012
© VS Verlag für Sozialwissenschaften 2012

Dr. S. Ewert (✉)
Institut für Politik- und Kommunikationswissenschaft, Universität Greifswald,
Baderstraße 6/7, 17489 Greifswald, Deutschland
E-Mail: stefan.ewert@uni-greifswald.de

1 Einleitung

Die regionale Vernetzung von Institutionen ist vorrangig ein Thema qualitativ arbeitender *Area Studies*. Akademische (und politische) Diskussionen zu Regionalisierung, Regionalismus oder *region building* werden i.d.R. ohne Argumentationen aus der quantitativen Sozialforschung geführt (z.B. Hurrell 1995; Neumann 1994; Lehti 2009, auch Jahn 2006, S. 330). Insbesondere die Vertreter eines *new regionalism* (Hettne 1999; Engelen 2006) betonen die ideelle Komponente des regionalen Diskurses, der sich nur mittels interpretativer, qualitativer Verfahren erschließen lasse. Quantitativ arbeitende Sozialwissenschaftler ihrerseits äußern neben methodischen Vorbehalten auch den Vorwurf mangelnder theoretischer Fundierung der Regionalstudien und umschiffen in der Folge dieses Forschungsfeld meist weiträumig (Basedau und Köllner 2007, S. 108).

Die Bedeutung von Regionen als Raum grenzüberschreitender Zusammenarbeit wird jedoch auch als Ergebnis quantitativer Arbeit sichtbar. So wird bspw. die geographische und kulturelle Nähe von Staaten in der aktuellen Forschung zur Politikkonvergenz als intervenierender Faktor diskutiert (Holzinger et al. 2007, S. 25). Windzio et al. (2005) zeigen in ihrer Clusteranalyse zur Typologisierung von Bildungsregimen der OECD-Staaten auf, dass die Globalisierung die Relevanz geographischer Nähe nicht verringerte und sich in verschiedenen Regionen verschiedene Bildungsmodelle etabliert haben (auch Jahn 2006, S. 146–148). *Region matters* kann also auch aus der Sicht der quantitativen Sozialforschung konstatiert und als Feld zukünftiger Untersuchungen ausgegeben werden.

Auf der anderen Seite können auch die *Area Studies* von der Nutzung quantitativvergleichender Analysemethoden profitieren. Ihre These, dass Regionen gleichsam als Antwort auf die Globalisierung ihre inneren Bindungen stärken (z.B. Schirm 1997, S. 84–86), kann so überprüft werden und an empirischem Halt gewinnen. Neben dem Vergleich von verschiedenen Regionen und der vergleichende Untersuchung von Institutionen oder Politikfeldern in verschiedenen Regionen bietet sich hierfür der intraregionale Vergleich an (Basedau und Köllner 2007, S. 110–112). Für die Regionalforschung relevant sind dabei insbesondere diejenigen Studien, die Gemeinsamkeiten und Interaktionen der Akteure innerhalb des untersuchten Raumes herausarbeiten.

2 Der Ostseeraum als Untersuchungsraum

Mein Artikel nimmt daher die Empfehlung Matthias Basedaus und Patrick Köllners auf, statistische Methoden in die Analyse der *Area Studies* zu integrieren (Basedau und Köllner 2007) und macht den Vorschlag, mittels eines Index die Stärke der regionalen Vernetzung zu erfassen. Konkret wird der Versuch unternommen, die Zusammenarbeit der Hochschulen des Ostseeraumes in der Region systematisch darzustellen und so vergleichbar zu machen.

Der Ostseeraum institutionalisierte sich als Region nach dem Ende des Kalten Krieges Anfang der 90er Jahre politisch u.a. durch die Gründung des Ostseerates (*Council of Baltic Sea States,* www.cbss.org) als Organ der governmentalen Zusammenarbeit. Als dessen parlamentarisches Pendant entstand die Ostseeparlamentarierkonferenz (*Baltic Sea Parliamentary Conference,* www.bspc.net). Dem vorausgegangen waren vielfältige regionale Kooperationen zivilgesellschaftlicher Akteure, die z. T. bereits vor dem Fall des Eisernen Vorhangs stattfanden, nach 1990 jedoch einen deutlichen Aufschwung erlebten (z. B. Schymik 2003; Karlsson 2004).

Die wissenschaftliche Begleitung dieser Prozesse erfolgte vorrangig durch konstruktivistisch argumentierende Regionalforscher (zusammenfassend Williams 2007; Engelen 2006). Sie betonten die zivilgesellschaftlichen Kooperationen im Ostseeraum und den entstehenden regionalen Diskurs als deren ideellen Überbau. Den Universitäten und Hochschulen der Region kommt dabei eine Schlüsselposition zu: Die teilweise bis in das ausgehende Mittelalter zurückgehenden traditionellen Verbindungen zwischen den Universitäten erlebten in der Interpretation der Regionalforscher eine Renaissance, die die Hochschulen zu Kernakteuren der regionalen Zusammenarbeit und wichtigen Institutionen der Regionalisierungspolitik machte (z. B. Henningsen 2002). Universitäten sind in diesem Konzept Orte der regionalen Bündelung und Verbreitung von Wissen und unterstützen die Wahrnehmung der Region im globalen Wettbewerb ebenso wie den Umgang mit regionalen Herausforderungen wie dem effektiven Gewässerschutz der Ostsee. Ostseerat und Ostseeparlamentarierkonferenz nahmen sich dieses Gedanken an und stellten die Zusammenarbeit in Bildungsfragen und speziell im Hochschulbereich in den Fokus ihrer Aktivitäten.

Der Regionalisierungsdiskurs erhielt 2009 mit der Verabschiedung der *Ostseestrategie* der Europäischen Union einen neuen Impuls (Europäische Kommission 2009). Die Ostseestrategie institutionalisiert eine „neue Politikebene innerhalb der EU" (Schymik und Krumrey 2009, S. 3) und ist als *Testfall* für die europäische Regionalpolitik in weiteren grenzüberschreitenden Räumen der EU konzipiert (Bengtsson 2009, S. 6). Schymik und Krumrey (2009, S. 16) weisen nach, dass im Konsultationsprozess zur Erarbeitung der Strategie die Zusammenarbeit in Bildung und Forschung einen zentralen Platz auf der Agenda der beteiligten *Stakeholder* einnahm.

Sowohl der *region-building*-Diskurs der 90er Jahre und die an dessen Argumentation anschließenden bildungspolitischen Programme der regionalen politischen Organisationen als auch die neue EU-*Ostseestrategie* schreiben den Hochschulen und deren regionalen Zusammenarbeit somit eine entscheidende Rolle in der Umsetzung eines politischen Projektes zu. Unklar ist jedoch, inwieweit die Hochschulen diese Rolle erfüllen können. Dass die Hochschulen im Ostseeraum untereinander kooperieren und so einen Beitrag zur Vernetzung der Region leisten, erscheint bereits bei einem Blick auf Projekte wie das *Baltic University Programme* (*BUP*) oder den *Baltic Sea Virtual Campus* (*BSVC*) offensichtlich[1]. Wie stark die Vernetzung der Hochschulen in der Region ist, wie substantiell ihr Beitrag zum *region building* mithin sein kann, bedarf jedoch einer genaueren Analyse. Eine solche Analyse ist notwendig, um die Erfolgsaussichten des politischen Regionalisierungsprojektes bewerten zu können. Zudem können – gleichsam politikberatend – Bestimmungsfaktoren der regionalen Vernetzung untersucht werden. Der vorzustellende Index zeigt einen Weg auf, die Vernetzung der Hochschulen systematisch zu erfassen:

---

1 Das *Baltic University Programme* ist ein ca. 225 Hochschulen umfassendes Netzwerk zur Entwicklung gemeinsamer Lehrinhalte (http://www.balticuniv.uu.se/, 08.05.2009), der *Baltic Sea Virtual Campus* ein Projekt zur Entwicklung eines ostseeraumspezifischen Online-Studienganges (http://www.oncampus.de/index.php?id=60, 08.05.2009).

Verschiedene Dimensionen der Internationalisierung werden für die einzelnen Hochschulen quantifiziert, die Bedeutung der Region im Prozess der Internationalisierung anschließend bestimmt. So gelingt es, die regionale Zusammenarbeit der Universitäten zu quantifizieren und zu den internationalen Kooperationen insgesamt in Beziehung zu setzen. Der Ostseeraum erscheint durch die skizzierten Regionalisierungsprojekte besonders geeignet, den Index zu testen.

Aus den Kernprozessen der Internationalisierung der Hochschulen werden zunächst die für die regionale Vernetzung relevanten und quantifizierbaren Elemente extrahiert (Abschn. 3) und deren Operationalisierung beschrieben (Abschn. 4). Deren Zusammenfassung in einem Index wird in Abschn. 5 dargestellt, bevor erste Ergebnisse für den Ostseeraum aufgezeigt werden (Abschn. 6). Abschließend wird der politikwissenschaftliche Wert des konstruierten Index jenseits des Ostseeraums zu diskutieren sein (Abschn. 7).

3 Konzeptualisierung des Index: Kernprozesse und Elemente der Internationalisierung der Hochschulen und ihrer regionalen Ausrichtung

Die Internationalisierung der Universitäten stellt in den letzten Jahren einen Schwerpunkt der Hochschulforschung dar (für einen Überblick z. B. Teichler 2007). Die systematische Aufarbeitung des Internationalisierungsprozesses gibt den analytischen Rahmen der Indexkonstruktion vor: Die Internationalisierung der Hochschulen lässt sich in verschiedene Kernprozesse gliedern, die jeweils aus mehreren Elementen bestehen. Für die Erstellung des Index der Hochschulvernetzung werden daraus bestimmte Attribute ausgewählt, die eine regionale Fokussierung in der internationalen Ausrichtung einer Hochschule erkennen lassen. So ist es möglich, die Bedeutung einer Region im Prozess der Internationalisierung der Hochschulen zu bestimmen. Die Attribute werden daraufhin zur Erfassung der Relevanz der Region operationalisiert. Abschließend sind die einzelnen Werte zu einem Index zu aggregieren, der die regionale Vernetzung der einzelnen Institution im in den verschiedenen Dimensionen der Internationalisierung abbilden kann (Müller und Pickel 2007).

3.1 Kernprozesse

Um die regionale universitäre Vernetzung möglichst umfassend zu erfassen, setzt sich der Index sowohl aus Indikatoren aus Bereichen der Internationalisierung der Lehre als auch aus dem Bereich der Forschungskooperationen zusammen. Aus den Kernprozessen der Internationalisierung sind zunächst die für die regionale Kooperation auf institutioneller Ebene relevanten Elemente zu bestimmen.

3.1.1 Internationalisierung der Lehre

Das Hauptaugenmerk der Untersuchungen zur Internationalisierung der Hochschulen liegt in der Hochschulforschung auf dem Bereich der Lehre. Aus der Vielzahl an Publikationen lassen sich dabei mit Hahn (2004) folgende Kernprozesse der Internationalisierung zusammentragen (vgl. Abb. 1):

1. Internationale akademische Mobilität
2. Virtuelle Mobilität
3. Schaffung international kompatibler Studienstrukturen und –Abschlüsse und
4. Internationalisierung der Curricula/Bedeutungswandel der Fremdsprachen.

Zudem wird der *kognitive Wandel durch zunehmende Komplexität und Interkulturalität* als weiterer Kernprozess verstanden, der jedoch als „Voraussetzung wie auch Ergebnis der Internationalisierung" (Hahn 200, S.: 301) keine institutionell gesteuerte Internationalisierung der hochschulischen Lehre beschreibt und somit zur Erfassung der grenzüberschreitenden Vernetzung einzelner Hochschulen nicht nutzbar ist.

3.1.2 Internationalisierung der Forschung

Gerade in den politikwissenschaftlich orientierten Hochschulanalysen wird demgegenüber der Internationalisierung im Bereich der Forschung weniger Aufmerksamkeit gewidmet. Betont wird, dass grenzüberschreitende Forschungskontakte weitgehend ohne politische Regulierung stattfinden (Hahn 2004, S. 18). Entsprechend offen erscheint der Begriff der *Internationalisierung der Forschung* in Definitionen wie:

> [die] gezielte Aktivität zur Interaktion mindestens zweier Akteure (Individuen/ Institutionen) aus mindestens zwei Ländern zum Austausch und/oder zur gemeinsamen Generierung von wissenschaftlich-technologischen Erkenntnissen (Edler 2007, S. 7).

Um die Universitäten in ihrem gesamten Tätigkeitsbereich erfassen zu können, ist eine Einbeziehung der Forschungszusammenarbeit in den Index der Hochschulkooperationen jedoch notwendig. Dazu werden zwei Kernprozesse der internationalen Forschungszusammenarbeit analysiert und aufgenommen:

1. Kooperation von Wissenschaftlern/Institutionen in internationalen Forschungsprojekten
2. Gemeinsame Publikation von Forschungsergebnissen.

Die beiden Felder gemeinsame Erarbeitung (internationale Forschungsprojekte) und gemeinsame Verbreitung (internationale Publikationen) von Wissen können als zentrale Säulen der Internationalisierung der Forschung angesehen werden und gehen daher für den Forschungsbereich in den Index ein.

Wie Abb. 1 aufzeigt, gehen von den vier im Bereich der Lehrkontakte unterscheidbaren Dimensionen zwei in die Konstruktion des Index ein: Die Mobilität der Studierenden und die internationalisierten Curricula. Zur quantitativ-vergleichenden Erfassung der virtuellen Mobilität steht aufgrund der verschiedenen Formen der Virtualisierung (vom E-Mail-Kontakt zwischen Student und Prof. bis zur Etablierung von Online-Universitäten, Rotter 2005, S. 106–114) bisher kein angemessenes Instrumentarium zur Verfügung[2]. Die Internationalisierung der Studiengangsstrukturen ist hingegen ein Element staatlicher Hochschulpolitik und somit auf der institutionellen Ebene nicht sinnvoll vergleichbar.

---

2 Zudem ist die studentische Nachfrage nach den Online-Studiengängen im Anwendungsbeispiel Ostseeraum auch in den *Leuchtturmprojekten* BUP und BSVC so gering, dass die faktische Relevanz dieser Form der virtuellen Mobilität eher als gering einzuschätzen ist.

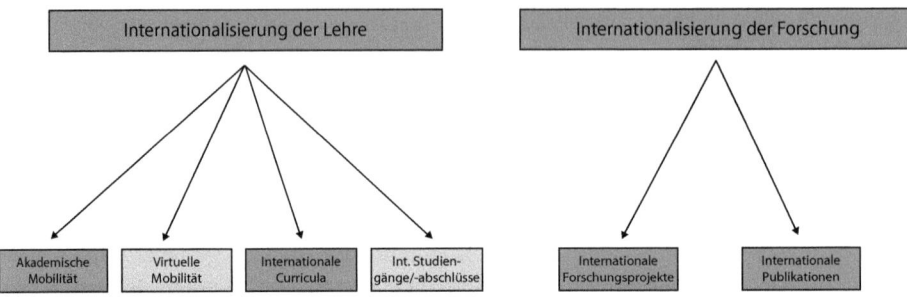

Abb. 1: Elemente der Internationalisierung der Hochschulen (Lehre und Forschung). (Eigene Darstellung Quellen: Hahn (2004), van der Wende (1998), Edler (2007). Die hell unterlegten Kernprozesse gehen dabei wie begründet nicht in den Index zur regionalen Vernetzung ein)

Zudem sind über den Bologna-Prozess für die europäischen Regionen Konvergenzprozesse hin zu einem gesamteuropäischen Modell der Studienstrukturen zu erwarten (Heinze und Knill 2008).

Die beiden genannten Kernprozesse der Internationalisierung der Forschung bilden zwei Bereiche der Forschungskooperationen, die i. d. R. eine über die individuellen Kontakte zweier Wissenschaftler hinausgehende institutionelle Zusammenarbeit als Voraussetzung haben. Sie bilden daher die dritte und vierte Säule des Index der regionalen Hochschulvernetzung.

3.2 Elemente der Internationalisierung als Indikatoren regionaler Schwerpunktsetzung

Aus den vier Säulen der Internationalisierung der Hochschulen gehen jeweils charakteristische Bereiche in den Index zur Bestimmung der regionalen Hochschulkooperationen ein. Nicht alle Elemente sind hinsichtlich einer möglichen regionalen Schwerpunktsetzung aussagekräftig. Im Folgenden werden die Elemente dargestellt und ihre Auswahl für den Index begründet.

3.2.1 Akademische studentische Mobilität

Die akademische Mobilität gilt als „älteste[r] Kernprozess der Internationalisierung" (Hahn 2004, S. 145). Die quantitative Entwicklung des akademischen Austausches stellt einen Schwerpunkt der Hochschulforschung dar (z.B. Teichler 1998; Isserstedt und Schnitzer 2005; DAAD 2006; Wuttig 2007)[3]. Der Kernprozess Mobilität scheint gegenüber den weiteren Elementen des Internationalisierungsprozesses den großen Vorteil zu haben, mit einem vertret- und durchführbaren Aufwand quantitativ erfassbar zu sein. Er wird als zentrales Element in den Index zur regionalen Vernetztheit der Hochschulen

---

3 Auch in der Geschichtswissenschaft werden solche Statistiken verwendet, um den Wirkungsraum einer Universität bzw. verschiedene *Bildungslandschaften* erkennen zu können. z.B. in Alvermann et al. (2007).

eingehen. Zwei Einwände bzw. Gefahren für die Interpretierbarkeit sind dabei allerdings unbedingt zu beachten:

1. Es besteht die Gefahr, dass die vermeintlich gute Datenlage zu einer (zu) starken Konzentration auf die physische Mobilität als (alleinigem) Indikator für die Internationalität einer Hochschule führen kann. Mobilität ist allerdings für sich genommen erst einmal eine „relativ primitive äußere Form von Internationalität" (Teichler 2002, S. 42). Die Anzahl der ausländischen Studierenden wird von einer Vielzahl äußerer Faktoren (Lage, Reputation, Landessprache, Anteil an ausländischer Bevölkerung) beeinflusst und ist daher als Indikator für eine aktive Internationalisierung nur bedingt aussagekräftig.
2. Studentische Mobilität beschreibt die physische Bewegung eines Studenten über Ländergrenzen hinweg zum Zweck des Studiums bzw. zur Durchführung studienbezogener Aktivitäten (Hahn 2004, S. 146; Richters und Teichler 2006, S. 78). In den meisten Statistiken (z. B. der OECD, der UNESCO oder EUROSTAT) wird jedoch die Nationalität des Studenten erfasst und jeder Student mit einer von dem Standort der Hochschule verschiedenen Nationalität als mobiler Student aufgeführt – unabhängig davon, ob die Mobilität tatsächlich zu Studienzwecken durchgeführt wurde oder nicht (Kelo et al. 2006; Richters und Teichler 2006). Über die internationale Vernetzung von Hochschulen sind mit den Statistiken zur Nationalität der Studierenden kaum valide Aussagen zu generieren.

Aufgrund dieser Gefahren hinsichtlich der Interpretierbarkeit von Mobilitätsstatistiken wird sich der Faktor Mobilität im Index auf Mobilitätsprogramme beschränken. Studierende, die ihren Auslandsaufenthalt selbständig organisieren (*free mover*), werden nicht erfasst. Eine Untersuchung, die die Datenbasis der Austauschprogramme als Ausgangspunkt nimmt, bietet folgende Vorteile:

1. Austauschprogramme beruhen i. d. R. auf bi- oder multilateralen Verträgen zwischen Hochschulen[4] oder auf der gemeinsame Erarbeitung eines Antrages durch die Hochschulen. Die Beteiligung von Studierenden einer Hochschule an einem Austauschprogramm setzt eine gewisse Aktivität der Hochschule voraus und ist daher als Indikator für die Internationalisierung der Hochschule ein besserer Indikator als der Ausländeranteil an den Studierenden allgemein.
2. Zum Zwecke der Programmsteuerung bzw. – evaluation sammeln die Programmanbieter alle Daten über den tatsächlich erfolgten Austausch (direkt oder über damit beauftragte Programmagenturen), es steht eine sichere Datenbasis zur Verfügung.
3. Die Teilnahme an einem Austauschprogramm durch einen Studenten geschieht i. d. R. primär zu Studienzwecken, Austauschprogramme sind explizit für die Durchführung studentischer Mobilität aufgelegt. Mit der Erfassung der Teilnehmerstatistiken ist so tatsächlich die akademische Mobilität erfassbar – die Validität ist im Gegensatz zur

---

[4] Bis Mitte der 90er Jahre wurden ERASMUS-Austausche über Hochschullehrer bzw. die einzelnen Fachbereiche organisiert, dann folgte eine Umstellung des Programms, welches den Abschluss eines ERASMUS-Vertrages zwischen den Hochschulen fordert und bis heute gültig ist (Wuttig 2004, S. 36). Die Hochschule wurde somit als gesamte Institution zum zentralen Akteur im Feld des akademischen Austausches.

Erfassung der Mobilität über die Staatszugehörigkeit der ausländischen Studierenden gesichert.
4. Versuche, die quantitative Bedeutung von ERASMUS und anderen Austauschprogrammen gegenüber der *free mover* Mobilität zu ermitteln, bleiben durch die schlechte Datenlage zur freien Mobilität nur grobe Schätzungen und differieren erheblich (z. B. Demmelhuber 2003, S. 6–7; Fohrbeck 2004, S. 66–67). Insgesamt können wir von einer deutlich zunehmenden Bedeutung der temporären Mobilität über Austauschprogramme (v. a. ERASMUS) gegenüber anderen Mobilitätsformen (Teichler 2006, S. 315; Wuttig 2007) ausgehen, deren Umfang eine Konzentration auf die Programmmobilität rechtfertigt.

Die Grundlage für die vergleichende Bestimmung der regionalen Vernetzung der Hochschulen bildet trotz der Existenz regionaler Austauschprogramme ausschließlich die ERASMUS-Teilnehmerstatistik. Zwei Gründe sind dafür ausschlaggebend: Zum einen ist das ERASMUS-Programm rein quantitativ betrachtet das dominierende Austauschprogramm in Europa (z. B. Wuttig 2007). Zum anderen ist in Europa (nur) das ERASMUS-Programm für alle Hochschulen gleichermaßen offen, während regionale Austauschprogramme wie das NORDPLUS-Neighbour-Programm des Nordischen Ministerrates im skandinavischen Raum (Wächter und Wuttig 2006) durch ihre räumlich begrenzte Aktivität einen regionalen *Bias* erzeugen würden. Eine Aufnahme weiterer Mobilitätsprogramme in den Index zur Untersuchung europäischer Regionen würde dessen Aussagekraft tendenziell verringern.

3.2.2 Dozentenmobilität

Das SOCRATES/ERASMUS Programm steht nicht nur Studierenden, sondern auch Dozenten als (finanzielle) Unterstützung des akademischen Austausches zur Verfügung. In der Regel handelt es sich bei der Dozentenmobilität um einwöchige Aufenthalte an Partnerhochschulen, die sowohl aus Gastvorlesungen/Gastvorträgen bestehen (und damit in den Bereich *Internationalisierung der Lehre* fallen) als auch Raum für Wissenschaftlerkontakte geben (und so dem Feld der *Internationalisierung der Forschung* zuzuschreiben sind). Die Kennziffern zur Dozentenmobilität gehen analog zu den Statistiken des Studierendenaustausches in den Index ein. Sie sind Indikatoren sowohl für die Lehr- als auch die Forschungskontakte.

3.2.3 Internationalisierung der Curricula

Neben der Mobilität trat ab Mitte der 90er Jahre die Frage der Internationalisierung der Studieninhalte verstärkt in das Blickfeld der Hochschulforschung bzw. – beratung. Prägend war dabei v. a. Marijk van der Wendes i. A. der OECD durchgeführte Untersuchung „Die Internationalisierung des Curriculums im Hochschulbereich" (van der Wende 1998), die aus Fallstudien an Hochschulen eine Typologisierung der beobachteten Entwicklungen entwickelte. Van der Wende unterscheidet:

1. Curricula mit einem internationalen Fach (z. B. Internationale Beziehungen in der Politikwissenschaft)
2. Curricula, bei denen das traditionelle/ursprüngliche Fach durch einen international vergleichenden Ansatz erweitert wird (z. B. Vergleichende Politikwissenschaft)
3. Curricula, die Studenten auf bestimmte internationale Berufe vorbereiten (z. B. Internationales Management)
4. Curricula im Fremdsprachenstudium, die explizit Fragen der interkulturellen Kommunikation anschneiden und der Ausbildung interkultureller Kompetenzen dienen
5. Interdisziplinäre Programme, die mehr als ein Land abdecken
6. Curricula, die zu international anerkannten Berufsqualifikationen führen (z. B. MBA-Programme)
7. Curricula, die zu gemeinsamen oder doppelten Studienabschlüssen führen
8. Curricula, bei denen Pflichtteile an einer oder mehreren Hochschulen im Ausland mit dortigen Lehrkräften absolviert werden müssen
9. Curricula, deren Inhalte besonders auf ausländische Studenten gerichtet sind (van der Wende 1998, S. 60; Hahn 2004, S. 262; Bsp. tw. selbstgewählt).

Van der Wendes Arbeit vertritt explizit den Anspruch, zunächst eine Typologisierung, eine analytische Gliederung nach Mustern zu erstellen, nicht jedoch, die Umsetzung in bestimmten Ländern quantitativ erfassen zu wollen[5]. In der weiteren zur Internationalisierung der Curricula vorhandenen Hochschulforschungsliteratur werden v. a. Zielstellungen, Strategien zur Umsetzung und mögliche Ergebnisse diskutiert (für einen Überblick Hahn 2004, S. 262–278). Dabei fällt der hochschulberatende Charakter vieler Studien auf, in denen analysiert wird, wie sich die Internationalisierung der Lehre erfolgreich implementieren lässt. Was jedoch weitgehend fehlt, ist ein geeignetes Instrumentarium, die Internationalisierung der Curricula quantitativ vergleichend (zwischen verschiedenen Hochschulen oder Hochschulsystemen) zu beschreiben.

Welche Elemente der Internationalisierung der Curricula lassen sich nun für die Betrachtung der regionalen Vernetzung der Hochschulen verwenden? Studiengänge mit einem internationalen Fach, mit einem vergleichenden Schwerpunkt und/oder einem vergleichenden Ansatz erscheinen eher ungeeignet. Sie beziehen sich meist nicht explizit auf einen bestimmten geographischen Raum, für ihre Erstellung ist zudem keine institutionelle Zusammenarbeit von Hochschulen verschiedener Länder nötig, die eine Aussage über einen geographischen Kooperationsschwerpunkt machen könnte. Die Punkte 1. und 2. der Typologie van der Wendes werden nicht in den Indikator zur regionalen Vernetzung einbezogen.

Ohne präzise Aussage hinsichtlich einer regionalen Vernetzung sind zudem die Punkte 3. und 6.: Der Begriff „internationale Berufe" ist zum einen nicht trennscharf verwendbar, zum anderen haben die dem zugrunde liegenden Curricula gerade nicht den Anspruch, nur auf eine Tätigkeit innerhalb eines bestimmten geographischen Raumes vorzubereiten, sondern universell benötigte Qualifikationen zu vermitteln. Die Diskussion um die internationale Anerkennung von an Hochschulen erlangten Berufsqualifikationen wiederum

---

5 Hochschulpädagogische und qualitative Einwände/Ergänzungsvorschläge der Typologisierung van der Wendes werden z. B. bei Rotter (2005, S. 141–143) diskutiert, sind jedoch für das Vorhaben eines international quantitativen Vergleiches sekundär.

ist ein zentraler Punkt im Bologna-Prozess, der eine solche europaweit anstrebt und somit regionale Sonderwege überlagert bzw. verhindert.

Aussagen über eine regionale Vernetzung der Hochschulen können demgegenüber zunächst die Punkte 7. und 8. der van der Wendeschen Typologie machen: Zur Erarbeitung von Curricula, die zu gemeinsamen oder doppelten Studienabschlüssen führen, ist *per se* eine institutionelle Zusammenarbeit mehrerer Hochschulen nötig. Charakterisierendes Merkmal von *Double* bzw. *Joint Degree* Programmen ist neben der gemeinsamen Entwicklung der Curricula durch mehrere Hochschulen und der automatischen Anerkennung von Studienleistungen die gemeinsame Erteilung der jeweiligen nationalen Abschlüsse der beteiligten Hochschulen an die Absolventen (*Double* Degree) oder die Übergabe eines gemeinsamen Abschlusses (*Joint Degree*) (Rauhvargers 2002, S. 29)[6].

In den meisten Fällen ist die Voraussetzung zur Erlangung eines *Double* bzw. *Joint Degree* die Absolvierung von Teilen des Studiums an der Partnerhochschule im Ausland. Umgekehrt vergeben Studiengänge, die eine solche Voraussetzung beinhalten, i. d. R. einen gemeinsamen oder doppelten Studienabschluss. Beide Punkte werden daher hier zusammengezogen. Die regionale Vernetzung ist dabei v. a. über die Herkunft der Partnerhochschulen zu erkennen[7].

Schließlich verbleiben aus der Typologie van der Wendes noch die Curricula im Fremdsprachenstudium (Punkt 4.). Unter der Einschränkung der Dominanz des Englischen als *lingua franca* im Hochschulwesen ist durch die quantitative Erfassung des Sprachangebots eine vergleichende Aussage möglich: Werden an den untersuchten Hochschulen die Sprachen der Region im Rahmen philologischer Studiengänge und/oder extracurricularer Kurse angeboten oder konzentrieren sich die Programme auf andere Fremdsprachen? Diejenige Hochschule, die ihren Studenten Kurse in den regionalen Sprachen anbietet, ist dabei hinsichtlich der fremdsprachlichen Curricula c.p. stärker in die Region vernetzt als eine Hochschule, die diese Sprachkurse nicht im Programm führt.

Aus der Typologie van der Wendes zur Internationalisierung der Curricula erscheinen die Elemente Fremdsprachenstudium und Curricula mit gemeinsamen/doppelten Studienabschluss (mit Pflichtteilen im Ausland) als relevant zur Bestimmung der geographischen Schwerpunktsetzung. Curricula mit einem internationalen Fach, mit einem vergleichenden Ansatz sowie Studiengänge, die zu einer international anerkannten Berufsqualifikation führen bzw. auf einen internationalen Beruf vorbereiten, können hingegen keine adäquaten Aussagen zur regionalen Vernetzung der Hochschulen geben.

---

6 Die Verteilung eines *Joint Degrees* ist allerdings hinsichtlich der Anerkennung in den jeweiligen nationalen Bildungssystemen problematisch (Rotter 2005, S. 153), vielfach ist die Erteilung eines *Joint Degrees* daher eher symbolischer Natur und geschieht zusätzlich zur Vergabe der nationalen Abschlüsse.

7 Die meisten dieser Programme gehen aus einer Vertiefung der Zusammenarbeit zweier oder mehrerer Hochschulen hervor (Rotter 2005, S. 154). Daher zeigen *Double* und *Joint Degree* Programme bei einer relativ kleinen Anzahl von Studierenden eine von der Hochschule gesetzte Vertiefung der internationalen Zusammenarbeit an, die über die Ermittlung der Herkunft der beteiligten Partnerhochschulen räumlich bestimmt werden kann.

3.2.4 Forschung

Um die Bedeutung der Region in der internationalen Zusammenarbeit von Forschern der Hochschulen eines geographischen Raumes zu erfassen, wird zum einen untersucht, welche Kooperationsnetzwerke sich im Bereich der gemeinsamen Durchführung internationaler Forschungsprojekte erkennen lassen. Zum anderen wird die *Ergebnisseite* internationaler Forschung betrachtet. Hier gilt es zu analysieren, welche Forscher gemeinsam ihre Forschungsresultate publizierten und welche Schlüsse daraus auf die regionale Vernetzung zu ziehen sind.

Dazu wird auf methodische Überlegungen der *Social Network Analysis* (SNA) zurückgegriffen. Um Verhalten und sozialen Wandel aus der Perspektive der Beziehungen zwischen Akteuren zu untersuchen, analysiert die SNA die Intensität von Verbindungen zwischen Akteuren in Netzwerken (Roldán-Vera und Schupp 2006, S. 408). Mit Blick auf den Forschungsbetrieb können so z. B. Aussagen zur sozialen Konstruktion und Verbreitung von Wissen getroffen werden. Adaptiert auf die Untersuchung der regionalen Vernetzung der Hochschulen ist zu fragen, inwieweit in der Generierung von Wissen (in Forschungsnetzwerken) und der Verbreitung (über Publikationen) eine regionale Schwerpunktsetzung zu beobachten ist.

Internationale Forschungsprojekte
Grenzüberschreitende Projekte gewinnen in der universitären Forschung zusehends an Bedeutung. Eine zentrale Finanzierungsquelle stellen dabei für die europäischen Hochschulen die verschiedenen Forschungsprogramme der EU dar (Ebersberger und Edler 2007). Die EU-Programme stellen daher die empirische Basis der Betrachtung der regionalen Forschungsvernetzung: Wie stark kooperieren die Hochschulen mit Partnerinstitutionen der eigenen Region, wie wichtig sind demgegenüber Partner aus anderen Regionen?

Publikationen in internationaler Koautorenschaft
Bibliometrische Untersuchungen sind Mittel der sozialwissenschaftlichen Netzwerk- und Diffusionsforschung, um die Entstehung und Verbreitung von Wissen zu analysieren. So hat die Erforschung von Zitationsnetzwerken zum Ziel, die Verbreitung von neuen methodischen Ansätzen oder Erkenntnissen innerhalb der *Scientific Community* zu verfolgen und verschiedene *Researcher communities* oder gar *tribes* zu erkennen (z. B. Tight 2008 für die Hochschulforschung). Die Analyse von Autorennetzwerken mittels der Untersuchung gemeinsamer Publikationen von Wissenschaftlern ist demgegenüber eher in der Lage, Aussagen zur (internationalen) Zusammenarbeit von Forschern zu treffen. So nutzt Newman (2004) verschiedene Publikationsdatenbanken, um Koautorenschaften zu analysieren und so wissenschaftliche Netzwerke zu beschreiben. Die Studie zeigt auf, dass sich die Muster der Zusammenarbeit zwischen Wissenschaftlern verschiedener Bereiche (Biologie, Physik, Mathematik) u. a. stark hinsichtlich der *Clustering coeffi-*

cients unterscheiden, der die Dichte von Kooperationen in einem Netzwerk beschreibt[8]. Über solchen bibliometrischen Analysen kann aufgezeigt werden, welche Autoren mit wem kooperieren, um so zum Verstehen der Funktionsweisen wissenschaftlicher Netzwerke beizutragen.

Ein zweites Beispiel ist die Studie von Ebersberger et al. (2007) zur internationalen Zusammenarbeit der Forscher der BRD. Die Studie beschreibt Koautorenschaften als Indikator der internationalen Vernetzung im Zeitablauf und stellt eine signifikante Zunahme des Anteils der internationalen Koautorenschaften bei den Publikationen Wissenschaftler deutscher Forschungseinrichtungen (Ebersberger et al. 2007) fest[9]. Dabei ist auch zu erkennen, dass die Publikationskooperationen der Wissenschaftler der BRD über keinen ausgeprägten regionalen Schwerpunkt verfügen (Ebersberger et al. 2007, S. 94).

Für den Zweck der Erfassung der regionalen Vernetztheit der Hochschulen ist die Analyse von Koautorenschaften besser geeignet als die Zitationsanalyse. Die gemeinsame Publikation ist das Ergebnis einer gezielten Forschungszusammenarbeit zweier (oder mehrerer) Wissenschaftler. Mit der Analyse der Herkunft der Koautoren kann festgestellt werden, inwieweit die Forscher einer bestimmten Untersuchungseinheit schwerpunktmäßig mit Forschern einer bestimmten Region zusammenarbeiten.

4 Operationalisierung und Messung

Um die beschriebenen Elemente für den Index zur regionalen Vernetzung der Hochschulen zu quantifizieren, wird auf verschiedene Quellen zurückgegriffen. Folgender Abschn. 4. skizziert die Quellenbasis und die Kodierung der Indikatoren.

4.1 Studentische Mobilität und Dozentenaustausch

Wie oben begründet konzentriert sich die Analyse des akademischen Austausches auf die *Programmmobilität* im Rahmen des ERASMUS-Programms. Analysiert werden die Ziele der *Outgoings* der untersuchten Hochschule. Die entsprechenden Informationen sind aus den Statistiken der nationalen ERASMUS-Agenturen zu gewinnen.

Um der akademischen Mobilität *MS* (Studierende) bzw. *MD* (Dozenten) eine räumliche Dimension zu geben und hinsichtlich der regionalen Konzentration zu überprüfen, wird die Anzahl der Studierenden AS_R (bzw. Lehrenden AD_R), die im Untersuchungszeitraum einen Austauschplatz innerhalb der Region der Hochschule in Anspruch nahmen, ins Verhältnis gesetzt zur Gesamtzahl der *Outgoings* im Untersuchungszeitraum (AS_{Ges}

---

[8] Der *Clustering coefficient* gibt die Wahrscheinlichkeit an, nach der zwei Koautoren X und Y eines Wissenschaftlers Z miteinander ebenfalls eine gemeinsame Publikation vorzuweisen haben, es mithin neben den Publikationen XZ und YZ eine Publikation in der Autorenkombination XY gibt (Newman 2004, S. 5202).

[9] Wobei in der zitierten Studie das Hauptaugenmerk auf den großen Forschungsorganisationen in Deutschland liegt und für die Universitäten nur ein institutionsübergreifender Wert angegeben wird.

bzw. AD_{Ges}). Es ergibt sich eine prozentuale Verhältniszahl (zwischen den Extremwerten 0 und 1) als Wert für die räumliche Gewichtung der Region im Bereich Mobilität[10].

$$MS = \frac{AS_R}{AS_{Ges}}$$

$$MD = \frac{AD_R}{AD_{Ges}}$$

4.2 Curricularer Regionalbezug

Die räumliche Konzentration wird im Bereich der Internationalisierung der Curricula über die Studienprogramme mit doppelten/gemeinsamen Abschluss und die Fremdsprachenangebote der Hochschulen analysiert. Zur Entwicklung der *Joint Degree Programs* findet sich eine ganze Reihe an *Ratgeberliteratur*, mehrere Programme wie z. B. ERASMUS MUNDUS unterstützen die Erarbeitung (Rotter 2005, S. 153–157; Wuttig 2004, S. 45). Studien, die die Einführung solcher Programme quantitativ erfassen und/oder international vergleichen sind jedoch kaum auffindbar. Rauhvargers (2002) unternimmt den Versuch, die Etablierung entsprechender Programme mittels Fragebogen bei den zentralen hochschulpolitischen Autoritäten (Rektorenkonferenzen, zentralen Bologna-Kontaktbüros etc.) zu ermitteln. Als Ergebnis lässt sich mit Blick auf die Operationalisierung allerdings v. a. feststellen, dass über diesen Weg höchstens Trends erkennbar werden, die statistischen Angaben aber kaum vergleichbar sind. Die zentralstaatlichen Akteure verfügen zudem vielfach über keine diesbezüglichen Daten. Eine Erfassung kann somit nur über eine Erhebung an den untersuchten Hochschulen erfolgen.

Dazu werden die International Offices der einzelnen Hochschulen im Interview bzw. per E-Mail befragt. Da *Double* und *Joint Degree* Programme von den Hochschulen gerne als Kennzeichen ihrer Internationalität dargestellt werden, sind zudem viele Informationen über die Homepages der Hochschulen zu erfahren. Wenn notwendig, wird zudem der Programmkoordinator an der Hochschule befragt.

Im Index wird die Vernetzung der Hochschulen im Bereich gemeinsame Studienprogramme erfasst mit der Kennzahl *P*. *P* bestimmt sich für die betrachtete Hochschule aus dem Mittelwert des Anteils der kooperierenden Hochschulen in den einzelnen Programmen, die aus der gleichen Region wie die betrachtete Hochschule stammen. Dazu wird für alle Programme i mit einem gemeinsamen oder doppelten Abschluss das Verhältnis der Anzahl Partnerhochschulen aus der Region (JKR_i) zur Gesamtzahl der Kooperationspartner in diesem Projekt ($JKGes_i$) gebildet. In einem zweiten Schritt wird die Summe dieser Werte durch alle an der Hochschule laufenden Studiengänge mit Joint- oder Double Degree geteilt. Je höher der Anteil an Partnerhochschulen aus der Region, desto höher ist der Wert *P*.

$$P = \frac{\sum_{i=1}^{n} \frac{JKR_i}{JKGes_i}}{n}$$

---

10 Um im Länder- bzw. Regionenvergleich zu einer aussagekräftigen Kennzahl zu gelangen, wäre M wiederum ins Verhältnis zu setzen zur Relevanz des Zielgebietes im Austauschprogramm insgesamt (Lanzendorf 2006). Dieser Wert bleibt jedoch in der intraregionalen Betrachtung für alle Hochschulen konstant, so dass sich der Wert M als der sparsamere Indikator erweist.

Zweitens werden die Curricula der Fremdsprachenausbildung erfasst. Dazu werden die (an den meisten Hochschulen eigenständigen) Fremdsprachenzentren nach dem Sprachenangebot befragt, zusätzliche Informationen sind hier durch das Studium der Vorlesungsverzeichnisse zu erhalten. Erfasst werden auch die angebotenen philologischen Studiengänge. Die Anzahl der Sprachen der Region SR_i, die außer der Landessprache des Hochschulstandortes angeboten werden, gehen in den Index zur regionalen Vernetzung ein und werden für die Kennziffer S ins Verhältnis gesetzt zur maximalen Anzahl der anzubietenden regionalen Sprachen[11]. Der höchste erreichbare Wert ist hier wiederum 1.

$$S = \frac{SR_i}{S_{max}}$$

4.3 Regionaler Schwerpunkt internationaler Forschungsprojekte

Die Europäische Union veröffentlicht über das Informationsportal CORDIS (*Community Research and Development Information Service,* http://cordis.europa.eu/) Daten und Dokumente über die EU-finanzierten Forschungs- und Entwicklungsaktivitäten. Der Schwerpunkt liegt auf der Administration der *Rahmenprogramme für Forschung und technologische Entwicklung RP* (2007–2013: Siebentes RP). Hier finden sich u. a. Informationen zu den Ausschreibungsmodalitäten und Hilfestellungen für die Suche nach Projektpartnern. Die Projektdatenbank des CORDIS katalogisiert jedoch nicht nur RP-Projekte, sondern erfasst alle seit Beginn der 90er Jahre durchgeführten Forschungs- und Entwicklungsaktivitäten, die durch die EU finanziert wurden.

Sie bietet so eine hervorragende Grundlage zur Erfassung der regionalen Hochschulkooperationen im Forschungsbereich. Die CORDIS-Datenbank lässt sich auf die Frage hin analysieren, wie oft Hochschulen des Untersuchungsgebietes mit anderen Hochschulen ihrer Region zusammenarbeiteten bzw. wie häufig eine Forschungskooperation mit Partnern stattfand, die nicht aus der Region stammten[12]. Die Relevanz der Partnerhochschulen der Region wird wie folgt quantifiziert: Projekte FP_R, die ausschließlich in Kooperation mit Institutionen der Region durchgeführt werden, erhalten den Faktor 1. Sind auch Forscher aus anderen Regionen involviert, geht das Projekt mit dem Faktor 0,75 (wenn der Projektkoordinator aus der eigenen Region kommt, FP_{KR})[13] bzw. 0,5 (Pro-

---

11 Beispielsweise gelten im Ostseeraum Isländisch, Norwegisch, Schwedisch, Dänisch, Finnisch, Estnisch, Lettisch, Litauisch, Russisch, Polnisch und Deutsch als offizielle Sprachen der Region. Neben der Landessprache sind somit höchstens 10 weitere Sprachen der Region als curriculares Angebot möglich.

12 Dabei werden Forschungspartner aus dem Land der untersuchten Hochschule nicht mitgezählt. Die Zusammenarbeit zweier Hochschulen aus einem Land ist für die regionale Vernetzung im Sinne einer Regionalisierung oder eines *Region Building* nicht relevant und beruht auf einer anderen Basis. Wurde das Forschungsprojekt nur von Institutionen eines Landes durchgeführt, gilt es nicht als internationales Projekt und wird nicht in die Untersuchung aufgenommen. Waren darüber hinaus Institutionen weiterer Länder beteiligt, wurde die Wertzuweisung anhand der Herkunft dieser Partner vorgenommen.

13 War die Partnerinstitution aus dem eigenen Land Projektkoordinator, wurde der Wert 0,75 zugewiesen, wenn Forschungsinstitutionen weiterer Länder der Region involviert waren. War dies nicht der Fall, wurde das Projekt mit dem Wert 0 gewertet.

jektkoordinator nicht aus der Region, FP_{AR}) in den Indikator ein. Projekte ohne Beteiligung weiterer Institutionen der Region wird der Wert 0 zugewiesen. Die Werte werden addiert und für die Kennzahl F ins Verhältnis gesetzt zur Gesamtzahl der Forschungsprojekte einer Hochschule FP_{Ges} in der betrachteten Periode.

$$F = \frac{FP_R + 0{,}75 * FP_{KR} + 0{,}5 * FP_{AR}}{FP_{Ges}}$$

4.4 Koautorenschaft

Die Analyse der gemeinsamen Publikationen stellt die zweite Säule der Internationalisierung der Forschung dar. Dazu wird in der vorliegenden Untersuchung wie in der oben zitierten Studie von Ebersberger et al. (2007) auf die Datenbanken *Science Citation Index* und *Social Science Citation Index* des *Web of Sciences* zurückgegriffen (http://isiknowledge.com/wos). Der *Science Citation Index* (SCI) umfasst 6.650 Zeitschriften aus den Bereichen Naturwissenschaften, Technik und Medizin, der *Social Science Citation Index* (SSCI) wertet 1.950 sozial-, rechts-, und geisteswissenschaftliche Zeitschriften aus (Eberlein et al. 2008, S.2)[14]. Neben den bibliographischen Angaben wie Autor, Titel und Zeitschrift wird auch die Heimatinstitution der Autoren erfasst. In die Analyse zur Erfassung der regionalen Vernetzung gehen alle in internationaler Koautorenschaft verfassten Artikel einer Hochschule eines bestimmten Zeitraumes ein. Ein Vergleich einzelner Hochschulen ist hinsichtlich des Grades der Internationalisierung anhand des *Web of Sciences* dabei nur eingeschränkt möglich: Betrachtet werden muss dabei die Fächerstruktur der Hochschule, da sich der Anteil an Publikationen in internationaler Koautorenschaft zwischen einzelnen Wissenschaftsgebieten teilweise erheblich unterscheidet (Ebersberger et al. 2007).

Der Index bestimmt jedoch nicht den Grad der Internationalisierung an sich, sondern die Relevanz der Region für die einzelne Hochschule in diesem Prozess. Für die Bestimmung eines regionalen Schwerpunktes der Forschungskooperationen stellt die Analyse des *Web of Sciences* ein geeignetes Instrument dar. Dazu werden die einzelnen Publikationen ähnlich dem Vorgehen zur Auswertung der CORDIS Statistiken gewichtet. Publikationen CO_R, die in Koautorenschaft von Forschern ausschließlich einer Region veröffentlicht wurden, erhalten den Faktor 1, waren neben Kollegen aus der Region auch andere Wissenschaftler beteiligt, gehen die Artikel mit dem Faktor 0,5 in den Indikator ein (CO_{AR})[15].

$$C = \frac{CO_R + 0{,}5 * CO_{AR}}{CO_{Ges}}$$

---

14 Weitestgehend handelt es sich dabei um englischsprachige Zeitschriften. Gelistet sind aber bspw. die Artikel der *Politischen Vierteljahresschrift* oder Berichte der *Kölner Zeitschrift für Soziologie und Sozialpsychologie*.

15 Analog zum Vorgehen der Wertzuweisung im Bereich „internationale Forschungsprojekte" wurden Co-Autorenschaften mit Wissenschaftlern aus dem eigenen Land nicht als Regionalprojekte aufgenommen.

Die einzelnen Indikatoren aus den Bereichen Lehre und Forschung werden anschließend zu einem Index zusammengezogen.

5 Indexaggregation

Die dargestellten Indikatoren liegen auf einem einheitlichen Wertebereich von 0 (Minimalwert) bis 1 (Maximalwert)[16]. Sie werden abschließend zu einem Index der regionalen Hochschulvernetzung *IRV* zusammengefasst. Dazu werden die beiden Elemente *gemeinsame Studienprogramme* und *Fremdsprachenangebot* zu einem Indikator *Regionalbezug der Curricula* zusammengezogen.

Die fünf Indikatoren *Studentische Mobilität, Regionalbezug der Curricula, Forschungsprojekte der EU, Koautorenschaft* sowie *Dozentenmobilität* gehen gleichgewichtet in den Index *IRV* ein. Dabei wird unterstellt, dass Forschung und Lehre für die Betrachtung der regionalen Vernetzung gleichrangig bedeutsam sind. Beide Bereiche werden mit zwei Indikatoren im Index abgebildet: *Studentische Mobilität* und *Regionalbezug der Curricula* erfassen die Internationalisierung der Lehre, *Forschungsprojekte der EU* und *Koautorenschaft* die Internationalisierung der Forschung. Die Dozentenmobilität bildet die internationale Vernetzung in Forschung *und* Lehre ab.

$$IRV = \frac{MS + \frac{P+S}{2} + MD + F + C}{5}$$

Die Addition der *Subscores* sichert dabei, dass die Vernetzung von Hochschulen in die Region auch erkennbar ist, wenn lediglich in einem Teil der Internationalisierungsdimensionen Kontakte zu Institutionen der Region bestehen. Im Gegensatz zu verschiedenen Indizes zur Demokratiemessung stehen die einzelnen Dimensionen im Index zur regionalen Vernetzung nicht in einem Spannungsverhältnis. Die Addition sichert, dass sich eine stärkere regionale Ausrichtung in einem der Kernprozesse der Internationalisierung in einem höheren Wert der regionalen Vernetzung insgesamt wiederspiegelt.

Der Wert des Index zeigt die Bedeutung der Region für die einzelne Hochschule im Prozess der Internationalisierung an. Der Maximalwert 1 steht dabei für eine ausschließliche Konzentration auf die eigene Region in den betrachteten Feldern der Internationalisierung. Der Index *IRV* stellt eine Kennzahl dar, die die Universitäten eines geographischen Raumes hinsichtlich der regionalen Vernetzung untereinander vergleichbar macht. Die systematische Vergleichbarkeit aller Hochschulen erscheint unverzichtbar, um die Rolle des tertiären Bildungssektors im Prozess der Regionalisierung bewerten zu können.

Ein möglicher *Bias*, der sich v. a. im Bereich der akademischen Mobilität ergeben kann und kleinere, nur mit wenigen regionalen Partnern Austauschbeziehungen pflegende

---

16 Dabei kann der Wert „0" sowohl signalisieren, dass die Hochschule keinerlei Internationalisierungsaktivitäten in dem bewerteten Feld aufweist (z. B. keine *Joint Degree* bzw. *Double Degree* Programme anbietet), als auch, dass die Aktivitäten ohne Partnerinstitutionen aus der eigenen Region stattfinden. Beide Situationen bedeuten für den Untersuchungszweck die gleiche Aussage: Hier findet keine auf die Region orientierte internationale Zusammenarbeit statt.

Hochschulen systematisch regional stärker vernetzt darstellen könnte als große Universitäten mit globalen Kontakten, wird zum einen über die Betrachtung aller in den Index eingehenden Dimensionen ausgeglichen. Zum anderen wurde für den Ostseeraum eine Überprüfung des *IRV* über Korrelationsanalysen zur Größe der Hochschule (gemessen an der Anzahl der eingeschriebenen Studierenden) und einem Schätzwert der Stärke der Internationalisierung[17] durchgeführt. Im Ergebnis zeigt sich, dass zur Größe der Hochschule ein mittelstarker positiver Zusammenhang (*Pearsons* $r = 0.37$), zum Schätzwert der Internationalisierung jedoch keine signifikanten Korrelationen bestehen.[18]

6 Ergebnisse: Die Vernetzung der Hochschulen der baltischen Staaten und Mecklenburg-Vorpommerns im Ostseeraum

Die Anwendbarkeit des Index wurde anhand der Hochschulen der baltischen Staaten (Estland, Lettland und Litauen) und Mecklenburg-Vorpommerns getestet, deren regionale Vernetzung im Ostseeraum über den Index erfasst wurde (Ewert 2010, 2012).[19] Alle vier untersuchten Hochschulsysteme unterlagen in den 90er Jahren einem fundamentalen Transformationsprozess. Der Index kann für die einzelnen Hochschulen aufzeigen, wie stark sich die internationale (Neu-)ausrichtung auf die Ostseeregion fokussierte. Im Ergebnis ist festzustellen, dass der theoretische Maximalwert von *IRV* = 1 an keiner Hochschule erreicht wurde. Die am stärksten regional ausgerichteten Hochschulen waren zum einen die landwirtschaftlichen Universitäten (*Eesti Maaülikool* in Estland, *IRV* = 0,6 und *Latvijas Lauksaimniecības universitāte* in Lettland, *IRV* = 0,54) während in Litauen und Mecklenburg-Vorpommern zwei direkt an der Ostsee liegende Volluniversitäten die landesweit intensivsten Beziehungen in die Region unterhielten (*Klaipėdos universitetas, IRV* = 0,47und die Universität Greifswald, *IRV* = 0,48).

Im Mittelwertvergleich weist der Index der regionalen Vernetzung für die Hochschulen Mecklenburg-Vorpommerns mit einem *IRV* = 0,40 einen deutlich stärkeren Ostseeraumbezug auf als für die Hochschulen der baltischen Länder, deren durchschnittliche Werte zwischen *IRV* = 0,25 (für Litauen) und *IRV* = 0,23 (für Estland) liegen. Die Hochschulwesen der untersuchten Länder unterscheiden sich markant hinsichtlich des grundlegenden

---

17 Der Schätzwert setzt sich zusammen aus der Anzahl der ERASMUS-Teilnehmer, der Studienprogramme mit *Joint*- bzw. *Double Degree*, der Anzahl der EU-finanzierten Forschungsprojekte und der im SCI/SSCI erfassten internationalen Publikationen, die jeweils ins Verhältnis gesetzt wurden zur Anzahl der Studierenden. Die Werte wurden für die einzelnen Hochschulen z-standardisiert und zum Schätzwert der Stärke der Internationalisierung aufaddiert.

18 Konkret wurde die Einbindung von 70 Hochschulen der baltischen Staaten und Mecklenburg-Vorpommerns in den Ostseeraum untersucht (vgl. Abschn. 6). Der positive Zusammenhang zwischen Größe und regionaler Vernetzung der Hochschulen widerspricht der Gefahr eines *Bias* zugunsten kleinerer, kaum internationalisierter Hochschulen.

19 Untersucht wurden alle Hochschulen, die im akademischen Jahr 2006/2007 mehr als 1.000 immatrikulierte Studierende aufweisen konnten. Erfasst wurden so 16 estnische Hochschulen, ebenfalls 16 Institutionen aus Lettland, 34 litauische Hochschulen sowie fünf Universitäten bzw. Fachhochschulen aus Mecklenburg-Vorpommern. Die Analyse bezieht sich auf den Zeitraum 2007–2008.

Steuerungsmodus. Während die Hochschulsysteme im Baltikum eher wettbewerblich organisiert sind (Karran 2007; Clark 1983), zeichnet sich das Hochschulsystem in Mecklenburg-Vorpommern durch eine vergleichsweise starke staatlich-hierarchische Steuerung aus (König 2009). Der Mittelwertvergleich spiegelt insofern die hochschulpolitische Situation wider, als dass die Hochschulpolitik in Mecklenburg-Vorpommern über Zielvereinbarungen mit den einzelnen Hochschulen explizit eine räumliche Fokussierung im Ostseeraum unterstützt, während in den baltischen Staaten ein solcher hochschulpolitischer Anreiz zur regionalen Vernetzung nicht zu erkennen ist.[20]

Insgesamt korrelieren mit Blick auf die inhaltliche Ausrichtung sowohl die landwirtschaftlichen Hochschulen als auch die Volluniversitäten positiv mit der Stärke der Ostseeraumvernetzung, während für die sozial- und wirtschaftswissenschaftlichen Hochschulen eine systematisch geringere Zusammenarbeit mit den Hochschulen der Region deutlich wird.[21] Die starke regionale Zusammenarbeit der landwirtschaftlichen Hochschulen erscheint dabei aufgrund der naturräumlichen Ähnlichkeit der Ostseeanrainer wenig überraschend. Die gemeinsame landwirtschaftsstrukturelle Basis ist als eine Ursache der Etablierung der Region als geographischer Rahmen der Hochschulkooperationen anzusehen, die bereits Ende der 80er Jahre initiiert wurden (Karklinsh 1997). Die vergleichsweise starke Vernetzung der Volluniversitäten ist hingegen möglicherweise auf die traditionell engen Verknüpfungen der Hochschulen in der Region zurückzuführen, die Historiker von einer „Bildungslandschaft des Ostseeraums" sprechen lassen (z. B. Alvermann et al. 2007). An diesem Punkt sind jedoch wie auch bei der Analyse der Ursachen für die geringe regionale Vernetzung der sozial- und wirtschaftswissenschaftlichen Hochschulen weitere Untersuchungen nötig.

Neben der inhaltlichen Ausrichtung zeigt sich v.a. die Teilnahme der Hochschulen an nicht-governmentalen Hochschulnetzwerken als Bestimmungsfaktor der regionalen Vernetzung. Anhand des Kataloges der regionalen Netzwerke von Suominen et al. (2001) wurden zwei ostseeraumübergreifende Hochschulnetzwerke (*Baltic University Programme* und *Baltic Sea Region University Network*) identifiziert. Die Teilnahme der Hochschulen an den Programmen korreliert deutlich mit der Stärke der regionalen Vernetzung.[22]

Die Ergebnisse sind für die politikwissenschaftliche Bewertung der Regionalpolitik in zweifacher Hinsicht relevant: Zum einen zeigen die Werte der Vernetzung der Hochschulen an, dass die Regionalisierungsprojekte der regionalen politischen Organisationen und der EU-*Ostseestrategie* tatsächlich auf eine recht hohe Kooperation der Hochschulen des Ostseeraumes bauen können. Zum anderen liefert der Index wichtige Hinweise auf die häufig aufgestellte These, der Ostseeraum nähme hinsichtlich der Einbindung gesellschaftlicher Akteure eine Vorreiter-Rolle in der Implementierung neuer Governance-

---

20 Die Ergebnisse des Mittelwertvergleichs können als inhaltliche Validierung des Index interpretiert werden.

21 *Pearsons* $r=0{,}404$ für die Volluniversitäten und $r=0{,}333$ für die landwirtschaftlichen Hochschulen, $r=-0{,}439$ für die sozial- und wirtschaftswissenschaftlichen Hochschulen. Das Signifikanzniveau liegt jeweils auf dem 0,01-Level.

22 *Pearsons* $r=0.409$ für das *Baltic University Programme* und $r=0.557$ für das *Baltic Sea region University Network*. Beide Zusammenhänge sind signifikant auf dem 0,01-Niveau.

Formen ein (z. B. Hubel und Gänzle 2002; Williams 2007, S. 13–16; Joas et al. 2008, S. 6). Die indexbasierte Analyse der Hochschulen der baltischen Staaten und Mecklenburg-Vorpommerns verdeutlicht die Relevanz der nicht-governmentalen Hochschulnetzwerke in der Regionalpolitik im Ostseeraum und zeigt insofern einen Ansatzpunkt für die verschiedenen Regionalisierungsprojekte auf.

7 Ausblick

Mit Hilfe des Index kann die Bedeutung der Netzwerke für den Hochschulbereich nachgewiesen werden. Ob die Einbindung der gesellschaftlichen Akteure jedoch ein besonderes Charakteristikum des Ostseeraums darstellt, die Region mithin „as a pioneer in the introduction of new modes of governance" (Joas et al. 2008, S. 6) angesehen werden kann, ist erst über einen interregionalen Vergleich zu klären. Der vorgestellte Index ist ein methodischer Vorschlag zum zukünftigen Vergleich mehrerer Regionen hinsichtlich der Vernetzung der Akteure und der Wirkung regionaler Netzwerke (Ewert 2011).

Neben der Frage, inwieweit sich verschiedene Regionen hinsichtlich der Wirkung regionaler Nicht-Regierungs-Netzwerke unterscheiden, bietet der Index auch ein Instrument zur Analyse der regionalen Konvergenz von Bildungssystemen und Bildungspolitik. Die Vernetzung der Bildungsinstitutionen einer Region bildet dabei die institutionellen Voraussetzungen für einen Wissenstransfer innerhalb eines geographischen Gebietes ab. Die Stärke der regionalen Vernetzung ist in einem zukünftigen interregionalen Vergleich somit als eine unabhängige Variable einzubeziehen, welche die Unterschiede in der bildungspolitischen Konvergenz zwischen mehreren Regionen mit aufklären kann (Windzio et al. 2005, S. 17). Aber auch Diffusionseffekte jenseits des Politikfeldes Bildung, die sich oft innerhalb von Regionen besonders deutlich zeigen (Mainwaring und Pérez-Liñán 2005, S. 2; Lauth et al. 2009, S. 72), können mittels des Index mit Blick auf den regionalen Wissensaustausch als Bestimmungsfaktor dieser Mechanismen zukünftig untersucht werden.[23]

Danksagung: Für wertvolle Hinweise zur Überarbeitung des Manuskriptes danke ich dem Colloquium Vergleichende Politikwissenschaft der Universität Greifswald unter der Leitung Detlef Jahns sowie den beiden anonymen Gutachtern der Zeitschrift für Vergleichende Politikwissenschaft.

---

23 Neben der politikwissenschaftlichen Anwendung ist der Index darüber hinaus auch als ein Vorschlag für die Hochschulforschung zu verstehen, die Bedeutung von geographischen Räumen im Prozess der Internationalisierung zu analysieren und mittels eines quantitativen Ansatzes Aussagen zum Verhältnis von Internationalisierung und Regionalisierung treffen zu können (Teichler 2002).

Literatur

Alvermann, Dirk, Nils Jörn, und Jens E. Olesen. 2007. Vorwort. In *Die Universität Greifswald in der Bildungslandschaft des Ostseeraums,* Hrsg. Dirk Alvermann, Nils Jörn, Jens E. Olesen, 7–11. Berlin: LIT Verlag Dr. W. Hopf.

Basedau, Matthias, und Patrick Köllner. 2007. Area studies, comparative area studies, and the study of politics: Context, substance, and methodological challenges. *Zeitschrift für Vergleichende Politikwissenschaft* 1 (1): 105–124.

Bengtsson, Rikard. 2009. *An EU strategy for the baltic sea region: Good intention meet complex challenges.* Stockholm: Sieps.

Clark, Burton R. 1983. *The higher education system: Academic organization in cross-national perspective.* Berkeley: University of California Press.

DAAD Deutscher Akademischer Austausch Dienst. 2006. *Wissenschaft weltoffen – Daten und Fakten zur Internationalität von Studium und Forschung in Deutschland.* Bielefeld: Bertelsmann.

Demmelhuber, Walter. 2003. *European educational policy related to academic mobility.* Berlin: Mensch & Buch.

Eberlein, Viola, Christiane Hofmannm, und Anja Kaiser. 2008. *Web of Science. Begleitmaterial für Datenbankschulungen.* Leipzig: Universität (Skript).

Ebersberger, Bernd, Jakob Edler, Rainer Frietsch, Christoph Grimpe, Georg Licht, Heide Löhlein, und Jue Wang. 2007. Ausmaß internationaler Aktivitäten in der deutschen öffentlich finanzierten Wissenschaft. In *Die Internationalisierung der deutschen Forschungs- und Wissenschaftslandschaft,* Hrsg. Jakob Edler, 55–108. Stuttgart: Fraunhofer IRB.

Ebersberger, Bernd, und Jakob Edler. 2007. Die europäische Ebene. In *Die Internationalisierung der deutschen Forschungs- und Wissenschaftslandschaft,* Hrsg. Jakob Edler, 199–215. Stuttgart: Fraunhofer IRB.

Edler, Jakob. 2007. Einleitung. In *Die Internationalisierung der deutschen Forschungs- und Wissenschaftslandschaft,* Hrsg. Jakob Edler, 7–10. Stuttgart: Fraunhofer IRB.

Engelen, Hilde. 2006. Die Konstruktion der Ostseeregion: Akteure, mentale Landkarten und ihr Einfluss auf die Entstehung einer Region. In *Die Ordnung des Raums. Mentale Landkarten in der Ostseeregion,* Hrsg. Norbert Götz, Jörg Hackmann, Jan Hecker-Stampehl, 61–92. Berlin: BWV.

Europäische Kommission. 2009. EU-Strategie für den Ostseeraum auf einen Blick. http://ec.europa.eu/regional_policy/cooperation/baltic/pdf/panorama/minipano_de.pdf. Zugegriffen: 7. Okt. 2009.

Ewert, Stefan. 2010. *Region Building im Ostseeraum? Zur Rolle der Hochschulen im Prozess der Regionalisierung im Nordosten der Europäischen Union.* Unveröffentlichte Dissertation am Institut für Politik- und Kommunikationswissenschaft der Universität Greifswald.

Ewert, Stefan. 2011. Regional higher education co–operation: A research proposal to compare the Baltic sea and the Black sea regions. *Revista Română pentru Studii Baltice şi Nordice* 3 (2): 199–224.

Ewert, Stefan. 2012. Higher education cooperation and networks in the Baltic sea region: A basis for regionalization and region building? *Journal of Baltic Studies* 43 (1): 95–116.

Fohrbeck, Sebastian. 2004. Die Individualförderung in nationalen Programmen. In *Mobilität in Europa,* Hrsg. DAAD, 66–72. Bielefeld: Bertelsmann.

Hahn, Karola. 2004. *Die Internationalisierung der deutschen Hochschulen. Kontext, Kernprozesse, Konzepte und Strategien.* Wiesbaden: VS Verlag für Sozialwissenschaften.

Henningsen, Bernd, Hrsg. 2002. *Towards a Knowledge-based Society in the Baltic sea region.* Berlin: Verlag Spitz.

Heinze, Torben, und Christoph Knill. 2008. Analysing the differential impact of the Bologna Process: Theoretical considerations on national conditions for international policy convergence. *Higher Education* 56 (4): 493–510.

Hettne, Björn. 1999. Globalization and the new regionalism: The second great transformation. In *Globalism and the new Regionalism,* Hrsg. Björn Hettne, András Inotai und Osvaldo Sunkel, 1–24. New York: St. Martin's Press.

Holzinger, Katharina, Helge Jörgens, und Christoph Knill. 2007. Transfer, Diffusion und Konvergenz: Konzepte und Kausalmechanismen. In *Transfer, Diffusion und Konvergenz von Politiken,* Hrsg. Katharina Holzinger, Helge Jörgens und Christoph Knill, 11–35. Wiesbaden: VS Verlag für Sozialwissenschaften (PVS Sonderheft 38).

Hubel, Helmut, und Stefan Gänzle. 2002. Der Ostseerat: Neue Funktionen subregionaler Zusammenarbeit im Kontext der EU-Osterweiterung. *Aus Politik und Zeitgeschichte* 2002 (B19–20): 3–11.

Hurrell, Andrew. 1995. Explaining the resurgence of regionalism in world politics. *Review of International Studies* 21 (4): 331–358.

Isserstedt, Wolfgang, und Klaus Schnitzer. 2005. *Internationalisierung des Studiums: ausländische Studierende in Deutschland – deutsche Studierende im Ausland; Ergebnisse der 17. Sozialerhebung des deutschen Studentenwerkes.* Berlin: BMBF.

Jahn, Detlef. 2006. *Einführung in die Vergleichende Politikwissenschaft.* Wiesbaden: VS Verlag für Sozialwissenschaften.

Joas, Marko, Detlef Jahn, und Kristine Kern. 2008. Governance in the Baltic sea region: Balancing states, cities and people. In *Governing a common sea. Environmental policies in the Baltic sea region,* Hrsg. Marko Joas, Detlef Jahn und Kristine Kern, 3–17. London: Earthscan.

Karklinsh, Aldis. 1997. Regional agricultural cooperation: Experiences and future potential. *Ambio* 26 (7): 466–468.

Karlsson, Michael. 2004. *Transnational relations in the Baltic sea region.* Huddinge: Södertörns högskola.

Karran, Terence. 2007. Academic freedom in Europe: A preliminary comparative analysis. *Higher Education Policy* 20:289–313.

Kelo, Maria, Ulrich Teichler, und Berd Wächter, Hrsg. 2006. *EURODATA. Student mobility in European higher education.* Bonn: Lemmens.

König, Karsten. 2009. Hierarchie und Kooperation. Die zwei Seelen einer Zielvereinbarung zwischen Staat und Hochschule. In *Neue Steuerung von Hochschulen. Eine Zwischenbilanz,* Hrsg. Jörg Bogumil und Rudolf G. Heinze, 29–44. Berlin: Ed. Sigma.

Lanzendorf, Ute. 2006. Foreign students and study abroad students. In *EURODATA. Student mobility in European higher education,* Hrsg. Maria Kelo, Ulrich Teichler und Bernd Wächter, 7–53. Bonn: Lemmens.

Lauth, Hans-Joachim, Gert Pickel, und Susanne Pickel. 2009. *Methoden der vergleichenden Politikwissenschaft. Eine Einführung.* Wiesbaden: VS Verlag für Sozialwissenschaften.

Lehti, Marko. 2009. Baltic region in becoming: From the council of the Baltic sea states to the EU's strategy for the Baltic sea area. *Lithuanian Foreign Policy Review* 22:9–27.

Mainwaring, Scott, und Aníbal Pérez-Liñán. 2005. *Why regions of the world are important: Regional specificities and region-wide diffusion of democracy.* Working Paper Nr. 322, Kellogg Institute for International Studies, University of Notre Dame.

Müller, Thomas, und Susanne Pickel. 2007. Wie lässt sich Demokratie am besten messen? Zur Konzeptqualität von Demokratie-Indizes. *Politische Vierteljahresschrift* 48:511–539.

Neumann, Iver B. 1994. A region-building approach to Northern Europe. *Review of International Studies* 20:53–74.

Newman, Mark E. J. 2004. Coauthorship networks and patterns of scientific collaboration. *Proceedings of the National Academy of Sciences of the USA* 101:5200–5205.

Rauhvargers, Andrejs. 2002. Joint degree study. In *Survey on master degrees and joint degrees in Europe,* Hrsg. Christian Tauch und Andrejs Rauhvargers, 27–43. Genf: European University Association.

Richters, Eric, und Ulrich Teichler. 2006. Student mobility data: current methodological issues and future prospects. In *EURODATA. Student mobility in European higher education,* Hrsg. Maria Kelo, Ulrich Teichler, und Bernd Wächter, 78–95. Bonn: Lemmens.

Roldán-Vera, Eugenia, und Thomas Schupp. 2006. Network analysis in comparative social sciences. *Comparative Education* 42 (3): 405–429.

Rotter, Carolin. 2005. *Internationalisierung von Studiengängen: Typen – Praxis – Empirische Befunde.* Bochum: Universität.

Schirm, Stefan A. 1997. Transnationale Globalisierung und regionale Kooperation. Ein politik-ökonomischer Ansatz zur Erklärung internationaler Zusammenarbeit in Europa und den Amerikas. *Zeitschrift für Internationale Beziehungen* 4 (1): 69–106.

Schymik, Carsten. 2003. Networking civil society in the Baltic sea region. In *Civil society in the Baltic sea region,* Hrsg. Norbert Götz und Jörg Hackmann, 217–234. Aldershot u.a.: Ashgate.

Schymik, Carsten, und Peer Krumrey. 2009. EU-Strategie für den Ostseeraum. Kerneuropa in der nördlichen Peripherie? Diskussionspapier der FG 1 der *Stiftung Wissenschaft und Politik.* Berlin.

Suominen, Terhi, Esko Antola, und Janne Mikkonen. 2001. *Networks in the Baltic sea region.* Turku: University.

Teichler, Ulrich. 1998. Internationale Mobilität von Studierenden – eine quantitative Übersicht. In *Die Internationalisierung der Hochschulen. Neue Herausforderungen und Strategien,* Hrsg. Ulrich Teichler, 63–72. Frankfurt a. M.: Campus (2007).

Teichler, Ulrich. 2002. Internationalisierung im Alltag der Hochschulen. In *Die Internationalisierung der Hochschulen. Neue Herausforderungen und Strategien,* Hrsg. Ulrich Teichler, 39–49. Frankfurt a. M.: Campus (2007).

Teichler, Ulrich. 2006. Studienbezogene Internationalisierung der deutschen Hochschulen. In *Die Internationalisierung der Hochschulen. Neue Herausforderungen und Strategien,* Hrsg. Ulrich Teichler, 307–332. Frankfurt a.M.: Campus (2007).

Teichler, Ulrich. 2007. *Die Internationalisierung der Hochschulen. Neue Herausforderungen und Strategien.* Frankfurt a. M.: Campus.

Tight, Malcolm. 2008. Higher education research as tribe, territory and/or community: a co-citation analysis. *Higher Education* 55:593–605.

Wächter, Bernd, und Siegbert Wuttig. 2006. Student Mobility in European Programmes. In *EURODATA. Student mobility in European higher education,* Hrsg. Maria Kelo, Ulrich Teichler und Bernd Wächter, 162–181. Bonn: Lemmens.

Wende, Marijk Van Der. 1998. Die Internationalisierung des Curriculums im Hochschulbereich. In *Die Internationalisierung des Hochschulwesens. Ein OECD/CERI-Bericht,* Hrsg. OECD/CERI, 44–112. Frankfurt a. M.: Lang.

Williams, Leena-Kaarina. 2007. *Zur Konstruktion einer Region. Die Entstehung der Ostseekooperation zwischen 1988 und 1992.* Berlin: BWV.

Windzio, Michael, Reinhold Sackmann, und Kerstin Martens. 2005. *Types of governance in education – A quantitative analysis.* TranState Working Papers (25). Bremen.

Wuttig, Siegbert. 2004. Die Umsetzung der EU-Programme mit Hochschulbezug in Deutschland. In *Mobilität in Europa,* Hrsg. DAAD, 35–47. Bielefeld: Bertelsmann.

Wuttig, Siegbert. 2007. Die Beteiligung deutscher Hochschulen an der ERASMUS-Mobilitätsförderung im europäischen Vergleich. In *ERASMUS – eine europäische Erfolgsstory. Ergebnisse und Erträge der zweiten Phase von SOKRATES/ERASMUS (2000–2006),* Hrsg. DAAD. Bonn: DAAD.

AUFSÄTZE

Zur Messung von Staat-Kirche-Beziehungen: Eine vergleichende Analyse neuerer Indizes

Richard Traunmüller

Zusammenfassung: Im Zuge der erhöhten Aufmerksamkeit, welche dem Faktor Religion in der Politik zuteil wird, ist das spannungsreiche Verhältnis von Staat und Kirche wieder vermehrt in den Blick geraten. Gleichwohl werden bisherige Forschungsbemühungen der quantitativ-vergleichenden Politikwissenschaft oftmals durch einen Mangel an geeigneten Messkonzepten gehemmt. Erst in allerjüngster Zeit sind verschiedene Vorschläge zur Messung von Staat-Kirche-Beziehungen hervorgebracht worden. Ziel des vorliegenden Beitrags ist es, diese neuen Messvorschläge vorzustellen und in einem kritischen Vergleich ihre jeweiligen methodischen Stärken und Schwächen herauszuarbeiten. Genauer gesprochen wird der Versuch unternommen, den von Munck und Verkuilen (*Comparative Political Studies* 35:5–24, 2002) im Rahmen der Demokratiemessung vorgeschlagenen und von Müller und Pickel (*Politische Vierteljahresschrift* 48:511–539, 2007) präzisierten Kriterienkatalog zur methodologischen Bewertung von Messkonzepten auf insgesamt fünf verschiedene Indizes zur *Messung von Staat-Kirche-Verflechtungen* anzuwenden. Konkret wird dabei anhand spezifischer Beurteilungskriterien untersucht, inwieweit die methodischen Herausforderungen der *Konzeptualisierung*, der *Messung* sowie der *Aggregation* bei der Konstruktion der betrachteten Indizes überzeugend bewältigt wurden. Neben der vergleichenden Analyse und Bewertung von neuen Messinstrumenten wird damit gleichzeitig die Brauchbarkeit dieses Evaluationsschemas, sowie seine Übertragbarkeit in alternative Anwendungskontexte erprobt.

Schlüsselwörter: Messung · Staat-Kirche-Beziehungen · Evaluation

Measuring church-state-relations: a comparative analysis of new indices

Abstract: The renewed interest in the religious factor in politics has also led to an increased concern for the entanglement of the church and the state. However, quantitative comparative research efforts in political science so far have been inhibited due to a lack of adequate measurement concepts. Only very recently several suggestions on how to measure church-state-relations have come up. The present article aims to introduce these new measurement instruments and to evaluate their methodological strengths and weaknesses in a comparative analysis. I draw on the criteria for the methodological evaluation of measurement instruments proposed by Munck and Verkuilen, (*Comparative Political Studies* 35:5–24, 2002) elaborated by Müller and Pickel (*Politische Vierteljahresschrift* 48:511–539, 2007) and apply them to a total of five different indices for

Online publiziert: 18.07.2012
© VS Verlag für Sozialwissenschaften 2012

R. Traunmüller (✉)
Lehrstuhl für Politische Soziologie
Universität Bern, Bern, Schweiz
E-Mail: richard.traunmueller@ipw.unibe.ch

the measurement of church-state-relations. In particular, I evaluate how these different measurement concepts perform in the three methodological steps of conceptualization, measurement and aggregation. Besides the comparative analysis of new measurement instruments this will also test the transferability and usefulness of this evaluation scheme in alternative contexts.

Keywords: Measurement · Church-State Relations · Evaluation

1 Einleitung

Dem Faktor Religion und seiner Wirkung auf die Politik wird seit einiger Zeit erhöhte Aufmerksamkeit zuteil.[1] Im Zuge dieser Entwicklung ist auch das spannungsreiche Verhältnis von Staat und Kirche erneut in den Blick geraten (vgl. Enyedi und Madeley 2003; Gill 2001; Liedhegener 2008; Minkenberg 2003; Minkenberg und Willems 2002, 2003). Dies liegt zum einen darin begründet, dass sich lange Zeit unangefochtene Auffassungen über die Rolle der Religion in modernen Gesellschaften – und insbesondere über ihr Verhältnis zur öffentlich-politischen Sphäre – eher als normativ grundierte Positionen, denn als plausible Realitätsbeschreibungen herausgestellt haben (Casanova 1994). Zum anderen sind angesichts des wachsenden religiösen Pluralismus und der verstärkten Sichtbarkeit religiöser Minderheiten religionspolitische Konflikte über Status und Rechte religiöser Gruppen, öffentliche religiöse Symbole, sowie über Religionsunterricht an staatlichen Schulen wieder zu zentralen Herausforderungen demokratischer Gemeinwesen avanciert (Bader 2007).

Darüber hinaus werden Staat-Kirche-Beziehungen gegenwärtig mit der Ausgestaltung wohlfahrtsstaatlicher Politik in Verbindung gebracht (Manow 2008; Minkenberg 2002; van Kersbergen und Manow 2009) und in ihren Wirkungen auf demokratische Zivilgesellschaften und bürgerschaftliches Engagement untersucht (Roßteutscher 2009; Traunmüller 2010, 2012; Traunmüller und Freitag 2011). Schließlich stellt die staatliche Regulierung von Religion im Rahmen der sogenannten *economics of religion* gar die entscheidende Schlüsselvariable zur Erklärung unterschiedlicher Religiositätsniveaus im internationalen Vergleich dar (Iannaccone 1991; Chaves und Cann 1992; Stark und Finke 2000).

Diese Beispiele mögen genügen, um zu verdeutlichen, dass es zweifellos zu den genuinen Aufgaben der vergleichenden Politikwissenschaft gehört, institutionelle Ausgestaltungen von Staat-Kirche-Arrangements in ihren vielfältigen empirischen Erscheinungsformen systematisch zu erfassen sowie nach ihren jeweiligen Ursachen

---

1 Frühere Versionen dieses Aufsatzes wurden auf der Autorenkonferenz des AK *Demokratieforschung* in Verbindung mit der *Zeitschrift für Vergleichende Politikwissenschaft* an der *Universität Leipzig* (14.–15. Mai 2009) sowie im Rahmen der Frühjahrstagung des AK *Empirische Methoden der Politikwissenschaft* an der *Zeppelin University Friedrichshafen* (5. Juni 2009) vorgestellt. Ich möchte mich bei allen Anwesenden sowie bei den beiden anonymen Gutachtern für ihre detaillierte Kritik und hilfreichen Anmerkungen herzlich bedanken. Für die Hilfe bei der Erstellung des finalen Manuskripts danke ich Christina Eder, Birgit Jacob und Tobias Tober. Ein weiterer Dank gebührt Gert Pickel und Detlef Pollack, welche mit ihrem Enthusiasmus gegenüber der Idee, eine Evaluierung von Staat-Kirche-Indizes vorzunehmen entscheidend zu meiner Motivation beigetragen haben.

und Wirkungen zu fragen (Chaves et al. 1994; Minkenberg 2003).[2] Eine solche Untersuchungsperspektive ist vermutlich gut beraten, einen Wandel weg von der in rechtswissenschaftlichen oder politisch-theoretischen Konzepten üblichen Konzentration auf *differences in kind* – welche etwa idealtypisch eine strikte Trennung von Staat und Kirche von einem etablierten Staatskirchentum einerseits, sowie einem Kooperationsmodell andererseits, unterscheiden (z. B. Monsma und Soper 1997; Robbers 1995) – hin zu einer Anerkennung von *differences in degree* zu vollziehen. Denn nur so wird sie der tatsächlichen empirischen Komplexität und Vielschichtigkeit staatlich-kirchlicher Verflechtung im internationalen Vergleich gerecht. Staat-Kirche-Beziehungen sind nicht kategorial zu fassen, sondern stellen vielmehr ein graduelles Phänomen dar, welches sich aus einem vielschichtigen Bündel von politischen Regelungen und staatlichen Tätigkeiten zusammensetzt (Minkenberg 2003).[3]

Gleichwohl waren in diesem Sinne angelegte, quantitativ-vergleichende Forschungsbemühungen lange durch einen Mangel an adäquaten, diesen Ansprüchen genügenden, Messinstrumenten gehemmt. In der Tat sind erst in allerjüngster Zeit einige verschiedene Vorschläge zur differenzierten Messung von Staat-Kirche-Beziehungen hervorgebracht worden, die diesen Mangel beheben (z. B. Grim und Finke 2006; Fox 2006, 2008; Norris und Inglehart 2004). Entsprechend gering ist freilich der bisherige Erfahrungsschatz im Umgang mit diesen Messinstrumenten und v. a. das Wissen um die Qualität der durch sie generierten Daten. Angesichts der theoretischen und praktischen Relevanz, welche das Thema der Verflechtung von Kirche und Staat für sich beanspruchen kann, ist es daher von großer Wichtigkeit diese zur Verfügung stehenden Instrumente genauer zu untersuchen und kritisch zu beleuchten.

Das Ziel des vorliegenden Beitrags ist daher v. a. ein methodologisches. Ich werde diese neuen Messvorschläge zur Erfassung von Staat-Kirche-Beziehungen vorstellen, in einem kritischen Vergleich ihre jeweiligen methodischen Stärken und Schwächen herausarbeiten und sie damit hinsichtlich ihrer Messqualität bewerten. Genauer gesprochen wird der Versuch unternommen, den von Munck und Verkuilen (2002) ursprünglich im Rahmen der Demokratiemessung vorgeschlagenen und von Müller und Pickel (2007) präzisierten Kriterienkatalog zur methodologischen Bewertung von Messkonzepten auf insgesamt fünf verschiedene Indizes zur *Messung von Staat-Kirche-Verflechtungen* anzuwenden. Konkret wird für diese Indizes anhand spezifischer, aus messtheoretischen Überlegungen abgeleiteter Beurteilungskriterien untersucht, inwieweit die methodischen Herausforderungen der *Konzeptualisierung*, der *Messung* sowie der *Aggregation* überzeugend bewältigt wurden. Neben der vergleichenden Analyse und Bewertung von neuen Messinstrumenten in einem sich erst entwickelnden Forschungsfeld der vergleichenden Politikwissenschaft, wird gleichzeitig die Brauchbarkeit dieses Evaluationsschemas

---

2 Ich halte hier an der gebräuchlichen Begrifflichkeit „Staat-Kirche-Beziehung" fest, obwohl diese natürlich im eigentlichen Sinne des Wortes nur für den christlichen Kulturraum zutreffend ist. Gleichwohl stellt sich die Frage nach der staatlichen Regulierung von Religion grundsätzlich in allen Staaten der Erde.

3 Zu analogen Forderungen im Rahmen der Demokratieforschung siehe z. B. Elkins (2000), Pickel und Pickel (2006: 268) und Welzel (2000).

sowie seine Übertragbarkeit auf alternative Anwendungskontexte jenseits der Demokratiemessung erprobt.

Der Beitrag gliedert sich wie folgt: in einem ersten Schritt werden die zu evaluierenden Indizes zur empirischen Erfassung von Staat-Kirche-Verflechtungen kurz vorgestellt. Im zweiten Schritt erfolgt die methodologische Bewertung der Messkonzepte anhand des von Munck und Verkuilen (2002) vorgeschlagenen Evaluationsschemas. Ein dritter Schritt nimmt eine Metaevaluation der Indizes vor, indem zum einen auf der Basis eines Metaindexes eine Rangfolge der Messkonzepte erstellt wird und zum anderen die Stärken und Schwächen der gegenwärtigen Messpraxis in der Gesamtschau betrachtet werden. Zuletzt werden zentrale Punkte zusammengefasst.

2 Vorstellung und empirische Reichweite der betrachteten Indizes

Bevor die eigentliche methodologische Bewertung der Indizes zur Messung von Staat-Kirche-Beziehungen vorgenommen wird, sollen die hier betrachteten fünf Messkonzepte zunächst kurz vorgestellt und in ihrer empirischen Reichweite beschrieben werden (s. Tab. 1). Ohne Anspruch auf Vollständigkeit wurden jene in der Literatur sichtbaren Indizes ausgewählt, welche a) explizit den Anspruch erheben, *Staat-Kirche-Beziehungen* (und nicht etwa nur irgendeinen Teilbereich) zu messen, b) einen erkennbar eigenständigen Messansatz vorlegen (und nicht bloß eine Anwendung bestehender Instrumente

Tab. 1: Empirische Reichweite der Indizes zur Messung von Staat-Kirche-Beziehungen

Indizes	Analyseeinheiten	Zeitpunkt
Religious Regulation Scale (Chaves und Cann 1992)	18 westliche Staaten	?
Index Kirche-Staat-Beziehung (Pollack 2003)	16 west- und osteuropäische Staaten	?
Religious Freedom Index (Norris und Inglehart 2004)	188 Staaten	2002
Government Regulation Index (GRI) Government Favoritism Index (GFI) Social Regulation Index (SRI) (Grim und Finke 2006)	196 Staaten	2003
Official Government Involvement in Religion Religious Restriction Religious Discrimination Religious Regulation Religious Legislation Overall Government Involvement in Religion (Fox 2006, 2008)	175 Staaten	1990–2002

Eigene Zusammenstellung

darstellen) und sich c) aufgrund der Anzahl der erfassten Länder für eine quantitativ-statistische Analyse eignen.[4]

Den ersten zu evaluierenden Index stellt die *Religious Regulation Scale* von Chaves und Cann (1992) zur Messung des staatlichen Regulierungsgrads von Religion dar. Dieses Messkonzept ist das älteste der hier Betrachteten, welches allerdings neueren Messansätzen als Vorbild dient. Die *Religious Regulation Scale* setzt sich aus insgesamt sechs Items zusammen und wurde für insgesamt 18 westliche Staaten erhoben. Die geographische Reichweite und die damit einhergehende Möglichkeit auf Generalisierbarkeit abzielender Theorietests im Rahmen quantitativ-vergleichender Analysen ist daher eher beschränkt. Auf welchen Zeitraum sich diese Messung bezieht, ist unklar, da die Autoren darüber keine Aussage machen. Nachdem die Hauptquelle jedoch die *World Christian Encyclopedia* (Barrett 1982) darstellt, dürfte sie sich auf die Situation in den 70er Jahren beziehen.

Eine leicht modifizierte Version dieses Messkonzepts liegt mit dem von Pollack (2003; Pollack und Pickel 2000) konstruierten *Index Kirche-Staat-Beziehung* vor. Dieser umfasst jedoch nur fünf, z. T. neue Kriterien und wurde für eine andere Länderstichprobe von insgesamt 16 west- und osteuropäischen Staaten erhoben. Doch auch hier ist die Fallzahl und damit die Möglichkeit des quantitativ-statistischen Vergleichs sehr begrenzt und die zeitliche Reichweite der Messung nicht eindeutig festzustellen.

Erheblich erweitert wurde das ursprünglich von Chaves und Cann (1992) vorgeschlagene Messkonzept durch den von Norris und Inglehart (2004) entwickelten *Religious Freedom Index* zur Messung der Staat-Kirche-Beziehungen. Die ursprünglich sechs Kriterien wurden hier auf insgesamt 20 ausgeweitet und auch die Anzahl der Analyseeinheiten geht deutlich über das Original hinaus. Mit dem *Religious Freedom Index* lässt sich die Verflechtung von Staat und Kirche nun in insgesamt 188 Staaten für das Jahr 2002 betrachten und vergleichen. Der *Religious Freedom Index* eignet sich damit weitaus besser für statistische Analysen.

Einen eigenständigen und neu-konzipierten Messansatz stellen die *International Religion Indexes* von Grim und Finke (2006) dar. Dieses Messkonzept setzt sich aus insgesamt drei verschiedenen Indizes zusammen, welche jeweils fünf bis sechs Items umfassen: dem *Government Regulation Index* (GRI), dem *Government Favoritism Index* (GFI), sowie dem *Social Regulation Index* (SRI). Diese Indizes zu verschiedenen Aspekten des Staat-Kirche-Verhältnisses wurden für das Jahr 2003 erhoben und umfassen alle

---

4 So entspricht etwa die *Religious Freedom Scale* von Freedom House (2010) dem ersten Kriterium nicht, während dies für den *Religious Freedom Index* von Norris und Inglehart (2004) der Fall ist, da diese – trotz der irreführenden Bezeichnung ihres Index – ausdrücklich die Messung von Staat-Kirche-Beziehungen im Allgemeinen zum Ziel haben. Der Messansatz von Minkenberg (2003) wurde nicht aufgenommen, da es sich dabei im Prinzip um eine Anwendung der Skala von Chaves und Cann (1992) handelt und daher nicht als eigenständig gewertet werden kann. Bei Pollack (2003) ist die Eigenständigkeit gegeben, da neben der gänzlich anderen Länderauswahl zusätzliche Items in die Messung aufgenommen, andere dafür weggelassen wurden. Darüber hinaus hat jüngst Roßteutscher (2009) einen eigenständigen Vorschlag zur empirischen Erfassung von Staat-Kirche-Beziehungen gemacht, welcher jedoch aufgrund der geringen Fallzahl – acht europäische Staaten – das dritte Kriterium nicht erfüllt.

196 Staaten der Welt. Im Querschnitt haben die *International Religion Indexes* somit die größte empirische Reichweite aller betrachteten Messkonzepte.

Das letzte und jüngste Messkonzept von Staat-Kirche-Beziehungen liegt schließlich mit den Indizes des *Religion and the State* Projekts von Fox (2006, 2008) vor. Dieses großangelegte Projekt zur weltweiten Erfassung der Beziehung zwischen Staat und Religion umfasst insgesamt sechs verschiedene Skalen: *Official Government Involvement in Religion, Religious Restriction, Religious Discrimination* (bestehend aus 16 Komponenten), *Religious Regulation* (11 Komponenten), *Religious Legislation* (33 Komponenten) und schließlich ein diese fünf Maße integrierender Gesamtindex *Overall Government Involvement in Religion*. Diese Indizes wurden für insgesamt 175 Staaten erhoben und dies jährlich für den Zeitraum von 1990–2002. Es handelt sich damit um den einzigen Messansatz, welcher auch einen Vergleich über die Zeit zulässt.[5]

3 Vergleichende Bewertung der Indizes zur Messung von Staat-Kirche-Beziehungen

Im Folgenden soll der von Munck und Verkuilen (2002) im Rahmen der Demokratiemessung vorgeschlagene Kriterienkatalog zur methodologischen Bewertung von Messkonzepten auf die fünf soeben vorgestellten Indizes zur Messung von Staat-Kirche-Verflechtungen angewandt werden. Konkret sind Munck und Verkuilen (2002, S. 7–8) zufolge bei der Konstruktion von Indizes drei aufeinander aufbauende methodische Herausforderungen zu bewältigen: die Herausforderung der *Konzeptualisierung*, der *Messung* sowie der *Aggregation*.[6] Jede dieser drei Herausforderungen beinhaltet wiederum bestimmte Aufgaben, die geleistet werden müssen und deren Erfüllung sich anhand spezifischer Evaluationskriterien bewerten lässt. Da die konkrete Operationalisierung dieser Beurteilungskriterien bei Munck und Verkuilen jedoch eher implizit bleibt, orientiere ich mich soweit wie möglich an den von Müller und Pickel (2007) vorgeschlagenen Kodierregeln[7], um zu bestimmen, ob ein Kriterium erfüllt wurde oder nicht. Dies erlaubt zugleich einen quantifizierenden und damit systematischeren Vergleich der verschiedenen Messkonzepte (vgl. Müller und Pickel 2007, S. 518).

3.1 Die Phase der Konzeptualisierung

Der erste Schritt einer jeden Indexkonstruktion besteht in der Spezifikation des Konzeptes, welches überhaupt erfasst und abgebildet werden soll (Diekmann 2001; Miller 2007; Schnell et al. 2005). Dieser Schritt, der den Ausgangspunkt für alle darauf folgenden Schritte darstellt, beinhaltet zum einen die Aufgabe der *Identifizierung aller relevanten*

---

[5] Gegenwärtig befindet sich das *Religion and the State* Projekt in der zweiten Erhebungsrunde (Fox 2009, 2011).

[6] Für ein ähnliches Evaluationsschema, welches die Ebenen Konzeptspezifikation, Operationalisierung und Messung zur Bewertung von Messkonzepten berücksichtigt, s. Gaber (2000).

[7] Siehe auch die daran anschließende Debatte in der PVS (Bühlmann et al. 2008; Kaina 2008; Müller und Pickel 2008).

Merkmale (Dimensionen) und zum anderen deren *logische Organisation* in einem Konzeptbaum, aus welchem sich dann in einem weiteren Schritt konkrete beobachtbare Indikatoren ableiten lassen (Munck und Verkuilen 2002; Müller und Pickel 2007, S. 525). In unserem Fall muss also geklärt werden, welche Merkmalsdimensionen Staat-Kirche-Beziehungen überhaupt umfassen und wie diese verschiedenen Dimensionen zueinander stehen bzw. richtig angeordnet werden können (s. Tab. 2). Dabei ist ganz offensichtlich, dass an dieser Stelle zunächst von den konkreten Vorgaben von Müller und Pickel (2007) abgewichen werden muss, da der konzeptionelle Anker eben nicht ein, wie auch immer geartetes, Demokratieverständnis sein kann, sondern die Definition von „Staat-Kirche-Beziehungen". Zugleich ist es problematisch, auf objektive Weise festzulegen, was eine gute oder richtige Definition eines Phänomens ist. Diese hängt stets vom gegebenen Forschungsinteresse und den bestehenden Theorien ab und kann sich folglich auch nur vor diesem Hintergrund als nützlich oder eben weniger nützlich erweisen (vgl. Schnell et al. 2005, S. 128).

Gleichwohl lässt sich als ein mögliches und sinnvolles Beurteilungskriterium für die Identifizierung der Konzeptmerkmale die *Vermeidung von Maximal- und Minimaldefinitionen* anführen (Munck und Verkuilen 2002, S. 9). Mit anderen Worten zeichnet sich eine gute Konzeptualisierung dadurch aus, dass sie nicht zu viele, aber eben auch nicht zu wenige Attribute umfasst und somit insgesamt von analytischem Nutzen ist. Die Erfüllung dieses Kriteriums in einzelnen Messvorschlägen lässt sich dann konkret anhand der Kriterien *Sparsamkeit* und *Relevanz* der berücksichtigten Merkmale bzw. Dimensionen erfassen (Müller und Pickel 2007, S. 519).

Im thematischen Zusammenhang von Staat-Kirche-Beziehungen hat Minkenberg (2003, S. 120) exakt diesen Maßstab bei der Konzeptualisierung eingefordert: „[D]ie meisten Ansätze zur Klassifizierung des Staats-Kirche-Verhältnisses sind dadurch gekennzeichnet, dass sie entweder eine einzige, meist rechtliche Dimension von Kriterien bzw. eine kleine Zahl von zusammenhängenden juristischen Indikatoren, oder aber eine große Bandbreite von Indikatoren zu Grunde legen". Eine für die vergleichende Politikwissenschaft brauchbare Konzeptualisierung müsse allerdings gleichermaßen politische, ökonomische und legale Kriterien berücksichtigen, dabei aber zugleich die Unterscheidungsmöglichkeit zwischen unabhängigen und abhängigen Variablen, also zwischen dem institutionellen Verhältnis selbst und seinen Folgen gewährleisten. Einen Weg um zu in diesem Sinne angemesseneren Konzeptualisierungen von Staat-Kirche-Beziehungen zu gelangen, welche Maximal- und Minimaldefinitionen gleichermaßen vermeiden, sieht Minkenberg in einer stärkeren theoretischen Orientierung an den Diskussionssträngen historisch-soziologischer und neo-institutionalistischer Theorieansätze sowie auch an der *economics of religion* Schule innerhalb der Religionssoziologie (2003, S. 120).

Tatsächlich konzeptualisieren, mit der Ausnahme von Fox (2006, 2008), alle der hier betrachteten Bemühungen Staat-Kirche-Beziehungen explizit vor dem theoretischen Hintergrund der *economics of religion* und müssen sich daher auch an diesen, ihren eigenen Ansprüchen messen lassen (z.B. Finke 1997; Iannaccone 1991; Stark und Finke 2000). In dieser Sichtweise repräsentieren Staat-Kirche-Beziehungen ein vielschichtiges Bündel von offiziellen Gesetzen, politischen Maßnahmen und administrativen Handlungen, denen gemein ist, dass sie darauf abzielen, religiöse Angelegenheiten zu regulieren. Dabei kann staatliche Regulierung von Religion zwei grundlegende Formen annehmen

Tab. 2: Die Phase der Konzeptualisierung

Aufgabe/ Bewertungskriterium	Chaves und Cann (1992)	Pollack (2003)	Norris und Inglehart (2004)	Grim und Finke (2006)	Fox (2006)
1.1 Identifizierung der Merkmale					
Sparsamkeit	☺ (1 Dimension Unterstützung erfasst)	☺ (1 Dimension Unterstützung erfasst)	☺ (2 Dimensionen Restriktion und Unterstützung erfasst)	☹ (3 Dimensionen darunter soziale Regulierung von Religion und damit mehr als Staat-Kirche-Beziehungen gemessen)	☺ (2 Dimensionen Restriktion und Unterstützung erfasst)
Relevanz	☹ (Dimension staatliche Restriktionen von Religion fehlt)	☹ (Dimension staatliche Restriktionen von Religion fehlt)	☺	☺	☺
1.2 Logische Anordnung der Merkmale					
Redundanz	☺	☺	☺	☺	☹ (Überschneidung von *official hostility*, *general restrictions* und *religious regulation*)
Zuordnung/Vermischung	☺	☺	◐ (Dimensionen Restriktion und Unterstützung werden nicht ausdifferenziert	☺	☺

☺ Kriterium erfüllt, ◐ Kriterium teilweise erfüllt, ☹ Kriterium nicht erfüllt

– *Restriktion* und *Unterstützung* (Finke 1997; Roßteutscher 2009). Einerseits kann ein Staat die religiösen Überzeugungen, Praktiken und Organisationen mit rechtlichen Restriktionen und administrativen Einschränkungen versehen. Andererseits kann ein Staat religiösen Gruppen und Organisationen aber auch konstitutionelle Privilegien und finanzielle Subventionierung gewähren.

In dem Maße, wie verschiedene Indexkonstruktionen diese der *economics of religion* entstammende Konzeption von Staat-Kirche-Beziehungen richtig umsetzen und die beiden Dimensionen der staatlichen Restriktion sowie der staatlichen Unterstützung von Religion beinhalten, kann ihnen die Erfüllung des Kriteriums der Relevanz und damit die Vermeidung einer Minimaldefinition attestiert werden. Insofern sie sich auf diese beiden Merkmale beschränken, erfüllen sie auch das Kriterium der Sparsamkeit und lösen damit das Problem der Maximaldefinition.

Legt man diesen Bewertungsmaßstab zugrunde, vermeiden sowohl die *Religious Regulation Scale* von Chaves und Cann (1992), der *Index Kirche-Staat-Beziehung* von Pollack (2003), als auch der *Religious Freedom Index* von Norris und Inglehart (2004) eine Maximaldefinition von Staat-Kirche-Beziehungen. Auch die von Fox (2006, 2008) konstruierten *Religion and the State* Indizes, welche sich zwar nicht explizit aus der Religionsökonomie herleiten,[8] stützen sich auf ein Verständnis von Staat-Kirche-Beziehungen „which can be described as any government support for religion, or any government regulation or limitation placed on religion" (Fox 2008, S. 47) und erfüllen damit das Evaluationskriterium.

Lediglich der Konzeptualisierung von Grim und Finke (2006) könnte vorgeworfen werden, sie umfasse insgesamt zu viel. Neben den Dimensionen staatlicher Restriktion und staatlicher Unterstützung von Religion wird hier noch zusätzlich die Dimension der *sozialen Regulierung* von Religion durch andere religiöse Gruppen, Vereine oder die Kultur im Allgemeinen mit der Begründung aufgenommen, dass „[t]his form of regulation might be tolerated or even encouraged by the state but is not formally endorsed or implemented by government action" (Grim und Finke 2006, S. 8). Damit erweitern sie das Konzept jedoch um eine eigenständige Dimension, welche möglicherweise besser als Ursache oder auch Folge von Staat-Kirche-Beziehungen betrachtet werden sollte (Grim und Finke 2007, 2011).

Mit Blick auf die Vermeidung von Minimaldefinitionen erfüllen die Messkonzepte von Fox (2006, 2008), Grim und Finke (2006) sowie Norris und Inglehart (2004) das Kriterium der Relevanz, indem sowohl die Dimension der staatlichen Unterstützung als auch die der staatlichen Restriktion von Religion berücksichtigt wird. Die *Religious Regulation Scale* von Chaves und Cann (1992) und der daran angelehnte *Index Kirche-Staat-Beziehung* (Pollack 2003) erfassen allerdings lediglich den Aspekt staatlicher Förderung und vernachlässigen damit den wichtigen Aspekt der einschränkenden Regulierung durch den Staat.

Die sich unmittelbar an die Auswahl der relevanten Merkmale anschließende Aufgabe besteht in der *logischen Anordnung der Merkmale in einem Konzeptbaum* (Munck und Verkuilen 2002, S. 12). Es geht in diesem Schritt darum, die einzelnen Dimensionen und

---

8 Fox' Anliegen ist es vielmehr, mit den von ihm konzipierten Indizes eine ganze Reihe in der Literatur auffindbarer Definitionen von Staat-Kirche-Beziehungen operationalisieren zu können (2008, S. 47 und 57).

mögliche Subdimensionen trennscharf und nach ihrem Abstraktionsgrad zu ordnen und den Konzeptbaum entsprechend fein auszudifferenzieren. Inwieweit dies überzeugend geleistet wird, lässt sich an den konkreten Kriterien *Redundanz* und *Vermischung* festmachen (vgl. Müller und Pickel 2007, S. 525). Dies bedeutet, einzelne Merkmalsdimensionen von Staat-Kirche-Beziehungen sollten nicht mehrmals erfasst werden und etwaige Subdimensionen sollten dem richtigen Überkonzept zugeordnet sein.

Eine diesen Kriterien entsprechende Konzeptlogik weisen die Messkonzepte von Chaves und Cann (1992), Pollack (2003) und Grim und Finke (2006) auf. Während sich die beiden erstgenannten ohnehin nur auf eine einzige Dimension von Staat-Kirche-Beziehungen fokussieren und damit von vornherein wenig anfällig für Redundanz oder Vermischung sind, stellen die drei von Grim und Finke (2006) berücksichtigten Merkmalsdimensionen klar getrennte Aspekte dar und sind auch auf derselben allgemeinen Abstraktionsebene angesiedelt.

Als problematisch hinsichtlich der Redundanz der erfassten Dimensionen erweisen sich die von Fox (2006, 2008) vorgeschlagenen *Religion and the State* Indizes. Das Merkmal der staatlichen Restriktion von Religion wird hier danach ausdifferenziert, welche religiösen Gruppen (alle oder einzelne, Mehrheit oder Minderheit) jeweils davon betroffen sind. Eine solche Bildung von Subdimensionen ist theoretisch relevant und sinnvoll, etwa um die staatliche Diskriminierung religiöser Minderheiten erfassen zu können. Im vorliegenden Fall führt sie jedoch zur Überschneidung der Merkmale offizielle Feindseligkeit gegenüber Religion, generelle Restriktionen und Regulierung von Religion: „Unlike the *official hostility* variable, which measures whether states are hostile to all religions, the *general restrictions* variable measures whether the state is hostile to any religion. […] The *religious regulation* variable measures the extent to which the government monitors, restricts, and regulates the majority religion or all religions in a state" (Fox 2008, S. 50). Durch die mangelnde Trennschärfe werden hier prinzipiell gleiche Aspekte mehrfach erfasst, was zu einer gewissen Redundanz führt. Demgegenüber leidet der *Religious Freedom Index* von Norris und Inglehart (2004) aufgrund der fehlenden Ausdifferenzierung eines Konzeptbaumes an der Vermischung der Dimensionen staatlicher Restriktion und staatlicher Unterstützung von Religion, welche hier in eins fallen.

3.2 Die Phase der Messung

Der zweite Schritt einer jeden Indexkonstruktion besteht darin, die in der Konzeptspezifikation festgelegten Merkmalsdimensionen zu operationalisieren, indem ihnen empirisch beobachtbare Sachverhalte (Indikatoren) zugeordnet werden (Diekmann 2001; Miller 2007; Schnell et al. 2005). In dieser Phase sind Munck und Verkuilen (2002, S. 15) zufolge insgesamt drei methodische Aufgaben zu bewältigen: die *Auswahl der Indikatoren*, die *Festlegung der Messniveaus* sowie die *Dokumentation des Kodiervorganges* (s. Tab. 3). Das Beurteilungskriterium für die ersten beiden Herausforderungen ist das der *Validität*, also das Ausmaß in dem tatsächlich das gemessen wird, was gemessen werden soll. Das Kriterium der dritten Aufgabe ist jenes der *Reliabilität* und *Replizierbarkeit*, also das Ausmaß in dem eine wiederholte Verkodung prinzipiell möglich ist und auch zu denselben Resultaten führt.

Tab. 3: Die Phase der Messung

Aufgabe/Bewertungskriterium	Chaves und Cann (1992)	Pollack (2003)	Norris und Inglehart (2004)	Grim und Finke (2006)	Fox (2006)
2.1 Auswahl der Indikatoren					
Validität der Indikatoren	☻ (Allerdings unklar was Ernennung von Geistlichen durch den Staat eigentlich bedeutet)	☹ (Bezahlung von Kirchenpersonal erfasst, Indikator für finanzielle Unterstützung zu grob)	☹ (Einige Indikatoren messen etwas anderes, z.B. Einschätzung durch US Regierung, Staatliche Beilegung von Konflikt; Redundanz: Religionsfreiheit in Verfassung doppelt erfasst)	☻ (Redundanz: Schutz und Gewährleistung von Religionsfreiheit doppelt erfasst, ungleiche Subventionierung und Finanzierung doppelt erfasst)	☻ (Redundanz: optionaler und verpflichtender Religionsunterricht doppelt erfasst, Vermischung bei Restriktion von Konversion)
Breite der Quellenbasis	☺ (Barrett 1982 validiert und ergänzt durch weitere Quellen)	☻ („diverse Quellen", aber nicht genannt welche)	☹ (2002 *International Religious Freedom Report*)	☹ (2003 *International Religious Freedom Report*)	☺ (*International Religious Freedom Reports*, Barret et al. 2001 und andere Quellen)
2.2 Auswahl des Messniveaus					
(Messniveau)	(Kategorial)	(Ordinal)	(Kategorial)	(Ordinal)	(Ordinal und kategorial)
Theoretische Begründung des Messniveaus	☹	☹	☹	☹	☻ (Überlegungen zu ordinal vs. kategorial vorhanden)
2.3 Dokumentation des Kodiervorgangs					
Kodierregeln	☺	☻ (Unklar wann auf den einzelnen Items ein oder zwei Punkte vergeben werden)	☺	☺	☺
Quellenangabe	☺	☹	☺	☺	☺
Reliabilitätstests zwischen Kodierern	☹	☹	☹	☺	☺
Disaggregierte Daten	☹	☺	☹	☺	☺

☺ Kriterium erfüllt, ☻ Kriterium teilweise erfüllt, ☹ Kriterium nicht erfüllt

Die erste Entscheidung in der Phase der Messung betrifft die *Auswahl valider Indikatoren*. Als praktische Richtlinie für diesen Schritt geben Munck und Verkuilen (2002, S. 15–17) erstens die Verwendung multipler Indikatoren an, welche zugleich auch die Vergleichbarkeit über kulturelle Kontexte hinweg sicherstellen müssen. Zweitens sollten Forscher Messfehlern vorbeugen, indem solche Indikatoren ausgewählt werden, die wenig anfällig für potentielle Verzerrungen sind und sich möglichst anhand mehrerer Quellen kreuzvalidieren lassen.

In Anlehnung an Müller und Pickel (2007, S. 526) soll hier davon ausgegangen werden, dass sich die kulturelle Äquivalenz der Indikatoren nur in konkreten Anwendungen testen lässt. Daher soll lediglich die Konsistenz der Indikatoren mit dem abzubildenden Konzept überprüft werden. Die Frage, ob die Indikatoren richtig messen, wird dann danach bewertet, ob sie erstens alle Merkmale des Konzepts erfassen, ob sie zweitens tatsächlich das messen, was sie messen sollen, ob sie drittens Redundanzen und Vermischungen vermeiden und schließlich, ob es sich überhaupt um einen Indikator im Sinne des beobachtbaren Sachverhalts handelt (Müller und Pickel 2007, S. 526).

Der einzige Index bei dem es keinerlei größere Bedenken bzgl. der Validität der Indikatoren gibt, ist die *Religious Regulation Scale* von Chaves und Cann (1992). Allerdings ist selbst hier nicht ganz klar, ob das Item „the state appoints or approves the appointment of church leaders" tatsächlich als Indikator für die staatliche Unterstützung von Religion interpretiert werden kann, oder ob es sich nicht vielmehr um eine Form staatlicher Einmischung in religiöse Belange handelt. Bei den übrigen Messkonzepten lassen sich dagegen stärkere Mängel erkennen. Der *Index Kirche-Staat-Beziehung* von Pollack (2003) etwa verpasst es, den entscheidenden Aspekt der staatlichen Finanzierung Geistlicher und des Kirchenpersonals zu berücksichtigen. Der Indikator „Steuerliche Begünstigung der Kirchen, finanzielle Unterstützung" erscheint zu grob und vermischt möglicherweise zwei getrennte Aspekte staatlicher Förderung von Religion. Die *Religious Freedom Scale* von Norris und Inglehart (2004) wiederum beinhaltet Indikatoren, welche etwas anderes als staatliche Regulierung von Religion messen. Dabei handelt es sich zum einen um einen Indikator über staatliches Versagen bei der Verhinderung von ethno-religiösen Konflikten und zum anderen um einen Indikator, ob die US-Regierung die Religionsfreiheit im gegebenen Land bedroht sieht. Weiterhin weist die Skala dahingehend Redundanzen auf, dass der Aspekt, ob die Verfassung Religionsfreiheit restringiert oder gewährleistet, doppelt erfasst wurde. Redundanzen und Vermischung lassen sich ebenfalls in den *International Religion Indexes* von Grim und Finke (2006) und den *Religion and the State* Indizes von Fox (2006, 2008) auffinden. Erstere berücksichtigen etwa den Schutz und die Gewährleistung der Religionsfreiheit durch den Staat sowie die ungleiche Subventionierung und Förderung von Religion doppelt. Fox (2008) erfasst das Vorhandensein optionalen und verpflichtenden Religionsunterrichts zweifach und ordnet einen Indikator zur Restriktion von Konversion einer Dimension zur staatlichen Unterstützung von Religion zu.

Inwieweit die Indikatoren in den verschiedenen Messansätzen anhand mehrerer Quellen validiert wurden, wird in Anlehnung an die Kodierregeln von Müller und Pickel (2007, S. 526) anhand der *Breite der Quellenbasis* beurteilt.[9] Sowohl Chaves und Cann

---

9 Müller und Pickel (2007, S. 521) unterscheiden hierbei in Anlehnung an Lauth (2004) genauer, ob die Forscher mehrere Quellen herangezogen haben, ob darunter sowohl Quellen staatlicher

(1992) als auch Fox (2006, 2008) erfüllen dieses Kriterium, da sie neben Angaben aus der *World Christian Encyclopedia* (Barrett 1982; Barrett et al. 2001) noch weitere Quellen zur Kodierung der einzelnen Indikatoren heranziehen. Das Kriterium *nicht* erfüllen dagegen die Messkonzepte von Norris und Inglehart (2004) sowie von Grim und Finke (2006), da sich beide bei der Indikatorenbildung jeweils nur auf einen *International Religious Freedom Report* aus einem einzigen Jahr stützen. Die Bewertung des von Pollack (2003) vorgeschlagenen *Index Kirche-Staat-Beziehung* ist dahingehend problematisch, als er zwar durchaus diverse Quellen verwendet, diese jedoch nicht kenntlich gemacht werden. Das Kriterium wird aus diesem Grund als nur teilweise erfüllt bewertet.

Nachdem die Indikatoren ausgewählt wurden gilt es, sich für ein *adäquates Messniveau* zu entscheiden, auf welchem diese gemessen werden sollen. Munck und Verkuilen (2002, S. 17) zufolge sollten Forscher hierbei sicherstellen, dass die Messung insofern valide ist, als einerseits nicht feiner gemessen wird als überhaupt realistisch ist, andererseits aber die verschiedenen Messklassen tatsächlich möglichst gleiche Fälle beinhalten und damit auch nicht zu grob sind. In Anlehnung an Müller und Pickel (2007, S. 527) wird daher für jedes der fünf Messkonzepte überprüft, inwiefern eine *theoretische Begründung* bzw. überhaupt ein Problembewusstsein für das gewählte Skalenniveau vorhanden sind.

Dabei zeigt sich, dass dieser wichtige Aspekt der Indexkonstruktion in den hier betrachteten Bemühungen weithin unreflektiert bleibt. Der einzige Autor, der das Messniveau seiner Variablen explizit diskutiert, ist Fox (2008, S. 49), welcher etwa mit Blick auf sein *Official Government Involvement* Maß festhält, es sei „important to emphasize that this variable is ordinal and not categorial. Each category is a higher level of establishing a religion than the previous one". Unabhängig davon, ob man diese Einschätzung im Einzelnen teilt, erfüllt er damit das Bewertungskriterium.

Zuletzt besteht ein wichtiger Bestandteil der Messphase in der ausreichenden *Dokumentation der Kodierregeln und des Kodiervorgangs* (Munck und Verkuilen 2002, S. 18). Nur so kann die Reliabilität und Replizierbarkeit des Messvorgangs gewährleistet und sichergestellt werden, dass eine Wiederholung des Kodierprozesses durch andere Forscher möglich ist und auch zu den gleichen Ergebnissen führt. Die Erfüllung dieses Beurteilungskriteriums wird daran festgemacht, ob in den einzelnen Indexkonstruktionen die Kodierregeln offengelegt, die verwendeten Quellen angegeben, Tests für die Interkoderreliabilität durchgeführt wurden und schließlich, ob die Daten in disaggregierter Form zur Verfügung stehen (Müller und Pickel 2007, S. 527).

Alle genannten Punkte einer gründlichen Dokumentation erfüllen lediglich die *International Religion Indexes* von Grim und Finke (2006) und das *Religion and the State* Projekt von Fox (2006, 2008). Der Kodiervorgang ist in beiden Fällen sehr transparent und nachvollziehbar. Zu der von Norris und Inglehart (2004) konstruierten *Religious Freedom Scale* und der *Religious Regulation Scale* von Chaves und Cann (1992) wurden dagegen keine Reliabilitätstests durchgeführt. Beide Indizes sind nicht in disaggregierter Form vorhanden, wobei bei Chaves und Cann (1992) die Skalenpunkte der einzelnen Länder

---

und nicht-staatlicher Autoren berücksichtigt wurden und schließlich ob die Quellen aus unterschiedlichen nationalen bzw. kulturellen Hintergründen stammen. Ich erfasse diesen Aspekt gröber, indem ich nur betrachte, ob mehrere Quellen verwendet wurden oder nicht – unabhängig von ihrem jeweiligen Hintergrund.

sogar mühsam aus einer Graphik erschlossen werden müssen. Pollack (2003) weist zwar die Werte der einzelnen Komponenten des *Index Kirche-Staat-Beziehung* für jedes Land aus, doch ist völlig unklar auf welcher Basis diese Werte vergeben und v. a. welche Quellen dazu verwendet wurden. Reliabilitätstests wurden ebenfalls nicht berichtet.

3.3 Die Phase der Aggregation

Im dritten und letzten Schritt der Indexkonstruktion gilt es, den vorangegangenen Prozess der Aufgliederung des Konzepts in einzelne, beobachtbare Bestandteile umzukehren und diese wieder zu einem Ganzen zusammenzufügen, d. h., die Indikatoren zu einem Gesamtmaß zu aggregieren (Diekmann 2001; Miller 2007; Schnell et al. 2005). Nach dem von Munck und Verkuilen (2002, S. 22–23) vorgeschlagenen Beurteilungskatalog stellen sich dabei drei methodische Aufgaben: erstens die *Auswahl des Aggregationsniveaus*, zweitens die *Festlegung der Aggregationsregel* und schließlich drittens die *Dokumentation des Aggregationsvorgangs* (s. Tab. 4). Abermals ist in den ersten beiden Punkten die Validität des Messkonzepts zu gewährleisten, während im dritten Punkt die Kriterien der Reliabilität und Replizierbarkeit sichergestellt werden müssen (vgl. Müller und Pickel 2007, S. 527).

Die *Angemessenheit des Aggregationsniveaus* lässt sich daran bemessen, inwieweit eine brauchbare Balance zwischen einerseits einem hohen Aggregationsniveau – und damit einem möglichst sparsamen, die Vergleichbarkeit garantierenden Maß – und andererseits einem niedrigen Aggregationsniveau – also einem differenzierten Maß mit möglichst wenig Informationsverlust – gefunden wird (Munck und Verkuilen 2002, S. 22). In Anlehnung an Müller und Pickel (2007, S. 523) soll das Beurteilungskriterium im Folgenden als erfüllt gelten, wenn die beiden widersprechenden Ziele der Vergleichbarkeit und Abbildungsgenauigkeit dahingehend erreicht werden, als mehrdimensionale Konzepte durch entsprechende Mehrskalenindizes abgebildet werden.

Dies ist in der Tat für die Mehrzahl der hier evaluierten Messkonzepte von Staat-Kirche-Beziehungen der Fall. Unproblematisch sind dabei die *Religious Regulation Scale* (Chaves und Cann 1992) und der *Index Kirche-Staat-Beziehung* (Pollack 2003), welche ohnehin nur auf die Merkmalsdimension der staatlichen Förderung von Religion abzielen und somit richtigerweise aus einem entsprechenden Gesamtmaß in Form eines Einskalenindex bestehen. Das Messkonzept der *International Religion Indexes* (Grim und Finke 2006) wiederum basiert auf insgesamt drei Skalen, welche die drei theoretischen Dimensionen der staatlichen Förderung, der staatlichen Restriktion sowie der sozialen Regulierung abbilden. Die Dimensionalität wurde dabei auf vorbildliche Weise – und im Gegensatz zu allen anderen betrachteten Messkonzepten – eigens mittels konfirmatorischen Faktorenanalysen überprüft und empirisch bestätigt. Fox (2006, 2008) gelingt die Balance in seinem *Religion and the State* Projekt insofern, als sein Messkonzept zunächst auf fünf verschiedenen Indizes beruht, welche verschiedene Subdimensionen von staatlich-kirchlicher Verflechtung messen und damit eine hohe Abbildungsgenauigkeit gewährleisten. Zugleich stellt er aber noch einen hoch aggregierten Index für „Overall Government Involvement in Religion" bereit, der diese fünf Skalen zu einem einzigen Gesamtmaß integriert. Auf diese Weise wird er beiden Anforderungen gerecht.

Tab. 4: Die Phase der Aggregation

Aufgabe/Bewertungskriterium	Chaves und Cann (1992)	Pollack (2003)	Norris und Inglehart (2004)	Grim und Finke (2006)	Fox (2006)
3.1 Auswahl des Aggregationsniveaus					
Angemessenheit des Aggregationsniveaus	☺	☺	☹ (Zu hohes Aggregationsniveau, da Einskalenindex trotz zwei theoretischen Dimensionen)	☺	☺
3.2 Auswahl der Aggregationsregel					
(Regel)	(Additiv, ungewichtet)	(Additiv, ungewichtet)	(Reskaliert, additiv, ungewichtet)	(Reskaliert, additiv, ungewichtet)	(Additiv, ungewichtet, teilweise reskaliert)
Theoretische Begründung	☹	☹	☹	☻ (Überlegungen zur Aggregation vorhanden)	☻ (Überlegungen zur Aggregation vorhanden)
3.3 Dokumentation des Aggregationsvorgangs					
Aggregationsregel und Anwendbarkeit	☻ (Regel bekannt aber ohne Daten nicht anwendbar)	☺	☻ (Regel bekannt aber ohne Daten nicht anwendbar)	☺	☺

☺ Kriterium erfüllt, ☻ Kriterium teilweise erfüllt, ☹ Kriterium nicht erfüllt

Lediglich die von Norris und Inglehart (2004) konstruierte *Religious Freedom Scale* ist auf einem zu hohen Aggregationsniveau angesiedelt. Sie ist als Einskalenindex angelegt, der die beiden theoretisch intendierten Dimensionen staatlicher Unterstützung sowie staatlicher Restriktion von Religion in ein einziges Maß zwängt – womit die Validität der Messung geschwächt wird.

Die zweite Aufgabe in der Aggregationsphase besteht in der *Auswahl der Aggregationsregel*, also der Rechenoperation, durch welche sich der Index aus den einzelnen Indikatoren berechnen lässt. Nach den Bewertungsmaßstäben von Munck und Verkuilen (2002, S. 24) gilt es hier zu gewährleisten, dass sich das theoretische Zusammenspiel der einzelnen Bestandteile adäquat im gewählten Aggregationsverfahren widerspiegelt – etwa nur dann addiert wird, wenn es theoretisch plausibel scheint, dass die Komponenten von gleicher Bedeutung für das zu messende Konstrukt sind. Dieses Kriterium soll im folgenden als erfüllt gelten, wenn die Autoren der hier betrachteten Indizes eine explizite theoretische Begründung für die angewandte Aggregationsregel liefern und damit (unabhängig von der tatsächlichen Angemessenheit) methodisches Problembewusstsein demonstrieren (vgl. Müller und Pickel 2007, S. 527).

Ein Blick auf die hier zu analysierenden Messkonzepte macht jedoch deutlich, dass ein solches Problembewusstsein nicht sehr stark entwickelt ist. Alle Messvorschläge zur empirischen Erfassung von Staat-Kirche-Beziehungen konstruieren einen Index durch das ungewichtete Aufaddieren der einzelnen Indikatoren – wobei letztere in einigen Fällen zuvor noch zum Zwecke der Gleichgewichtung reskaliert werden (Norris und Inglehart 2004; Grim und Finke 2006 und teilweise Fox 2006, 2008). Eine explizite Begründung für dieses methodische Vorgehen wird aber nur in zwei Fällen geliefert. Lediglich bei Grim und Finke (2006) und bei Fox (2006, 2008, 2011) findet sich eine Diskussion zu den Vor- und Nachteilen der Gewichtung einzelner Komponenten.

Zuletzt gilt wie schon bei der Messung, dass der *Vorgang der Aggregation ausreichend dokumentiert* sein muss, um die Nachvollziehbarkeit und damit die Replizierbarkeit zu gewährleisten. Dies erfordert ganz konkret, dass einerseits die Aggregationsregel offengelegt wird und andererseits Daten zu den einzelnen Komponenten veröffentlicht und zugänglich gemacht werden, um die Aggregationsregel überhaupt anwendbar zu machen (Munck und Verkuilen 2002, S. 25; Müller und Pickel 2007, S. 528).

Dieses allerletzte Evaluationskriterium wird immerhin von drei der fünf evaluierten Indexkonstruktionen erfüllt. Vorbildlich sind in dieser Hinsicht die Messkonzepte von Grim und Finke (2006) und Fox (2006, 2008), welche außer einer genauen Dokumentation der verwendeten Rechenregeln v. a. Daten zu den einzelnen Bestandteilen im Netz öffentlich und frei zugänglich bereitstellen. Bei Pollack (2003) lassen sich die einzelnen Komponenten und ihre Ausprägung immerhin aus einer Tabelle erschließen. Dagegen sind bei der *Religious Regulation Scale* von Chaves und Cann (1992) sowie der *Religious Freedom Scale* von Norris und Inglehart (2004) zwar jeweils die Aggregationsregeln ausbuchstabiert worden, doch lassen sich diese mangels disaggregierter Daten nicht anwenden und replizieren.

4 Metaevaluierung der Staat-Kirche-Indizes

In diesem Abschnitt soll der bisherige Vergleich der Indizes zur Messung von Staat-Kirche-Beziehungen zusammengefasst und eine Metaevaluierung vorgenommen werden. Dabei sind zwei prinzipielle Vorgehensweisen denkbar (vgl. Müller und Pickel 2007, S. 528). Zum einen lassen sich in einem *parallelen Vergleich* die Evaluationsergebnisse der einzelnen Indizes in Bezug zueinander setzen und auf diese Weise eine Rangfolge der Messansätze zu Staat-Kirche-Verflechtungen ermitteln. Eine solche Rangfolge könnte dann bei der Auswahl eines Indexes im Rahmen thematischer Anwendungen als Orientierung dienen. Weiterhin besteht eine zweite Möglichkeit im *Quervergleich* der Leistungen der Indizes in den einzelnen methodischen Schritten der Indexkonstruktion und damit in einer Einschätzung der allgemeinen Stärken und Schwächen gegenwärtiger Messansätze insgesamt. Daraus ließen sich insbesondere Lehren für die zukünftige Verbesserung und Weiterentwicklung von Messungen im Bereich der Staat-Kirche-Beziehungen ableiten. Im Folgenden werden beide Varianten verfolgt.

4.1 Rangfolge der Indizes zur Messung von Staat-Kirche-Beziehungen

Um eine Rangfolge der Leistungsfähigkeit und Messqualität der einzelnen Indizes zu erstellen, bietet es sich an, in Anlehnung an Müller und Pickel (2007) einen *Metaindex* zu konstruieren, welcher die Erfüllung der einzelnen Kriterien in einer Maßzahl quantifiziert und somit einen systematischen Vergleich zwischen den Messkonzepten ermöglicht. Um auf möglichst unkomplizierte und transparente Weise zu einem solchen Gesamtmaß zu kommen, wird zunächst für jedes erfüllte Bewertungskriterium ein Punkt vergeben. Ist ein Kriterium dagegen nur teilweise erfüllt, wird entsprechend nur ein halber Punkt vergeben. Auf Basis der ermittelten Gesamtpunktzahl lassen sich die Indizes dann miteinander vergleichen (s. Tab. 5).

Selbstverständlich müsste nun aber eigentlich auch der vom Autor konstruierte Metaindex jenen strengen methodologischen Anforderungen genügen, die er bei anderen so dringend einfordert – indem er etwa die Gewichtung der Evaluationskriterien theoretisch begründet oder auch Reliabilitätstests für die Verkodung der Kriterien berichtet. Insbesondere die Frage der Gewichtung der einzelnen Kriterien – deren konkrete Operationalisierung darüber hinaus u. U. streitbar ist – scheint hier von zentraler Bedeutung, da diese die Gesamtbeurteilung der Indizes möglicherweise in erheblichem Maße beeinflussen oder gar verzerren kann.

Während Müller und Pickel (2007, S. 537) auf eine Gewichtung der Kriterien gänzlich verzichten, da ihnen eine solche „nur möglich erscheint, wenn hohe Begründungskosten in Kauf genommen werden," schlage ich eine andere Lösung vor. Im Rahmen einer *Sensitivitätsanalyse* sollen verschiedene plausible Gewichtungsoptionen für den Metaindex miteinander kontrastiert und auf diese Weise geprüft werden, inwiefern sich verschiedene Prioritätensetzungen bei der Bewertung der Messansätze auf das Gesamturteil über die Indizes auswirken. Da darüber hinaus die Bewertung der einzelnen Evaluationskriterien offengelegt wurde, steht es weiterhin jedem Interessenten zusätzlich frei, eine den eigenen Bedürfnissen und Präferenzen entsprechende Gewichtung vorzunehmen und auf

Tab. 5: Metaevaluation der Indizes zur Messung von Staat-Kirche-Beziehungen

	Chaves und Cann (1992)	Pollack (2003)	Norris und Inglehart (2004)	Grim und Finke (2006)	Fox (2006)
1. Konzeptualisierung					
1.1 Identifizierung der Merkmale					
Sparsamkeit	1	1	1	0	1
Relevanz	0	0	1	1	1
1.2 Logische Anordnung der Merkmale					
Redundanz	1	1	1	1	0
Zuordnung/Vermischung	1	1	0,5	1	1
2. Messung					
2.1 Auswahl der Indikatoren					
Validität der Indikatoren	1	0	0	0,5	0,5
Breite der Quellenbasis	1	0,5	0	0	1
2.2 Auswahl des Messniveaus					
Theoretische Begründung	0	0	0	0	1
2.3 Dokumentation der Kodierregeln und des Kodiervorgangs					
Kodierregeln	1	0	1	1	1
Quellenangabe	1	0	1	1	1
Reliabilitätstests zwischen Kodierern	0	0	0	1	1
Disaggregierte Daten	0	1	0	1	1
3. Aggregation					
3.1 Auswahl des Aggregationsniveaus					
Angemessenheit des Aggregationsniveaus	1	1	0	1	1
3.2 Auswahl der Aggregationsregel					
Theoretische Begründung der Aggregationsregel	0	0	0	1	1
3.3 Dokumentation des Aggregationsvorgangs					
Aggregationsregel und Anwendbarkeit	0	1	0	1	1
Gesamt	*8*	*6,5*	*5,5*	*10,5*	*12,5*
Anteil erfüllter Bewertungskriterien (%)	*57,1*	*46,2*	*39,3*	*75,0*	*89,3*

diese Weise zu einem eigenen Urteil über die relativen Vorzüge der einzelnen Indizes zu gelangen.[10]

Die erste und einfachste Gewichtungsoption besteht darin, die insgesamt 14 kodierten Evaluationskriterien einfach ohne jegliche Gewichtung aufzuaddieren und ihnen allen damit die gleiche Bedeutung für die Bewertung der Indizes einzuräumen. Nach einem

---

10 Außerdem lädt der Autor ausdrücklich dazu ein, den Kodiervorgang für die hier präsentierten Messkonzepte zu wiederholen, um auf diese Weise zu einem Maß für die Interkoderreliabilität zu gelangen.

auf solche Weise berechneten Metaindex lassen sich die *Religion and the State* Indizes von Fox (2006, 2008) als insgesamt bestes Messkonzept zur Erfassung von Staat-Kirche-Beziehungen ausmachen. Von insgesamt 14 möglichen Punkten erzielt dieser Messansatz immerhin 12,5 Punkte. Er erfüllt damit etwa 89 % aller Bewertungskriterien und kann als durchaus vorbildliches Beispiel für eine gelungene Indexkonstruktion bezeichnet werden. Dicht darauf folgt das von Grim und Finke (2006) entwickelte Messkonzept der *International Religion Indexes*, welches mit 10,5 Punkten immer noch 75 % der Kriterien einer methodisch korrekten Indexkonstruktion erfüllt. Die von Chaves und Cann (1992) ursprünglich vorgeschlagene *Religious Regulation Scale* wiederum erreicht mit einer Punktzahl von 8 nur etwas mehr als die Hälfte (57 %) der Bewertungskriterien. Den beiden übrigen Messkonzepten, welche explizit an die *Religious Regulation Scale* anknüpfen und diese weiterentwickeln, ist es – unter rein methodologischen Gesichtspunkten – nicht gelungen, das Original zu übertreffen. So erzielt etwa der von Pollack (2003) konstruierte *Index Kirche-Staat-Beziehung* nur 6,5 von 14 möglichen Punkten und genügt damit insgesamt weniger als der Hälfte der methodischen Anforderungen (46 %). Das Schlusslicht bildet schließlich die an Chaves und Cann (1992) angelehnte *Religious Freedom Scale* von Norris und Inglehart (2004), welche lediglich 39 % der Evaluationskriterien erfüllt (5,5 von 14 Punkten) und insgesamt am schlechtesten abschneidet.

Inwiefern verändert sich aber diese Gesamtbeurteilung und damit die Rangfolge der verschiedenen Messinstrumente zur Erfassung von Staat-Kirche-Beziehungen, wenn alternative Gewichtungen vorgenommen werden? Im Folgenden werden neben der Gleichgewichtung aller Kriterien insgesamt fünf weitere Gewichtungsoptionen für den Metaindex miteinander verglichen (Abb. 1).[11] Ein Problem der Gleichgewichtung besteht darin, dass für die verschiedenen Aufgaben der Indexkonstruktion z. T. unterschiedlich viele Bewertungskriterien vorliegen und auf diese Weise Aufgaben, welche anhand mehrerer Kriterien operationalisiert werden – etwa die Dokumentation der Kodierregeln (Aufgabe 2.3) – auch stärker in die Gesamtbewertung einfließen, als Aufgaben, die lediglich anhand eines einzelnen Kriteriums beurteilt werden – etwa die Auswahl des Messniveaus (Aufgabe 2.2). Dies ist natürlich nicht unproblematisch.

Eine mögliche Gewichtungsoption bestünde daher darin, anstelle aller Evaluationskriterien alle sieben *Aufgaben* gleichzugewichten, indem ihnen jeweils einheitlich ein Gewicht von eins zugewiesen wird. Wie in Abb. 1 ersichtlich ist, ergeben sich bei dieser Gewichtungsoption (O) im Vergleich zum ungewichteten Metaindex (∗) jedoch nur leichte Unterschiede in der Gesamteinschätzung der relativen Messgüte der verschiedenen Indizes. Lediglich der *Index Kirche-Staat-Beziehung* von Pollack (2003) würde deutlich besser bewertet und mit der *Religious Regulation Scale* von Chaves und Cann (1992) gleichziehen. Die relative Bewertung der anderen Messkonzepte würde sich dagegen nicht verändern.

Eine andere Bestrebung könnte sein, alle *Phasen* der Indexkonstruktion gleichermaßen in die Gesamtbewertung einfließen zu lassen und diese daher jeweils auf den Wert eins zu setzen, um die unterschiedliche Anzahl an Aufgaben und Kriterien auszugleichen (Δ in

---

11 Um einen solchen Vergleich zu gewährleisten wurden die verschieden gewichteten Metaindizes normalisiert, also in die gleiche Skala transformiert, ohne dabei jedoch die relativen Skalenabstände zu beeinträchtigen.

Abb. 1). Wenngleich die generelle Rangfolge gleich bleibt, so würde diese Gewichtungsoption abermals den Index von Pollack (2003) der Skala von Chaves und Cann (1992) gleichsetzen. Außerdem würden die *International Religion Indexes* von Grim und Finke (2006) etwas näher an die von Fox (2006) eingenommene Spitzenposition heranrücken. Eine Variation dieses spezifischen Metaindexes, welche der Phase der Messung – und damit der Schwachstelle der meisten der hier betrachteten Indizes – stärkeres Gewicht einräumt und diese daher doppelt gewichtet (∇ in Abb. 1), kommt in der Gesamtbewertung wiederum zu demselben Schluss wie ein völlig ungewichteter Index.

Weiterhin sind feingliedrigere Gewichtungspräferenzen denkbar. Würde man etwa lediglich die Evaluationskriterien der Phase der Messung doppelt gewichten, um diesem Aspekt der Indexkonstruktion besondere Wichtigkeit zu verleihen (in Abb. 1), würden sich die Ansätze von Chaves und Cann (1992) sowie von Grim und Finke (2006) in der Gesamtbewertung leicht annähern. Der Index von Pollack (2003) würde dagegen in der Beurteilung etwas nach unten abrutschen. Ein Metaindex, welcher demgegenüber der Validität der verwendeten Indikatoren große Priorität einräumt und dieses Kriterium mit dem Faktor drei eingehen lässt, jedoch die Dokumentation des Kodiervorgangs als unwichtiger erachtet und allen vier Kriterien lediglich das gemeinsame Gewicht eins zuweist, würde die *Religious Regulation Scale* (Chaves und Cann 1992) und die *International Religion Indexes* (Grim und Finke 2006) gleichbewerten (in Abb. 1). Das obere und untere Ende der Rangfolge bliebe abermals unverändert.

4.2 Die Messung von Staat-Kirche-Beziehungen im Quervergleich

Die vorangegangene Analyse der einzelnen Indizes hat bereits deutlich gemacht, dass die Indexkonstruktion im Bereich der empirischen Erfassung von Staat-Kirche-Beziehungen in mancher Hinsicht zwar durchaus gute Ergebnisse erzielt, gleichzeitig aber auch z.T. methodische Defizite aufweist. In diesem abschließenden Analyseschritt werden nun in einem *Quervergleich* der Stand der gegenwärtigen Messung von Staat-Kirche-Beziehungen und ihre Stärken und Schwächen in der Gesamtschau betrachtet. Ganz allgemein gesprochen zeigt sich dabei, dass keine der insgesamt drei Phasen der Indexkonstruktion

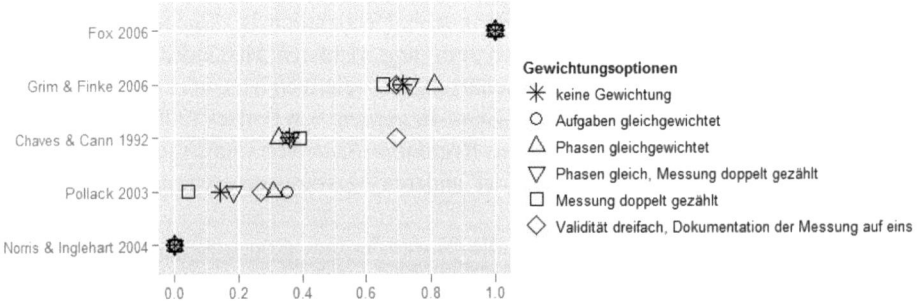

Abb. 1: Sensitivitätsanalyse unterschiedlicher Gewichtungen. (Gesamtbeurteilung der Indizes mit sechs verschiedenen Gewichtungen der Evaluationskriterien; die verschiedenen Gewichtungsoptionen werden im Text beschrieben; zum Zweck der Vergleichbarkeit wurden sie jeweils normalisiert)

– weder Konzeptualisierung, Messung noch Aggregation – gänzlich frei von Mängeln ist. Keine einzige der innerhalb dieser drei Phasen jeweils zu bewältigenden, methodischen Aufgaben ist von allen Messkonzepten zufriedenstellend erfüllt worden. Gleichzeitig ist aber auch festzuhalten, dass die einzelnen Schritte der Indexkonstruktion durchaus unterschiedlich stark mit Mängeln behaftet sind und dass es v. a. kein Bewertungskriterium gibt, welches nicht doch zumindest in einem Fall erfolgreich gemeistert wurde. Es besteht also durchaus die Möglichkeit, von guten Beispielen zu lernen.

Am insgesamt unproblematischsten gestaltet sich ganz offensichtlich die *Phase der Konzeptualisierung*. Von den von den fünf betrachteten Indizes insgesamt zu erzielenden (5 × 4 =) 20 Punkten konnten immerhin 15,5 Punkte bzw. rund 78 % eingefahren werden. Die explizit oder implizit erfolgende Orientierung an dem zweidimensionalen Konzept von Staat-Kirche-Verflechtung wie es in der *economics of religion* Schule vertreten wird, hat sich dabei als nützlicher Ausgangspunkt erwiesen, um auf sehr sparsame Weise alle relevanten Dimensionen zu erfassen und diese auch ohne große Probleme logisch anzuordnen. Voraussetzung dafür ist freilich, dass man sich auch tatsächlich daran orientiert und nicht etwa wie Chaves und Cann (1992) oder Pollack (2003) – obgleich explizit auf die Überprüfung von Thesen der Religionsökonomie abzielend – nur die Dimension der staatlichen Unterstützung von Religion berücksichtigt, die Dimension staatlicher Restriktion dagegen vernachlässigt, oder aber im Gegenteil dem Konzept gar noch weitere Dimensionen hinzufügt (z. B. Grim und Finke 2006). Letzteres birgt durchaus die Gefahr, Redundanzen bei der Anordnung des Konzeptbaums zu erzeugen, wie im Falle von Fox (2006, 2008) geschehen.

Allerdings ist es nicht ohne weiteres gelungen, die insgesamt gute Konzeptualisierungsleistung in der *Phase der Messung* fortzuführen und dort überzeugend umzusetzen. Tatsächlich handelt es sich bei diesem entscheidenden Schritt um den größten Schwachpunkt der gegenwärtigen Messpraxis im Bereich der Staat-Kirche-Indizes überhaupt. Von insgesamt (5 × 7 =) 35 möglichen Punkten haben es die hier betrachteten Messkonzepte auf lediglich 18,5 Punkte gebracht. Damit wurden gerade einmal die Hälfte (53 %) der methodischen Kriterien für eine valide und reliable Messung erfüllt.

Schon die *Auswahl valider Indikatoren* stellt sich als defizitär dar. Die häufigsten Probleme bestehen dabei einerseits in der fehlerhaften Zuordnung von einzelnen Indikatoren zu theoretischen Dimensionen – es wird also oftmals schlicht nicht das gemessen, was zu messen vorgegeben wird (z. B. Norris und Inglehart 2004). Andererseits ist v. a. die doppelte Erfassung der gleichen Indikatoren weit verbreitet, was zu einer impliziten Gewichtung führt und ebenfalls die Validität der Messung beeinträchtigt (Norris und Inglehart 2004; Grim und Finke 2006; Fox 2006, 2008). Gleichzeitig fällt eine weit verbreitete Unbedarftheit bzgl. der *Auswahl des Messniveaus* auf. Eine theoretische Begründung für das gewählte Messniveau liefert lediglich Fox (2008). Bei den restlichen Messkonzepten wird dagegen unreflektiert auf kategorialem oder ordinalem Skalenniveau gemessen. Zuletzt ist mit Blick auf die *Kodierregeln und den Kodiervorgang* zu konstatieren, dass es im Bereich der Messung von Staat-Kirche-Verflechtungen offenbar nicht selbstverständlich ist, dass die Kodierung der Indikatoren auf ihre Interkoderreliabilität hin überprüft wird. Diese Maßnahme zur Gewährleistung der Messgüte wurde nur in zwei Fällen erwähnt (Grim und Finke 2006; Fox 2008).

Die *Phase der Aggregation* wurde von den Autoren der hier evaluierten Messkonzepte methodisch insgesamt wieder etwas besser bewältigt. Dennoch sind offensichtliche Mängel nicht zu übersehen. In der Tat wurden nur 9 von (5 × 3 =) 15 Kriterien und damit 60 % erfolgreich erfüllt, was auf einen Spielraum für Verbesserungsanstrengungen hindeutet. Am deutlichsten fällt auch in dieser Phase wieder das Fehlen einer *theoretischen Begründung für die Auswahl der Aggregationsregel* ins Auge. Nur in zwei der berücksichtigten Fälle lassen sich Überlegungen darüber finden, wie die einzelnen Indikatoren am besten zu einem Gesamtmaß zusammengefügt werden können und eine Begründung für das gewählte Verfahren gegeben werden kann (Grim und Finke 2006; Fox 2006). In den übrigen Fällen wird fraglos auf die Konstruktion eines ungewichteten Summenindexes zurückgegriffen.

5 Zusammenfassung

Der vorliegende Beitrag hat sich zum Ziel gesetzt, neuere Indizes zur Messung von Staat-Kirche-Beziehungen vorzustellen und diese in einem kritischen Vergleich auf ihre methodologischen Stärken und Schwächen hin zu untersuchen. Zu diesem Zweck wurde auf ein von Munck und Verkuilen (2002) im Rahmen der Demokratiemessung vorgeschlagenes und von Müller und Pickel (2007) präzisiertes Evaluationsschema zurückgegriffen und auf einen alternativen Anwendungskontext übertragen. Anhand eines methodologischen Kriterienkatalogs lassen sich damit Messkonzepte zur empirischen Erfassung von Staat-Kirche-Verflechtungen hinsichtlich ihrer methodischen Leistungsfähigkeit bei Konzeptualisierung, Messung und Aggregation beurteilen.

Die Relevanz eines solchen methodenkritischen Unterfangens liegt zunächst v. a. darin begründet, dass letztlich nur ein methodisch sorgfältiges Vorgehen auch valide Indikatoren und verlässliche Daten für die vergleichende Erforschung von Staat-Kirche-Beziehungen liefern kann. Gerade für die Theorieentwicklung in diesem erst am Anfang stehenden Bereich der vergleichenden Politikwissenschaft ist dies von großer Bedeutung – nur gute Messungen liefern auch überzeugende Ergebnisse und Befunde. Angesichts der Dringlichkeit, mit denen sich religionspolitische Fragen in gegenwärtigen demokratischen Gesellschaften unter den Bedingungen eines wachsenden religiösen Pluralismus stellen, gewinnt ein solches Bemühen ganz praktische Relevanz (Bader 2007).

Der kritische Vergleich der Indizes offenbart in der Tat z. T. deutliche Unterschiede in der methodischen Sorgfalt im Rahmen der Indexkonstruktion und damit einhergehend Differenzen hinsichtlich ihrer messtheoretischen Güte. Dabei haben sich insbesondere die Indizes des von Fox (2006, 2008) initiierten *Religion and the State* Projekts als methodologisch überzeugendes Instrumentarium zur empirischen Erfassung von Staat-Kirche-Beziehungen herausgestellt, welches als durchaus vorbildliches Beispiel für eine methodisch saubere Indexkonstruktion gelten kann und darüber hinaus durch seinen hohen Differenzierungsgrad und seine breite empirische Reichweite überzeugt.

Wenngleich die hier geleistete Bewertung der verschiedenen Messkonzepte natürlich Orientierungswissen für die Anwendung im Rahmen thematischer Fragestellungen bereitstellen möchte, so soll dennoch von expliziten Anwendungsempfehlungen für oder gegen den einen oder anderen Index abgesehen werden. Wie eine Sensitivitätsanalyse verdeutlicht hat, ergeben sich je nach Gewichtung der einzelnen Evaluationskriterien z. T. andere Schlussfolgerungen über die Gesamtbewertung einzelner Messkonzepte. Insbesondere die Urteile über die relativen Vorzüge der *Religious Regulation Scale* (Chaves und Cann 1992), dem *Index Kirche-Staat-Beziehung* (Pollack 2003) oder der *International Religion Indizes* (Grim und Finke 2006) hängen durchaus maßgeblich von solchen Gewichtungspräferenzen ab. Vielmehr soll dem Anwender durch die Offenlegung der methodischen Stärken und Schwächen der einzelnen Messansätze ein reflektierter Umgang mit diesen Instrumenten und eine den eigenen Bedürfnissen entsprechende Wahl erleichtert werden.

Zusammenfassend lässt sich für die gegenwärtige Messpraxis im Bereich der vergleichenden politikwissenschaftlichen Forschung zu Staat-Kirche-Verflechtungen sagen, dass hier gute Konzeptualisierungsleistungen mit eindeutigen Umsetzungsschwächen in den darauf aufbauenden Schritten der Messung und Aggregation einhergehen. An diesen kritischen Stellen herrscht ein oftmals unbedarfter Gebrauch von Standardlösungen vor, welcher kaum methodenkritisch reflektiert wird. Dieser Befund eines entwicklungsfähigen Methodenbewusstseins deckt sich weitgehend mit jenen im Bereich der vergleichenden Demokratieforschung gemachten (Munck und Verkuilen 2002; Müller und Pickel 2007), so dass dies möglicherweise auf ein generelles Problem gegenwärtiger Messpraxis in der vergleichenden Politikwissenschaft hindeutet, in dessen Behandlung zukünftig stärker investiert werden sollte.

Das hier herangezogene Evaluationsschema hat sich in diesem Zusammenhang als nützliches Werkzeug zur Aufdeckung von Stärken und Schwächen erwiesen und kann für ein solches Unterfangen als hilfreiche Orientierung dienen. Da es sich aber stets selbst an den eigenen Ansprüchen messen und kritisch hinterfragen lassen muss, stellt es darüber hinaus eine geeignete Grundlage für die generelle methodologische Verständigung innerhalb der vergleichenden Politikwissenschaft dar.

Literatur

Bader, Veit. 2007. *Secularism or democracy? Associational governance of religious diversity*. Amsterdam: Amsterdam University Press.
Barrett, David B. 1982. *World christian encyclopedia*. Oxford: Oxford University Press.
Barrett, David B., George T. Kurian, und Todd M. Johnson. 2001. *World christian encyclopedia*. 2. Aufl. Oxford: Oxford University Press.
Bühlmann, Marc, Wolfgang Merkel, Lisa Müller, und Bernhard Weßels. 2008. Wie lässt sich Demokratie am besten messen? Zum Forumsbeitrag von Thomas Müller und Susanne Pickel. *Politische Vierteljahresschrift* 49:114–122.
Casanova, José. 1994. *Public religions in the modern world*. Chicago: University of Chicago Press.
Chaves, Mark, und David E. Cann. 1992. Regulation, pluralism, and religious market structure: Explaining religion's vitality. *Rationality and Society* 4:272–290.
Chaves, Mark, Peter J. Schraeder, und Mario Sprindys. 1994. State regulation of religion and muslim religious vitality in the industrialized West. *Journal of Politics* 56:1087–1097.
Diekmann, Andreas. 2001. *Empirische Sozialforschung. Grundlagen, Methoden, Anwendungen*. Reinbek: Rowohlt.
Elkins, Zachary. 2000. Gradations of democracy? Empirical tests of alternative conceptualizations. *American Journal of Political Science* 44:287–294.

Enyedi, Zsolt, und John T. S. Madeley, Hrsg. 2003. *Church and state in contemporary Europe. The chimera of neutrality.* London: Frank Cass.

Finke, Roger. 1997. The consequences of religious competition: Supply-side explanations for religious changes. In *Rational choice theory and religion. Theory and assessment,* Hrsg. Lawrence A. Young, 46–56. London: Routledge.

Fox, Jonathan. 2006. World separation of religion and state into the 21st century. *Comparative Political Studies* 39:537–569.

Fox, Jonathan. 2008. *A world survey of religion and the state.* Cambridge: Cambridge University Press.

Fox, Jonathan. 2009. Quantifying religion and state: Round two of the religion and state project. *Politics and Religion* 2:444–452.

Fox, Jonathan. 2011. Building Composite Measures of Religion and State. Interdisciplinary Journal of Research on Religion 7: Article 8.

Freedom House. 2010. *Freedom in the world 2010.* Freedom House.

Gaber, Rusanna. 2000. Demokratie in quantitativen Indizes: Ein mehr- oder eindimensionales Phänomen? In *Demokratiemessung. Konzepte und Befunde im internationalen Vergleich,* Hrsg. Hans-Joachim Lauth, Gert Pickel und Christian Welzel, 112–131. Wiesbaden: Westdeutscher.

Gill, Anthony. 2001. Religion and comparative politics. *Annual Review of Political Science* 4:117–138.

Grim, Brian J., und Roger Finke. 2006. International religion indexes: Government regulation, government favoritism, and social regulation of religion. *Interdisciplinary Journal of Research on Religion* 2:2–40.

Grim, Brian J., und Roger Finke. 2007. Religious Persecution in Cross-National Context: Clashing Civilizations or Regulatded Religious Economies. American Sociological Review 72: 633-658.

Grim, Brian J., und Roger Finke. 2011. The Price of Freedom Denied. Religious Persecution and Conflict in the 21st Century. New York: Cambridge University Press.

Iannaccone, Laurence R. 1991. The consequences of religious market structure: Adam Smith and the economics of religion. *Rationality and Society* 3:156–177.

Kaina, Viktoria. 2008. Die Messbarkeit von Demokratiequalität als ungelöstes Theorieproblem. Zum PVS-Forums-Beitrag von Marc Bühlmann, Wolfgang Merkel, Lisa Müller und Bernhard Weßels. *Politische Vierteljahresschrift* 49:518–524.

Lauth, Hans-Joachim. 2004. *Demokratie und Demokratiemessung.* Wiesbaden: VS Verlag für Sozialwissenschaften.

Liedhegener, Antonius. 2008. Religion in der Vergleichenden Politikwissenschaft: Begriffe – Konzepte – Forschungsfelder. In *Der Begriff der Religion,* Hrsg. Mathias Hildebrandt und Manfred Brocker, 179–196. Wiesbaden: VS Verlag für Sozialwissenschaften.

Manow, Philip. 2008. *Religion und Sozialstaat. Die konfessionellen Grundlagen europäischer Wohlfahrtsstaatsregime.* Frankfurt a. M.: Campus.

Miller, Bernhard. 2007. Maßvoll messen: Zur konzeptorientierten Entwicklung von Messinstrumenten. In *Forschungsdesign in der Politikwissenschaft. Probleme – Strategien – Anwendungen,* Hrsg. Thomas Gschwend und Frank Schimmelfennig, 123–148. Frankfurt a. M.: Campus.

Minkenberg, Michael. 2002. Religion and public policy. Institutional, cultural, and political impact on the shaping of abortion policies in Western democracies. *Comparative Political Studies* 35:221–247.

Minkenberg, Michael. 2003. Staat und Kirche in westlichen Demokratien. In *Politik und Religion (Sonderheft 32 der Politischen Vierteljahresschrift),* Hrsg. Michael Minkenberg und Ulrich Willems, 115–138. Wiesbaden: Westdeutscher.

Minkenberg, Michael, und Ulrich Willems. 2002. Neuere Entwicklungen im Verhältnis von Politik und Religion im Spiegel politikwissenschaftlicher Debatten. *Aus Politik und Zeitgeschichte* B42–43:6–14.

Minkenberg, Michael, und Ulrich Willems. 2003. Politik und Religion im Übergang – Tendenzen und Forschungsfragen am Beginn des 21. Jahrhunderts. In *Politik und Religion (Sonderheft 32 der Politischen Vierteljahresschrift)*, Hrsg. Michael Minkenberg und Ulrich Willems, 13–41. Wiesbaden: Westdeutscher.

Monsma, Stephen V., und Christopher J. Soper. 1997. *The challenges of pluralism. Church and state in five democracies.* Lanham: Rowman & Littlefield.

Müller, Thomas, und Susanne Pickel. 2007. Wie lässt sich Demokratie am besten messen? Zur Konzeptqualität von Demokratie-Indizes. *Politische Vierteljahresschrift* 48:511–539.

Müller, Thomas, und Susanne Pickel. 2008. Antwort auf die Replik von Marc Bühlmann, Wolfgang Merkel, Lisa Müller und Bernhard Weßels zum Forumsbeitrag von Thomas Müller und Susanne Pickel. *Politische Vierteljahresschrift* 49:123–126.

Munck, Gerardo L., und Jay Verkuilen. 2002. Conceptualizing and measuring democracy. Evaluating alternative indices. *Comparative Political Studies* 35:5–34.

Norris, Pippa, und Ronald Inglehart. 2004. *Sacred and secular. Religion and politics worldwide.* Cambridge: Cambridge University Press.

Pickel, Susanne, und Gert Pickel. 2006. *Politische Kultur- und Demokratieforschung. Grundbegriffe, Theorien, Methoden. Eine Einführung.* Wiesbaden: VS Verlag für Sozialwissenschaften.

Pollack, Detlef. 2003. *Säkularisierung – ein moderner Mythos? Studien zum religiösen Wandel in Deutschland.* Tübingen: Siebeck.

Pollack, Detlef, und Gert Pickel. 2000. *The vitality of religion-church integration and politics in Eastern and Western Europe in comparison.* Discussion Paper Frankfurter Institut für Transformationsstudien 13/00. Frankfurt/Oder.

Robbers, Gerhard. Hrsg. 1995. *Staat und Kirche in der Europäischen Union.* Baden-Baden: Nomos.

Roßteutscher, Sigrid. 2009. *Religion, Zivilgesellschaft, Demokratie. Eine international vergleichende Studie zur Natur religiöser Märkte und der demokratischen Rolle religiöser Zivilgesellschaften.* Baden-Baden: Nomos.

Schnell, Rainer, Paul B. Hill, und Elke Esser. 2005. *Methoden der empirischen Sozialforschung.* München: Oldenbourg.

Stark, Rodney, und Roger Finke. 2000. *Acts of faith: Explaining the human side of religion.* Berkeley: University of California Press.

Traunmüller, Richard. 2010. Segen oder Fluch? Zum Einfluss von Staat-Kirche-Beziehungen auf die Vitalität religiöser Zivilgesellschaften im europäischen Vergleich. In *Religion zwischen Zivilgesellschaft und politischem System,* Hrsg. Antonius Liedhegener und Ines Werkner, 138–161. Wiesbaden: VS Verlag für Sozialwissenschaften.

Traunmüller, Richard, und Markus Freitag. 2011. State support of religion: Making or breaking faith-based social capital? *Comparative Politics* 43:253–269.

Traunmüller, Richard. 2012. Religion und Sozialkapital. Ein doppelter Kulturvergleich. Wiesbaden: Springer VS.

van Kersbergen, Kees, und Philip Manow. Hrsg. 2009. *Religion, class coalitions, and welfare states.* New York: Cambridge University Press.

Welzel, Christian. 2000. Humanentwicklung und Demokratie: Welcher Index erfasst die „humane" Dimension der Demokratie am besten? In *Demokratiemessung. Konzepte und Befunde im internationalen Vergleich,* Hrsg. Hans-Joachim Lauth, Gert Pickel und Christian Welzel, 132–162. Wiesbaden: Westdeutscher.

AUFSÄTZE

Concept-measure inconsistency in contemporary studies of democracy

Jørgen Møller · Svend-Erik Skaaning

Abstract: If measurement validity is to be safeguarded, concept-measure consistency needs to be high. More particularly, insofar as a concept is multi-dimensional, the theoretical structure of the concept must be reflected in the aggregation procedure used to combine the sub-components. In this article we show that many of the present attempts to create indices or typologies of democracy and non-democracy are characterized by severe concept-measure inconsistencies. The concept itself is normally treated in terms of the Aristotelian notions of necessity and sufficiency, which means that the proper aggregation procedure is either the minimum rule or multiplication, depending on whether the sub-components stand in an interactive relationship or not. But all too often simple addition is used instead. We replicate a number of such analyses and show that the use of proper aggregation rules makes a salient difference empirically. Also, we show that the identified analyses are not lone occurrences but indicate a more general problem in the literature.

Keywords: Democracy · Measurement · Aggregation

Die Inkonsistenz zwischen Konzepten und ihrer Messung in aktuellen Demokratiestudien

Zusammenfassung: Eine hohe Konsistenz zwischen Konzepten und ihrer Messung ist vonnöten, um die Validität der Messungen sicher zu stellen. Genauer gesagt, soweit es sich um ein mehrdimensionales Konzept handelt, muss die theoretische Struktur des Konzepts im Aggregationsprozess der Subkomponenten widergespiegelt werden. Dieser Artikel zeigt, dass sich viele der gegenwärtigen Versuche der Indexbildung und Typologisierung von Demokratien und nicht-Demokratien durch eine gravierende Inkonsistenz zwischen dem Konzept und seiner Messung auszeichnen. Das Konzept selbst wird allgemein im Sinne der aristotelischen Vorstellung von Notwendigkeit und Hinlänglichkeit betrachtet. Dies bedeutet, dass die angemessene Aggregationsregel entweder das Minimum oder die Multiplikation wäre, je nachdem, ob die Subkomponenten interagieren oder nicht. Allerdings wird allzu häufig statt dessen die einfache Addition verwendet. Im Artikel werden eine Reihe von Analysen repliziert, die zeigen, dass die Nutzung angemessener

---

Published online: 27.07.2012
© VS Verlag für Sozialwissenschaften 2012

Asso. Prof. J. Møller, Ph.D. (✉) · Asso. Prof. S.-E. Skaaning, Ph.D.
Department of Political Science, Aarhus University, Aarhus, Denmark
e-mail: jm@ps.au.dk

Asso. Prof. S.-E. Skaaning, Ph.D.
e-mail: skaaning@ps.au.dk

Aggregationsregeln einen bedeutenden empirischen Unterschied nach sich zieht. Zudem zeigt der Artikel, dass diese Analysen keine Einzelfälle darstellen, sondern eher ein allgemeines Problem in der Literatur reflektieren.

Schlüsselwörter: Demokratie · Messung · Aggregierung

1 Introduction

Any systematic measurement of political phenomena presupposes systematic conceptualization. '[C]oncept formation stands prior to quantification' as Sartori (1970, p. 1038) formulated it more than 40 years ago. But as the title of Sartori's seminal article, "Concept Misformation", indicates, his diagnosis was a disheartening one. All too often, he argued, conceptualization—if carried out at all—was treated in an unsystematic or even erroneous way.

Sartori's article made a big impression on the discipline and in the latest two decades important work on the conceptualization and measurement of political concepts in general and democracy in particular has accumulated (e.g. Collier and Mahon 1993; Collier and Levitsky 1997; Collier and Adcock 1999; Gerring 1999; Adcock and Collier 2001; Goertz 2006; Munck and Verkuilen 2002; Munck 2009). Yet the standard of the literature on concept formation is something altogether different from the quality of the actual empirical research carried out. As we show in this article, much indicates that students of democratization have not paid sufficient attention to the problems exposed by Sartori and his heirs—nor, *a fortiori*, to the guidelines proposed to remedy these.

One of the most important methodological discussions emanating from the Sartorian tradition has centered on the strengths and weaknesses of the dominant cross-national datasets used to measure democracy (e.g. Munck and Verkuilen 2002; Bollen and Paxton 2000; Lauth 2004). However, the present deficiencies of conceptualization and measurement should not only be understood in terms of the quality of the raw data used to arrive at relationships between variables. With regard to the cross-national datasets on democracy and non-democracy which we target in this article, an intermediary operation is very often equally important: that of transforming the raw data into either indices of democracy *tout court* or into typologies of democracy and non-democracy.

This distinction can be understood by harking back to Munck and Verkuilen's (2002) seminal article, *Conceptualizing and Measuring Democracy*. This article introduced a coherent framework for dataset assessment which distinguishes between the three requisite steps of conceptualization, measurement, and aggregation. The present article is intended as a follow-up to the work of Munck and Verkuilen. The difference is that rather than evaluating extant indices of democracy, such as the Freedom House's *Freedom in the World Survey* (henceforth FH) or POLITY IV, on their own, we solely assess attempts to aggregate the concept of democracy using these datasets.

Munck and Verkuilen (2002, p. 24) note that two steps are of the essence in selecting aggregation rule: First, the analyst must make explicit the theory concerning the relationship between attributes. Second, the analyst must ensure that there is a correspondence between this theory and the selected aggregation rule, that is, that the aggregation rule is actually the equivalent formal expression of the posited relationship.

This is what Goertz (2006) terms 'concept-measure consistency', and it is advice worth heeding. That said, the discussion of aggregation is clearly one of the weakest part of Munck and Verkuilen's otherwise path-breaking article (Munck 2009). A few years later Goertz (2006) elaborated on the issue in a much more detailed way. Goertz's objective is to provide guidelines which make for consistency between the structure of the concept and the way it is measured.

Goertz accordingly reviews the literature on democracy and shows that virtually any extant definition—including those of Bollen, Dahl, Downs, Lipset, Przeworski, and Vanhanen—treat the sub-components (what Goertz term the secondary level) in terms of the Aristotelian notions of necessity and sufficiency (cf. Munck 2009, pp. 51, fn. 19). Based on this overview, Goertz convincingly argues, it makes little sense to construe the sub-components of democracy—say, electoral competition and political freedom rights—as substitutable.

The most appropriate aggregation procedure is therefore the minimum-rule, or 'weakest-link rule measure', which reflects the logic of individual necessity and joint sufficiency. However, when the listed authors (Przeworski is the most important exception) go on to aggregate the matching sub-components, they virtually always use an additive (or averaging) procedure (Goertz 2006, p. 98).

Since Goertz published his book in 2006 some new developments on aggregation—partially anticipated by him but treated in an offhand manner—have been suggested. We describe these below. Suffice to say here that they merely enhance the problem Goertz identifies: that the critical operation of aggregation is often treated in an unsystematic or outright erroneous manner in the literature and that this has some adverse consequences with respect to concept-measure consistency.

Indeed, as we demonstrate in this article, it is not uncommon to encounter aggregate indices of democracy or descriptive typologies of democracy and non-democracy that rest on feet of clay. The descriptive and explanatory conclusions that scholars obtain when using such classifications are, *ipso facto*, disputable. More technically, the measurement validity (cf. Adcock and Collier 2001) is likely to be low in these instances.

As the proverb says, one—or even a few—swallows do not make a summer. However, we subsequently carry out a selective review documenting that the identified examples of inconsistency are not isolated occurrences. Before turning to either of these tasks, however, a few words need to be devoted to the technical aspects of aggregation.

2 On aggregation

As mentioned above, Goertz's recipe for measuring a concept structured in terms of individually necessary and jointly sufficient sub-components is the minimum rule. In gist, one scores the whole based on the lowest score of any of its parts, i.e., the weakest link in the chain. This reflects a very commonsensical understanding of necessity, one solely based on the absence of substitutability between the sub-components. Yet Goertz does—*en passant*—mention that one might alternatively consider using multiplication to aggre-

Table 1: Munck's five aggregation procedures. (Adapted from Munck 2009, p. 71)

Aggregation rule	Substitution	Interaction
Multiplication (product)	Noncompensatory	Interactive
Minimum	Noncompensatory	Noninteractive
Geometric mean	Partially compensatory	Interactive
Arithmetic mean (simple average, also applies to addition)	Partially compensatory	Noninteractive
Maximum	Compensatory	Noninteractive

gate the sub-component scores (as recommended by Munck and Verkuilen 2003; see also Przeworski et al. 2000; Mainwaring et al. 2007). Goertz prefers the minimum rule, however, as multiplication in his view reintroduces some substitutability effects because higher values on one dimension can compensate for lower values on other dimensions (2006, pp. 111–114).

Goertz here betrays a somewhat limited understanding of multiplication as aggregation procedure.[1] To see why this is the case, we need to move one step back and discuss aggregation procedures of concepts based on constitutive attributes more generally. Munck (2009) has recently provided a helpful overview. His premise is that the same as that of Goertz: that the "choice of aggregation rule hinges on the understanding of what the parts into which a concept has been disaggregated contribute to the whole" (p. 48).

However, to select appropriate aggregation rules we need to distinguish not only between substitutability and non-substitutability (as does Goertz) but also between interaction and non-interaction (Munck 2009, pp. 48–50, 68–73). Both distinctions deal with the structure of the concept or, more technically, with the relationship between the concept and its sub-components (aka. attributes) *and* the relationship among its sub-components. Any concept based on individual necessity obviously conforms to non-substitutability. Using Munck's nomenclature, the sub-components are 'noncompensatory'. But the relationship among the subcomponents may still be 'interactive', meaning that the score on one aspect has to be understood as conditioned by (rather than insulated from) the score on another aspect. On this basis, Munck teases out no less than five different aggregation procedures, reported in Table 1.

Which of these aggregation procedures is the most convincing with respect to the concept of democracy? As the issue at target in this article is one of concept-measure consistency, no general answer can be offered. The gist of the matter is that the choice of the proper aggregation procedure depends on the conceptual definition in the first place. That said, and as already indicated with the assistance of Goertz, virtually all extant definitions of democracy are construed in terms of necessity and sufficiency, meaning that they do not allow for any substitutability between the sub-components. Insofar as this is accepted, the choice is between the two aggregation procedures that are defined by such non-substitutability, viz., multiplication and the minimum rule.

---

[1] However, Goertz expressly welcomes future work dealing with the question 'which among the acceptable necessary and sufficient condition possibilities is the best' (2006, p. 115); which is exactly the question we seek to answer here.

These are—to reiterate—distinguished only by whether the sub-components stand in an interactive relationship or not (not, as Goertz argue, by multiplication allowing for some substitutability effects). Which logic has more purchase? This is more nebulous. We are tempted to admit a small competitive edge to multiplication since plausible arguments have been put forward in support of interaction between sub-component of democracy such as electoral competition and political freedom rights (e.g. Beetham 1999; O'Donnell 2001). Think only whether it from a democratic point of view makes sense to have inclusive elections without competition—or vice versa—or if elections can be genuinely free and fair in the absence of freedom of speech and association (Dahl 1989). That said, the answer to this question is not carved in stone and it ultimately depends on the particular conceptualization. In what follows we therefore take stock of the results that arise from using the aggregation rule which best fit the conceptual reasoning, be it the minimum rule or multiplication—vis-à-vis the default option employed in the literature, namely that of addition (including calculating the average).

However, we proceed in a somewhat roundabout way. The differences between appreciating substitutability (versus non-substitutability) only and of also appreciating interaction (versus non-interaction) may be illustrated via a detour that has the added value of illustrating the general issue of this article: the present literature's problems relating to aggregation.

3 A typological detour

As Munck (2009, p. 48) briefly mentions, one way of treating a composite measure without an index is to use conceptual typologies. This has often been the preferred strategy within the literature.[2] Yet, here we encounter a number of examples of concept-measure—or, better, concept-ordering—inconsistency.

As Lazarsfeld (1937; Lazarsfeld and Barton 1951)—who introduced the formalized logic of typologies into social science—emphasized, a typology is a property space created by combining serial operations on two or more theoretically relevant dimensions (see also Bailey 1994). In the literature on typologies of democracy and non-democracy, however, multi-dimensional conceptual typologies are often measured using one-dimensional orderings. This is clearly inconsistent, also in terms of the aggregation rule.

3.1 Zakaria and Diamond

Two highly influential typological analyses characterized by such inconsistencies—by Zakaria (1997) and Diamond (1999)—date back to the late 1990s. Both scholars make a valuable conceptual distinction between liberal democracy on the one hand and illiberal democracy (Zakaria) or electoral democracy (Diamond) on the other. As the adjectives indicate, they advance a two-dimensional conceptual definition of liberal democracy, in turn emphasizing an electoral component and a liberal component. Diamond and Zakaria

---

[2] See Møller and Skaaning (2010) and Bogaards (2009) for discussions of some influential attempts.

both construe the electoral attribute as free and fair elections whereas the liberal equivalent includes the rule of law and the protection of basic political liberties, such as freedom of speech, assembly, and association.

The upshot of this logic is that the status on each of these two attributes may vary independently of the other. First, a given country can have both free elections and uphold liberal rights and thus be a liberal democracy. Second, a given country can have free elections but not uphold liberal rights and thus be an electoral democracy/illiberal democracy. However, rather than allowing each of the dimensions to vary independently when ordering their referents in the empirical analyses, i.e., when moving from conceptualization to operationalization and measurement, Zakaria and Diamond discard the multidimensional logic and embrace a one-dimensional measure based on the FH (Møller 2007, 2008).

They do so in different ways. Diamond (1999, p. 12) first indicates that the Freedom House distinction between 'political rights' and 'civil liberties' can be used to order the empirical referents into the types. This is not exactly what he does, though. He simply compares the countries grouped as 'free' by the Freedom House, which he takes to be liberal democracies, with countries grouped as 'electoral democracies' (what he terms formal democracies) by Freedom House.

However, in none of these two cases does the ordering treat the electoral and liberal attribute as independent components. Most obviously, the designation of free is based on scores on both dimensions. A country is thus able to move from the class of electoral democracy to that of liberal democracy by either (1) doing better with regard to both the electoral and the liberal criteria or (2) doing much better with regard to any of the two (Møller 2007). This fact is also quite obvious when inspecting the respective political rights and civil liberties scores of such movers.

Diamond has subsequently changed his conceptual scheme, most notably by augmenting his typology (Diamond 2002, 2003). But when ordering the empirical referents in these more fine-grained typological constructs, he simply resorts to the average Freedom House ratings rather than allowing the two dimensions to vary separately, thereby once again measuring conceptual two-dimensionality using a one-dimensional ordering.

Though falling prey to the same problem, Zakaria's (1997) case, which we spell out later in this article, is slightly different. Critically for our purposes, such inconsistencies—what may be termed erroneous one-dimensionality—is actually a consequence of using an improper aggregation rule. Such is the case because a multidimensional typology is expressly based on using a minimum rule on each of the dimensions, thereby separating mutually exclusive and jointly exhaustive classes (a typology being a combination of several one-dimensional classifications). That is, each type is scored with reference to the minimum score across the attributes of the concept of democracy.

The main virtue of using a multidimensional typology to tease out types of democracy and non-democracy is exactly that this makes for appreciating the Aristotelian structure of conceptual definitions, i.e., that the concept is normally based on individually necessary and jointly sufficient attributes. To say this slightly different, if we are to operate with more than one dimension of democracy—and use a typology to get at this—then we must translate this conceptual point of departure into a genuine multidimensional property space, in which each of the dimensions is allowed to vary separately. By aggregating the scores on the two dimensions using an additive procedure, and thus collapsing the attributes, we learn very little about the respect for electoral rights *vis-à-vis* liberal rights in a given country. This is the main problem with the respective analyses of Diamond (1999) and Zakaria (1997) and goes to show that their empirical orderings have low measurement validity *vis-à-vis* their implicit conceptual typologies.

3.2 Engberg and Ersson

Another example is to be found in Engberg and Ersson (2001), who use the FH to operationalize four different regime types: democracy, illiberal democracy, semi-democracy, and non-democracy. To do so, they proceed in two steps. First, they use FH's own distinction between 'free', 'partly free', and 'not free': the first category is equated with democracy and the third category with non-democracy. Second, the partly free category is then split into the two classes of illiberal democracy and semi-democracy based on the respective scores of 'political rights' and 'civil liberties'. If a partly free country scores better on political rights than on civil liberties it is classified as an instance of illiberal democracy. Otherwise, it is grouped as a semi-democracy. Using this operationalization, Engberg and Ersson order third world countries in the period 1972–1999.

Engberg and Ersson's main conceptual objective is to capture illiberal democracies. Accordingly, their very point of departure is that one needs to distinguish between the 'degree of democracy and the degree of (il)liberalism' (Engberg and Ersson 2001, p. 38). For this reason alone, the first step in their operationalization, which takes the average across the two dimensions of political rights (the democratic dimension) and civil liberties (the liberal dimension) is flawed. Engberg and Ersson here fall into the same trap as did Diamond and Zakaria in the analyses mentioned above, i.e., erroneous one-dimensionality.

Engberg and Ersson's second analytical step, which consists of separating partly free countries into two categories, based on their individual scores on the two dimensions, is problematical as well. To see why this is the case, one needs only revisit Zakaria (1997), who uses the exact same strategy. Zakaria thus combines an initial one-dimensional classification with a multidimensional sub-classification. In the former step, he identifies a class of 'democratizing countries' on the aggregate FH ratings, almost corresponding to the 'partly free'-category. In the latter step, he checks whether the referents that fall within this class score lower (i.e., better) on the liberal attribute of civil liberties than on the electoral attribute of political rights. If such is the case, he considers the referents to be instances of illiberal democracy.

But both in the case of Zakaria and Engberg and Ersson this is obviously fallacious given the conceptual point of departure. Both analyses thereby commit what Sartori (1970) terms conceptual stretching as the illiberal democracies are not countries with impeccable political rights scores (i.e., democracies) which fall below a certain minimum (threshold) on the civil liberties index (and are therefore illiberal). Rather, these are countries doing moderately well on the average of these two dimensions, while being characterized by somewhat lower civil liberties than political rights scores.

To be consistent, these two dimensions need to be kept at arm's length of each other. Recall here that our methodological point is that such multidimensional typological distinctions require the use of the minimum rule. Question is what happens when Engberg

Table 2: Distribution of Engberg and Ersson's countries as a function of different aggregation rules, 1972 and 1999

		Liberal democ-racy (%)	Illiberal democ-racy (%)	Semi-democ-racy (%)	Non-democ-racy (%)
1972	Engberg/Ersson	14 (15)	8 (9)	9 (10)	61 (66)
	Minimum rule	6 (7)	11 (12)	5 (5)	70 (76)
1999	Engberg/Ersson	21 (21)	12 (13)	19 (21)	40 (44)
	Minimum rule	11 (12)	15 (16)	18 (20)	48 (52)

The 'minimum rule' here equals a score of at least two on each dimension (in combination making for liberal democracy); a score of five or more on one of the dimensions equals non-democracy; the distinction between the middle-range types is similar to Engberg/Ersson's

and Ersson's additive-cum-minimum procedure is substituted with a pure minimum procedure? The answer to this question is reported in Table 2.

In the replication, we have kept Engberg and Ersson's own threshold of 2.5 but we deviate from their practice by employing it on the respective indices of political rights and civil liberties. To make the presentation manageable, we have solely touched upon the first and last of the years analysed by Engberg and Ersson, viz., 1972 and 1999.

What we see is that the picture painted by Engberg and Ersson's changes substantially when using the proper aggregation rule. In both years the number of democracies decrease dramatically whereas the number of illiberal democracies actually increase, although less so. The choice of aggregation rules simply makes an important empirical difference, even when the same data is used. To make matters worse, Engberg and Ersson (2001, p. 39) subsequently order their third world countries in each of the four regime types based on averages across time (the 1970s, 1980s, 1990s, and 1972–1999, respectively). This, too, constitutes a flagrant case of concept-measure inconsistency as the averages across these periods could easily (and probably do) hide movements on the different dimensions and, consequently, between different regime categories. Just think of the significant regime changes going on in cases like Ghana, Peru, and Thailand over the period from 1972–1999. Taken together, the resulting classification provides neither clear-cut information about the regime types nor about the stability of the particular countries.

3.3 Mapping the third wave of democratization using POLITY IV

To further illustrate our point, we have carried out a more general analysis of the empirical differences that arise when employing a minimum rule and addition, respectively, to measure the number of democracies using the POLITY IV dataset in the context of the so-called third wave of democratization (Huntington, p. 1991). More precisely, we compare the number of democracies based on Doorenspleet's (2000) operationalization, which employs the minimum rule across a number of sub-components, and the measure of Jaggers and Gurr (1995), which simply operates with a particular (arbitrary) threshold on an additive index combining these sub-components (see the note below Table 3 for details).

As reported in Table 3, the numbers differ in interesting ways. In the period 1974–1989, the differences are negligible as they only oscillate between a low of one (1976, 1977) and a high of seven (1989). However, following the end of the Cold War, the num-

Table 3: Number of democracies according to the Polity IV dataset as a function of different aggregation rules, 1974–2007

Year	Doorenspleet (minimum)	Gurr and Jaggers (additive)	Year	Doorenspleet (minimum)	Gurr and Jaggers (additive)
1974	36	33	1991	74	55
1975	38	35	1992	84	61
1976	37	36	1993	86	64
1977	36	35	1994	91	66
1978	40	36	1995	88	65
1979	43	38	1996	87	67
1980	44	38	1997	88	66
1981	43	38	1998	87	65
1982	45	39	1999	87	65
1983	46	41	2000	91	67
1984	46	40	2001	95	67
1985	47	42	2002	97	71
1986	48	43	2003	95	70
1987	48	43	2004	95	74
1988	50	44	2005	99	75
1989	52	45	2006	104	81
1990	63	50	2007	103	79

Minimum = Doorenspleet's criteria as regards the sub-components, viz., 2 or 3 on 'competitiveness of executive recruitment', 3 or 4 on 'openness of executive recruitment', 0, 3, 4 or 5 on competitiveness on participation, and 4, 5, 6, or 7 on 'constraints on the power of the executive'. Gurr and Jaggers (1995) use a threshold of 7 or higher on the democracy-autocracy scale, i.e., the democracy scale minus the autocracy scale, each based on addition of (partly differently weighted) sub-components, with a range from 10 to − 10

bers surge—and henceforth oscillate between a low of 13 (1990) and a high of 28 (2001). Indeed, since the early 1990s, the number denoting the different count based on the two operationalizations never dip below 20.

Once again, when broken down on sub-components, the data is exactly the same. But the aggregation rule turns out to have very salient empirical consequences, at least in the post-Cold War period. This is in itself a quite interesting result as it goes to corroborate the conclusion that the category of democracy has become more heterogeneous in the latest decades (Møller and Skaaning 2011).

However, what is most important for our purposes is that the aggregation rule matters. Moreover, as Gurr and Jaggers (1995) define democracy in Aristotelian terms, this is also an example of concept-measure inconsistency (due to the use of addition)—with nontrivial empirical consequences.

4 Bounded wholes

We have shown that the typological analyses appraised above are part and parcel of the aggregation *problematique*. However, the limits of using typologies to solve the problem of aggregation are—even when Lazarsfeld's guidelines are followed consistently—quickly reached; and this in two ways. First, the very fact that typologies rest on categorical distinctions and that the complexity of the orderings are a product of the number of classes on each dimension *and* the number of dimensions means that the minimum rule must be employed in a relatively crude manner. Second, typologies only make for appreciating substitutability, not interaction. For these reasons, we now turn to a discussion of some examples of how interaction between attributes has been treated in the literature, and whether it would make a difference if a more apt quantitative aggregation procedure had been used.

4.1 Bounded wholes and aggregation

One of Goertz's reasons for accepting that democracy must be conceptualized using an Aristotelian logic is that he harbours a 'functionalist view of the phenomenon' (2006, p. 15). Goertz is definitely not alone in this. Many scholars seem to conceive of democracy in terms of the functionalist or systemic logic of 'bounded wholes'. Most telling, perhaps, is the description offered by Linz and Stepan (1996): "Properly understood, democracy is more than a regime; it is an interacting system. No single arena in such a system can function properly without some support from one, or often all, of the other arenas" (pp. 13–15). Below we assess the analyses of two scholars harboring a similar view: Merkel (1998, 2008) who has proposed that we construe democratic consolidation as a stable equilibrium between the institutional, representative, behavioural, and civic features of the democratic system, and Schedler (2002) who has promoted an electoral definition of democracy resting on the logic of a bounded whole.

This use of the bounded whole perspective points back to a venerable tradition within democratic theory, one associated in particular with Sartori (1987, p. 184). In Sartori's view, bounded wholes create differences of kind (not degree) between the categories of democracy and non-democracy (or any other set of categories for that matter). Accordingly, he zealously emphasizes that the presence of democracy implies that all systemic properties are present. The absence of just one theoretically necessary property is enough to disqualify a case from the class of democracy (Collier and Adcock 1999, p. 543).

It has been convincingly argued that Sartori's distinction between differences of kind and differences of degree based on the notion of a bounded whole is a false one, in that this simply has to with the aggregation rule (Munck 2009, pp. 40–41). Sartori's conceptual logic can thus be retained both in terms of categorical distinctions and in terms of graded differences.[3] What is important regarding the notion of a bounded whole is thus not the distinction between dichotomous and continuous measures. It is simply that it is the product of the parts rather than the sum or average of the parts which make up the whole. 'Product' should be taken as read here. The bounded whole connection between attributes is obviously one of individual necessity and joint sufficiency. However, it clearly entails that the attributes stand in an interactive relationship. This is what Collier and Adcock (1999, p. 558) seem to mean when they render their more particular, mathematical elaboration of the logic as follows:

---

[3] We are indebted to Gerardo Munck for explicating this point.

If $X1$, $X2$, $X3$, and $X4$ are dichotomous components of democracy that assume a value of 0 or 1, the idea of a bounded whole might be represented by $X1*X2*X3*X4$. This bounded-whole formulation assumes the value 1 if all the component scores are 1 and 0 if any of them are zero.

As already explained, the use of bounded wholes needs not rest on the dichotomous logic of Adcock and Collier's quote. But it does imply multiplication rather than the minimum rule due to the very functionalist (or systemic) relationship described by Goertz and Sartori. This is where many scholars err. For when descending from what Adcock and Collier (2001) elsewhere terms the 'systematized concept' to 'indicators', the idea of a bounded whole is normally not translated into this requisite aggregation rule. Instead, the scholars reviewed below add up (or take the simple mean of) the indicators covering the various attributes.

4.2 Merkel

In a recent article, Merkel (2008) uses the BTI 2006 (covering 2005) to demonstrate that the Western part of the former communist setting—what is normally termed East-Central Europe—has consolidated democracy much faster than one would have expected, theoretically (12, 28).[4] In fact, only with respect to the rule of law do the new EU-members in Central and Eastern Europe lag markedly behind Southern Europe.

What we are interested in here is the correspondence (or lack thereof) between Merkel's conceptual points and the aggregation rule that he uses. In brief, Merkel employs a four-level model of democratic consolidation (Merkel 1998) to aggregate a concept that he terms 'overall consolidation'. The model comprises 'institutional consolidation', 'representative consolidation', 'behavioral consolidation', and 'attitudinal consolidation'. These should be understood in terms of a conceptual hierarchy, meaning that the move from left (institutional consolidation) to the right (attitudinal consolidation) consist in augmenting the definition of consolidation from a thinner to a thicker one.

Overall consolidation therefore subsumes these four dimensions (or attributes). Conceptually, the edifice is cloaked in a bounded whole-logic, meaning that all the four attributes are necessary (and jointly sufficient) for overall consolidation and that they interact. This is all very solid. The problem is that Merkel uses a simple logic of addition to aggregate the four dimensions, i.e., he uses the mean of the scores of the four kinds of consolidation.[5] However, Merkel's conceptual arguments clearly entail that—insofar as

---

[4] Based on predictions made in the early 1990s such as the so-called 'dilemma theorem' (cf. Offe 1991).

[5] Merkel (2008) does not report these operationalizations. However, they can be found in Merkel (2007). Besides taking a simple mean across the four different kinds of consolidation, Merkel also uses simple addition (mean) to aggregate the sub-components of each of these. We have chosen not to alter this. Whereas the theoretical relationship between the four dimensions is spelled out in the article, it is not clear from the text how the relationship between these sub-components is to be understood. Insofar as multiplication or the minimum rule rather than addition is in fact the consistent rule on this tertiary level (Goertz 2006)—which, based on the reasoning in this article, is probably the case—it obviously further enhances the aggregation problems.

Table 4: Merkel's measure of democratic consolidation using different aggregation methods, 2005

	Mean	Multiplication
Albania	0.69 (12)	0.21 (12)
Belarus	0.14 (19)	0.00 (19)
Bosnia	0.57 (16)	0.10 (16)
Bulgaria	0.75 (9)	0.31 (9)
Croatia	0.87 (5)	0.55 (5)
Czech Rep.	0.91 (2)	0.67 (2)
Estonia	0.91 (2)	0.67 (2)
Hungary	0.89 (4)	0.63 (4)
Latvia	0.75 (9)	0.27 (11)
Lithuania	0.84 (7)	0.48 (7)
Macedonia	0.66 (13)	0.17 (13)
Moldova	0.46 (18)	0.04 (18)
Poland	0.86 (6)	0.52 (6)
Romania	0.74 (11)	0.29 (10)
Russia	0.51 (17)	0.06 (17)
Serbia	0.63 (14)	0.16 (14)
Slovakia	0.84 (7)	0.47 (8)
Slovenia	0.93 (1)	0.74 (1)
Ukraine	0.62 (15)	0.14 (15)
Mean	0.71	0.34

The rank number of the countries is shown in the parentheses. The numbers derive from the Bertelsmann Transformation Index 2006 (covering 2005)

scores from more than one subcategory are used to capture one overarching attribute—the elements must be construed as non-substitutable and interactive. Consequently, rather than using the average, it is pertinent to employ multiplication.

In Table 4, we have replicated Merkel's (2008) analysis using this more appropriate aggregation procedure. To elaborate, we have retained Merkel's BTI-indicators—recalibrated to have a range from 0–1 to facilitate comparison—while simply altering the aggregation rule. The new results are illustrated *vis-à-vis* Merkel's original scores which are based on the mean.

Table 4 shows that the ranks of the countries do not change much when using different aggregation rules. This finding indicates that the indicators used to measure the four dimensions are highly correlated and, what is more, that they interact and/or are caused by the same factors. However, this surely could have been different and will not necessarily be the case in other instances (e.g. other regions or other time periods). Next, as regards the absolute consolidation scores, the results are dramatically altered. Merkel's conclusion that the East-Central European countries are by and large fully consolidated is not supported if multiplication is employed. The noteworthy differences between the countries persist but they are all relegated to a lower level of democratic achievements. To elaborate, *vis-à-vis* West European countries that, if included in the BTI, probably would score high across the board, the differences are much starker using an aggregation rule reflecting the logic of bounded wholes. And such an aggregation rule is, to reiterate, the logical corollary of Merkel's very demanding conceptual criteria.

4.3 Schedler

We encounter the very same problem in an oft-cited article by Andreas Schedler. Schedler (2002) proposes "to fill the conceptual space between the opposite poles of liberal democracy and closed authoritarianism with two symmetrical categories: electoral democracy and electoral authoritarianism" (p. 37). That is, he introduces, a two-dimensional distinction between a liberal and an electoral attribute.

Doing so, his work falls prey to the earlier described erroneous one-dimensionality because he relies on Diamond's (2002) scoring to order the cases in this four-fold typology. However, here we are interested in the fact that Schedler adds another degree of complexity by construing elections as bounded wholes. Emphasising seven requirements for free and fair elections, Schedler (2002, p. 41) stresses that:

> Elections may be considered democratic *if and only if* they fulfil each item on this list. The mathematical analogy is multiplication by zero, rather than addition. Partial compliance with democratic norms does not add up to partial democracy. Gross violation of any one condition invalidates the fulfilment of all the others. If the chain of democratic choice is broken anywhere, elections become not less democratic but undemocratic.

How does Schedler provide operational definitions for the said types and classes? This is the weakest link in this otherwise interesting conceptual exercise. As already mentioned, introducing a few ad hoc alterations, Schedler (2002, pp. 47–48) uses Diamond's (2002) scoring of regime forms to this effect. But this is obviously faulty as Diamond uses the average FH ratings (as well as some additional qualitative considerations) to classify the empirical referents.

Disregarding the problems pertaining to erroneous one-dimensionality, this average does not allow us to treat the attribute of free and fair elections as a bounded whole because—as Schedler (2002, p. 41) himself keenly points out—this would entail using the logic of multiplication across the relevant electoral sub-components. Schedler's actual scoring is thus not viable considering the aggregation rule he has himself proposed.

Below we simply replicate the part of the analysis which rests on the bounded whole logic. As already mentioned, Schedler uses the FH index to measure the membership of his four constructs. To reiterate, the FH index calculates values between 1 and 7 on the twin attributes of 'political rights' (a proxy for Schedler's electoral dimension) and 'civil liberties' (a proxy for Schedler's liberal dimension), with 1 denoting the highest degree of freedom. Schedler deliberately retains the notion of bounded wholes for the former attribute. In the FH, this attribute is made up the three sub-components of 'Electoral Process', 'Political Pluralism and Participation', and 'Functioning of Government'. It is thus these three properties—and not the seven emphasised by Schedler—which are available for constructing a bounded whole.[6] Following Schedler's own reasoning, the scores on all of these must multiplied to calculate the bounded whole-score.

---

6 But notice that FH's three sub-components to a large extent cover the requirement stipulated by Schedler's seven requirements.

Table 5: Replicating Schedler's analysis of electoral democracies, 2006

	Mean (%)	Multiplication (%)
Electoral democracies with no or minor defects (ABC≥0.83)	65 (34)	40 (21)
Electoral democracies with moderate defects (0.83>ABC≥0.50)	58 (30)	33 (17)
Electoral authoritarianism and closed authoritarianism (ABC<0.50)	70 (36)	120 (62)

A electoral process, B political pluralism and participation, C functioning of government

When reconstructing the bounded whole of free and fair elections, we have recalibrated these scores to range from 0–1 since the sub-components do not have the same range. We use 0.50 as the thresholds to distinguish between electoral democracies on the one hand and electoral authoritarianism and closed authoritarianism on the other.[7] Finally, we introduce another demarcation point, 0.83, to separate countries with moderate defective elections from countries with virtually free elections.

Freedom House only began to release the subcomponent scores in the 2006 survey (covering 2005). This means that we cannot directly compare the result of the empirical ordering with Schedler's original one which was based on the numbers regarding 2001. This matters little, however, as the point we seek to make is a more general one, namely that the change of aggregation rule makes a huge difference, empirically. Using the 2006 numbers, the pattern shown in Table 5 emerges.

Table 5 shows that the alternative aggregation methods lead to very different distributions among the three categories. Whereas 65 countries are electoral democracies with no or minor defects using the mean, only 40 retain this status when using multiplication—employing the exact same threshold. Even more spectacularly, the number of instances of electoral authoritarianism and closed authoritarianism increases steeply from 70 to 120 when altering the aggregation rule in this way. The results thus strongly indicate that if Schedler had access to the disaggregated data and had translated his conceptual arguments into a stringent operationalization, he would have arrived at a dramatically different picture of the world.

5 A review of selected journals

Are the identified problems isolated occurrences or do they indicate a more general—and therefore more troublesome—tendency? We have already provided a tentative answer as we have quoted Goertz to the effect that most scholars do fall into the trap of concept-measure inconsistency when democracy is the subject matter. To push a little further at the issue, we have carried out a review of four journals: two general flagships in comparative politics (*World Politics* and *Comparative Political Studies*) and two journals

---

7 Notice that Schedler's criterion, i.e., 4 on the overall seven point measure, is also in the midpoint of the scale. Our additional criterion of 0.83 is more or less equivalent to the score of 2 on the same scale, if recalibrated.

Table 6: Aggregation rules used in analyses based on Freedom House's *Freedom in the World Survey*, 2003–2010

Average/additive	31
Freedom ratings	24
Minimum/multiplication	(1)[a]
Individual scores	12
Electoral democracy	6

Freedom ratings denote Freedom House's own tripartite distinction between free, partly free, and not free. Electoral democracy denotes Freedom House's separate measure of electoral democracies, individual scores denote the use of either Freedom House's political rights index or their civil liberties index, combined in their aggregate index

[a]Geometric mean

Table 7: Aggregation rules of analyses using the POLITY IV data, 2003–2010

Average/additive	18
Minimum/multiplication	5
Individual scores	1

expressly concerned with democracy (*Journal of Democracy* and *Democratization*). The objective is to scrutinize which aggregation rules are most prominent in the literature when democracy is measured. To make the exercise as relevant as possible, we have delimited it in three ways.

First, cross-temporally we only review the journals in the period after the publication of Munck and Verkuilen's (2002) article, i.e., 2003–2010. This temporal line of demarcation reflects the fact that only after the Munck and Verkuilen intervention would it be fair to expect a more conscious handling of the matter of aggregation.[8] Second, we delimit our sample to articles which use democracy as the dependent variable. This is the focus of the already assessed works and most scholars spend much time and effort in conceptualizing and operationalizing their *explanandum*; one should therefore expect a more conscious approach to aggregation as far as the dependent variable is concerned. Third, regarding indices/measures we only include articles which use either FH or POLITY IV. These are the two most widely employed extant indices of democracy so the issue of how they are used is definitely not a trifling one.

Taken together, the three scope conditions make for a conservative test of the present extent of concept-measure inconsistency as all should tilt the reviewed analyses toward ones with more conscious handling of aggregation. In Tables 6 and 7, we have divided the articles that fulfil our three criteria into categories based on the employed aggregation procedure. What does the overview show?

Regarding the use of FH, we find a massive dominance of addition (including averaging). This category subsumes the use of the general freedom ratings. Most telling is probably the fact that we only find one example of the use of a minimum or multiplication

---

[8] 'Erroneous one-dimensionality' can of course be avoided based on the earlier work of e.g. Lazarsfeld and Sartori. That said, the Munck and Verkuilen intervention obviously called attention to the subject of aggregation more generally.

procedure, and this is one which takes the geometric mean. What is more, the individual scores (on all levels of aggregation) are discredited by the fact that one simply does not know what a particular score indicates (see Munck and Verkuilen 2002). Even the oft-praised FH-classification of electoral democracies is vulnerable to this criticism. That much is clear when one takes a look at FH's coding criteria, i.e., a subtotal score of seven or better for the sub-component 'electoral process' and an overall political rights score of 20 or better.[9]

Regarding POLITY IV, the picture is more nuanced. Addition/averaging still holds a massive sway. But at least we do find that six out of 24 analyses use either the minimum rule, multiplication, or the individual scores, meaning that the extreme division of Table 6 is not repeated.

Needless to say, the fact that addition/averaging is used, does not in itself add up to concept-measure inconsistency. This would require that the concept is treated in terms of necessity and sufficiency. However, here it is pertinent to recall one of the premises of this article: that most scholars explicitly or implicitly conceptualize democracy in Aristotelian terms. Bearing this in mind, it is surely striking that so few use the requisite aggregation rules of the minimum procedure or multiplication—even in the period after Munck and Verkuilen's and Goertz's interventions.

6 Conclusions

In this article, we have ventured to show that many of the present attempts to combine the sub-component scores of indices such as FH and Polity IV into aggregate indices or typologies of democracy and non-democracy suffer from concept-measure inconsistencies. We highlighted a number of such lapses, which have to do with using an aggregation rule that does not reflect the theorized structure of the concept. This problem besets a number of recent analyses which understand the concept of democracy in terms of individually necessary and jointly sufficient sub-components—or even of a bounded whole—but uses a simple addition/averaging procedure to aggregate these. More particularly, we have shown that it makes quite a difference when more appropriate procedures, such as the minimum rule or multiplication are employed. As did Goertz (2006, p. 98), we have found 'significant differences between the two measures using *exactly the same* data'.

All of the analyses highlighted, including those based on typological orderings reviewed in the first part of the article, basically suffer from one and the same general deficiency: While the conceptual reasoning is relatively sound, they err with regard to operationalization and measurement. This makes for low measurement validity (Adcock and Collier 2001), and this shortcoming has salient consequences for the empirical results and, by extension, for the inferences about the present dynamics of democratization. The problems simply 'travel' into both the descriptive and explanatory analyses that these orderings are used to support.

---

9 After recalibration, (probably) equivalent to a score of 4 (or lower) on the political rights scale ranging from 1–7. According to Munck (2001, p. 126), Freedom House's division of its scale into the categories free, partly free, and not free is also based on ad hoc and arbitrary decisions.

Such lack of conceptual awareness is clearly not small potatoes. While the quality of the standard datasets have been—and should be—placed under critical scrutiny, their unsystematic use in aggregation procedures is likely to have even wider ramifications for the validity of the analyses sustained by these datasets.

At this point, it is hard to avoid one particular question: Why do the problems described in this article occur at all? Answering this would surely require an article of its own. However, we make three tentative suggestions.[10] First, it may simply be due to the lack of methodological awareness. If such is the case, it indicates that the plethora of new writings on conceptualization and measurement, some of which were mentioned in the introduction, still needs to travel into the actual practice of the discipline. We have demonstrated that Munck and Verkuilen's (2002) call to treat aggregation in a stringent way has not been heeded since the publication of their article. But there may be a time lag here. Insofar as this is the case, there is room for optimism as the practice is likely to become more methodologically self-conscious as the new guidelines and more consistent thinking disseminate.

Second, it may to a certain extent be a consequence of the somewhat poor quality and/or availability of the data used to measure democracies and non-democracies. If no disaggregated scores are available, then scholars are unable to distinguish between different properties—e.g. using a bounded whole-logic—in their actual measurement. Differently put, they are unable to use the classification rules that are consistent with their conceptual reasoning.[11] There is probably something to this as measures such as those provided by Freedom House has until recently only provided aggregated scores. However, here, too, there is room for optimism as other datasets (e.g. POLITY IV and the BTI) with disaggregated data are now on offer while some established datasets (such as the FH) have begun to publish their disaggregated scores.

Third, the case may be that social scientists directly use terms such as 'necessary' and 'sufficient'—or implicitly incorporate the logic in their formulations—without really meaning *necessary* and *sufficient* (in set-theoretical terms). That is, they tend to stipulate their definitions in a more 'commonsensical' way. Such carelessness may be said to infuse many of the current attempts to conceptualize and classify democracy and non-democracy. This would be more disturbing than points one and two. A crucial part of science is, after all, the establishment of a technical language based on sound logical premises. Research can only become truly cumulative if the ambiguity and vagueness present in ordinary language is reduced (Sartori 1984, p. 59). The commonsensical use of terms that carry a specific technical meaning should therefore be avoided—an assertion that basically sums up the message of this article.

Acknowlegements: For their critical comments to earlier versions of this article, we are much indebted to Gerardo Munck, John Gerring, and the anonymous reviewers. The usual disclaimer applies.

---

10 We are indebted to John Gerring for suggesting the two last reasons.

11 Notice, for instance, that Schedler (2002) did not have access to the disaggregated FH scores that we have used to replicate his analysis.

References

Adcock, Robert, and David Collier. 1999. Measurement validity: A shared standard for qualitative and quantitative research. *American Political Science Review* 95 (3): 529–546.
Adcock, Robert, and David Collier. 2001. Measurement validity: A shared standard for qualitative and quantitative research. *American Political Science Review* 95 (3): 529–546.
Bailey, Kenneth D. 1994. *Typologies and taxonomies: An introduction to classification techniques.* Thousands Oaks: Sage.
Beetham, David. 1999. *Democracy and human rights.* Cambridge: Polity.
Bollen, Kenneth, and Pamela Paxton. 2000. Subjective measures of liberal democracy. *Comparative Political Studies* 33 (1): 58–86.
Boogards, Matthijs. 2009. How to classify hybrid regimes? Defective democracy and electoral authoritarianism. *Democratization* 16 (2): 399–423.
Collier, David, and James E. Mahon. 1993. Conceptual 'stretching' revisited: Adapting categories in comparative analysis. *American Political Science Review* 87 (3): 845–855.
Collier, David, and Steven Levitsky. 1997. Democracy with adjectives: Conceptual innovation in comparative research. *World Politics* 49 (3): 430–451.
Collier, David, and Robert Adcock. 1999. Democracy and dichotomies: A pragmatic approach to choices about concepts. *Annual Review of Political Science* 2:537–565.
Dahl, Robert A. 1989. *Democracy and its critics.* New Haven: Yale University Press.
Diamond, Larry. 1999. *Developing democracy: Toward consolidation.* Baltimore: The Johns Hopkins University Press.
Diamond, Larry. 2002. Thinking about hybrid regimes. *Journal of Democracy* 13 (2): 21–35.
Diamond, Larry. 2003. *Can the whole world become democratic? Democracy, development, and international policies.* Irvine: Center for the Study of Democracy (Paper 03'05, UC).
Doorenspleet, Renske. 2000. Reassessing the three waves of democratization. *World Politics* 52 (3): 384–406.
Engberg, Jan, and Svante Ersson 2001. Illiberal democracy in the 'Third World': An empirical enquiry. In *Democracy and political change in the 'Third World'*, ed. Jeff Haynes, 35–54. London: Routledge.
Gerring, John. 1999. What makes a concept good? A criterial framework for understanding concept formation in the social sciences. *Polity* 31 (3): 357–393.
Goertz, Gary. 2006. *Social science concepts: A user's guide.* Princeton: Princeton University Press.
Jaggers, Keith, and Ted Robert Gurr. 1995. Transitions to democracy: tracking democracy's third wave with the polity III data. *Journal of Peace Research* 32 (4): 469–482.
Lauth, Hans-Joachim. 2004. *Demokratie und Demokratiemessung: Eine konzeptionelle Grundlegung für den interkulturellen Vergleich.* Wiesbaden: VS Verlag für den Sozialwissenschaften.
Lazarsfeld, Paul F. 1937. Some remarks on the typological procedures in social research. *Zeitschrift für Sozialforschung* 6:119–139.
Lazarsfeld, Paul F., and Allen H. Barton. 1951. Qualitative measurement in the social sciences: classification, typologies, and indices. In *The policy sciences: recent developments in scope and method*, eds. Daniel Lerner and Harold D. Lasswell, 155–192. Stanford: Stanford University Press.
Linz, Juan, and Alfred Stepan. 1996. *Problems of democratic transition and consolidation: Southern Europe, South America, and Post-Communist Europe.* Baltimore: John Hopkins University Press.
Mainwaring, Scott, Daniel Brinks, and Annibal Perez-Linan. 2007. Classifying political regimes in Latin America, 1945–2004. In *Regimes and democracy in Latin America: Theories and methods*, ed. Gerardo Munck, 123–160. Oxford: Oxford University Press.
Merkel, Wolfgang. 1998. The consolidation of postautocratic regimes: a multilevel model. *Democratization* 5 (3): 33–65.

Merkel, Wolfgang. 2007. Gegen alle Theorie? Die Konsolidierung der Demokratie in Ostmitteleuropa. *Politische Vierteljahresschrift* 48 (3): 413–433.
Merkel, Wolfgang. 2008. Plausible theory, unexpected results: the rapid democratic consolidation in central and Eastern Europe. *International politics and society* 2:11–29.
Munck, Gerardo. 2001. The regime question: theory building in democracy studies. *World Politics* 54 (1): 119–144.
Munck, Gerardo. 2009. *Measuring democracy: A bridge between scholarship and politics*. Baltimore: The Johns Hopkins University Press.
Munck, Gerardo, and Jay Verkuilen. 2002. Conceptualizing and measuring democracy: Evaluating alternative indices. *Comparative Political Studies* 35 (1): 35–34.
Munck, Gerardo, and Jay Verkuilen. 2003. Bringing measurement back. In: Methodological foundations of the electoral democracy index. Paper presented at the APSA annual meeting, Philadelphia, August 28–31, 2003.
Møller, Jørgen. 2007. The gap between electoral and liberal democracy revisited: Some conceptual and empirical clarifications. *Acta Politica* 42 (4): 380–400.
Møller, jørgen. 2008. A critical note on 'The Rise of Illiberal Democracy'. *Australian Journal of Political Science* 43 (3): 555–561.
Møller, Jørgen and Svend-Erik Skaaning. 2010. Beyond the radial delusion: conceptualizing and measuring democracy and non-democracy. *International Political Science Review* 31 (3): 261–283.
Møller, Jørgen and Svend-Erik Skaaning. 2011. *Requisites of democracy: conceptualization, measurement, and explanation*. London: Routledge.
O'Donnell, Guillermo. 2001. Democracy, law, and comparative politics. *Studies in Comparative International Development* 36 (1) 7–36.
Offe, Claus. 1991. Capitalism by democratic design: Democratic theory facing the triple transition in Eastern Europe. *Social Research* 58 (4): 865–892.
Przeworski, Adam, Michael E. Alvarez, Jose A. Cheibub, and Fernando Limongi. 2000. *Democracy and development: Political institutions and well-being in the world, 1950–1990*. Cambridge: Cambridge University Press.
Sartori, Giovanni. 1970. Concept misformation in comparative politics. *American Political Science Review* 64 (4): 1033–1053.
Sartori, Giovanni. 1984. Guidelines for concept analysis. In *Social science concepts: A systematic analysis,* ed. Giovanni Sartori, 15–85. Beverly Hills: Sage.
Sartori, Giovanni. 1987. *The theory of democracy revisited*. Chatham: Chatham House.
Schedler, Andreas. 2002. Elections without democracy: The menu of manipulation. *Journal of Democracy* 13 (2): 36–50.
Zakaria, Fareed. 1997. The rise of illiberal democracies. *Foreign Affairs* 76 (6): 22–43.

Politikwissenschaft

Aktuelle Neuerscheinungen

Hans-Joachim Lauth

Vergleichende Regierungslehre

Eine Einführung

Der Band "Vergleichende Regierungslehre" gibt einen umfassenden Überblick über die methodischen und theoretischen Grundlagen der Subdisziplin und erläutert die zentralen Begriffe und Konzepte. In 16 Beiträgen werden hierbei nicht nur die klassischen Ansätze behandelt, sondern gleichfalls neuere innovative Konzeptionen vorgestellt, die den aktuellen Forschungsstand repräsentieren.

3., akt. u. erw. Aufl. 2010.
437 S. mit 25 Abb. u. 22 Tab.
Br. € (D) 29,95
ISBN 978-3-531-17309-2

Susanne Pickel, Gert Pickel, Hans-Joachim Lauth, Detlef Jahn

Methoden der vergleichenden Politik- und Sozialwissenschaft

Neue Entwicklungen und Anwendungen

Im Bereich der Methoden der vergleichenden Politikwissenschaft haben sich in den letzten Jahren vielfältige Entwicklungen ergeben, die bislang aber eher selektiv und voneinander getrennt vorgestellt wurden. Dieser Band gibt eine erschöpfende Breite an derzeit verfügbaren methodischen Zugängen zur vergleichenden Sozialwissenschaft, die durch die einschlägigen Autoren der jeweiligen Gebiete fachgerecht und anwendungsorientiert gestaltet wurden.

2009. 551 S. Br. € (D) 49,95
ISBN 978-3-531-16194-5

Hans-Joachim Lauth, Gert Pickel, Susanne Pickel

Methoden der vergleichenden Politikwissenschaft

Eine Einführung

Das Buch ist als Einführung für das Grund- und Hauptstudium der Politikwissenschaft gedacht. Es behandelt die zentralen Fragen und Ansätze der vergleichenden politikwissenschaftlichen Forschung, diskutiert diese kritisch und stellt geeignete Lösungsstrategien für spezifische Probleme des Forschungszweiges vor.

2009. 290 S. Br. € (D) 19,90
ISBN 978-3-531-13843-5

Änderungen vorbehalten. Erhältlich im Buchhandel oder beim Verlag.

Einfach bestellen:
SpringerDE-service@springer.com
tel +49 (0)6221 / 345 –4301
springer-vs.de

Politikwissenschaft
Aktuelle Neuerscheinungen

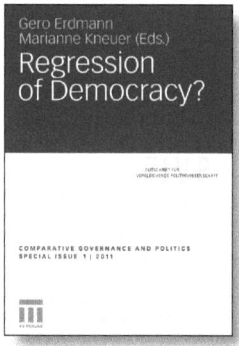

Klaus Schubert, Marc Raschke (Hrsg.)

Politik als Beruf

Der politische Beruf wird in den modernen Demokratien immer komplexer und anspruchsvoller. Politiker haben deshalb ganz besondere persönliche und berufliche Herausforderungen zu bewältigen, um erfolgreich ihre Karriere zu bestreiten. In diesem Buch werden die Anforderungen an den Politikerberuf klar und verständlich dargestellt und ein praxisnahes Berufs- und Karrierebild entwickelt.

2013. 230 S. mit 20 Abb.
Br. ca. € (D) 24,95
ISBN 978-3-531-17764-9

Gero Erdmann, Marianne Kneuer

Regression of Democracy?

This special issue will address the problems of the regression of democracy and aims at closing the gap between research on democracy and democratization on one side and the emergence of authoritarian regimes on the other. The contributions of this volume analyse the different phenomena in which decline of democracy fans out: the loss of quality, which means a silent regression; the backslide into hybrid regimes (hybridization); and the breakdown of democracy.

2011. 265 pp. with 8 Fig. and 33 Tab.
Softcover € (D) 39,95
ISBN 978-3-531-18216-2

Walter Reese-Schäfer, Christian Mönter

Politische Ethik

Philosophie, Theorie, Regeln

Die Anschläge vom 11. September 2001 und die Wellen der Finanzkrise haben die ethischen Grundlagen politischen Handelns verstärkt ins Bewusstsein gerückt. Dieses Buch ist ein praxisorientierter Leitfaden durch alle wesentlichen Grundfragen der politischen Ethik.

2012. 250 S.
Br. € (D) 24,95
ISBN 978-3-531-17852-3

Änderungen vorbehalten. Erhältlich im Buchhandel oder beim Verlag.

Einfach bestellen:
SpringerDE-service@springer.com
tel +49(0)6221/345-4301
springer-vs.de

MIX
Papier aus verantwortungsvollen Quellen
Paper from responsible sources
FSC® C105338

If you have any concerns about our products,
you can contact us on
ProductSafety@springernature.com

In case Publisher is established outside the EU,
the EU authorized representative is:
Springer Nature Customer Service Center GmbH
Europaplatz 3, 69115 Heidelberg, Germany

Printed by Libri Plureos GmbH
in Hamburg, Germany